NORTH AFRICA
IN THE PROCESS OF CHANGE

Political, Legal, Social and Economic Transformations

NORTH AFRICA
IN THE PROCESS OF CHANGE

Political, Legal, Social and Economic Transformations

edited by
Ewa Szczepankiewicz-Rudzka, Aïssa Kadri

Cracow 2015

Reviewer:
Professor Michał Chorośnicki

Editor:
Artur Foryt, Anna Sekułowicz

Cover Design:
Paweł Sepielak

Cover Photo by © Michał Lipa

The publication is published both in print and in electronic version
The printed version is primary

This volume was published with the financial support of the Faculty of International
and Political Studies, Jagiellonian University in Cracow and Social Movements
and Mobilisation Typologies in the Arab Spring project
(318982-FP7-PEOPLE-IRSES 2013-2016)

ISBN 978-83-7638-655-3 (paper version)
e-ISBN 978-83-7638-656-0 (e-book)
DOI: 10.12797.9788376386553

KSIĘGARNIA AKADEMICKA
ul. św. Anny 6, 31-008 Cracow
tel./fax: 12 431 27 43, 12 421 13 87
e-mail: akademicka@akademicka.pl

Internet bookshop: www.akademicka.pl

Table of Contents

IV. ÉTATS ET POUVOIRS FACE AU PRINTEMPS ARABE : RÉFORMES ET *STATU QUO*/ STATES IN THE FACE OF THE ARAB SPRING: REFORMS AND *STATUS QUO*

V. DEFIS SOCIO-POLITIQUES ET TRANSFORMATIONS DES SOCIÉTÉS/ SOCIAL AND POLITICAL CHALLENGES, SOCIETIES AND THEIR TRANSFORMATIONS

DOI: 10.12797.9788376386553.01

Introduction

Le présent ouvrage est le produit de travaux universitaires développés dans le cadre du programme européen IRSES « SpringArab/Social Movements and Mobilisation Typologies in the Arab Spring » portant sur les contestations dans le monde arabe. Sont réunies ici les communications présentées lors d'un colloque organisé par l'Université Jagellonne de Cracovie, principal partenaire du réseau de recherches euro-méditerranéen portant sur la question des transformations dans le monde arabe.

A l'opposé d'une sociologie spontanée et d'une profusion de discours médiatiques, découvrant, dans les évènements qui ont suivi la mort de « Bouazizi », dans l'élargissement des contestations aux sociétés de l'aire culturelle, et subséquemment dans la chute des dictateurs tunisien et égyptien, la sortie d'un exceptionnalisme arabe et l'entrée en démocratie hic et nunc de sociétés exclues jusque là des bienfaits de celle-ci, validés partout ailleurs, les analyses que le programme a mis au centre de ses travaux ont souhaité s'inscrire dans une triple dimension : celle d'une part de la prise en compte de l'inscription de ces évènements dans une perspective historique de longue durée, d'autre part de la prise en compte de travaux sociologiques et anthropologiques au plus prés des terrains, tout en privilégiant l'approche comparatiste à partir d'autres situations, contextes, et pays.

Des mouvements sociaux inscrits dans la longue durée

On observe ainsi que les mouvements sociaux qui ont affecté, dans de nouvelles formes de radicalité, de pratiques et de répertoires d'actions ces dernières années les pays de l'aire culturelle en question, ne sont pas ainsi le fruit du hasard. Ils ne sont pas apparus tel un coup de tonnerre dans un ciel serein, comme semblent les découvrir des classes politiques et analystes rapides, faiblement informés des transformations qui travaillaient au fond ces pays. Ils remontent à loin et s'inscrivent dans des processus qui trouvent leur fondement dans les désenchantements qui ont suivi l'échec des nationalismes développementalistes à la fin des années 70, le reflux du « tiers-mondisme », la montée de mouvements identitaires, sous l'effet de l'emprise d'une mondialisation inégale. Sonia Dayan-Herzbrun relève à juste titre dans son article que « ces mobilisations s'inscrivent, s'enracinent dans une longue histoire de luttes sociales et politiques, mais aussi anticoloniales et anti-despotiques ».

S'il y a eu ici ou là toujours depuis les indépendances, et sans remonter aux périodes de la domination impérialiste, des contestations de régimes politiques vécus comme illégitimes et oppressifs, que l'on songe aux mouvements étudiants des années 60 au Maroc en Algérie, au mouvement dit du « printemps berbère » en 80 en Algérie, aux émeutes d'octobre 88 dans le même pays, plus prés de nous, au mouvement « des arouchs » (des tribus), aux émeutes de Redief, de Gafsa en Tunisie, de Sidi Ifni au Maroc, ces derniers n'ont pas remis en cause au fond les systèmes autoritaires, ils ne sont pas apparus comme porteurs de modalités de transformations au fond des systèmes en place, ils en ont fortifié a contrario les conservatismes qui travaillent les sociétés et ont même esquissé de nouvelles formes de domination.

A l'opposé également d'une vision qui généralise et homogénéise, qui fait du monde arabe un bloc indistinct sans différenciations historiques, culturelles et sociales, les travaux présentés ici montrent que ces mouvements sociaux, sont de nature différente, qu'ils relèvent de situations différentes, s'inscrivent dans des profondeurs historiques différentes et renvoient à des conditions différentes, conditions socio-anthropologiques, culturelles, politiques différentes.

Même si on peut relever quelques invariants dans les formes de pérennisation de la domination par des pouvoirs illégitimes, illégaux et autoritaires, voire dictatoriaux, La Libye n'est pas de ce point de vue le Yémen, l'Égypte est assez différente de la Tunisie, le Maroc de la Jordanie, la Syrie de l'Algérie.

Une transformation qualitative sur les dernière décennies. Une perspective générationnelle

L'espace temps inauguré par l'évènement fondateur qu'a été la mort de Bouazizi en Tunisie, marque de ce point de vue une transformation qualitative dans les formes et les modalités de la contestation dans l'aire culturelle. Si celle-ci peut relever de caractéristiques invariantes que l'on retrouve ici ou là, elle se manifeste néanmoins de manière différenciée selon les pays, ces différences expliquant les formes et les modalités variées des transformations observées. La mort de Bouazizi a été cet évènement fondateur qui a traduit là le refus, la rupture donc d'une jeunesse, inscrite dans les bruits du monde, confortée par les moyens modernes de diffusion, jeunesse qui s'émancipe des catégories du national, par des pratiques, codes et rites nouveaux ; se situant par certaines pratiques, par transfert, dans l'espace monde ou pour certaines catégories, dans l'ailleurs, la cité édénique à retrouver ici et maintenant.

On est entré à partir de la première décennie des années 2000, dans un mouvement générationnel plus large (Cf. le mouvement des indignés, Occupy-Wall Street etc...) de basculement vers de nouvelles demandes, de nouvelles façons d'être et de se représenter face au politique, à la paupérisation accrue de larges pans des sociétés, à la mal vie et aux dérives de la financiarisation du monde, d'autres façons, d'autres modalités de participation citoyenne qui sont en rupture avec les modes « traditionnels » de faire de la politique, d'exister, qui ont prévalus jusque là. Il y a en effet quelque chose de transversal dans l'expression et l'affirmation de ces mouvements sociaux. Ils s'inscrivent dans un moment générationnel identique (nous entendons ici génération dans le sens de l'approche qu'en fait Karl Mannheim[1], c'est à dire en tant que catégorie socio-historique – au-delà des effets d'âge – permettant de délimiter l'espace temps des expériences et des références communes, exprimant ou révélant un «air du temps», un «esprit d'époque», une même respiration idéologique, la même contemporanéité)... moment générationnel donc qui est en rupture avec le passé (passé définit dans l'aire culturelle en question ici, par le nationalisme décliné sous ses différentes formes national-développementaliste, nationalisme arabe, arabo-islamisme islamo-nationalisme).

On le voit, si l'on peut trouver çà et là « des affinités électives » entre pays et situations dans un espace temps « mondialisé », de basculement du monde, il est important de se défier de la généralisation hâtive et de conclusions arrêtées. Le texte de Sonia Dayan-Herzbrun invite à ce titre de sortir de l'épistémologie coloniale et d'une vision binaire du monde et des cultures. Il appelle à fonder une nouvelle épistémologie de la connaissance des sociétés du Sud. Il appelle au-delà des essentialismes qui font florès à définir et objectiver ce de quoi on parle. C'est dans la même perspective que s'inscrit l'analyse de Gérard Prévost qui relève « qu'utiliser le concept de « révolution » en Europe centrale ou supposer un « Monde arabe » et parler de « révolutions arabes » relève d'un exceptionnalisme méthodologique ». Le cadre général théorique et l'appareillage conceptuel venu du Nord doit être déconstruit et réinterrogé – Cf. l'article de Fernando Oliván López qui s'interroge sur les cadres culturels de l'Occident – en fonction des données historiques sociales et culturelles propres aux sociétés en question et plus particulièrement à chaque société.

De nouveaux acteurs

Cela ne peut être engagé sans enquêtes, sans connaissances issus des terrains. Ewa Szczepankiewicz-Rudzka relève à cet égard « que les chercheurs qui mènent les

[1]   K. Mannheim, *Le problème des générations* (1928), trad. G. Mauger, Paris 1990.

études sur les révolutions prennent rarement en considération les données démographiques dans l'étude des mouvements révolutionnaires ou des phénomènes associés, tels que les rébellions et les coups d'État ». Elle met à ce titre en exergue une des caractéristiques, qui est un pré-requis du changement, caractéristique présente dans le « monde arabe », celle de la jeunesse des populations concernées. Elle note « que les études réalisées par la Fondation *Population Action International* ont révélé que 80% des conflits mondiaux entre 1970 et 1999 ont commencé dans les pays où 60% de la population avait moins de 30 ans ». La force motrice est ici principalement la jeunesse, qui dans les pays « rabes représentent plus des trois-quarts de la population ».

La part centrale des populations jeunes est celle, à partir du milieu des années 80, tout à la fois celle des exclus, des catégories des déscolarisés issus des classes populaires formatés – cf. l'article de Donia Remili sur les phénomènes de violence à l'Ecole – par un système scolaire massifié en voie de désinstitutionnalisation et de retraditionnalisation et celle des jeunes diplômés de classes moyennes issus d'institutions internationalisées.

La jeunesse diplômée sans emplois, issue des classes moyennes inférieures et des classes populaires, apparaît à cet égard plus mobilisée dans les pays comme le Maroc (Cf. l'article de Khalid Mouna et sa composition du mouvement du 20 février), la Tunisie ou l'Égypte, que dans certains autres pays comme l'Algérie, la Lybie, le Yémen où les systèmes d'enseignement ont tardé à se réformer et à s'ouvrir. Le mouvement des diplômés chômeurs est plus ancien, plus organisé, plus actif, au Maroc que partout ailleurs. Dans le même moment où les pays qui ont vu les jeunes qui sont le produit d'institutions privées internationalisées de contournement des institutions publiques massifiées, que cela soit dans le mouvement de la place Tahrir, de la Tunisie des blogueurs, ou au Maroc dans le réseau du 20 février, intervenir de manière plus organisée, plus en lien avec d'autres catégories sociales, l'affirmation des jeunes algériens, produits d'une université massifiée anomique, apparaît plus débridée, plus hétérogène, plus erratique et coupée de toute forme de mobilisation organisée.

Cette jeunesse en action apparaît de plus en plus féminisée. C'est là une deuxième caractéristique d'expression de ces contestations. Si « cette participation des femmes à l'action politique dans le monde arabe n'a rien de nouveau » note Sonia Dayan-Hezbrun, « elle est devenue massive et extrêmement visible ». Les jeunes écrit Naima Chikhaoui « ont, non seulement défié la peur, mais ils/elles n'ont pas demandé l'autorisation au père ou à la mère pour sortir dans la rue ». Il y a là un processus d'émancipation de la famille, d'individuation, de volonté de se réaliser et de trouver du sens à sa vie.

Est posée ainsi de manière centrale la question des modes d'articulation de ces contestations de base, jeunes avec les catégories qui peuvent en coalescence leur donner sens et les faire passer à un niveau qualitatif. Et à au niveau le plus haut celles du rôle des élites et des États. Il y a à approfondir de ce point de vue les analyses et à développer les recherches sur l'échec de l'autonomisation du politique et plus particulièrement sur l'incapacité des intelligentsias à produire du sens qui puisse accompagner sinon préparer le changement social. Il y a donc à réfléchir sur les conditions de constitution des Intelligentsias et celle du champ intellectuel, sur les relations de celui-ci à l'espace politique, sur les fondements de sa faible autonomisation liée en grande partie au mode de production des intelligentsias dans les périodes avant les indépendances et de structuration des États nationaux indépendants, à leur rôle dans l'instrumentation et le contrôle des savoirs et de la culture. Ainsi la protestation au Maghreb ne peut se comprendre indépendamment d'une analyse de la formation et transformation des régimes politiques.

L'émergence de ces nouveaux acteurs n'est pas, elle-même, subreptice, elle s'inscrit au moins dans la moyenne durée. Ainsi dans le cas marocain Mohammed Dahiri relève t-il dans son article que « les grèves de mars 1965 et de juin 1981 à Casablanca ; de janvier 1984 à Nador et Marrakech ; de juin 2008 à Sidi Ifni au Sud du pays ; de décembre 1990 à Fès (vendredi noir) ; les grèves de l´Union Nationale des Etudiants Marocains (UNEM) depuis sa création en 1956; les grèves et manifestations des syndicats contre les bas salaires et la cherté de la vie; les sit-in des diplômés chômeurs depuis la création de leur association (ANDCM) en 1991; les manifestations et sit-in de l´Association Marocaine des Droits Humains (AMDH) depuis 1979 ; les manifestations du mouvement des femmes pour la modification du Code de Famille et du Code de la Nationalité Marocaine ; les mobilisations et sit-in des femmes soulaliyates dès 2007 pour la défense de leurs droits à l´héritage et pour lutter contre la loi coutumière inégalitaire (l Dahir datant du 27 avril 1919) ; les revendications du Mouvement Alternatif pour les Libertés Individuelles (MALI) créé en 2009 pour défendre les libertés individuelles et « pour faire entendre aux autorités que la religion est une conviction personnelle » ont fonctionné comme anticipateurs du mouvement du 20 février, avant de poursuivre « qu' on ne peut donc pas considérer le M20F comme évènement initiateur du mouvement protestataire de janvier-février 2011. Dans le cas du Maroc, il s´agit, d´un évènement qui a réactivé un potentiel de contestation en veille qui a trouvé dans les révoltes tunisienne et égyptienne de début 2011 les conditions de son renouveau. Le mouvement protestataire actuel est le prolongement, sous une autre forme, d´une activité de protestation déjà présente depuis l´indépendance du Maroc en 1956 ».

L'affirmation de ces « acteurs » a émergé ainsi à la faveur des annonces de démocratisation « concédées » par les régimes autoritaires à la faveur des crises des années 80 et des injonctions supranationales de restructuration et de libéralisation (Cf. Programmes PAS) et les luttes qu'elles suscitèrent. Elle a renforcé l'hybridation des régimes qui se sont ouverts à la critique exprimée par la libre intervention d'individus, notamment ceux issus des classes moyennes en situation de déclassement et des classes populaires en voie de sous-prolétarisation – dans un espace public en construction mais aussi par le développement de mouvements sociaux qui viennent relever et dénoncer l'arbitraire, et contenir la répression de l'État (apparition des Ligues de droits de l'homme). Cette transformation est appuyée par la libéralisation relative de la parole et du champ médiatique qui contribuent à desserrer l'étreinte de l'autoritarisme et permettre un renforcement de l'espace public, dans lequel s'affirme un mouvement associatif contraint mais néanmoins de plus en plus présent, et s'expriment de plus en plus des points de vue contradictoires. Ces mouvements, ont ainsi permis, l'amorce d'une autonomisation de certains groupes et catégories sociales du champ de l'intervention de l'État qui si elle est plus nette, dans certaines situations et pays, n'en est cependant pas moins « gélatineuse » et fragile à ce jour.

L'étude de ces processus de mobilisation sociale et politique appelle ainsi à inscrire l'analyse dans une démarche comparative qui tente de penser dans le même mouvement l'évolution des structures autoritaires et les dynamiques d'action collective protestataire sous des formes multiples, latentes et manifestes, temporaires, intermittentes et structurelles, micro-locales et globales.

De nouveaux répertoires d'action

Aussi bien le programme a-t-il été attentif à distinguer ce qu'il y a de nouveau dans l'affirmation de ces contestations portées par de nouveaux acteurs. Si en effet les mouvements sociaux dans le « monde arabe » portent comme dans de nombreuses régions du monde des revendications matérielles axées sur la redistribution des richesses et l'accès au travail, ils se distinguent de plus en plus pour bon nombre de mouvements par des revendications immatérielles de demande de justice sociale, de dignité, de reconnaissance de droits ou d'identités fondés sur la culture, les appartenances locales ou sociales, ou sur l'islam, qui occupent une place importante dans l'environnement contestataire.

Le trait caractéristique qui découle de la propriété de ces nouveaux mouvements sociaux tient en effet en ce que les référencements symboliques produits par les groupes contestataires n'ont pas une spécificité de classe mais se cristallisent sur les polarités d'une critique sociale qui les fait s'exprimer par un contenu à la fois particularisant, mais aussi dans certaines expressions, universalisant.

La dimension symbolique, portée par des revendications de dignité et de reconnaissance apparaît ainsi centrale. Elle se déploie sous de nouvelles formes de mobilisation et d'action, sous de nouvelles formes de création et de sociabilités. Les lieux, comme les mots d'ordres, les slogans, comme les bannières, les images comme les paroles ou les expressions corporelles, les codes comme les rites, les outils comme la toile ou les satellites, témoignent d'une inscription dans les bruits du monde mais également d'un enracinement local. La nouvelle place du local et le renforcement de la polarisation du rapport national/local marque ainsi une complexification des formes d'engagement protestataire. Cette complexification est d'autant plus grande que cette différence d'échelle dans le déroulement des formes contestataires peut prendre effet dans un même temps.

De ce point de vue le recours aux répertoires d'action se rapportant à l'islam comme religion et pratique sociale ne peut être abordée là aussi de manière générale et globalisante. Les mobilisations sur la base de celle-ci ou de ses référents les plus mis en avant sont diverses et différentes selon les contextes et les pays. Houaida Benkhater souligne à juste titre dans son texte que « l'islam doit d'abord être appréhendé comme une expérience religieuse humaine, donnant lieu à une pluralité d'usages par les acteurs sociaux concernés ». La citation que reprend Sonia Dayan-Herzbrun de Pierre Puchot dans Mediapart, selon laquelle « L'islamisme n'existe pas. En tant que concept unique, uni et indifférencié, c'est un mirage, un raccourci, une illusion intellectuelle bon marché », renvoie à la prise en compte des représentations, des référenciassions et des engagements in situ. Les formes de gestion et de contrôle étatique de l'islam étant différentes, elles expliquent par là même les différences dans les modalités et formes d'engagements des principales forces qui se revendiquent de la religion. Dans le contexte de ce qui est souvent affirmé rapidement et non sans arrière-pensées comme un «clash des civilisations», les travaux du programme se sont inscrits dans les ruptures avec les explications de caractère essentialiste, culturaliste. Il est en effet tout à fait erroné de substantialiser ce qui est le propre de processus socio-historiques tout à la fois contingents, spécifiques et généraux. A ce titre la question qui a été posée en premier lieu est celle de la place du religieux dans son rapport aux États qui l'instrumentalisent mais aussi aux groupes sociaux dont elle est une des ressources principales (Cf. les travaux du programme à San Giminiano publiés par l'université de Firenze). La question centrale relève ainsi de l'analyse au plus prés des sociétés des pratiques et des représentations du processus de sécularisation en œuvre et des conditions qui pourraient prévaloir dans l'enracinement de celle ci dans des sociétés historiques concrètes.

Les sociétés du Maghreb sont-elles inégalitaires et les femmes y ont-elles un statut dominé parce que le poids de la religion y est dominant? Ou bien parce que le patriarcat – et l'État qui s'en nourrit et l'exprime – se couvre du manteau religieux? On observe ainsi que les valeurs nationales et religieuses sont souvent invoquées pour justifier une violence constitutive des rapports sociaux. Violence multiforme comme si c'était le seul mode de communication pour des sociétés bloquées qui chercheraient dans le repli identitaire, culturel et/ou religieux, la réponse aux problèmes politiques, sociaux et économiques auxquelles elles sont confrontées. Les pratiques sociales sont pourtant relativement sécularisées et les lois de filiation islamique touchent essentiellement, pour ne pas dire exclusivement, les statuts personnels, le domaine familial et, par voie de conséquence, la place accordée aux femmes dans la société.

L'État en question : crise de l'État nation et crise des identités

C'est donc bien la place de l'État dans son rapport aux sociétés considérées qui nécessite d'être réinterrogée. La nécessité de comprendre la fragilisation, la faiblesse, le recul voire parfois le délitement des États du sud, aussi bien à travers la remise en cause de leur capacité redistributive, que des contestations qui mettent en question leur efficacité et leur légitimité, appelle à mieux repérer, dans les espaces territoriaux considérés, les processus à l'œuvre dans la phase antérieure de construction nationale et dans la phase actuelle de "dénationalisation". La faillite des États n'est sans doute pas la seule explication à l'amorce de processus de contestations ou de révolutions comme le note Ewa Szczepankiewicz-Rudzka, cependant force est d'admettre que c'est bien dans la nature sociopolitique de l'État et de ses rapports à la société que git une grande partie de l'explication des mouvements sociaux et des implosions des sociétés de l'aire culturelle. Ewa Szczepankiewicz-Rudzka énonce qu'une des caractéristiques de la révolution, « est le modèle ou le type des régimes qui s'effondrent, régimes dont la défaillance est probable » et elle remarque en s'appuyant sur les observations du politiste Robert H. Dix que les régimes où les soulèvements révolutionnaires avaient le moins de chances de se produire, étaient ceux dont le pouvoir et les revenus n'étaient pas concentrés au sein d'un clan étroit, contrôlée par un seul homme ».

L'analyse culturelle de la nature socio-politique de l'État, des régimes politiques et des pouvoirs, pour autant qu'elle puisse être relativisée, est essentielle dans la saisie de la singularité d'expression des formes politiques qui prévalent dans l'aire en question. L'invention du politique, même si elle s'est faite selon le même modèle que l'occident, n'a pas emprunté les mêmes chemins ici ou là et le modèle de l'État-nation pour autant qu'il soit universel est bien remis en cause ici plus qu'ailleurs. On ne peut ainsi faire valoir la notion de légitimité, construite en connexion avec l'État moderne, de manière indistincte, pour rendre compte des rapports au pouvoir et des représentations de celui ci dans le sud de la Méditerranée toujours marqué par la centralité de la religion alors même que la sécularisation apparaît travailler les sociétés en question.

Sans doute aussi y-a-t-il à revisiter les concepts de patrimonialisme et de néo patrimonialisme, qui n'ont d'ailleurs rien de spécifique ici puisque nombre de formes de domination patrimoniales peuvent être relevées dans différentes configurations culturelles, pour éclairer ce qui favoriserait les processus informels en cours, la faible institutionnalisation de larges pans des relations sociales et comprendre la nature des changements qui traversent ces sociétés.

L'État en effet ne peut être pensé qu'en rapport à la société et il s'agit de retrouver les différentes configurations États–sociétés selon la logique nationale qui leur donne sens et à ce titre les processus observés ne sont pas simplement théoriques mais historiques, aussi bien s'agit il d'historiciser les concepts opératoires. Il y a ainsi à s'interroger à partir des conditions qui ont prévalu dans la grande transformation, sur l'opérationnalité de concepts, comme société civile et de ses pré-requis, de démocratie et de ses pendants État de droit et mécanismes réglés de la représentation, dans ces situations historiques de transition instable. Ces notions deviennent galvaudées et sont toujours mise en avant pour signifier faussement que les populations dominées participent d'une certaine façon à la décision.

A l'opposé d'une vision développementaliste, et d'une approche essentialiste et homogénéisante d'un monde musulman indifférencié dominé par la religion, les travaux ici dont certains ne sont pas encore livrés, ne s'attachent pas seulement à une analyse de type causale de la construction des États sociaux nationaux et de ce qui les met en crise, mais à partir d'une approche socio anthropologique de terrain, ils tentent de saisir l'espace du politique dans ses relations multiformes avec les espaces sociaux à travers des pratiques sociales et politiques qui ne se laissent enfermer de manière univoque ni dans les catégories de la rationalité moderne ni dans les catégories culturalistes mais qui procèdent de bricolage de syncrétisme et de mixte.

L'État ne peut être réduit ici à la seule centralité politique et à une vision purement instrumentale ; l'analyse des réseaux sociaux au fondement des pouvoirs et du pouvoir, des modes d'existence des structures politiques leur correspondance ou non par rapport à celles de la société et aux cultures locales, la mise à jour des différentes ressources d'appui et les mobilisations qu'elles peuvent induire pour les différents groupes sociaux, les modes de communication prévalant dans les rapports entre centre et périphéries, éclairent concrètement les formes par lesquelles passent l'acceptation des règles organisant les rapports sociaux, le mode de fabrication de l'hégémonie, et à l'inverse comment se développent les mouvements de contre État, comment se manifestent les résistances et les oppositions à partir du centre ou de la marge.

C'est donc au delà d'une analyse de la localisation du pouvoir dans la mesure où tout à la fois il peut déborder l'espace de l'État-Nation en crise, comme se localiser au plus bas, celle de sa nature sociopolitique et plus encore celle de sa circulation, qui nécessite de le penser non comme attribut mais comme un système de relations, qu'une partie des formes de la domination et de sa contestation peut être éclairée. On parle « d'États faillis », « d'États Mameluks », « d'État profond », « d'État tribal », pour signifier que le type d'État n'a plus rien avoir avec les régulations et les intermédiations, voire avec la société elle-même, même s'il s'en nourrit de manière informelle.

Des réformes en leurre : réaménagements, consolidation de régimes autoritaires et délitement

Il y a en effet à expliquer ce qui prévaut dans le blocage de l'autonomisation de la sphère politique dans les pays au sud de la Méditerranée. De ce qui fait que l'État est nu et que seul est assumé sa fonction répressive. Les processus qui sont au fondement de cette autonomisation concernent dans le mouvement historique toutes les dimensions sociétales : économiques, juridiques, philosophiques, culturelles.

Ce sont ces États bloqués ou en processus de désinstitutionalisation que les contestations prennent de front. Les réactions vont ainsi aller de la répression brutale, en passant par des tergiversations, de la corruption et un contrôle souple sous l'œil d'une communauté internationale ambiguë, vers des réformes « aménage-ments » ou dans certains cas plus ou mois franches. René Gallissot note dans son analyse des émeutes au Maghreb que « les réformes précèdent ou suivent les émeutes (…) précisément par peur de l'émeute » avant de poursuivre « s'il y a émeute c'est que les réformes ne permettent pas l'alternative politique ; au contraire elles s'évertuent en donnant le change à en prévenir l'émergence ; elles annulent l'annonce de création ou d'élargissement d'espaces politiques en les surplombant ». Le texte de Ouelhadj Ferdiou portant sur les réformes constitutionnelles en Algérie illustre bien ces observations, à travers l'analyse de l'échec des premières réformes post quatre vingt huit et le laborieux projet de réforme constitutionnelle algerienne encore sur agenda depuis cinq ans. L'article de Belkacem Iratni intégrant les nouveaux rapports de force après le passage du quatrième mandat du président Bouteflika, relève « la fragilité » de la mise en place d'un consensus et les difficultés de ce qui pourrait constituer une transition politique vers un État plus démocratique. Alors que Rachid Tlemçani inscrit cette « pseudo-transition » par: « l'obstruction à l'émergence d'un contre-pouvoir ». Il faut selon lui « dépolitiser et déradicaliser par tous les moyens le conflit entre pouvoir prétorien et peuple et entre élites et masses populaires ». Il poursuit que « L'enjeu crucial, est de garantir, non pas la paix sociale comme prétendu, mais la durabilité et la pérennité d'un pouvoir politique appartenant à une époque révolue. Le mouvement social doit être détourné de sa trajectoire historique pour qu'il ne remette pas en cause les fondements de l'État profond ». Smail Debeche quant à lui relève la faiblesse de l'opposition, dont la plus grande partie est issue du système politique lui-même, pour pouvoir faire contre poids au pouvoir et l'amener à des réformes substantielles Il en est de même pour Maroc où les analyses de Noureddine Harrami, de Mohammed Dahiri et de Khalid Mouna vont dans le même sens, illustrant sur des terrains différents, la mise en place de procédés et de techniques de désamorçage de la contestation à travers la mise en œuvre de politiques de réformes contrôlées. L'État a réussi selon Harra-mi, « à sortir de la crise déclenchée par le Printemps arabe par la mise en œuvre de nouvelles institutions et de stratégies pour neutraliser et marginaliser les opposants et légitimer ses réformes. Les mobilisations de 2011 constituent un indicateur pertinent de la continuité du processus de verrouillage du champ politique ». Mohammed Dahiri relève quant à lui l'échec « du mouvement du 20 février à constituer une vraie alternative politique au pouvoir en place ». De manière générale, même si on prend acte de certaines réformes, la question de l'effectivité de la norme reste posée. Ainsi analysant le cadre juridique mis en place pour lutter contre les violences des jeunes dans les espaces dédiés au sport Djamel Zaaboub, s'interroge sur l'effectivité des textes dans la prévention et le contrôle de la jeunesse. On pourrait élargir le constat à tous les textes juridiques nouveaux qui n'ont aucun effet sur la réalité et qui sitôt édictés sont contournés par eux là même qui les produisent.

Le poids de la géopolitique : effets endogènes et pressions externes, une relation systémique

Enfin et un des effets étudiés ici et non des moindres, la part de la géopolitique régionale et internationale, du poids des variables externes dans leurs rapports aux variables internes, reste déterminante dans la compréhension de l'émergence des contestations, dans leur évolutions, dans la compréhension du moment de surgissement et du temps à venir. L'article d'Ewa Szczepankiewicz-Rudzka interroge à ce titre « l'impact » et le rôle des ONG, telles que l'Institut Albert Einstein fondé par Gene Sharp ou l'International Center, Nonviolent Conflict (ICNC), ou CANVAS sur la formation des mouvements révolutionnaires dans les régimes non démocratiques qui est selon elle difficile à estimer, car les formations ont un caractère secret ». Néanmoins, poursuit-elle, « on suppose que dès le début de son activité, les instructeurs serbes ont servi de conseillers aux membres de l'opposition de plus de cinquante pays ».

De la même façon les bouleversements qu'ont connu les pays du Sud sous l'effet des contestations ont bouleversé les équilibres socio-économiques et culturels, cassé les compromis sociaux et politiques qui prévalaient jusque là, mis à nu l'incapacité des États sociaux nationaux à formuler des réponses et à promouvoir les adaptations exigées par les nouvelles configurations socio-économiques à l'échelle locale nationale mais aussi régionale et internationale. De ce point de vue les pressions migratoires ont mis à l'épreuve autant les intentions, les discours que les pratiques des États et des groupes considérés. Le texte de Giovanna Campani et d'Afef Hagi montre bien comment les « révoltes arabes » redéfinissent les politiques européennes d'immigration et quel impact celles-ci ont eu sur la gestion des frontières. Elles concluent, réfutant l'argument « facile » de la montée des populismes, à un échec des politiques européennes, « échec d'un modèle imposé actuellement par les politiques économiques de l'UE qui ne sert pas à masquer des faits réels, l'échec d'un modèle économique, qui produit des millions de jeunes chômeurs en Europe de Sud et ne favorise que certains pays du Nord (en premier l'Allemagne) ». Derrière le constat de l'échec des politiques migratoires européennes, les conclusions de Giovanna Campani et Afef Hagi laissent entrevoir l'approfondissement des fractures européennes entre États, et groupes d'États, dont les rapports aux nouvelles migrations sont à l'extrême opposé, les uns des autres. Lors même que ces redéfinitions sont pourtant en cours, témoignant là aussi de processus contradictoires non achevés, comme d'ailleurs ceux qui affectent durablement le « monde arabe ».

Entre chaos et résistances, les luttes continuent, « le Printemps arabe » une histoire de longue durée

Pour être juste, la métaphore « du tremblement de terre » inattendu et dévastateur reprise par Ewa Szczepankiewicz-Rudzka à Jack Goldstone pour qualifier les révoltes arabes, devrait être élargie dans le sens où les répliques aussi dévastatrices sont toujours en cours d'activité. Le champ configuré par le séisme qu'a constitué la chute des dictatures, fait de ruines, de guerres ethniques, sectaires, de guerre de l'islam contre l'islam, ne cesse de s'élargir et de concerner au-delà des voisins des cercles de plus en plus larges. On est loin de ce qui a été médiatiquement célébré comme les prémices de la démocratisation d'un monde, sinon déclaré du moins vécu par beaucoup, comme définitivement non soluble dans la démocratie. Et ce sont souvent les mêmes analystes qui aujourd'hui, au-delà de la déploration convenue, retrouvant les stéréotypes essentialistes, renvoient les peuples et les sociétés à leur atavisme supposé et à ce qui seraient leurs spécificités culturelles explicatives de ces comportements d'un autre âge. Pour beaucoup d'observateurs, la célébration de la « mort du Printemps arabe » ne fait plus de doute devant la guerre qui se nourrit de la guerre, devant le chaos installé dans de nombreux pays, devant l'incertitude et les périls dans lesquels vivent les autres. Pareille sentence occultant la perspective de la longue durée semble tomber dans le même travers que celui d'accroire que la chute de quelques dictateurs était le gage de l'entrée en démocratie. C'est méconnaitre que l'on est dans un processus de longue durée qui prend ses racines dans les expériences passées et n'est pas prés de s'éteindre comme en témoignent les luttes qui ici ou là se sont développées depuis la chute des dictateurs. Face à des États contestés qui cherchent à se consolider, de nouvelles dynamiques sociales de revendications de droits sociaux, culturels et politiques et de nouvelles formes diverses d'actions collectives, émergent et s'affirment comme en témoignent en Algérie le mouvement social anti-gaz de schiste, le mouvement des chômeurs du sud, où comme en témoignent également les grèves, les sit-in, les manifestations dans les espaces universitaires et les entreprises, les manifestations contre les atteintes aux droits de l'homme, ici ou là, au Maroc en Tunisie et en Algérie. Les luttes continuent et les « réformes lifting » ne font guère illusion. Les répressions se conjuguent à l'exemplification par le cas des pays à la dérive, la Syrie, la Lybie, l'Irak, ou bien concomitamment par le recours aux théories du complot, pour tétaniser et geler toute contestation. Cependant la réalité est celle de populations de plus en plus libérées, notamment les jeunes, qui cherchent à se réaliser et à vivre dignement et librement. Pour autant ces luttes présentent les mêmes limites que celles qui étaient à l'origine du « Printemps arabe », absence de liens entre élites et intelligentsias et classes populaires, élites et intellectuels dont certaines restent agrafées aux États seuls pourvoyeurs de ressources, faiblesse de l'organisation, fragmentation, émiettement, faiblesse du travail de mobilisation. Le chemin vers plus de participation citoyenne, apparait long et incertain, fait de reculs et d'avancées, cependant chaque société arabe à l'image du modèle tunisien certes fragile mais combien emblématique, trouvera en son sein dans une durée plus ou moins longue, dans les luttes au jour le jour, les conditions de sortie des systèmes autoritaires.

Aïssa Kadri

(Professeur de sociologie, coordinateur du Programme européen FP7 – PEOPLE 2013-2016 : Social Movements and Mobilisation Typologies in the Arab Spring)

I.
PRINTEMPS ARABE :
Á LA RECHERCHE DE THÉORIES ET DE CONTINUITÉS /
ARAB SPRING: IN SEARCH OF THEORIES AND CONTINUITY

DOI: 10.12797.9788376386553.02

Ewa Szczepankiewicz-Rudzka[*]

Université Jagellonne, Cracovie, Pologne

Les mouvements de contestation du Printemps arabe à l'épreuve des théories de la révolution et démocratisation

Abstract :

Les pays de l'Afrique du Nord et du Moyen-Orient vivent depuis 2011 une situation historique. Cette région qui nous était fréquemment présentée comme résistante aux processus de changement dit démocratique, par cette vague de contestations sociales, a fait une preuve qu'il n'existe aucune raison culturelle, politique ou sociale, pour qu'elle reste en dehors de ce mouvement d'émancipation. Ces « révolutions » baptisées « le Printemps arabe » ou « Arabe'89 » font référence aux mouvements sociaux qui au cours du XIXe et XXe siècles ont touché un bon nombre des pays d'Europe. Ils incitent également à se demander si celles-ci s'inscrivent dans les cadres des théories de la révolution sociale et s'ils peuvent être examinés en s'appuyant sur les modèles jusqu' ici existants.

L'objectif de cet article sera entre autres de répondre à la question si c'était possible de prévoir les situations révolutionnaires dans les pays de MENA en s'appuyant sur les pronostics élabores par chercheures ainsi que différents instituts internationales.

Deuxièmement nous chercherons les explications théorétiques des phénomènes récents dans les pays arabes. Pour cela nous nous pencherons sur les travaux de J. Goldstone, qui divise les révolutions en fonction de quatre générations. La dernière partie de ce texte tentera à examiner la théorie de la troisième vague de la démocratisation et son application dans le cas du Printemps arabe.

---

[*]   Docteure en sciences politiques, maître de conferences à la chaire de Stratégie de Relations Internationales, Institut de Sciences Politiques et de Relations Internationales, Université Jagellonne à Cracovie.

Mots-clés : théories de la révolution, troisième vague de la démocratisation, J. Goldstone, S.P. Huntington.

Est-ce qu'on aurait pu prévoir le Printemps arabe ?

« Les études sur la révolution sont pareilles aux études sur les tremblements de terre » et tout comme les tremblements de terre, « les nouvelles révolutions nous surprennent ». Cette phrase de Jack Goldstone, un des spécialistes éminents en matière des phénomènes révolutionnaires, énoncée il y a 30 ans, reste toujours valable[1].

Les événements du Printemps arabe qui, depuis 2011 ont touché la majorité des pays du Moyen-Orient, ont surpris de nombreux observateurs de la scène politique et les sociologues des mouvements sociaux. En outre, aucun des représentants des sciences sociales ou des analystes politiques n'avait prévu les événements révolutionnaires de masse, qui à la fin de l'année 2010 et au début de 2011 ont touché la majorité des pays d'Afrique du Nord et du Moyen-Orient.

Les tentatives visant à prévoir les lieux éventuels où peuvent survenir des situations critiques ont été faites par de nombreux chercheurs, mais sans succès. En citant un pronostic imprécis des zones de troubles politiques, Jeff Goodwin rappelle l'Index des États Faillis (Failure states index) élaboré par le think tank américain *Found for Peace* en collaboration avec le magazine *Foreign Policy*[2]. Le taux de faillite des États est une mesure synthétique des variables telles que les indicateurs économiques, politiques, militaires dont la comparaison révèle des États faibles, en faillite qui, selon les auteurs, sont sujets à des crises politiques. En suivant la logique des auteurs, selon laquelle plus la position d'un État est inférieure dans le classement, plus il est menacé de crises politiques, nous pouvons déduire de la liste de l'année 2011 relative à 177 États, que les processus révolutionnaires devraient affecter les États tels que le Zimbabwe, le Nigeria, le Kenya, l'Ethiopie, l'Ouganda, le Cameroun, qui se sont trouvés parmi les 25 États dont les indicateurs suggéraient la faillite ou l'inefficacité des institutions étatiques. Le seul pays de ce groupe à haut risque où aient eu lieu des soulèvements révolutionnaires en 2011, était le Yémen, qui occupait la 13e place. L'Égypte et la Syrie qui avaient respectivement la 45e et la 48e places et qui étaient considérés comme stables, figurent à côté des États semi-démocratiques, plutôt stables, comme la Colombie ou les Philippines. Trois autres pays qui ont connu des crises et des changements révolutionnaires en février 2011, soit la Tunisie (108), la Libye (111) et le Bahreïn (129) – figurent à côté des États stables, tels que la Croatie, le Brésil, le Chypre et le Koweït[3].

[1] J. Goldstone, « The comparative and Historical Studies of Revolutions », *Annual Review of Sociology* 1982, n° 8, pp. 172-188.

[2] J. Chodak, « Czy mogliśmy przewidzieć arabską wiosnę? », [à :] *Społeczne światy wartości. Księga pamiątkowa z okazji 70. jubileuszu prof. dr hab. Józefa Styka*, A. Kolasa-Nowak, W. Misztal (red.), Lublin 2012, pp. 171-178.

[3] Found for Peace, Failed states index 2011: [en ligne] http://ffp.statesindex.org/rankings-2011-sortable, 15 octobre 2014.

On peut voir que l'Indice des États Faillis ne parvient pas à prévoir les crises politiques dans le monde. Sa faiblesse réside dans le choix sélectif des indicateurs. Il est vrai qu'il comporte des facteurs qui, à long terme, peuvent conduire à une explosion : le démantèlement de l'infrastructure de l'État et de l'infrastructure civile, l'effondrement de l'économie, la croissance de la population. Cependant, dans l'examen de ce dernier facteur on ne prend pas en compte des facteurs tels que le niveau d'éducation, l'ampleur du chômage chez les diplômés, le sentiment subjectif du mécontentement social, de la dignité personnelle ou du blocage des opportunités dans la vie – soit des variables qui, dans le cas de la recherche du modèle déductif – nomologique de la révolution dans le monde arabe, se sont révélées cruciales[4].

Les chercheurs qui mènent les études sur les révolutions prenaient rarement en considération les données démographiques dans l'étude des mouvements révolutionnaires ou des phénomènes associés, tels que les rébellions et les coups d'État. J. Goldstone est l'un des rares chercheurs qui en a rendu compte. L'auteur observe que les États dans la phase de modernisation parfois ne disposent pas d'institutions compétentes pour faire face aux conséquences négatives de l'explosion de la démographique. Une mauvaise stratégie peut impliquer la crise financière de l'État, la division et l'aliénation des élites, le potentiel croissant de mobiliser les masses[5].

Les études réalisées par la Fondation *Population Action International* ont révélé que 80% des conflits mondiaux entre 1970 et 1999 ont commencé dans les pays où 60% de la population avait moins de 30 ans[6]. La violence en politique est favorisée par les phénomènes tels que la grande « poussée de jeunesse » (*youth bulge*). Il en est de même, lorsque la population des jeunes diplômés augmente et que les possibilités de promotion offertes aux élites politiques et économiques sont limitées. Si le surplus de jeunes gens instruits n'est pas absorbé, le chômage peut conduire à la frustration et devenir l'un des phénomènes de déstabilisation dans chaque système. La croissance rapide du nombre de gens instruits due au processus de la démocratisation rapide de l'enseignement, a précédé les cas historiques des bouleversements politiques[7]. Tous les pays arabes où ont eu lieu les soulèvements révolutionnaires, survenus dans les années 2010-2012, avaient connu au cours des dernières années une brusque croissance de la population instruite. Selon la Banque mondiale, le Moyen-Orient se caractérise par la plus rapide croissance de la scolarité et par le niveau le plus élevé de chômage parmi les jeunes (25%, avec une moyenne mondiale de 14%). Le taux de chômage est plus élevé chez les plus instruits. En Égypte, en 2008 les jeunes qui ont fait des études secondaires ou supérieures, représentaient 95% de ce groupe d'âge[8].

---

4   J. Chodak, « Czy mogliśmy… », p. 174.
5   J. Goldstone, *Revolutions and rebellion in the Early Modern World*, Berkley 1991, p. 128.
6   E. Knickmeyer, « The Arab World's Youth Army », [à :] *Revolution in the Arab World: Tunisia, Egypt and the Unmaking of An Era*, M. Lynch, S.S.B. Glasser, B. Hounshell (ed.), New York–London 2011, pp. 122-126; J. Chodak, « Czy mogliśmy… », p. 175.
7   A. Bayat, « A new Arab street in Post Islamic Times », [in:] *Perspectives* 2011, n° 2, pp. 50-53.
8   D. Shehta, « The fall of the Pharaoh. How Hosni Mubarak's Reign came to the End », *Foreign Affairs* Vol. 10, 2011, no 3.

Nos recherches sur l'effet du facteur de « poussée de jeunesse » sur la stabilité des systèmes des pays arabes nous ont conduit vers l'ouvrage d'Emmanuel Todd et d'Youssef Courbage (*Le rendez-vous des civilisations*, 2007). Ces démographes ont essayé de prévoir le temps et le lieu de déclenchement de la révolution, en tenant compte des indicateurs démographiques. En observant certains phénomènes démographiques dans le monde arabe, relatifs à la transition démographique (mortalité infantile, taux d'alphabétisation, reproduction), ils ont prévu, d'une certaine manière, les troubles auxquels ces phénomènes peuvent conduire.

Les thèses de Y. Courbage et d'E. Todd peuvent être controversées. Pour les auteurs de l'ouvrage susmentionné, la propagation de l'éducation est un facteur clé de déstabilisation dans le monde arabe, plus important que les facteurs économiques[9]. Toutefois, il convient de noter que l'éducation massive des jeunes était le symbole de la modernisation des pays postcoloniaux, tels que l'Égypte et la Tunisie. La formation, en particulier celle de niveau supérieur, permettait une promotion sociale. Le diplôme universitaire signifiait le prestige et la garantie d'emploi dans le secteur public[10]. Chaque année, des foules de jeunes gens instruits sortaient des universités (en Égypte environ 500 milliers par an) et le marché n'était pas en mesure de les absorber à long terme.

Les travaux sur la démographie du monde arabe menés par Y. Courbage et E. Todd ont une valeur explicative par rapport aux événements révolutionnaires en Afrique du Nord et au Moyen-Orient, mais non celle de pronostic. Les auteurs ont révélé des tendances démographiques qui, selon eux, devraient conduire à des bouleversements sociaux. Cependant leurs études n'ont pas permis d'indiquer d'une manière univoque quand les transformations rapides allaient commencer[11].

Le Printemps arabe vu à la lumière des théories de « quatre générations de la révolution » de J. Goldstone

En cherchant un cadre théorique pour expliquer la séquence des événements dans les pays arabes qui sont passés dans la conscience collective sous le nom de Printemps arabe, il faut nous référer à la classification de J. Goldstone qui présente synthétiquement les courants précédents de la recherche sur les phénomènes de la révolution, répartis en quatre générations.

Les chercheurs de la première génération, notamment Gustave Le Bon, Charles A. Ellwood ou Pitirim Sorokin ont cherché à identifier les phases principales du

---

[9]   L'auteur se réfère aux conclusions de l'historien britannique Lawrence Stone qui a observé la relation entre le niveau d'alphabétisation et les désordres sociaux en Angleterre dans les XVIᵉ et XVIIᵉ siècles: Y. Courbage, E. Todd, *Le rendez-vous des civilisations*, Paris 2007, p. 153.

[10]   S. Chiffoleau, *Sociétés arabes en mouvement. Trois décennies de changements*, Paris 2012, p. 119.

[11]   J. Chodak, « Czy mogliśmy… », p. 177.

processus révolutionnaire ou à décrire les changements sociodémographiques causés par elles. Cette période, entre les années 1900 et 1940 se caractérisait par une approche descriptive par rapport aux grandes révolutions concrètes : la Révolution française du XVIIIᵉ siècle ou la Révolution russe des premières décennies du XXᵉ siècle[12].

La deuxième génération des théories remonte aux années 1940-1975. Les chercheurs des phénomènes sociaux de ce courant ont eu recours au concept de la théorie du comportement social en psychologie et sociologie. Les phénomènes de la révolution étaient perçus en tant qu'effet secondaire des processus de modernisation, conduisant à un déséquilibre dans le système social ou aux tensions structurelles. On soutenait que les processus de modernisation impliquaient une augmentation des attentes sociales qui visaient à satisfaire différents besoins. Dans les cas de stagnation ou d'un brusque effondrement économique, ces besoins accrus ne peuvent plus être satisfaits ce qui peut donner lieu à un sentiment de frustration, « privation relative », menant à la révolution[13]. Afin d'expliquer l'avènement de la révolution d'une manière adéquate, il était nécessaire de tenir compte de la perception et du comportement de l'individu. L'adaptation du behaviorisme entant que l'approche de recherche dans le domaine des sciences politiques, a contribué à la naissance des courants psychologiques dans la théorie de la révolution. Ces courants ont eu recours aux théories adoptées précédemment dans le domaine des sciences sociales, notamment celles de frustration-agression. Les théories les plus influentes de cette tendance ont été développées par James Davis dans son concept de la Courbe J[14] (*Toward a Theory of Revolution*, 1962) ou bien par Ted Robert Gurr (*Why Men Rebel*, 1970).

---

[12]   Pour en savoir plus : i d e m, *Teorie rewolucji w naukach społecznych*, Lublin 2012, p. 290.

[13]   J. G o o d w i n, « Revolution and revolutionary movements », [à :] *The handbook of Political Sociology: States, Civil Societies and Globalization*, R. Alford et al. (eds.), Cambridge–New York 2005, p. 840.

[14]   Davis, en se référant à la théorie frustration-agression observe qu'une révolution peut éclater le plus facilement dans la situation où une assez longue période de développement économique et suivie d'une courte période de régression rapide. Au cours de la première période dans l'esprit du public naît la conviction qu'il existe des possibilités permanentes pour satisfaire les besoins en croissance constante, par contre, dans la deuxième période – le sentiment d'anxiété et de découragement, si la réalité actuelle ne correspond pas à la réalité attendue. Dans le modèle théorique de Ted Robert Gurr, la variable explicative correspond à une privation relative qui est définie comme une inadéquation ressentie entre les valeurs disponibles et celles attendues. Gurr distingue trois types de privation relative : la privation décroissante (decremental deprivation) qui se produit lorsque les besoins prévus de groupe restent relativement constants mais ils sont accompagnés par une décroissance de capacité de les satisfaire ; la privation d'aspiration (aspirational deprivation) qui est caractérisée par une augmentation des attentes de satisfaire les besoins (aspirations en croissance) en absence d'évolution de la capacité de les réaliser ; la société est frustrée parce qu'elle ressent ne plus avoir de ressources pour répondre aux nouveaux besoins ou aux besoins intensifiés ; la privation progressive (progressive deprivation) qui est une combinaison des deux circonstances précitées : les aspirations stimulées et en croissance rapide sont accompagnées par

Les théories de frustration-agression apportent l'explications du phénomène de la révolution dans la région MENA au XXIe siècle. Les processus de modernisation des pays arabes, liés à la propagation de l'éducation, à l'ouverture de l'économie, à une libéralisation politique réglementée, au progrès dans le domaine de l'accès à l'information et aux moyens de communication de masse, ont suscité parmi des jeunes des 'aspirations que les États, à la suite de nombreux facteurs négatifs (crise économique en 2008, problèmes démographiques, faiblesse institutionnelle de l'État) n'ont pas été en mesure de réaliser.

Les études sur la théorie de la révolution de la troisième génération sont moins pertinentes pour décrire et expliquer les phénomènes auxquels nous nous intéressons dans cet article. Cette approche valorise de nouveaux facteurs dans les études sur la révolution. Elle ne se concentre plus sur les masses révolutionnaires – sujet de la révolution – mais sur l'État. L'approche centrée sur l'État (state-centred approach) suppose que l'État est une structure relativement autonome qui a un impact important sur les phénomènes sociaux et économiques. Les représentants du troisième courant, Charles Tilli, Telda Skocpol et Jeffery Paige cherchent plus à prendre en compte le rôle de l'État, le contexte international, les communautés paysannes ou l'armée dans le processus révolutionnaire.

Dans les années 80 et 90 du XXe siècle a commencé à émerger une nouvelle approche synthétique dans les recherches sur le phénomène de la révolution. Les théories antérieures ont dû faire face à de nouveaux événements révolutionnaires qu'elles n'étaient pas en mesure de définir. Ces études ne visaient plus les révolutions en général, mais les révolutions concrètes, dans certaines sociétés définies, le plus souvent comme étant du tiers-monde ou « périphériques », notamment la révolution de 1979 en Iran, les révolutions en Amérique latine dans les années 70 et 80 (Nicaragua, Cuba, Philippines) et l'Automne des nations en Europe de 1989[15]. L'approche des études sur la révolution de la quatrième génération combine les meilleures caractéristiques des approches précédentes, de la deuxième et troisième génération. Les chercheurs travaillant sur les phénomènes sociaux (Jeff Goodwin, John Foran, John Wolton) ont cherché d'une part à identifier les acteurs, d'autre part, à définir le rôle que la religion, les valeurs, les aspirations ont joué dans le déclanchement de la révolution. Les mécanismes générés par les organismes étatiques et le facteur de motivation – facteur humain, ont été étudiés d'une manière complémentaire, en tenant compte de l'environnement externe et du contexte international. Cette étude multifactorielle considérée comme une approche étagée, constitue actuellement le modèle en vigueur, le paradigme des recherches contemporaines sur les révolutions.

Une des caractéristiques de la révolution dans l'approche de la quatrième génération est le modèle ou le type des régimes qui s'effondrent (régimes dont la

---

une détérioration soudaine des conditions de vie. Pour en savoir plus : J. Chodak, *Teorie…*, p. 290.

[15]   *Ibid.*, p. 178.

défaillance est probable). En basant sur l'analyse des gouvernements sud-américains, Robert H. Dix a observé que les régimes où les soulèvements révolutionnaires avaient moins de chances de se produire, étaient ceux dont le pouvoir et les revenus n'étaient pas concentrés au sein d'un clan étroit, contrôlée par un seul homme[16]. Dans ces régimes, l'économie est soumise à une intervention importante du gouvernement, mais seulement afin d'obtenir des ressources pour le compte du dictateur et de ses partisans[17]. Les révolutionnaires se révoltent généralement contre les régimes décrits comme patrimoniaux ou sultaniens[18]. Ce type de système a été considéré par de nombreux théoriciens comme particulièrement sensible à la formation des coalitions révolutionnaires. En cherchant les raisons de la Révolution de jasmin en Tunisie, de nombreux auteurs mettent en avant l'épuisement du modèle décrit comme le capitalisme patrimonial, dans lequel la loyauté des citoyens existait en échange d'une garantie de la stabilité économique et sociale. En d'autres termes, la subordination de la société était assurée par la prestation de certains services par l'État, tels que : éducation, prestations pour la santé, emploi dans le secteur public, privilèges économiques, garantie d'approvisionnement en produits de base, subvention des produits alimentaires, etc. Le pacte de stabilité spécifique faisait que le contrôle politique de l'économie demeurait à un haut niveau et les interactions informelles entre l'État et le secteur des entreprises dominaient sur les relations formelles et les règles de droit[19].

Au cours des dernières années, on peut observer la formation d'un nouveau modèle de changement révolutionnaire, dont l'essence est la stratégie de lutte non armée et les objectifs associés aux valeurs démocratiques. Mark Thompson parle des révolutions démocratiques qui peuvent être comprises comme un soulèvement pacifique spontané, basé sur les milieux urbains et, en grande partie, sur la classe moyenne. Elles conduisent à la chute des dictateurs et mettent en marche le processus de changement dont résulte finalement la consolidation de la démocratie[20].

---

[16]   L'auteur a analysé les régimes en Amérique latine. Dans les pays relativement ouverts (Bolivie, Argentine) les régimes étaient stables. A Cuba ou au Nicaragua, où les régimes étaient corrompus et répressifs, ils ont été triomphalement renversés ; R.H. Dix, « Why revolutions succeed and fail », *Polity* Vol. 3, 1983, n° 16, pp. 423-446, [en ligne] http://dx.doi.org/10.2307/3234558, 15 octobre 2015.

[17]   J. Chodak, *Teorie...*, p. 180.

[18]   Une autre expression pour décrire les systèmes dans le monde arabe, dont celui de la Tunisie c'est « régime néo-patriarcal », qui est une version moderne du sultanat patriarcal, basé sur la primauté des réseaux personnels, structuré autour d'un chef, au détriment des institutions formelles de type représentatif. *La Tunisie de Ben Ali. La société contre le régime*, O. Lamloum, B. Ravanel (éd.), Paris 2004, p. 284, *Les Cahiers des Confluences*.

[19]   O. Schlumberger, « Structural reform, economic order and development: patrimonial capitalism », *Review of International Political Economy* Vol. 15, 2008, n° 4, p. 86, [en ligne] http://dx.doi.org/10.1080/09692290802260670, 15 octobre 2015.

[20]   M. Thomson, « Whatever Happened to Democratic Revolutions », *Democratizations* 2010, n° 10, pp. 22-26; J. Chodak, *Dyfuzja strategii rewolucyjnych i kontrrewolucyjnych w czasie Arabskiej wiosny*, [à :] *Fale Tsunami. Kontestacja arabska w latach 2010-2013*, R. Potocki, M. Piskorski, W. Hładkiewicz (red.), Warszawa 2013, pp. 349-369.

La revendication des fins politiques constituait une caractéristique des mouvements révolutionnaires dans les pays arabes. Leur objectif était de priver les gouvernants du pouvoir, d'éliminer la corruption et le népotisme ainsi que de changer la culture politique.

Bien que les facteurs de nature économique se mettent en première place, en particulier dans l'analyse de la révolution en Égypte et en Tunisie, les slogans politiques ne passent pas inaperçus. Les revendications « pain et liberté », au sens symbolique signifient le refus de l'humiliation, la répression et l'injustice qui ont accompagné les décennies des régimes autoritaires, marqués par la corruption massive, le népotisme, l'absence d'État de droit, de transparence politique et l'abus de pouvoir. Ces slogans réfèrent aux valeurs universelles de liberté, de dignité, de droits humains et de droits civiques.

A *contrario*, la stratégie de la lutte non-violente s'est avérée moins efficace à l'ère du Printemps arabe. Face à la brutalité écrasante des régimes surtout en Syrie, Libye mais également en Égypte le combat pacifique a été abandonné. Néanmoins, on suppose que les instructeurs serbes de l'organisation Canvas ont servi de conseillers aux membres de l'opposition égyptienne du Mouvement du 6 avril qui acquit non seulement la stratégie et les tactiques du combat non violent, mais aussi la logo de poing fermé, caractère original d'Otpor serbe[21].

Théories de quatre générations de J. Goldstone

1ère génération	2e. génération	3e. génération	4e. génération
1900-1940 -approche descriptive par rapport aux grandes révolutions concrètes (française, russe)	1940-1970 -recours au concept de la théorie du comportement social d'individu en psychologie et sociologie.	1970-1980 -l'approche centrée sur l'État (state-centred approach)	1980- -étude multifactorielle de la révolution

---

[21]   Les fondements théoriques de cette stratégie non violent ont été systématiquement présentés par le politologue américain, Gene Sharp dans les années 70. Cependant, ce n'était que la révolution en Serbie de l'année 2000 qui a marqué un tournant dans l'adoption du concept de combat non violent. Au cours de la décennie suivante, grâce à la coopération des révolutionnaires de l'organisation serbe Otpor avec les militants de l'opposition dans d'autres pays, a eu lieu une propagation de la nouvelle « méthodologie » révolutionnaire. En 2004 les Serbes ont fondé le Centre for Applied Non Violent Actions and Strategies (CANVAS), qui visait, en plus des activités d'information, l'organisation d'ateliers de formation pour les révolutionnaires potentiels. L'impact du CANVAS sur la formation des mouvements révolutionnaires dans les régimes non démocratiques est difficile à estimer, car les formations ont un caractère secret. Néanmoins, on suppose que dès le début de son activité, les instructeurs serbes ont servi de conseillers aux membres de l'opposition de plus de cinquante pays. Voir : J. Chodak, *Dyfuzja strategii rewolucyjnych...*, pp. 349-369.

1ère génération	2e. génération	3e. génération	4e. génération
-identification les phases principales du processus révolutionnaire -déscription les changements socio-démograp. quels causés par elles	-les révolution perçus en tant qu'effet secondaire des processus de modernisation, conduisant à un déséquilibre dans le système social ou aux tensions structurelles -théories des de « privation relative » et de frustration-agression	-l'état est une structure relativement autonome qui a un impact important sur les phénomènes sociaux et économiques -valorisation de nouveaux facteurs dans les études sur la révolution (état, armée, contexte international, les communautés paysannes	-combination les caractéristiques de l'approche structurée (de l'approche centrée sur l'État et le contexte international), tout en tenant compte du facteur des actions de l'homme (quelle fonction dans sa mobilisation jouent les valeurs, les aspirations et les croyances.
(Gustave Le Bon, Charles A. Ellwood Pitirim Sorokin)	(James Davis, Robert Gurr)	(Charles Tilli, Telda Skocpol, Jeffery Paige)	(Jeff Goodwin, John Foran, John Wolton, Jack Goldstone)

Source: J. Chodak, *Teorie rewolucji w naukach społecznych,* Lublin 2012.

Le Printemps arabe s'inscrit-il dans la théorie de la troisième vague de la démocratisation de Samuel Huntington ?

Le Printemps arabe a relancé le débat sur la convergence des événements en Afrique du Nord et au Moyen-Orient avec d'autres événements historiques. Le terme « tsunami », utilisé dans le contexte du Printemps arabe, en tenant compte du fait que la révolution a commencé en Tunisie et s'est propagée à d'autres pays de la région, évoque la théorie de trois vagues de démocratisation de Samuel P. Huntington.

Le politologue américain, dans son livre de 1991 intitulé *Troisième vague de démocratisation*, a exposé sa théorie des vagues de démocratisation, soit des séquences de changements systémiques, survenant dans une période de temps spécifiée. Selon l'auteur, la transition du régime autoritaire vers la démocratie, peut également prendre la direction opposée, ce qui signifie qu'avec les phénomènes de libéralisme et de pluralisme politique, peuvent également apparaître des phénomènes opposés, tels que les autoritarismes ou les dictatures. Une série de changements, soit la vague, est évaluée comme démocratique dans la mesure où les tendances d'opposition (retrait de la vague), soit le retour à des régimes autoritaires sont moins nombreux et le bilan de la démocratisation est positif[22].

---

[22] S.P. Huntington, *The third wave: democratization in the late twentieth century,* Norman 1991.

Selon S. P. Huntington les périodes particulières sont les suivantes : d'abord, la première, longue vague de démocratisation de 1828 à 1926 ; le premier retrait de la vague de démocratisation de 1922 à 1942 ; la deuxième, courte vague de démocratisation de 1943 à 1962 ; le deuxième retrait de la vague de démocratisation de 1958 à 1975 ; la troisième vague de démocratisation persiste, selon l'auteur, depuis 1974.

La première vague avait ses racines dans les révolutions – américaine et française. Les États-Unis ont commencé le processus de démocratisation vers l'an 1828. La Suisse, les domaines britanniques, la France, le Royaume-Uni et quelques moindres pays européens ont fait la transition vers la démocratie avant la fin du XIXᵉ siècle. Un peu avant le déclenchement de la Première Guerre mondiale, l'Italie et l'Argentine ont introduit les régimes plus ou moins démocratiques. Après la guerre, les nouveaux pays indépendants, tels que l'Irlande, l'Islande, étaient démocratiques, il y avait aussi des mouvements de masse vers la démocratie dans les pays, anciens empires déchus des Romanov, des Habsbourg et des Hohenzollern. Au début des années 30, juste après la fin de la première vague de démocratisation, l'Espagne et le Chili ont rejoint la catégorie des États démocratiques. Au total, pendant cent ans, plus de trente pays ont mis en place au moins des institutions démocratiques nationales minimales.

La tendance dominante dans le développement de la situation politique dans les années vingt et trente du XXᵉ siècle était le recul de la démocratie et le retour aux formes traditionnelles de l'autoritarisme ou d'autres régimes totalitaires. Le premier retrait de la vague de démocratisation a commencé par la marche sur Rome de Mussolini en 1922. Ensuite, les coups d'État militaires en Pologne, en Lituanie, en Lettonie et en Estonie, le renforcement de la dictature en Yougoslavie et en Bulgarie et l'accession d'Hitler au pouvoir en 1933 qui a aboli la démocratie non seulement en Allemagne, mais aussi en Autriche et en Tchécoslovaquie, ont impliqué des changements radicaux.

La deuxième vague de démocratisation a commencé pendant la Seconde Guerre mondiale. L'occupation de l'Allemagne de l'Ouest, de l'Italie, de l'Autriche, du Japon et de la Corée par les forces des Alliés occidentaux a stimulé la formation d'institutions démocratiques. À la fin des années quarante et au début des années cinquante la Turquie et la Grèce se sont tournées vers cette forme de gouvernement. En Amérique latine, l'Uruguay est revenu à la démocratie, encore pendant la guerre, et le Brésil et le Costa Rica s'y sont orientés vers fin des années quarante. En Argentine, en Colombie, au Pérou et au Venezuela – les élections en 1945 et 1946 ont donné le pouvoir aux gouvernements issus des élections générales. Cependant, la pratique démocratique s'est avérée instable et a été remplacée par la dictature au début des années cinquante. L'effondrement du colonialisme a donné naissance aux démocraties en Afrique et en Asie du Sud-Est. Au début des années soixante ces processus ont ralenti et des retours à l'autoritarisme se sont produits dans la plupart des pays d'Amérique latine et d'Asie. En Grèce, un coup d'État s'est opéré en 1965 et en Turquie en 1960.

La troisième vague de démocratisation tout d'abord a vu le jour en Europe du Sud. Trois mois après le coup d'État au Portugal (la chute de la dictature de Salazar à la suite de la Révolution des œillets), le gouvernement militaire qui dirigeait la Grèce depuis 1967, s'est effondré. En Amérique latine les retours à la démocratie ont eu lieu dans les années 70 et 80. Durant cette période, la famille des pays démocratiques a été également rejointe par l'Inde, le Pakistan, les Philippines, la Corée du Sud, le Taiwan et la Turquie.

À la fin de la décennie une vague de démocratisation a conquis le monde communiste. En 1988, la Hongrie a commencé le processus de transition vers un système multipartite. Dans les derniers mois de 1989 années se sont effondrés les régimes communistes en Pologne, en Allemagne de l'Est, en Tchécoslovaquie et en Roumanie, et en 1990, le gouvernement communiste de la Bulgarie a commencé le processus de libéralisation.

Les vagues de démocratisation et le retrait des vagues de démocratisation suggèrent dans certaine mesure l'existence des cycles de « deux pas en avant, un pas en arrière ». Au sommet des deux vagues de démocratisation 45,3% et 32,4% des pays du monde entier étaient des démocraties. Dans la troisième vague, après la transformation du Portugal, les changements ont englobé le monde entier, au cours desquels une trentaine de pays sont passés de l'autoritarisme à la démocratie, et au moins une vingtaine d'autres a été touchée par la vague de démocratisation[23].

L'inclusion des événements du Printemps arabe dans le débat actuel sur les vagues de transformation de Huntington reste un phénomène isolé dans les études des sciences politiques sur les transformations dans le monde arabe. Une réflexion sur la possibilité d'incorporer le Printemps arabe dans la théorie de Huntington est envisagée par : Ali Sarihan, Philip N. Howard et Muzammil M. Hussain et Muhamad S. Olimat[24]. Bien sûr, la tentative d'adapter la théorie de démocratisation au monde arabe peut être considérée comme douteuse. Maintenant, il faut se poser la question s'il est raisonnable d'envisager la théorie de démocratisation de Huntington en application aux pays engouffrés dans les révolutions du Printemps arabe, et si nous pouvons attribuer le nom de la démocratie, à toutes les révolutions dans cette partie du monde. Dans l'optique de cinq ans après le soulèvement révolutionnaire, seule la Tunisie, de plusieurs pays révoltés, est entrée dans la voie de la transformation démocratique. L'avenir politique de la Libye, de la Syrie est incertain, voire pessimiste. L'Égypte est revenu au système autoritaire. Le rapport de l'organisme Freedom House qui évalue les pays en termes de degré de démocratisation indique clairement que seule la Tunisie a changé de système ; classée comme « partiellement libre » par le classement de Freedom House en 2010, elle a évolué,

---

[23]   Idem, « Democracy's Third Wave », *Journal of Democracy* Vol. 2, 1991, n° 2, pp. 12-34.
[24]   A. Sarihan, « Is the Arab Spring in the Third Wave of Democratization? The Case of Syria and Egypt », *Turkish Journal Of Politics* Vol. 3, 2012, n° 1, pp. 67-85; M. Olimat, « The Fourth Wave: Revolution and Democratization in the Arab Middle East », *Journal of International Women's Studies* Vol. 12, n° 2/3, 2011, pp. 1-6.

en devenant un état « libre » en 2014. Quant à d'autres pays du Printemps arabe, le statut de « manque de liberté » a persisté dans le cas de la Libye, de l'Égypte, de l'Algérie, du Bahreïn et du Yémen, et celui du pays « partiellement libre » dans le cas du Maroc[25].

D'autre part, en restant fidèle à la théorie et aux explanans de la troisième vague de démocratisation, il n'est pas difficile de voir que parmi les 30 pays concernés par le troisième cycle de changement, seulement dans quelques-uns s'est opérée une transition directe d'un système autoritaire stable à un système démocratique stable. Dans de nombreux pays, a été utilisé le modèle de démocratie alternée (l'Inde, les Philippines dans les années 70) ou bien le modèle de « deuxième essai », dans lequel le système n'a pas fonctionné, parce que le pays manquait d'une base sociale pour la démocratie, mais il a réussi à prendre racine dans la prochaine tentative. Il n'est pas exclu, bien que peu probable, que ces modèles d'une démocratie reportée soient applicables aux pays arabes.

L'examen des phénomènes des changements de système qui progressent depuis des années 70 et ceux du début de la deuxième décennie du XXIe siècle dans les pays arabes, en tant qu'un certain continuum, exige de poser la question suivante. Est-ce que les transitions de système, les situations révolutionnaires découlent des prémisses semblables ?

Dans la période de 1974 à 1990 cinq facteurs ont joué un rôle clé dans la transition démocratique[26] :

1. L'aggravation des problèmes de légitimité des régimes autoritaires dans le monde où les valeurs démocratiques sont largement reconnues, la dépendance de ces régimes de la légitimité basée sur les réalisations qui minaient les échecs militaires et économiques ;
2. La croissance économique sans précédent des années 60 qui dans de nombreux pays a conduit à l'élévation du niveau de vie et de l'éducation, ainsi qu'à une forte augmentation du nombre de classe moyenne urbaine ;
3. L'évolution de la doctrine et des activités de l'Eglise catholique et la transformation des églises nationales, défenseurs du statu quo en adversaires de l'autoritarisme et partisans des réformes sociales, économiques et politiques.
4. Changements en politique des acteurs mondiaux, principalement des États-Unis, de l'URSS et des Communautés européennes ;
5. L'effet d'« avalanche » ou de modelage, après les premiers changements démocratiques dans la troisième vague, stimulant et montrant des modèles pour les futures modifications de système dans d'autres pays.

Pas tous ces facteurs ont été appliqués aux révoltes et à leurs conséquences dans la région de l'Afrique du Nord et au Moyen-Orient. Certains d'eux ne peuvent pas être utilisés pour expliquer les événements analysés, d'autres doivent être mo-

---

[25]   Reports, *Freedom House*, [en ligne] https://freedomhouse.org/reports, 10 octobre 2015.
[26]   S.P. Huntington, « Democracy's Third Wave », p. 13.

difiés de façon significative. Le facteur religieux, comme libérateur et partisan des processus de démocratisation/transition de système, ne peut pas être considéré comme explanans pour la région analysée. Cette propriété n'a pas non plus le facteur déterminant appliqué au changement politique des acteurs internationaux.

Les théoriciens de la révolution ont renoncé depuis longtemps à traiter la révolution comme exclusivement une « guerre interne »[27]. D'ores et déjà il est devenu nécessaire de prendre en compte du contexte international et de l'attitude des puissances à l'égard les mouvements révolutionnaires.

Effectivement, le renversement de Ben Ali et de Hosni Moubarak ne serait pas arrivé s'il n'y avait pas d'acquiescement au sens large du terme, du monde occidental. La restauration de la dictature militaire en Égypte à la suite du coup d'État, appelé avec condescendance « intervention militaire » par l'administration américaine, ne serait pas possible sans calcul froid des États-Unis, pour lesquels un allié stable et prévisible dans la région est plus précieux que les valeurs démocratiques.

Enfin, sans un soutien réel du Printemps arabe en Libye par la coalition internationale, le renversement de Kadhafi n'aurait pas lieu. Cependant, l'attitude des puissances politiques, secondaire par rapport à l'ébullition révolutionnaire, ne peut pas être considérée comme un facteur déterminant du changement politique comparable à l'abandon de la doctrine de Brejnev en 1989 par l'Union Soviétique, dans le cas des transformations de l'Europe centrale.

D'autres facteurs qui déclenchent les processus de transformation permettent une certaine réception dans le cas du Printemps arabe.

Les conclusions intéressantes se dégagent en cas de l'analyse du facteur de perte de la légitimité du régime et de la corrélation entre la transformation et la croissance économique. En ce qui concerne les révoltes arabes de la période de l'an 2011, ces deux variables prises ensemble, peuvent être appliquées, mais pour le facteur économique d'une manière différente que pendant le cycle de transformation des années 80 et 90.

Si la croissance économique mondiale des années 60 avait poussé un certain nombre de pays, principalement européens, vers la démocratie, dans la plupart des pays arabes la première phase d'initiation et transition, soit la révolte qui exprimait le rejet du système autoritaire n'était pas due aux effets de la croissance dans le monde, mais plutôt à la crise économique de l'an 2008.

La crise financière mondiale en 2008 a montré la faiblesse des économies d'Afrique du Nord et du Moyen-Orient. C'étaient des économies de la monoculture, basées sur le revenu de l'étranger grâce aux exportations du pétrole dans le cas de la Libye, de l'Algérie, et en partie de la Syrie, à l'exportation de produits agricoles de l'industrie de transformation, des textiles et aux revenus du tourisme dans d'autres cas (le Maroc, l'Égypte, la Tunisie).

Tous les pays analysés dépendent de l'importation alimentaire. L'augmentation des prix sur les marchés internationaux des produits agro-alimentaires a eu un

---

[27]　J. Chodak, *Dyfuzja strategii rewolucyjnych...*, pp. 349-369.

impact négatif sur leur balance des paiements. La prise des mesures de protection qui consistait à augmenter les salaires du secteur public et à subventionner les aliments, constituaient un charge supplémentaire pour le budget de l'État.

L'affaiblissement économique de la Tunisie, de l'Égypte et du Maroc a été aggravé par les effets des réformes de libéralisation, entreprises depuis les années 90, en particulier dans le domaine du commerce international. Les obligations internationales découlant de la participation du Maghreb au partenariat euro-méditerranéen et à l'OMC, a forcé une suppression progressive des droits de douane sur les articles importés dans le pays, qui, d'une part, a privé l'État de recettes de droits de douane, et de l'autre, a forcé les producteurs nationaux à concurrencer avec les produits importés.

L'industrie textile et du vêtement, développée surtout au Maroc et en Tunisie, a noté des pertes importantes, en raison de l'expiration en 2005 de l'accord ATC sur les textiles et les vêtements. Ceci a donné fin à la période de protection dans le commerce du textile, qui dès lors était régi par les principes de marché libre et de libre concurrence. Ainsi, les pays d'Afrique du Nord ont dû commencer à concurrencer avec les géants de l'industrie – la Chine et l'Inde[28].

La crise économique des pays engloutis par le Printemps arabe, accompagnée d'un certain nombre d'autres dysfonctionnements, tels que le chômage, en particulier chez les personnes de moins de 25 ans, les taux élevés de corruption, associée en particulier aux élites du pouvoir, les disparités dans la répartition du revenu national entre la population ont fait que la légitimité des régimes autoritaires a été minée. En raison de la détérioration des conditions économiques, les opportunités de distribution de l'État diminuaient.

Le gouvernement a eu des difficultés à soutenir le réseau complexe des clients et des alliances qui garantissaient son pouvoir. L'État a cessé de remplir ses rôles. À la suite de la réduction des possibilités de distribution et de créativité, le subventionnement des articles de base, la création d'emplois dans l'administration et dans les entreprises nationales ont été réduits. La fidélité au pouvoir a commencé à fondre.

La prospérité économique qui, selon les théories de la modernisation, était porteuse et prémisse de la démocratisation dans les années 80 et 90, dans le contexte des pays arabes était une garantie de la durée des régimes. L'effondrement économique dans le monde et de ses effets réels dans les différents pays arabes est devenu un facteur déclenchant les processus de transition de système.

Nous pouvons appliquer une réception partielle des fondements de la vague de démocratisation dans le cas de l'effet boule de neige/domino. En constatant que le Printemps arabe est une continuation de la troisième vague, nous aurions pu supposer que c'étaient les processus de démocratisation au Portugal et en Espagne dans les années 70 qui ont inspiré les tentatives de changement du système. Une

---

[28] *Biuletyn Polskiego Instytutu Spraw Międzynarodowych* 2005, nr 48, [en ligne] http://www.pism.pl/biuletyny/files/293.pdf, 10 octobre 2015.

justification plus rationnelle pour la réception de la théorie de vague sur le sol arabe serait de lui imputer l'effet différé (vague différée), dont le point d'inflammation seraient les manifestations en décembre 2010 qui ont commencé à Sidi Bou Said en Tunisie. Contrairement aux processus de transformation précédents, notre attention est attirée par de courts intervalles de tentatives pour inciter les systèmes politiques dans les pays voisins. Les intervalles de moins d'un mois pour de nouvelles manifestations au Yémen, en Égypte, qui ont été submergés par des vagues de protestations en janvier 2012 et celui de deux mois dans le cas de la Libye et du Maroc.

Ces courts intervalles dans le fonctionnement de l'effet domino peut être expliqué par une technologie de pointe dans le domaine de communication par rapport à celle des années 70 ou 90, ce qui a permis une circulation rapide de l'information. Il est également important que dans le cas des soulèvements arabes de la période 2010/2011 il est plus raisonnable de parler plutôt de la duplication des modèles révolutionnaires que de la transformation démocratique.

Bibliographie

Bayat A., « A new Arab street in Post Islamic Times », *Perspectives* 2011, n° 2.

Biuletyn Polskiego Instytutu Spraw Międzynarodowych 2005, nr 48, [en ligne] http://www.pism.pl/biuletyny/files/293.pdf.

Chiffolea S., *Sociétés arabes en mouvement. Trois décennies de changements*, Paris 2012.

Chodak J., « Czy mogliśmy przewidzieć arabską wiosnę? », [à :] *Społeczne światy wartości*, A. Kolasa-Nowak, S. Misztal (red.), Lublin 2013.

Chodak J., « Dyfuzja strategii rewolucyjnych i kontrrewolucyjnych w czasie Arabskiej wiosny », [à :] *Fale Tsunami*, R. Potocki, M. Piskorski, W. Hładkiewicz (red.), Warszawa 2013.

Chodak J., *Teorie rewolucji w naukach społecznych*, Lublin 2012.

Courbage Y., Todd E., *Le rendez-vous des civilisations*, Paris 2007.

Dix R.H., « Why revolutions succeed and fail », *Polity* Vol. 3, 1983, n° 16, [en ligne] http://dx.doi.org/10.2307/3234558.

Found for Peace, Failed states index 2011: [en ligne] http://ffp.statesindex.org/rankings-2011-sortable.

Goldstone J., « The comparative and Historical Studies of Revolutions », *Annual Review of Sociology* 1982, n° 8.

Goldstone J., *Revolutions and rebellion in the Early Modern World*, Berkley 1991.

Goodwin J., « Revolution and revolutionary movements », [à :] *The handbook of Political Sociology: States, Civil Societies and Globalization*, R. Alford et al. (eds.), Cambridge–New York 2005.

Huntington S.P., « Democracy's Third Wave », *Journal of Democracy* Vol. 2, 1991, n° 2.

Huntington S.P., *The third wave: democratization in the late twentieth century*, Norman 1991.

Knickmeyer E., « The Arab World's Youth Army », [à :] *Revolution in the Arab World: Tunisia, Egypt and the Unmaking of An Era*, M. Lynch, S.S.B. Glasser, B. Hounshell (eds.), New York–London 2011.

La Tunisie de Ben Ali. La société contre le régime, O. Lamloum, B. Ravanel (éd.), Paris 2004, p. 284, *Les Cahiers des Confluences*.

Olimat M., « The Fourth Wave: Revolution and Democratization in the Arab Middle East », *Journal Of International Women's Studies* Vol. 12, n° 2/3, 2011.

Reports, *Freedom House*, [en ligne] https://freedomhouse.org/reports.

Sarıhan A., « Is the Arab Spring in the Third Wave of Democratization? The Case of Syria and Egypt », *Turkish Journal Of Politics* Vol. 3, 2012, n° 1.

Schlumberger O., « Structural reform, economic order and development: patrimonial capitalism », *Review of International Political Economy* Vol. 15, 2008, n° 4, p. 86, [en ligne] http://dx.doi.org/10.1080/09692290802260670.

Shehta D., « The fall of the Pharaoh. How Hosni Mubarak's Reign came to the End », *Foreign Affairs* Vol. 10, 2011, no 3.

Thomson M., « Whatever Happened to Democratic Revolutions », *Democratizations* 2010, n° 10.

DOI: 10.12797/9788376386553.03

Sonia Dayan-Herzbrun[*]

Université Paris Diderot-Paris 7

RÉVOLUTIONS ARABES, ENTRE LE LOCAL ET LE GLOBAL

Abstract :

Il importe de sortir du cadre d'une épistémologie coloniale et d'inscrire les mobilisations collectives désignées sous le nom de Printemps arabe, dans une dynamique propre d'un type nouveau, avec ses temporalités, ses frontières mouvantes, où les divisions Nord/Sud et Est/Ouest ne sont plus déterminantes, et ses spécificités socio-politiques. On y constate les effets conjugués de la globalisation et de l'enracinement dans le local.

Mots-clés : dynamiques, Printemps arabe

Dans un article retentissant paru dans le journal *Libération* au début de 1991, Jean Baudrillard écrivait : « La guerre du Golfe n'a pas eu lieu ». Cette guerre invisible, que l'on disait alors chirurgicale, et où, comme l'écrivait alors Baudrillard, l'ennemi ne figurait plus que comme cible sur un ordinateur, a pourtant eu des conséquences majeures, dont les peuples paient le prix aujourd'hui. On pourrait croire, également, à lire beaucoup de ce qui s'écrit, que les révolutions arabes n'ont pas eu lieu. Les bouleversements qui se sont produits sont cependant considérables, et doivent être analysés d'un point de vue politique et social, certes, mais aussi épistémologique. Ils nous incitent, en effet, à penser les événements qui se sont produits depuis janvier 2011 en sortant de l'épistémologie coloniale qui étudie toujours ce qui se produit dans les pays anciennement colonisés avec les images les catégories et les concepts venus du Nord (ou de l'Ouest). La géographie issue des

---

[*] Professeure émérite à l'Université Paris Diderot-Paris 7, email adresse : soherzbrun@yahoo. com.

entreprises coloniales avait tracé des frontières et construit des ensembles, comme celui de monde arabe, dont on s'aperçoit maintenant qu'ils étaient largement fictifs. L'idée d'un Orient où l'histoire semblait s'être figée, tant l'orientalisme refusait de prendre en compte les divisions sociales et politiques et les changements historiques, a volé en éclats. Les schémas préconstruits et essentialistes qu'on cherche encore à utiliser pour parler, par exemple, de mouvements extrêmement divers et mobiles, au Sud et à l'Est de la Méditerranée, suscitent de plus en plus de critiques. « L'islamisme n'existe pas. En tant que concept unique, uni et indifférencié, c'est un mirage, un raccourci, une illusion intellectuelle bon marché. Il n'y a rien, aucun texte, aucune doctrine, aucune influence, sinon la référence au Coran et à la littérature prophétique, qui permette d'unir en un seul et même champ les musulmans marxistes des manifestations turques de 2013, l'État islamique/Daech présent en Syrie et en Irak, les Frères musulmans en Égypte,le parti Ennahda en Tunisie, et jusqu'aux djihadistes auteurs des attentats de Paris », comme l'a écrit, le 30 mai 2015, le journaliste Pierre Puchot[1] dans un article du journal en ligne *Mediapart*. Le politologue irano-américain, Hamid Dabashi, nous incite même à aller plus loin, et de sortir cette fois des cadres binaires de l'épistémologie postcoloniale, qui maintient une distinction, une opposition, entre Nord et Sud, et entre Est et Ouest, en adaptant notre pensée à la fluidité du monde mouvant de la globalisation[2].

Les mobilisations collectives et les mouvements insurrectionnels qui se sont propagés à travers ce que les catégories de la géographie coloniale, élaborée à partir des entreprises coloniales[3] ont désigné sous le nom de « monde arabe », ont été perçues comme quelque chose de tout à fait inattendu. Cette surprise provenait de la méconnaissance dans laquelle la plupart des experts et (mauvais) observateurs avaient de la région, dont les habitants ne pouvaient, à leurs yeux, devenir de véritables sujets de leur histoire. Les régimes dictatoriaux auxquels étaient soumis les « Orientaux » avaient pour cause, disait-on souvent, la passivité des populations et l'incompatibilité de la démocratie avec l'islam ; ils avaient par ailleurs le mérite de servir de rempart contre le « danger islamiste ». Au lieu d'inscrire ces mobilisations dans une dynamique propre, on a essayé, d'abord, de les penser en analogie avec des événements européens : le Printemps des peuples de 1848, ou encore le Printemps de Prague, de 1968. Le nom de « Révolution de jasmin » est dû sans doute à la fois à l'analogie avec la Révolution des œillets (Portugal, 1974) et aux petits bouquets de jasmin que l'on vend aux touristes qui visitent la Tunisie. Cet effort de « nommer » d'un nom que les acteurs n'ont souvent pas choisi eux-mêmes, est aussi, cependant, une démarche de reconnaissance et permet d'amorcer des comparaisons et d'établir des différences. C'est sur celles-ci que je voudrais insister, en

---

[1]   Pierre Puchot a dirigé récemment un ouvrage collectif intitulé *Les frères musulmans et le pouvoir*, Paris 2015.

[2]   H. Dabashi, *The Arab Spring. The End of Postcolonialism*, London–New York 2012.

[3]   S. Dayan-Herzbrun, « L'État. De l'entreprise coloniale à la vision décoloniale », *Tumultes* 2015, n° 44.

rappelant que les « printemps » européens sont tous inscrits dans un cadre national, 1848 manifestant par exemple l'affirmation des nationalismes en Europe, ou international (dans la mesure où ils établissaient des liens les uns avec les autres). Je proposerai, bien plutôt d'envisager les manifestations du « Printemps arabe » au niveau « global », en insistant sur une mise en relation permanente entre le global, qui excède l'Afrique du Nord et le Moyen-Orient, et un local qui ne cesse de se décomposer et de se recomposer. Dès lors, on voit s'imposer quelques hypothèses interprétatives. Celles-ci portent sur la temporalité, la géographie, et la composition socio-politique de ces mouvements.

I – Temporalité, temporalités

On ne peut séparer l'analyse des révolutions arabes d'une réflexion sur leur mode de médiatisation auquel est lié le temps court. Dans un monde qui privilégie avant tout la vitesse et la transmission quasi instantanée des informations avec tous les dangers et toutes les dérives que Paul Virilio pointe depuis près de quarante ans[4], les révolutions arabes ont d'abord fait événement. Elles sont apparues dans les médias comme une irruption imprévue des masses dans l'espace public, là où on ne les attendait pas, c'est à dire, pour les spectateurs des télévisions occidentales, dans des lieux d'abord voués au tourisme. À l'exception de quelques observateurs avertis et attentifs, la large visibilisation des mobilisations de 2011 n'a pas concerné les régions où les médias ont plus de mal à accéder, et où les mouvements ont revêtu des formes un peu différentes, peut-être plus difficiles à décoder. On n'a ainsi rien vu, et à peu près rien su, des événements qui se sont déroulés à la même période, par exemple en Irak ou en Arabie Saoudite. Le regard s'est focalisé sur ce qui se passait dans les grandes villes, des lieux symboliques, négligeant les bourgades, les quartiers populaires ou les campagnes. Cette irruption a été aussi perçue comme une éruption, à la manière d'une éruption volcanique, finalement terrifiante, l'accélération de l'information créant souvent un sentiment de panique. La répression violente de certaines de ces mobilisations (Syrie, Bahreïn, Égypte), elle aussi médiatisée, a semblé en déclarer l'échec, mais elle s'inscrit également dans cette dimension du temps court, du temps du flux et du reflux, que promeuvent les médias. Il est indispensable que les sciences sociales ne se limitent pas à cette dimension du plus immédiat.

Le temps de ces révolutions excède en effet largement celle de leur surgissement, quand, à partir du départ de Tunisie de Zine el Abidine Ben Ali le 14 janvier 2011, puis à partir du 25 janvier, du rassemblement sur la Place Tahrir pour réclamer le départ d'Hosni Moubarak, une vague de révoltes se propage en Afrique du Nord et au Moyen-Orient. D'autres révoltes les ont précédées de peu, avec des configurations et des exigences analogues. Il s'agit avant tout du Mouvement vert

---

[4]   Depuis *Vitesse et Politique* (1977) Paul Virilio n'a cessé d'approfondir cette question.

en Iran, au cours duquel on a vu la jeunesse iranienne issue des classes moyennes, qui avait commencé à protester contre la manière dictatoriale dont Ahmadinedjad exerçait la présidence, envahir les rues en juin 2009, à la suite d'élections présidentielles truquées[5]. L'année d'avant, c'est la jeunesse grecque en révolte à la suite du meurtre par la police d'un jeune lycéen, qui s'était rassemblée en décembre 2008 sur la Place Syntagma à Athènes, cette même place où, en 1843, les Grecs avaient demandé une constitution (en grec *syntagma*). Ces mouvements ne sont pas identiques, mais ils sont analogues. Les jeunes et les femmes y ont aussi joué un rôle important[6]. On y trouve formulées la même condamnation de la corruption, et les mêmes exigences de démocratie et de dignité.

Dans un temps plus long, il faut noter aussi que ces mobilisations s'inscrivent elles s'enracinent dans une longue histoire de luttes sociales et politiques, mais aussi anti-coloniales et anti-despotiques[7]. Tous les pays où se sont produites ces insurrections ont, en effet, été soumis à la violence coloniale directe ou indirecte, et dans ce cas souvent par le truchement des services secrets, puis à la violence extrême des régimes soutenus ou appuyés par les anciennes puissances coloniales. A propos de la Syrie, le sociologue Michel Seurat avait parlé d'État de barbarie. Il l'a payé de sa vie. En Syrie, comme en Égypte, comme en Tunisie, comme au Maroc, et dans les autres pays où ont éclos les fragiles Printemps arabes, les emprisonnements arbitraires et la torture ont été et sont parfois encore, pratiqués de façon systématique par les dictatures locales[8], mais aussi ceux qui ont prétendu leur substituer une démocratie importée, comme en Irak et sa sinistre prison d'Abou Ghraib. On peut dire que ces pays ont été l'objet de ce que les psychologues de l'École de Palo Alto ont appelé des « injonctions paradoxales » (double bind) : injonctions à la démocratie inspirée du modèle occidental, et en même temps répression de tout mouvement d'autonomisation, comme on l'a vu en 1952 en Iran, quand en 1953, les Britanniques et surtout la CIA chassent du pouvoir le Premier ministre, démocratiquement élu, Mohammad Mossadegh (un démocrate et un « laïc », selon les critères occidentaux). Les populations ont souvent vécu ces longues périodes de dictature qui ont succédé à la colonisation directe ou qui en ont été les contemporaines, comme une « occupation interne », selon l'expression utilisée par Moncef Marzouki[9], où il fallait manifester sa peur, parce qu'ainsi on manifestait aussi sa soumission. Cette lutte pour la survie, cette course à « *el Khobsa* », comme l'écrit le politologue Hamza Meddeb à propos de la Tunisie, suscitait un sentiment d'in-

[5]   Voir F. Khosrokhavar, « Le mouvement vert. Fin et suite », *Vacarme* 2014, n° 68, pp. 199-209.

[6]   Voir A. Kian, *L'Iran. Un mouvement sans révolution ?*, Paris 2011.

[7]   Voir S. Dayan-Herzbrun, « Le Moyen-Orient en mouvement », sous la direction de A. Kian, *Tumultes* 2012, n° 38-39.

[8]   Voir Y. Al Haj Saleh, *Récits d'une Syrie oubliée. Sortir la mémoire des prisons*, trad. M. Babut, Paris 2015.

[9]   M. Marzouki, *Dictateurs en sursis. Une voie démocratique pour le monde arabe*, entretien avec Vincent Geisser, Paris 2009.

dignité. « Le sentiment d'indignité est sûrement le sentiment le mieux partagé aujourd'hui dans le monde arabe » disait en 2009 Moncef Marzouki[10]. L'exigence de dignité exprimée dans toutes les manifestations prend ainsi tout son sens.

Face à ce type de situation, les gens ont développé diverses formes de résistance passive. Liza Wedeen a mis en évidence toutes les formes de contournement symbolique de la domination dans la Syrie des années 1990 et le potentiel qu'elles permettaient d'accumuler. « *If the cult of Asad is a holding for reserve of police violence, then the shared sensibility of unbelief, along with parodic television skits, films, and jokes may also be a holding in reserve of a potential counter-violence* »[11]. Il faudrait aussi parler de la pensée politique critique, de la poésie, de la littérature, qui sont autant de façons de mettre à distance la tyrannie en la nommant et en la décrivant et d'affirmer une liberté. Cette résistance passive peut prendre des formes plus radicales et plus directes, par exemple celles de la grève de la faim de prisonniers politiques menée parfois jusqu'à la mort. Le médecin Hélène Jaffé a témoigné d'une de ces grèves menées par dix jeunes marocains durant ce que l'on a appelé les années de plomb[12].

S'agissant des luttes sociales, on sait le rôle joué par l'UGTT en Tunisie. On n'a sans doute pas assez souligné l'importance de la mobilisation des ouvriers et des syndicats durant la période révolutionnaire en Égypte, dans le prolongement d'une longue tradition[13]. Une étude récente a mis également en lumière l'implication non seulement des paysans d'Égypte dans la révolution de 2011, mais aussi l'histoire de leurs luttes, depuis 1919, avec des temps forts, comme en 1997. Saker El-Nour, l'auteur de cette étude, conclut en s'interrogeant sur l'occultation de ces mouvements[14]. Avec les syndicats, les associations diverses, associations de défense

---

[10]   *Ibid.*, p. 55.

[11]   L. Wedeen, *Ambiguities of domination. Politics, rhetoric, and symbols in contemporary Syria*, Chicago 1999, p. 152.

[12]   H. Jaffé, *Une si longue grève. Maroc 1984-1992*, Paris 2015. Si l'on en croit les organisations de défense des droits de l'homme, rien n'a réellement changé au Maroc. Il y a toujours des prisonniers politiques : plusieurs dizaines de militants du Mouvement 20-Février, mais aussi de l'Union nationale des étudiants du Maroc (UNEM), des syndicalistes, des militants sahraouis, amazighs, des salafistes, sont actuellement incarcérés. Le 12 juin 2015, le Maroc a expulsé deux experts d'Amnesty International. Dans un rapport en date du 19 mai, cette organisation avait écrit que la torture y était « endémique » (173 cas dûment répertoriés par les enquêteurs), et qu'elle était utilisée au Maroc et au Sahara occidental pour arracher des aveux et étouffer les voix dissidentes. Seule la peur semble avoir régressé depuis 2011, et les victimes de ces violences ne craignent plus de les dénoncer.

[13]   Voir D. Monciaud, « Travailleurs et syndicats dans le processus révolutionnaire égyptien », *Tumultes* 2012, n° 38-39.

[14]   « The view of the revolution as an insurrection of the city of Cairo or a flash uprising isolated from its roots was not the result of pure random chance, but was instead the product of a process of social pressure ultimately aimed at limiting the course the revolution was taking. Excluding the small farmers may therefore, be considered as an attempt to restrict the course of the revolution to democratic change alone, so theatradical change would not alter the structure of the economy or bring about social and geographical justice between

des droits humains, organisations étudiantes, associations de femmes, etc., tout ce que faute d'un autre terme, on nomme société civile, ont constitué des espaces de respiration et de contestation, là où ils pouvaient se former.

Les révolutions arabes n'ont donc pas surgi *ex nihilo*. Elles s'inscrivent dans un processus historique complexe, et se projettent sur la longue durée et se manifestent avec des moments de surgissement, des effondrements, des discontinuités, et en donnant lieu à des affrontements qui peuvent être d'une extrême violence. Mais avec leur formidable dynamique elles ont eu des répercussions bien au-delà des frontières du monde arabe.

II – Frontières mouvantes

Depuis le début des entreprises coloniales, l'histoire du monde avait semblait avoir pour centre l'Europe, avec les États-Unis comme prolongement de l'Europe. Les transformations qui pouvaient se produire allaient de ce centre aux différentes périphéries. Depuis les révolutions arabes le Nord et l'Occident le sens des dynamiques a été bouleversé. On a assisté à une onde de choc partie du Sud, pour se propager vers le Nord ou vers le grand Est : en mai 2011 s'est constitué en Espagne le Mouvements des Indignés et les manifestations sur la place Syntagma ont repris de plus belle, puis l'été de la même année, il y a eu la Révolte des tentes en Israël, *Occupy Wall Street* en septembre. Au Québec le large mouvement de grève qui a débuté en mars 2012, a pris le nom de « Printemps érable », en référence explicite aux événements de 2011 dans le monde arabe. En 2013 s'est développé le mouvement protestataire turc, sur la place Taksim d'Istanbul et dans le parc Gezi, enfin, à l'automne 2014, *Occupy Central*, dit Mouvement des parapluies à Hong Kong). Mais le continent africain dans sa partie sub-saharienne, a lui aussi été pris, depuis 2014, dans ce mouvement (Burkina-Faso, Cameroun, Burundi).

Il ne saurait être question à propos de ces mobilisations de parler de projet commun, ni même de coordination, mais plutôt d'une espèce de polyphonie où les instruments et les interprètes se répondent les uns aux autres, sans chef d'orchestre qui les dirige[15]. Cependant ils se déroulent, au moins à leur point de départ, selon une scénographie analogue :

1) Occupation des places publiques (place Tahrir celle du Caire, bien sûr, mais aussi celle de Sanaa au Yémen, place Syntagma, Puerta del Sol, Taksim) et des rues. Les manifestants de la révolte des tentes, à Tel Aviv se réfèrent expressément à la Place Tahrir, et certains journalistes en viennent à se demander si le Printemps arabe n'a pas gagné Israël.

---

the between rural and urban areas » (S. El-Nour, « Small farmers and the revolution in Egypt: the forgotten actors », *Contemporary Arab Affairs* Vol. 8, 2015, n° 2, pp. 198-211).

[15] Et il est bien vrai que toutes les « théories du complot » visent à réintroduire ici un ou plusieurs chefs d'orchestre, sans jamais réussir à en démontrer la présence.

2) On a beaucoup parlé de l'utilisation des nouveaux médias, en leur donnant sans doute une importance excessive et surtout en privilégiant des acteurs qui s'adressaient et s'adressent encore davantage au publics occidentaux qu'à ceux qui les entourent[16].

3) Durant ces mobilisations les corps se sont mis en scène, en dansant, par exemple et en donnant un sens politique de libération à la *dabke*, cette danse en honneur au Proche et au Moyen-Orient où les hommes (mais aussi les femmes) se tiennent par les épaules. Il y a eu une véritable explosion de créativité, avec, en Syrie, l'utilisation de techniques cinématographiques originales (vidéo à partir de téléphones mobiles ou de mini-caméras) qui ont constitué une véritable mémoire des événements en train de se dérouler, et vus sous un angle qui n'était pas celui des grands médias[17]. La poésie et la musique ont joué et continuent à tenir une place très importante. Dans une interview donnée le 19 décembre 2012 à la revue en ligne *Jadalliya*, le musicien Tamer Nafar palestinien citoyen d'Israël et fondateur du groupe de rap DAM, commente ainsi la chanson *Dabké in the moon* qu'il a composée : « *It documents what we felt when we witnessed the Arab Spring: we are trying to fly a spaceship, but it doesn't fly because it is overweight. So we have to throw out all the leaders and dictatorships. As soon as we throw them over we can fly and reach the moon and dabke* ».

4) Les slogans se font écho. Certains, comme le célèbre « Dégage » sont lancés même au Burkina Faso, lors des manifestations qui demanderont et obtiendront le départ de Blaise Compaoré. D'autres varient, selon les lieux et les circonstances[18], avec à la fois un effet d'écho, d'extrême créativité, et d'inscription dans une longue histoire. Ils expriment des aspirations communes ou analogues : il s'agit avant tout (pour le Sud) de se débarrasser des pouvoirs despotiques et de leur transmission héréditaire. En Europe et aux États-Unis, c'est un pouvoir dépersonnalisé, celui du capital mondialisé, avec ses conséquences environnementales et humaines qui est interpellé. La mise en cause de la domination patriarcale, dans son articulation avec l'autoritarisme, est aussi une caractéristique très importante de ces mobilisations.

Au-delà de ces convergences, les mobilisations et les protestations collectives qui se sont propagées à partir de 2011 ont toutes présenté des spécificités locales. Au

---

[16] « In so doing, the e-revolutionaries displayed performative dynamics implicitly or explicitly, unwittingly or wittingly in pursuit primarily of the imprimatur not of their fellow citizens, or indeed political competitors, but of Western and other international centers » (M.-M. Ould Mohamedou, « Neo-orientalism and the e-revolutionary self-representation and the post-Arab Spring », *Middle East Law and Governance Journal* Vol. 7, 2015, n° 2). L'usage actuel par Daech des médias, en direction des publics occidentaux, comme le soulignent bien des commentateurs, ne fait que confirmer cette réflexion.

[17] En particulier le très beau film *Eau argentée*, de Oussama Mohammad et Wiam Simav Bedirxan, sorti en 2014.

[18] S'agissant de la Syrie, on en trouve un échantillon important dans un chapitre du livre collectif publié sous la direction de F. Burgat et B. Paoli, *Pas de printemps pour la Syrie. Les clés pour comprendre les acteurs et les défis de la crise (2011-2013)*, Paris 2013.

Nord, pour le dire très vite, les revendications ont été et sont beaucoup plus écono-miques que directement politiques, par ce que dans les régions d'où elles émanent, un minimum de démocratie est garanti. Mais si l'on en revient au Moyen-Orient et à l'Afrique du Nord, on a vu très vite surgir des divisions, des contradictions, des conflits extrêmement violents, mais aussi se constituer des solidarités trans-frontalières qui bouleversent les partitions et les divisions géographiques opérées après la Première guerre mondiale et la fin de l'empire ottoman. Même en Tunisie, où l'on a pu parler d'une transition réussie, la persistance, et même l'exacerbation des problèmes économiques et sociaux, encore plus criants au Sud qu'au Nord du pays, ont mis, par exemple, en lumière des divisions (sociales, régionales…) que le moment révolutionnaire avait occultées. Les États autoritaires postcoloniaux, largement privatisés, avaient joué avec les divisions religieuses, ethniques, en les masquant et en les utilisant, sans jamais travailler à une véritable construction citoyenne et nationale, qui aurait supposé un État soucieux du droit et du bien-être de tous, et non pas uniquement consacré à maintenir sa sécurité par tous les moyens y compris les plus violents. Sitôt ces États écroulés ou profondément fragilisés, les divisions sont apparues au grand jour, en Lybie, comme en Syrie ou au Yémen. Mais de nouvelles solidarités ont également émergé : celle des Kurdes, par exemple, entre Syrie, Irak et Turquie, et certaines alliances se sont forgées, par exemple entre l'Iran, le régime syrien, le Hezbollah libanais, et les Chiites d'Irak, par-delà les frontières qui séparaient les arabophones des descendants de l'empire perse .

III – Les révolutions arabes dans leur composition socio-politique

Les insurrections arabes, mais aussi les mouvements qui au niveau global vont leur faire écho, ont tous en commun de ne pas avoir été portés et encore moins suscités par des partis politiques, ni même par des organisations structurées préexistantes. Les raisons de cela varient : désaffection de la classe politique accusée de défendre ses intérêts propres et non ceux des citoyens (pays du Nord), absence de véritables partis d'opposition, même si depuis la chute de l'empire soviétique un multipar-tisme de pure forme a été instauré à peu près partout. Quand l'élan révolutionnaire va retomber, et là où il n'aura pas été écrasé par la violence de la répression, les orga-nisations partisanes qui préexistaient vont refaire surface, sous un nom ou sous un autre. Ailleurs, comme en Grèce (Syriza), en Espagne (Podemos et Indignados), en Turquie (Parti démocratique des peuples : HDP) des partis sont apparus à partir de ces mobilisations, et ont obtenu récemment des succès électoraux proportionnels à l'espoir que les mouvements populaires ont suscité.

Ces mouvements insurgeants ont été, au moins au départ, des mouvements sans leader, mais dans lesquels on a vu émerger, parfois, quelques figures embléma-tiques largement médiatisées. Ils ont pris dans un premier temps, le visage d'une affirmation démocratique sans médiation. Dans ces groupes en révolte, le peuple, comme *demos*, s'est affirmé et institué comme sujet politique et sujet de l'histoire. Partout, du Maroc au Yémen, en passant par Bahreïn, la Syrie, la Tunisie et l'Égypte, le cri a été le même : « Le peuple veut la chute du régime ». On a eu raison d' y voir un geste démocratique, au sens le plus littéral et également une reconquête de la dignité. Mais il ne faut pas clore le sens du mot démocratie et l'interpréter de façon univoque, sur le modèle occidental. Il ne faut surtout pas séparer l'affirmation démocratique de l'exigence de justice sociale également exprimée de façon unanime par les manifestants. La conjoncture actuelle en est bien la preuve. Comme l'écrivent deux politologues, Nadia Marzouki et Hamza Meddeb : « *The two main goals of the revolution, namely social justice and political pluralism, are fading every day, in the name of a category of "democracy" that has been stripped of its political and social meaning* »[19]. On pourrait donc caractériser les révolutions arabes comme des auto-institutions du peuple sujet. En dépit des images terrifiantes qui nous arrivent chaque jour du Yémen, de la Syrie, et d'ailleurs, il faut garder à l'esprit qu'elles ont été à leur point de départ entièrement pacifiques. Ce qui importait c'était d'être là, dans les sit-in, les manifestations, mais pas de s'attaquer aux lieux de pouvoir et de s'en emparer. Là où elle s'est produite, la violence est venue en réponse à la répression et elle s'est trouvée encore renforcée par les interventions extérieures.

Il faut enfin souligner la dimension générationnelle et genrée des insurrections arabes. Les jeunes des classes moyennes et populaires y ont largement participé, ainsi que les femmes, voilées et non-voilées. Cette participation des femmes à l'action politique dans le monde arabe n'a rien de nouveau[20]. Mais elle est devenue massive et extrêmement visible. Elle est la marque d'une véritable transformation où l'adhésion aux références et aux codes (y compris vestimentaires) de l'islam ne constitue en rien un obstacle à l'affirmation par les femmes de leur capacité d'agir. Le foisonnement de la vie associative, la dissémination de mouvements protestataires, ont fourni aux femmes des occasions de participer pleinement à la vie collective. On les a vues manifester contre le forage d'exploration du gaz de schiste, à In Salah, dans le Sud algérien, et c'est une femme qui a fondé l'association Barakat qui a conduit la campagne d'opposition à la dernière candidature aux élections présidentielles d'Abdelaziz Bouteflika.

Il ne faut pas chercher à analyser le devenir des révolutions arabes en termes de succès ou d'échecs. D'une certaine manière toutes les révolutions échouent, ou se routinisent, pour reprendre un concept wébérien. Dans le cas présent, c'est surtout la violence de la réaction et de la répression qui ont entraîné le chaos

---

[19] N. Marzouki, H. Meddeb, « Tunisia : Democratic Miracle or Mirage », *Jadaliyya*, 11 juin 2015, [en ligne] http://www.jadaliyya.com/pages/index/21863/tunisia_democratic-miracle-or-mirage, 15 aout 2015.

[20] Cf. S. Dayan-Herzbrun, « *Révolutions arabes : quel printemps pour les femmes ?* », *Diasporiques* 2012, nº 18 ; eadem, « Agir politique et citoyenneté des femmes au tournant des révolutions arabes », [à :] *Les femmes dans les evolutions contemporaines des societes arabo-musulmanes. Vers une citoyenneté inclusive ?*, G. Gillot, A. Martinez (éd.), Paris 2015.

dont nous sommes les spectateurs tétanisés. Là où les choses se déroulent dans le calme, la situation s'est en quelque sorte « normalisée ». La toute jeune démocratie tunisienne, par exemple, souffre des mêmes maux que les plus anciennes, et la confiance dans la classe politique n'a pas été rétablie, parce que celle-ci ne s'est pas transformée[21]. Le parlement tunisien est même revenu récemment sur la décision de confisquer les biens mal acquis de l'ancien président Ben Ali. Il ne faut pas, cependant, comme le souligne Hamid Dabashi dans son dernier livre[22], accepter le choix qui nous est proposé, entre le carnage, tel celui auquel nous assistons en Syrie, et le maintien au pouvoir des élites corrompues ou des États qui règnent par l'autoritarisme et l'arbitraire. Il faut au contraire considérer qu'avec les révolutions arabes s'est produit un événement majeur de l'histoire contemporaine, et que nous n'avons jusqu'à présent, assisté qu'au premier de ses épisodes.

Bibliographie

Al Haj Saleh Y., *Récits d'une Syrie oubliée. Sortir la mémoire des prisons*, trad. M. Babut, Paris 2015.

Burgat F., Paoli B., *Pas de printemps pour la Syrie. Les clés pour comprendre les acteurs et les défis de la crise (2011-2013)*, Paris 2013.

Dabashi H., *The Arab Spring. The End of Postcolonialism*, London–New York 2012.

Dabashi H., *Can non-Europeans think?*, London 2015.

Dayan-Herzbrun S., « Agir politique et citoyenneté des femmes au tournant des révolutions arabes », [à :] *Les femmes dans les evolutions contemporaines des societies arabo-musulmanes. Vers une citoyenneté inclusive ?*, G. Gillot, A. Martinez (éd.), Paris 2015.

Dayan-Herzbrun S., « L'État. De l'entreprise coloniale à la vision décoloniale », *Tumultes* 2015, n° 44.

Dayan-Herzbrun S., « Le Moyen-Orient en mouvement », sous la direction de A. Kian, *Tumultes* 2012, n° 38-39.

Dayan-Herzbrun S., « Révolutions arabes : quel printemps pour les femmes ? », *Diasporiques* 2012, n° 18.

El Nour S., « Small farmers and the revolution in Egypt: the forgotten actors », *Contemporary Arab Affairs* Vol. 8, 2015, n° 2.

Jaffé H., *Une si longue grève. Maroc 1984-1992*, Paris 2015.

Khosrokhavar F., « Le mouvement vert. Fin et suite », *Vacarme* 2014, n° 68.

Kian A., *L'Iran. Un mouvement sans révolution ?*, Paris 2011.

Marzouki M., *Dictateurs en sursis. Une voie démocratique pour le monde arabe*, entretien avec Vincent Geisser, Paris 2009.

Marzouki N., Meddeb H., « Tunisia: Democratic Miracle or Mirage », *Jadaliyya*, 11 juin 2015, [en ligne] http://www.jadaliyya.com/pages/index/21863/tunisia_democratic-miracle-or-mirage.

Monciaud D., « Travailleurs et syndicats dans le processus révolutionnaire égyptien », *Tumultes* 2012, n° 38-39.

---

[21]   Voir N. Marzouki, H. Meddeb, *op. cit.*
[22]   H. Dabashi, *Can non-Europeans think?*, London 2015.

Ould Mohamedou M.-M., « Neo-orientalism and the e-revolutionary self-representation and the post-Arab Spring », *Middle East Law and Governance Journal* Vol. 7, 2015, n° 2.

Puchot P. (éd.), *Les frères musulmans et le pouvoir*, Paris 2015.

Wedeen L., *Ambiguities of domination. Politics, rhetoric, and symbols in contemporary Syria*, Chicago 1999.

DOI: 10.12797.9788376386553.04

Gérard Prévost[*]

Université Paris 8

Du « Printemps de Prague » au « Printemps arabe » : homologies, constantes cachées et formation socio-historique

Abstract :

Les mouvements de transformation sociopolitique en Europe centrale et orientale puis en Méditerranée renvoient à des ensembles sociopolitiques homologues, de même portée historique et dans des formations territoriales, sociales et politiques hétérogènes. Ils se sont déclenchés selon des processus équivalents, marqués par des interactions attachées à des relations historiques dans la courte et moyenne durée. Ils ont produit des effets selon les particularités sociales, politiques et culturelles de chaque pays, que l'on peut mesurer aujourd'hui. Certains ont été, ou sont encore le théâtre de guerres civiles, d'autres de configurations coagulées reconduites dans les mêmes terme, d'autres prolongent les résistances, les engagements ponctuels et les luttes multiformes, ou sont dans la distanciation. L'hypothèse suggère donc que les deux événements ont un rapport, certes complexe l'un avec l'autre, en symbiose avec leur production historique.

Ainsi, les équivalences homologiques entre les deux événements permettent-elles de dégager les constantes cachées manifestant tout autant leurs causes, les facteurs historiques, socioculturels et politiques ayant conduit les processus de transformation sur le moyen et long terme. Ce dévoilement met l'accent sur les continuités, tout autant que sur les singularités des liaisons historiques ayant formé un espace commun comme champ d'altercation historicisé à l'interface entre Nord et Sud qui prétend définir le conflit Nord-Sud par le manichéisme d'affrontement de l'Islam et de l'Occident. Dans cette perspective, il s'agit d'identifier les facteurs qui ont produit les changements, de mesurer leur apport

---

[*]   PhD, enseignant chercheur à l'Institut Maghreb Europe – Paris 8.

quant au champs théorique concernant les rapports État/société, quant à celui des « issues révolutionnaires » et des constructions politiques qu'elles accompagnent par rapport aux deux formes de « populisme dans lesquelles elles se sont inscrites, en Europe centrale, en Méditerranée et au Maghreb.

Mots-clés : révolutions européennes, Printemps arabes, transformations, changements, socialisme, nationalisme, populismes, transitions, populismes, intelligentsias, générations, révolutions, mondialisation, unification territoriale, mobilisation sociale, État

Le texte qui suit constitue l'ébauche d'une analyse à approfondir portant sur les « révolutions » à la charnière du XXe et du XXIe siècle, marquant à la fois la fin du « court XXe siècle » telle que l'a décrite Eric Hobsbawn dans *L'Âge des extrêmes, histoire du court XXe siècle*[1] et la préparation de la sortie des régimes populistes du sud de la Méditerranée formés après décolonisation dans la réalisation des indépendances, au Maghreb notamment. Dans cette perspective, il s'agit de mettre l'accent sur les continuités, tout autant que sur les singularités et les liaisons historiques ayant formé un espace commun comme champ d'altercation historicisé à l'interface entre Nord et Sud et qui prétend définir le conflit Nord-Sud par le manichéisme d'affrontement de l'Islam et de l'Occident.

C'est précisément dans ce champ idéologique, culturel et politique, de représentation et d'altercation que se définit l'espace mixte Maghreb-Europe. Il s'agit par conséquent de retrouver et de rétablir les termes et les signification d'un débat dans la continuité touche aujourd'hui la ligne sensible concernant la religion et la nation, et ce qui leur consubstantiellement lié, les femmes et la famille. Ces aspects n'ont jamais cessé d'être fortement actifs, sous colonisation assurément, mais aussi dans les mouvements nationaux et les conflits sociaux, culturels et politiques dont on perçoit maintenant les formes aiguës de radicalisation. Autrement dit, cela concerne la sphère symbolique dominée par les références et les présupposés d'un « Monde arabe » en relation avec l'Europe, occidentale et centrale, avec les questions sur le rôle du religieux et du culturel, ou sur les questions linguistiques, dans la réalité sociale et politique ainsi que dans la pensée et l'idéologie, accrochées aux influences orientales.

Révolutions européennes, Printemps arabes : socialisme et nationalisme

Ainsi, les « printemps » renvoient-ils à deux ensembles sociopolitiques homologues de même portée historique dans une formation territoriale, sociale et politique fondée selon des processus équivalents : homologues donc, tant par les processus qui les ont déclenchés que par les interactions attachées à des connexions et des re-

---

[1]   E. Hobsbawn, *L'Âge des extrêmes, histoire du court XXe siècle*, Bruxelles–Paris 1999.

lations historiques dans la courte et moyenne durée. Les mouvements de transformation sociopolitique en Europe centrale, en Europe orientale et en Méditerranée ont produit des effets selon les particularités sociales, politiques et culturelles de chaque pays, que l'on peut mesurer aujourd'hui. Certains ont été, ou sont encore le théâtre de guerres civiles, d'autres de configurations coagulées reconduites quasiment dans les mêmes terme, d'autres prolongent les résistances, les engagements ponctuels et les luttes multiformes, ou sont dans la distanciation.

D'une façon générale, face à elles, les pouvoirs en place continuent d'utiliser la répression, le contrôle policier et sécuritaire, la corruption, l'instrumentalisation et la manipulation des élites et intellectuels, accompagnés de réformes institutionnelles, économiques, politiques et sociales. L'on suggère ici que les mouvements de changement sociopolitiques et économiques dont ils furent le théâtre depuis la décennie 1980 ont en commun de s'être produits dans des régimes politiques de type « populiste ». Derrière cette notion, il y a la controverse quant aux définitions et appellations habituellement utilisées : totalitaires, autoritaires, fascistes, dictatoriales, etc. L'utilisation de la notion de « populisme » oblige à considérer que quelque soit le qualificatif que l'on emploie par ailleurs pour désigner ces régimes, ils ne peuvent se comprendre qu'en mettant en évidence le type de rapport entretenu entre le « pouvoir » et le « peuple » constitué en « société » à travers des rapport sociaux internes et des institutions. Par conséquent, cette dimension du populisme donne à l'analyse des particularités permettant de mieux mesurer et de mieux comprendre la période ouverte par l'effondrement de ces régimes tout autant que leur devenir. Plus encore cela s'avère-t-il nécessaire en regard des recherches empiriques menées dans l'espace maghrébin, c'est-à-dire à leur interprétation et à leur contextualisation. En effet, il conviendra sans doute de réajuster nos questionnements en regard des évolutions depuis 2011.

Il ne semble pas pour l'instant nécessaire de revenir sur les oppositions, les débats et les conflits qu'engendre ou suscite, cette itération de la nomination discursive de « printemps », de l'Europe centrale à la Méditerranée, comme celle de « révolution » – de « velours » ou de « jasmin » – pour désigner les moments de changements socio-politiques liés à des mouvements sociaux. Les termes employés concernant les mouvements sociaux ou les changements sociopolitiques en Europe centrale, orientale et en Méditerranée, sont identiques et mobilisent les mêmes controverses. Certains évoquent faussement les mouvements en Méditerranée comme « mutations arabes », telles qu'il s'agirait de mutations génitico-darwinienne. Or, il y a des sociétés arabes où l'on trouve aussi des gens qui ne le sont pas, à savoir les Berbères, par exemple. Il y a, par ailleurs, des musulmans et des chrétiens. En réalité, le Monde arabe est une illusion, parce qu'il y a une telle diversité de situations sociopolitiques et d'histoires qu'il serait inexact d'imposer cette appellation. Utiliser le concept de « révolution » en Europe centrale ou supposer un « Monde arabe » et parler de « révolutions arabes » relève d'un exceptionnalisme méthodologique. La priorité est aux considérations enthousiastes et aux commentaires extatiques, sous la prédominance de sources que les chercheurs ont pour principe de mettre en doute ou de soumettre à l'analyse critique. Articulées l'une à l'autre, ces sources sont médiatiques, orientées par les postures idéologiques propres à chacune d'elle et partisanes, produites par des protagonistes guidées par les références doctrinales et objectifs des uns et des autres. Les exigences minimums d'une science sociale « normale » semblent y trouver laborieusement leur place, comme si elles n'étaient pas adaptées aux types d'objet ou aux processus représentés par les événements en Tunisie, en Égypte, dans les autres pays du pourtour méditerranéen ou en Europe et en Europe centrale et orientale. En fait de « Monde arabe », en Méditerranée comme en Europe centrale et orientale, il n'y a que des États nationaux unissant des peuples en un seul par nationalisation. Tout ces aspects sont factuellement différentiels par rapport aux société européennes. Il n'y a pas plus en effet de « Monde anglo-saxon » ou de « civilisation européenne » qui se définirait par une unité de langue ; les pratiques sociales et culturelles, les référentiels religieux, etc., y sont également très divers. Et l'on oublie que l'Europe centrale a constitué un point d'articulation territorial et politique entre la Méditerranée et la mer du Nord.

Affirmer la portée historique de ce continuum est de toute façon paradoxale, car tout cela s'est transformé dans les diffusions réciproques, inter pays, inter régionales et inter temporelles, qui ont bouleversé radicalement la signification des conflits et des relations contemporaines. A présent, les formes d'État procèdent de la production intellectuelle et culturelle des relations sociales civilisées dans l'« Occident » chrétien, c'est-à-dire dans le capitalisme atlantique ! L'histoire très classique en effet, faite avant et après Braudel par tous les historiens des déplacements des foyers commerciaux, est celle où se prépare la mondialisation capitaliste qui a eu lieu plus tard. De la Méditerranée orientale à la Méditerranée centrale, par les villes des côtes non encore italiennes, par le royaume de Catalogne, jusqu'à la côte Atlantique par Cadix, etc., puis faisant jonction par les côtes de la mer du Nord et de la Baltique avec les routes terriennes, l'établissement du premier capitalisme atlantique, du premier marché mondial donc, est celui des moments particuliers du déplacement des peuples et d'éclatement de ces déplacements qui existaient d'une façon prépondérante autrefois. S'il y a continuité entre christianisme et Islam, elle s'arrête de toute façon dans la recomposition de la hiérarchie politique et territoriale mondiale liée à la fois au déplacement et à la croissance des foyers capitalistes.

La mise en perspective historique commence le plus souvent avec la deuxième phase de colonisation au XIXᵉ siècle, cependant la construction des empires débute dans des phases antérieures : la première phase de colonisation n'est pas secondaire. Si l'on reste au XIXᵉ siècle, 1830 ne l'est pas plus. On a la fois la colonisation du Maghreb par l'État français et celle de l'Europe centrale engagée en Pologne par l'État tsariste russe. Aussi, les deux événements marquant, à la fin du XXᵉ siècle et au début du XXIᵉ siècle, correspondent-elles à la déconstruction décalée des anciens empires, consolidés en Europe centrale après 1917, et avec les équilibres politiques trouvés entre États coloniaux européens en vue de la mise en réserve des ressources coloniales ou de leur exploitation en Méditerranée. Il faut noter plus encore l'interrelation stratégique, c'est à dire politique, sociale et économique, qui unira l'empire soviétique et les processus de décolonisation en Méditerranée. *La matrice du nationalisme y renvoie. C'est un aspect* souvent négligé qui le situe dans un environnement international dominé par la dynamique révolutionnaire impulsée en Russie soviétique, anti-impérialiste par principe. C'est pourquoi les réseaux sur lequel a reposé le panislamisme sont en relation avec l'Internationale communiste, après notamment que Enver Pacha ait rencontré Karl Radek alors en prison à Berlin et créé à Moscou l'Union des Sociétés islamiques révolutionnaires. Le journal panislamique *Liwa-el-Islam* sera ainsi à partir de 1921 le véhicule du lien entre le « monde islamique » et la « Russie des Soviets », tout en se protégeant contre le risque de contamination de principes contraires à la foi islamique, ce qui sera une constante jusqu'à la fin du nassérisme, c'est-à-dire bien qu'avec la deuxième guerre mondiale et la révolution de 1952 se soit enracinée l'évidence du lien entre règlement de la « question sociale » et celui de la « question nationale ». Les traits « socialistes » du nationalisme resteront lestés par les courants inter-classistes des mouvements nationaux. S'y ajoutera une singularité en Tunisie puisque *Muhammed Ali, formé aux disciplines de science sociale d'orientation marxiste, a surtout donné à la théorie et à la pratique des coopératives économiques, principalement agricoles, une importance qu'il privilégiera à son retour en Tunisie en 1924 pour en faire une alternative à l'économie coloniale, tout comme nombre de nationalistes de l'époque qui préféreront à la lutte de classe un projet global orienté vers le réformisme social pour les zones de la Tunisie à l'Égypte.*

L'hypothèse suggère donc que les mouvements de transformation en Europe centrale et orientale et en Méditerranée, ont un rapport, certes complexe l'un avec l'autre, en symbiose avec leur production historique. Les équivalences homologiques entre les deux événements contenues dans cette production interpellent les constantes cachées manifestant tout autant leurs causes, les facteurs historiques, socioculturels et politiques ayant conduit les processus de changement sociopolitiques, que dans les mutations politiques sur le moyen et long terme.

Révolutions, transformations, changements ?

Pour que ces débats ne soient complètement formels, il convient aujourd'hui d'analyser les contenus concrets des transformations introduites par les mouvements, en comparant comment vivaient les populations avant et comment ils vivent après. L'approche par comparaison de deux ensembles historiques et politico-culturels homologiques est propice à l'examen des différents moments et événements de ces dernières années, cependant ce n'est pas le moment qui est important mais ce qui s'est produit avant et après, ce qui renvoie à la réalité. Il faut éviter de sacrifier à l'illusion et à la fétichisation des mouvements sociaux, au Maghreb comme ailleurs, car force est de constater aujourd'hui que ces « révolutions » ne changent pas grand-chose. Elles changent en apparence en modifiant les Constitutions, comme ce fut le cas au Maroc, où quelques articles ont été changés ; mais on est revenu à la case départ ; les enquêtes le montrent, parmi les intellectuels surtout : rien n'a vraiment changé au Maroc. La Tunisie pour sa part n'a pas fondamentalement changé. La Constitution a certes introduit des clauses qui desserrent les verrous sur la société mais dans la réalité, le pouvoir ancien est toujours là ; les formes sociopolitiques d'avant les événements se trouvent reconduites. Avec Essebsi, c'est le retour d'une certaine conception de l'État qui prévalait sous Ben Ali. L'article 1 de la nouvelle constitution n'a pas été changé. Certes, la liberté de conscience a été introduite dans la Constitution, mais cette dernière ne semble pas accompagner une transformation de la société. Pas seulement en Tunisie. Partout où les mouvements sociaux se sont rebellés et ont remis en cause les régimes en place, ceux-ci se reconstituent ou sortent renforcés. C'est le syndrome de la jambe brisée pour symboliser cette dialectique de la rupture : l'ose est cassé, des nerfs arrachés, des tissus déchirés, mais des milliers de petits vaisseaux, de petits nerfs, des lambeaux de muscles demeurent solidaires et maintiennent une vie entre les deux parties du membre. Il faut saisir cette continuité, ses modalités de passage, c'est-à-dire comment elle se perpétue. Le « printemps » a fait place à une phase de recul après celle de la montée. Et dans ces phases de recul se reconstituent les anciennes équipes au pouvoir, comme en Égypte. Il y a une puissante forme d'idéalisation de ces changements qui empêche de voir ce qui est en train de se reconstruire aujourd'hui. C'est vrai aussi après les « révolutions européennes » récentes. C'est une reproduction de ce qu'il y avait avant, avec quelques adaptations induites par la mondialisation et l'influence de la diplomatie internationale. La « constante » est prépondérante entre le deux ensembles homologiques. En regard de cela, on mesure encore mal ce qui s'y passe, mais on peut faire l'hypothèse qu'en leur sein sont à l'œuvre des constantes qui indiquent que les populations n'en n'ont pas terminé avec leur passé. Les générations actuelles prennent le relais par la critique radicale du passé, mais elles sont aussi le moteur du reflux. Si les « élites » trouvent leur chemin pour se classer ou se reclasser socialement, les différentes catégories sociales populaires ne semblent pas y trouver leur compte.

Toutefois, les configurations nées de ces moments depuis les années 1980 suggèrent d'autres hypothèses clés relativement à l'analyse des mouvements sociaux par rapport à des homologies de situations historiques et territoriales hétérogènes, et leur apport quant au champs théorique concernant les rapports État/société. En effet, souvent présenté comme la dernière grande révolution du XXe siècle, un ensemble de facteurs socio-politiques et socio-culturels du grand bouleversement de 1989 en Europe centrale semble se répéter, rapporté aux particularités homologiques différentielles, dans la grande secousse de 2011 en Méditerranée. Peut-on parler de la première grande révolution du XXIe siècle ? Les deux siècles paraissent en tout cas réunis par ce continuum, à un moment de l'histoire où une transformation de l'ensemble européen par des formes d'unification nouvelles, économiques et protopolitiques, commencée après unification religieuse et culturelle des siècles antérieure, après la seconde guerre mondiale et poursuivie à la suite de 1989, vient s'articuler sur une transformation de l'ensemble méditerranéen, après colonisation. A propos de cet ensemble, si la question se pose encore de savoir de quel processus d'unification il s'agit, autrement dit de quel sorte d'unification, on constate qu'elle s'opère dans la dimension verticale – entre nord et sud – et horizontale à échelle géographique et culturelle.

Mondialisation et unification territoriale

Les changements dans les pays du glacis soviétique, en Europe centrale et orientale, ont été à l'origine de nouveaux États selon un modèle de « démocratie » différent de celui des démocraties populaires, proche des systèmes constitutionnels et politiques occidentaux. Du coup, ils ont inéluctablement conduit à la perspective d'une nouvelle unification européenne avec des petits régimes populistes porteurs de revendications territoriales. S'y sont produits des guerres, mais bien qu'ils ont déstabilisé l'ensemble soviétique, ils ne semblent pas s'être installés de façon durable. Face à l'Union européenne, ils ont du se réorienter, sinon se réinventer. Dans le sillage de ces processus, le système de relations internationales entre États a été complètement bouleversé, posant la question de « l'intégration régionale des États » et celle de l'imposition de l'économie de marché.

S'y dessinent aussi des formes d'unification protopolitiques et économiques : EU, CEI, accords d'association, etc. Le processus d'unification est supra national, où se concentrent les jeux de concurrence économique, mais il est avant tout supra idéologique. Non par la « pensée unique » comme l'on dit trop souvent, mais au sein de dispositifs permettant la manipulation compétitive d'intérêts exogènes aux sociétés elles-mêmes. Pour le dire plus simplement, ce qui se passe en haut, au dessus des peuples massifiés, de la multitude, se trouve de plus en plus séparé du bas, des peuples et des sociétés. Cette configuration n'annule pas, au contraire, les jeux stratégiques dans chacun des deux pôles par rapport aux luttes pour l'hégémonie qui constituent la donnée majeure des transformations en Europe centrale et dans l'espace Méditerranée. Et c'est la gestion, par les catégories hautes, du rapport social spécifique issu de cette configuration qui est appelée « gouvernance » aujourd'hui. Dans ce contexte, l'internationalisation de ce qui est appelé « corruption », dénoncée pour délit moral, est « fonctionnelle », autrement dit elle sert au fonctionnement du système. Elle se réfère à la multitude de arrangements dans l'entre soit du « haut » par des moyens illicites, hors de tout emprise constitutionnelle, pour servir des intérêts privés à échelle mondiale et parfois régionale et locale. On y trouve une multitude d'organisations plus ou moins secrètes agissant sous des référentiels divers, parfois étatiques (certains partis politiques constitutionnalisés après « révolution » Parti Populaire – PP – en Espagne) religieux (Opus Dei), ou para-étatiques (Gladio, CIA, Mafias), etc.

Transformation, transition et représentation politique

L'évolution des « partis politiques », telle qu'on peut l'observer dans les pays du Maghreb, en Europe, en Europe centrale et dans les ex-républiques du glacis soviétique, conforte cette approche. La question de leur devenir était posée par la sociologies politiques au milieu des années 1995 avec les développement de nouveaux mouvements sociaux en Europe. Les principales études concluaient le plus souvent à un moment terminal de la forme « parti » tout en différent l'analyse de ce qui était en train de naître. A présent, la forme « parti » tend à se transformer en même temps que se transforment les rapports État/société, développant en interne et en externe des activités contrôlées par des groupes d'agents, constituant des états-majors de directions plus ou moins collégiales, fonctionnant à la fois de façon « publique » et « occulte ». L'activité publique, qui doit satisfaire à des normes admises pour bénéficier du label « démocratie » légitimé dans la sphère diplomatique et politique internationale, autrement dit là où se trouve actuellement la source de la légitimité : des élections « pluralistes » et l'indépendance de la justice – le caractère fluctuant et stochastique de ces principes se montre tant au Maghreb qu'en Europe centrale – repose parallèlement sur une stratégie d'infiltration dans la société non étatique et dans les institutions. Inclue dans cette stratégie d'infiltration, l'activité occulte quand à elle concerne le « monde des affaires » et les méthodes servant au maintient de l'hégémonie idéologique du « haut ». Il faut ajouter à ces développements l'introduction progressive depuis 2001 aux États-Unis et en Europe, de dispositifs législatifs visant à réduire les libertés collectives et individuelles dans l'espace publique, à surveiller et neutraliser les mouvements sociaux et plus encore à les criminaliser, intensifiés par des politiques sécuritaires, elles-mêmes justifiées par les gouvernements comme méthode « pour faire face au terrorisme ». Là se trouve peut-être la matrice des « sociétés de contrôle » dont parlaient Gilles Deleuze et Michel Foucault.

Cependant, tout ces facteurs intéressent notre objet puisqu'il s'agit de processus accélérés par les effets sociopolitiques et culturels nés des mouvements de transformation : impulsions agressives en Europe centrale et orientale avec les conflits territoriaux, puis en Méditerranée avec la coagulation de courants guerriers issus des mouvements politico-religieux dans les pays à tradition musulmane. On entre dans une phase où ces processus, ces transformations, sont interdépendants ; il sera désormais difficile de sortir de cette configuration.

De l'Europe aux populismes du tiers monde : Champ intellectuel intelligentsias

En 1997, René Gallissot dans le chapitre introductif du livre *Les populismes du Tiers-Monde*, intitulé « De l'Europe aux populismes du Tiers-Monde »[2], pose cette relation ambiguë existant entre les systèmes politiques nationaux au Nord et au Sud. L'État national et le nationalisme y ont pour point commun le « populisme » : en son cœur existe le « peuple » : la démocratie et les régimes populistes ont en commun d'avoir besoin du peuple dit-il, ajoutant que le peuple formel, principe de souveraineté qui suffit au libéralisme vient se superposer à l'immense population du commun qui reprend à la fraternité religieuse l'éminente dignité des pauvres. A la plèbe succède la masse des petits et des dominés qui font peuple. On est ici dans l'âge des « nations » et dans la contemporanéité de l'État national ; la référence au peuple accompagne ses étapes et ses modes d'expression, rejaillissant dans le populisme russe et se répète au XXᵉ siècle dans le Tiers-monde. Les exemples des populismes d'État y sont nombreux, de l'Indonésie à la Révolution algérienne et à l'Égypte de Nasser. Ont peut dire que dans toute la Méditerranée le nassérisme et le baasisme (d'Irak et de la Syrie) ont servis de modèle aux autres États avec l'aide du marxisme soviétique pour réussir la transition du « peuple » et la « révolution nationale » à la référence socialiste. Au Maghreb le nationalisme prend corps dans des mouvements nationaux soutenus par des mouvements insurrectionnels. Les luttes de libération ont alors laissé la place à des nationalismes conservateurs, c'est à dire à des États débouchant à l'exercice de nationalismes d'État. Les réactions nationalistes d'aujourd'hui en Europe et en Méditerranée participent peut-être d'une crise majeure entraînant vers des formes diversifiées de « dénationalisation » de l'État national.

Après le populisme russe de la fin du XIXᵉ siècle qui luttait contre le tsarisme en s'appuyant sur le peuple et prônant la transformation des communautés agraires traditionnelle, et sa version chinoise, des formes nouvelles de populisme ont créé des régimes, tant en Amérique du Sud que dans l'espace Méditerranéen. Le cas algérien en est un exemple particulier dans l'histoire du mouvement national à travers le « messalisme » et depuis l'indépendance. Il est encore présent dans l'interrogation sur les intégrismes. En Europe, les « populismes » ont donc précédé les fascismes ; le Tiers-monde leur redonne ensuite une épaisseur. C'est pourquoi ils ont été perçus comme fascistes, mais cela donnera des populismes d'État ou de socialismes voire de communismes nationaux ou de régimes nationalistes marxistes. Les États du glacis soviétique ont proclamé la démocratie « populaire » au nom du « peuple tout entier » ! L'écart entre le principe et sa réalité semble aujourd'hui maximal ; ce n'est pas le peuple qui exerce le pouvoir, mais les experts, précisément parce que le peuple est jugé irresponsable, irrationnel, incapable de parvenir à ce

---

[2]   R. Gallissot, « De l'Europe aux populismes du Tiers-Monde », [à :] idem (éd.), *Populismes du Tiers-Monde*, Paris 1997, p. 5.

degré de généralité que requiert l'exercice de la souveraineté. Dans cette perspective comparative, des constantes renvoient donc au nationalisme, aux mouvements populaires au sens de mouvement social, aux intelligentsias qui sont les porteurs de la mystique nationale, ainsi qu'aux liens avec le mouvement ouvrier.

Avec l'émergence de l'État moderne, le « peuple » est devenu la source de régénération de l'intelligentsia nécessaire dans la constitution de l'État national. La revendication de « liberté », tout comme celle de « dignité », s'opposant à toutes formes d'oppression et de domination, trouve son origine dans l'État soviétique qui a voulu étendre son influence vers l'Orient, l'Afrique et l'Amérique latine. La lutte des classes y est transposée en lutte des peuples et ceci à l'échelle mondiale dès les années 1920, d'où l'idée d'une internationale coloniale que l'on prête à Sultan Galiev. L'idée de « faire émerger les peuples opprimés du monde » contre l'impérialisme des puissances industriels et financières, se réalisera sous la forme du « Mouvement des non-alignés » lors de la Conférence de Bandung en 1955. Il érige les partis du peuple qui encadrent les syndicats et les organisations dites de masses, unions et comités, etc. Partis de masse et rassemblement unitaire sont la vocation des partis populistes fonctionnant sur un mode centralisé et, unicité du peuple oblige, sur l'exclusion de pluralisme politique.

Plus encore, dans les pays de libération nationale, les partis nationalistes ont repris le modèle communiste, mais en l'inversant ; c'est l'État lui-même issu des commandements militaires qui a institué le parti – l'État-parti substitué au parti-État communiste – parce que les militaires tenaient les réseaux constitutifs des armatures étatiques : la fameuse « sécurité militaire » en Algérie par exemple, NKVD en URSS, UB (Service de Sécurité) en Pologne. En se développant comme États administratifs, les États ont étendu la part des individus et groupes intéressés à l'État. Ils ont produit une osmose entre parti et administration, gestionnaires et élus et même dirigeants des organisations dites de masses. Cette promotion par l'État a été le véhicule d'intérêts divers, de bourgeoisie et capitalistes, administratifs, gestionnaires, etc., par conséquent de la formation de catégories sociales hiérarchisées, y compris de formation de classes, à travers la distributions des intérêts économiques. Au Maghreb, les intellectuels, qui croyaient à la possibilité d'un développement à l'intérieur d'un cadre proprement national, en ont été les principaux instruments. C'est la fonction de l'État qui l'a emporté sur ce que l'on appelle encore une « société civile » autonomisée. Ce n'est pas uniquement au Maghreb ou au Moyen-Orient en effet que la faiblesse intellectuelle invoque à répétition la « société civile » et la coupure entre société civile et État. L'important est le lien de dépendance entre Société et État, qui rend vain de parler de « société civile » si ce n'est que pour en être porte-parole. Ce que font précisément les intellectuels et les « élites » qui, dans les régimes populistes, sont le plus souvent des agents de liaison étatique. Avec la fin des colonialismes, à partir des années 50, s'affirme un socialisme spécifique. C'est un anti impérialisme, par référence au « peuple » plus qu'à la lutte de classes, comme cela fut le cas avec la révolution en Russie dans les années 1910. Pour les intellectuels progressistes, le mot qu'ils conservent de l'histoire nationale c'est le mot « peuple ». Dans le texte d'Hamma Hamami *Le chemin de la dignité*[3] ; la référence « classe-classe » il y a des classes, la lutte de classes, etc. est toujours fondée sur le « peuple », le « peuple tunisien », que Ben Ali a dévoyé, etc. Ainsi, même dans l'abstraction intellectuelle qui succède au socialisme de développement national, le mot « peuple », la conception du « peuple », c'est-à-dire le noyau du populisme, subsiste par désenchantement du fait qu'il n'y a plus de promesse nationale possible dans le discours politique. Quand la perspective nationale disparaît, quand tout l'échafaudage politique et tous les discours politique nationalistes sont devenus impraticables ; il reste le « peuple » et pour les islamistes d'aujourd'hui, la religion du « peuple ».

Les témoins de cette période, ceux que l'ont rencontrent aujourd'hui, sont ceux qui ne sont pas sortis de l'État, parce que l'État indépendant a été le lieu de leur reclassement politique après déclassement économique en période coloniale. L'absence d'un champ intellectuel qui viendrait nourrir les mouvements sociaux est criante. En Europe tout autant. La génération idéologique qui a mené la lutte contre l'État soviétique, notamment en Pologne et en Tchécoslovaquie, ne semble pas avoir de relève. Les pouvoirs ont leurs intellectuels organiques, souvent récupérés. Au Maghreb, ils se recrutent encore dans les générations de l'indépendance. Or ce mouvement générationnel du nationalisme populisme s'épuise. On est dans l'usure du nationalisme. Et cette usure ouvre toute une série de configurations et de perspectives, y compris de morcellement géographique et identitaire. Les mouvements sociaux continueront à remettre en cause l'hégémonie opérée par un certain nombre de dirigeants à la recherche de la leur propre. Il y aura sans doute d'autres dénouements. Après les « révolutions », des mouvements générationnels surgiront englobant les pays d'Europe et du Maghreb cherchant à mettre en œuvre des projets de société non encore formalisés.

Préparation et rôle du populisme dans les « révolutions » en Europe et en Méditerranées

Comment ont fonctionné les mobilisations à l'Est et en Méditerranée ? L'analyse des homologies montre qu'elles naissent sur des objectifs limités, rarement liés au politique, suivies de l'émergence d'un degré de préparation organisationnelle apparaissant comme facteur décisif d'un mouvement de transformation. Leurs principes sont conduits par une « historicité » ou une « identité » qui se transforme à mesure que le mouvement se développe. Ils évoluent au contact d'autres groupes sociaux auxquels ils s'opposent mais avec lesquels ils interagissent. Ils peuvent changer rapidement si ce jeu s'intensifie et s'accélère. Ce sont des mutants. Trois éléments se combinent donc en un processus mobilisateur : la préparation : grèves, manifestation ; l'opportunité politique (qui accélère son développement) ; les

---

[3]   H. Hamami, *Le chemin de la dignité*, Paris 2002.

mutations identitaires qui orientent vers son issue. Ce sont ces constantes qui interviennent dans la chaîne d'événements qui bouleversera l'Europe entre 1988 et 1991 et l'espace Méditerranée depuis 2011, de même celles qui intéressent les motivations des groupes ou individus mobilisés et la maîtrise de leurs choix. Elles éclairent en partie les questions auxquelles nous tentons de répondre dans les colloques, séminaires et publications du programme « spring arabe », des questions posées par les mouvements sociaux en général. La fin du système « populiste » à l'est de l'Europe, nommés communément « communistes », a sans doute libéré des millions de personnes des aspects autoritaires sinon totalitaires de ces régimes, elle n'a cependant connu de formes très « progressistes ». S'y est manifestée de nouvelles conditions favorables pour la guerre, la misère, le crime contre l'humanité, les viols et les tortures sur le continent. Elles ont jeté des millions de réfugiés sur les routes et accru les tourments du monde jusqu'à sa réplique actuellement dans l'espace Méditerranéen. Certes, poussent-elle les États et les peuples à s'associer, mais elle a entretenu aussi des haines, d'où de nombreuses incertitudes sur l'avenir des mouvements.

Si l'on observe les mouvements dans l'est européen, le cas polonais est sans doute le plus typique par rapport aux homologies dans les deux ensembles. On oublie par exemple que le territoire où se forme la Pologne avait été rayée de la carte suite à plusieurs partages entre les empires de 1792 à 1918, tandis que la Serbie a complètement disparu sous le joug ottoman de 1459 à 1817. L'indépendance de la Pologne républicaine est à nouveau mise en cause à partir de 1830 par le troisième Reich puis par l'URSS jusqu'en 1989. Si la Pologne est républicaine, il faut rappeler que la monarchie avait joué un rôle majeur dans la « querelle des investitures » (XIe et XIIe siècles) et repris le droit romain par la dissociation entre pouvoirs politique et religieux à la source des États-nations contemporains.

Il y eu d'abord la liquidation physique ou la déportation des combattants de la résistance nationale essentiellement non communiste – l'Armée du Pays – rapidement doublée d'une occupation minutieusement préparée avec un pouvoir civil – la police politique et militaire soviétique – puis un simulacre d'élections pour imposer le régime soviétique. L'idée développée par certains suggère que ce processus est à la base du « totalitarisme », or ceci n'a jamais été complètement réalisé, ni comme régime ni comme projet, pas même en l'URSS ! La chaîne d'événements qui commence en Pologne, Hongrie et Yougoslavie en 1988, qui se poursuit avec la chute du mur de Berlin et des crises en chaîne à Prague, Bratislava, Bucarest, Vilnius et Belgrade, se conclut sur trois grandes « nouveautés » : l'unification allemande, la dislocation de l'Union soviétique et dix années de guerre dans les Balkans. L'enchaînement est supranational, mais s'agissant des causes et des formes de ces résultats, la sortie des régimes populistes de l'est européen se traduit de deux façons : soit la recherche d'un consensus pacifique sur les formes de l'État formé selon un pluralisme politique contrôlé et normé par la diplomatie internationale ; soit la guerre !

Si en Pologne et en Serbie, le mouvement a directement porté au pouvoir des état-majors renouvelés, en Allemagne de l'Est et en Hongrie la disjonction fut plus grande. En RFA, les leaders vont s'appuyer sur le soutien populaire de *Neues Forum* et en Hongrie, c'est la droite qui s'installe au pouvoir en isolant les dissidents libéraux et les réformateurs communistes. En Pologne, les responsables de Solidarité n'envisageaient pas la prise du pouvoir politique ; ils recherchaient un compromis avec les « communistes ». Comme en Allemagne de l'Est. Puis, après les élections de juin 1989, ils vont rompre avec la politique « d'autolimitation » et former un gouvernement. Il en sera de même chez les opposants hongrois. Les animateurs des manifestations contestataires en Allemagne de l'Est quant à eux ne recherchaient pas d'abord l'unité allemande qui a promu le rapprochement entre les deux Europe. Il existait donc des mouvements d'oppositions en Pologne, Hongrie ou Yougoslavie et un affaiblissement des pouvoirs centraux.

Les protagonistes n'étaient pas mus par un intérêt commun dont ils auraient pris conscience et qu'ils sentiraient en péril : les motivations sont très diverses et hétérogènes au sein de la même société. Dans la plupart des cas, elles sont unifiées par des actes symboliques ou moraux à très faible portée politique : manifestations du souvenir, luttes économiques, peur de l'autre, fuite et migration, protestation contre la répression, concerts de musique, défense de l'environnement, refus d'une humiliation et recherche de la dignité, etc. Tout cela a été mis en commun à travers les nouveaux modes de communication : réseaux sociaux et autres. Dans les cas les mieux organisés (Pologne, Hongrie, Yougoslavie, Tchécoslovaquie) des groupes politiques existaient clandestinement, rassemblant quelques milliers de militants, mais leurs projets étaient généralement assez éloignés de ce qui se déroulera effectivement. Au mieux, ils « accompagnent » le mouvement en cherchant empiriquement à l'orienter vers leurs perspectives propres ; ce n'est pas une avant-garde !

Relation entre État et mobilisation sociale

Les mouvements de transformation ont accentué l'écart entre les règles formelles et l'organisation vécue au point que leur émergence a mis rapidement en péril l'ensemble de l'édifice étatique. Ils se sont immédiatement heurtés au pouvoir central incarné par le parti unique et son « bureau politique ». Il y avait là un anachronisme constant, jamais remise en question par les dirigeants parfois prêts à d'importantes concessions, tolérant jusqu'à un « pluralisme bancal » selon l'expression de la sociologue polonaise, Jadwiga Staniszkis. Autrement dit, la mobilisation de concurrents au pouvoir en place qui ne se présentent pas d'emblée pour occuper le pouvoir d'État est une particularité polonaise et hongroise. Ils avancent un programme en recherche de compromis : les « table ronde », ou les « pactes ». L'armée a été la véritable médiatrice entre le mouvement de transformation sociale et son issue ; pas un seul des opposants n'a pris le pouvoir d'État sans s'être préalablement assuré le contrôle effectif d'une force militaire. Pologne, Hongrie, RDA et Tchécoslovaquie, le ralliement au processus d'une partie de l'appareil du pouvoir neutralisent les forces de répression qui basculent du côté des opposants légitimés par des scrutins aux accents de plébiscites. Ainsi les fins et les moyens changent et interagissent, la relation se noue dans une conjoncture fortement déterminée par un alliage subtil entre l'héritage acquis sur la longue durée, l'invention et la créativité sociale collective et individuelle. En l'occurrence la chute des régimes communistes aura été possible, à ce moment, de cette manière et dans cette région justement parce que sont apparus des groupes d'agents dotés d'une rationalité limitée et d'autres catégories plus conscients des choix à faire.

Si l'on observe maintenant le cas de la Tunisie, au cœur de la réflexion sur la relation entre l'État et la mobilisation sociale : l'on note des équivalences fortes, notamment que l'État comme centre du pouvoir politique est devenu le lieu et l'enjeu central des luttes sociales. La mobilisation appréhendée sous toutes ses formes, spontanées ou organisées, a connu dans ce pays de nombreuses modifications tendant à se transformer maintenant dans des formes de reflux après l'adoption de la nouvelle constitution. Hormis le « Front populaire » dont Chokri Belaïd, assassiné le 6 février, était le secrétaire général les partis et coalitions n'y ont pas vraiment de base idéologique solide et de basse sociale bien identifiable. Pour ceux qui se disent « libéraux », c'est souvent dans une acception social-démocrate de type moderniste et européenne. On assiste ici aux luttes pour le classement de catégories sociales montantes dans l'État et dans le champ économique et aux stratégies de reclassement des catégories, perdues ou en perte d'influence, après la départ de Ben Ali et à la décomposition-disparition du RCD. Ces mouvements de recomposition politique que l'on connaît en Tunisie depuis 2011, comme à l'Est depuis 1989, montre les ruptures, les aller et retour et les retrouvailles, lesquels correspondent à des itérations que l'on peut décrire comme la recherche de procédures pour s'attacher des catégories sociales dont l'identité est incertaine, sinon celles, majoritaires, encore attachées à l'État. Et si par ailleurs, sociologiquement, les directions des partis et des syndicats sont dominés par la catégorie des enseignants, y subsistent des cadres des années 1940 liés au mouvement national.

On retrouve en Méditerranée les processus signalés plus haut dans les mouvements à l'Est : pas d'intérêt commun entre protagonistes, motivations très diverses et hétérogènes, actes symboliques ou moraux, refus de l'humiliation et recherche de la dignité, etc., mise en commun dans les nouveaux modes de communication : réseaux sociaux et autres. Les projets sont généralement assez éloignés des évolutions ultérieures. On y trouve l'armée comme médiatrice entre mouvement de transformation sociale et son issue, le ralliement au processus d'une partie de l'appareil de l'ancien pouvoir qui neutralisent les forces de répression, l'absence de « corps intermédiaires » capables d'amortir les chocs protestataires dans la société. Elle est dite « civile » aujourd'hui. Or, il n'y a pas de société civile, tout autant dans ces pays que dans les deux Europe. En est en plutôt en présence de sociétés, qui pourraient être « civiles », c'est-à-dire ni religieuses ni militaires, mais qui sont insérées dans des dispositifs institutionnels et étatiques où s'organise la vie sociale et politique dans un pays donné. La société civile est censée être autonome, or cela n'existe pas. Il peut y avoir des marges d'autonomie, mais ce n'est pas durable.

Notons que les premières définitions de la « société civile » ne relèvent pas comme aujourd'hui du référentiel souvent anti-étatique néolibéral, mais de la « république nobiliaire » de Pologne et de Lituanie qui n'était pas parvenue à imposer un État fort dès le XVIIe et le XVIIIe siècles au point de disparaître, qui a transmis une tradition dualiste et un imaginaire politique fondé sur l'organisation de la « société civile » face à l'État.

Sur le populisme

Il faut évoquer enfin ce que le « populisme » comme système politique organisant la société et comme imprégnation idéologique cognitive a apporté au déclenchement des mouvements de transformation dans les Europe et dans l'espace Méditerranée. Que signifie « retour des populismes », et comment expliquer cette mystérieuse croyance dans la puissance magique du « peuple » ? Pour cela il faut considérer, comme Ernesto Laclau, que le peuple est une catégorie politique[4]. Elle est le plus souvent considérée comme « interclassiste », derrière un chef charismatique, mais elle oblige à s'interroger sur ce qui est « populaire », sur les bases sociales et les significations nationales de mouvements sociaux. Par ailleurs, si au niveau idéologique la matrice commune des « populismes » est le discours anti-élitiste couplé au culte du peuple, il faut distinguer entre populismes de bords très différents et retrouver ceux qui s'accrochent au mouvement ouvrier. Laclau développe dans son étude la thèse que le populisme est une « logique politique » qui tente de constituer le « peuple » comme acteur historique à partir d'une pluralité de situations antagoniques ; c'est la logique universaliste de la notion même de « peuple ». À certains moments de l'histoire, le « peuple » peut incarner cette particularité assumant le rôle d'une universalité impossible à atteindre. Il est vain, par conséquent, de mépriser les aspects affectifs du populisme au nom d'une rationalité à l'abri de toute contamination : les logiques qu'il met en œuvre sont inscrites dans le fonctionnement réel de tout espace communautaire. Pour Ernesto Laclau donc, la clé pour comprendre les causes et le déclenchement des mouvements sociaux renvoie à un processus social tendant à l'hégémonie de sentiments, de ressentis, de revendications qui ne sont pas formulées par le langage mais dans le cours du mouvement se développant par une logique d'équivalence qui accroît l'unité des particularités : la « dignité » par exemple. Le discours des jeunes en Tunisie, ceux des ouvriers entendus à Gdansk et rapportés dans les films de Andrzej Wajda, appartiennent à des sentiments particularisés qui divisent les individus face à la force de l'hégémonie qui les domine ; ce sont des « concepts vides » dit Laclau qui reprend les notion gramsciennes de l'hégémonie, ou encore des « concepts flottants ». Le moment décisif ouvrant à une mobilisation pouvant mettre en échec l'hégémonie dominante se produit quand le concept se « remplit » d'un sens équivalent pour

---

4   E. Laclau, *La Raison Populiste*, Buenos Aires 2005.

l'ensemble des individus mobilisés, autrement dit que la particularité devient uni-verselle. Si la notion de « peuple » possède cette capacité à universaliser, à forcer des contenus hégémoniques dans les changements suite à des mouvements sociaux d'ampleur, peut-être sommes nous en présence de la structure explicative des ques-tions qui touchent à notre objet, c'est-à-dire des constantes équivalentes cachées dans les ensembles homologiques concernés.

« Révolution » et « transition démocratique »

L'itération de la formule « transition démocratique », une « invention » sociologique à portée idéologique amorcée après la seconde guerre mondiale, est apparue à la fin des années 1970 et 1980 en même temps que les transformations en Espagne et à l'Est. Prenait corps une nouvelle configuration de « mondialisation », après celle de la régionalisation du monde par l'État national, où était mis en cause le modèle westphalien d'État social fondé sur le droit et la souveraineté. L'enjeu était de voir si les tensions sociales nouvelles, l'éclatement des territoires, les crises des formes traditionnelles du politique, les conflits et les guerres ethniques, participaient d'un mouvement général sur l'ensemble du continent européen vers la « démocratie ». D'où le succès des formules « transition politique » et « transition démocratique » portée par la « transitologie ». Avec le recul historique, il serait cependant plus juste de dire que c'est de la transition au « marché » qu'il s'agit. Appliquée aux transfor-mations à l'est, la « transition » y est vue comme passage d'un état à un autre, d'un « État totalitaire » à un « État démocratique » et bien sûr comme consolidation incertaine dans un processus plus long, mais estime que l'organisation d'élections libres et l'édictions de nouvelles règles suffisent à clore la « transition ».

Or, le dessein évolutionniste qu'elle contenait invitait à un exceptionalisme méthodologique qui ne permettait pas de comprendre pourquoi la « démocratisa-tion » s'accompagnait de guerres durables, autrement dit pourquoi certains groupes s'engagent vers la « démocratie libérale » et d'autre optent pour la corruption, le crime ou la guerre. La thèse de la transition, appuyée sur l'idée que les modalités de sortie du soviétisme en étaient des spécimens, échappait ainsi à la nécessité de se concentrer sur le jeu des catégories sociales à l'offensive dans les pays visés, leur historicité et leur rationalité, de tenter d'analyser les causes des déséquilibres des systèmes politiques, de saisir l'enchaînement des crises et des ruptures pour comprendre les processus de transformation et la nature de leurs contenus. Ainsi, identifier des variables explicatives, des événements et des phénomènes implique-t-il de prendre au sérieux les notions de « mémoire collective », de « tradition », de « culture », « d'expérience historique », de « code culturel », « d'historicité », qui entretiennent un matériau symbolique et politique dont s'emparent les mou-vements. Les intérêts des uns et des autres ne sont pas forcément communs mais s'unifient dans des actes symboliques à faible portée politique (commémorations du souvenir, fuite, migration, etc.).

Nécessité aussi d''étudier les processus qui déterminent l'articulation entre « États populistes » en crise et les mobilisations sociales comme une interdépendance dans la conjoncture des années récentes où a pris forme la « mondialisation », où l'équilibre des système a été fragilisé radicalement, créant des opportunités politiques qui s'offrent aux membres d'un groupe potentiellement contestataire et qui favorise le développement d'un mouvement social, comme en Tunisie et en Égypte notamment. De ce fait, les contradictions structurelles des régimes ont accumulé des « tensions », des « déséquilibres », qui libéraient des espaces où pouvaient s'organiser des agents sociaux et politiques. Intervient ici un autre élément avec la dimension symbolique et cognitive permettant au mouvement de se voir comme une force autonome, façonnant, jusqu'à une certain point, son propre développement. Cela souligne tout autant l'intérêt à porter sur la façon dont les agents et des groupes sociaux ont construit une identité individuelle et collective enracinée dans des traditions.

Quelles hypothèses, comparativement avec les modalités de sortie des régimes populistes en Europe centrale et orientale, peut-on repérer dans celles aujourd'hui en cours au Maghreb et au Moyen-Orient ? La contraction du changement social s'y est corrélée avec le projet de groupes d'agents orientés vers l'ouverture au marché mondial. Ce que l'on appelle « chute du communisme » après la destruction du mur de Berlin est liée à cela ; le « mur » constituait un obstacle à un tel projet. Mais s'il n'en surgit point de révolution sociale plus avancée, c'est par l'intelligence politique et le soutien occidental que s'est affirmé le concept de « transition démocratique ». Les anciennes bureaucraties d'État et les réseaux qu'elles mobilisent dans la société continuent jusqu'à aujourd'hui de dominer tout les secteurs de la vie sociale, politique et culturelle appuyé sur l'appareil religieux et les organisations occultes.

Les effets générationnels

Un élément de comparaison, en Europe centrale est que la « révolution » a pris un sens « politique », c'est-à-dire faite d'arrangements constitutionnels et institutionnels, du remplacement de certaines élites sociales, économiques et politiques et de dispositifs de reproduction du système de légitimation des catégories sociales dominantes. C'est un problème de classe. Car pour être non seulement politique mais sociale, il faut que le pouvoir économique change de mains, autrement dit qu'il en résulte une dépossession fondamentale des anciennes catégories dominantes dans l'économie et, corrélativement, dans le système de décision politique. L'on a vu ni en Europe centrale ni en Méditerranée se mettre en place un « double pouvoir » embryonnaire ou actif dans les population revendiquant le pouvoir d'État. Plus encore, le processus constitutionnel en cours détourne et arrête au contraire l'émergence de tels instruments politiques.

Un autre élément de comparaison est d'ordre générationnel. Il oncerne plus spécifiquement la clôture d'une période qui commence dans la péninsule ibérique, suivie de la « chute du mur » et poursuivie par les nouveaux mouvements de contestation. Les « indignés » et autres modes de mobilisation et de transformation sociale, ONG et associations d'action politique thématique, d'organisation et de rapport au politique même, prolonge l'histoire générationnelle des années 1980. C'est par leur caractère transnational que les mouvements sociaux proprement méditerranéens rejoignent cette page des mouvements sociaux en Europe, occidentale, centrale et orientale. Ce faisant, ils mettent un terme, dans des configuration socio-historiques spécifiques à chaque pays, à un cycle générationnel politique et social. Dans « les Europe », ils semblent avoir épuisé leur capacité intellectuelles, historiques et idéologico-politiques à partir desquels se sont construites les configurations. On continue de nommer « transition » ce qui relève de luttes de classements et de reclassement, mobilisant des catégories qui avaient perdu leur statut dans les États populistes au Nord et au Sud, ou encore en guerre civile et en immigration ; ce sont des luttes d'appropriations patrimoniales et de pouvoirs distribués à l'intérieur de nomenclatures et de reconfigurations sociales hiérarchisées. Les « pactes » en ont été une modalité, c'est-à-dire un accord inter-classiste sous prépondérance de catégories socio-idéologico-politiques porteuses de continuités au travers d'héritages reformulés. Ils font l'objet de débats au sud de la Méditerranée. Dans le décalage temporel entre les deux ensembles, s'inscrivent de façon homologiques de nouvelles perspectives portées par des générations nouvelles ; si les uns ferment un cycle générationnel impérial en Europe centrale et orientale, les autres ferment celui du nationalisme colonial et post-colonial. Comme partout les États changent de fonction. C'est mieux que dire « crise », car quand on dit crise, on pense que l'État national va disparaître. C'est plutôt la fin du système national dans l'État national. L'État national conserve des fonctions relais dans les négociations internationales, dans la recomposition d'espaces continentaux néo-impériaux comme l'UE, la CEI, la périphérie Maghreb, etc., et il reste des fonctions corporatives. Cependant il est en dépassement historique. La concentration des pôles relationnels les plus forts sont supra nationaux, ils ne sont plus dans le pôle politique national. L'infra national qui reste concerne les relations qui se développent dans la nouvelle régionalisation urbaine, au niveau des conurbations, comme disent les géographes. On est en présence d'un processus de « dénationalisation de l'État national social ». Dire « fin du national » signifie que l'État national demeure, mais qu'il se trouve entraîné dans une mutation transnationale et dans un travail intérieur de dénationalisation. Ce qui se défait sur les rives sud de la Méditerranée, comme ce qui s'est décomposé dans les pays du glacis soviétique, c'est l'illusion du socialisme national accrochée à la violence monopoliste de l'État-parti. Du coup, les rapports à l'État national sont en redéfinition.

Tous ces éléments se combinent sans se fixer à priori, cela dépend des luttes qui se nouent et se noueront dans la configuration actuelle. Les mouvements sociaux reconnus dotés d'une stratégie peuvent encore contrôler ce qui se passe centralement, parce qu'il y a une place centrale du politique dans tout processus de mobilisation. Cela réintroduit l'État on l'a vu, son histoire et ses traditions comme variable centrale d'explication dans l'examen des ruptures constatées. Mais l'activité en son sein n'y est ni gratuit ni vide, des options peuvent séparer tel groupe ou telle personne et les orientations de chacun ne sont pas équivalentes. Ici se pose la question plus générale de leurs « conceptions politiques » ou de leurs « visions du monde », c'est-à-dire que leur influence sur le cours des événements se fait dans le cadre d'une tradition, intégrant des cultures politiques transmises par des traditions.

La « démocratie » inachevée, quelle sortie ?

L'analyse des changements introduits par les mouvements actuels dans la nature des États et dans la relation entre États doivent ainsi s'envisager non seulement par rapport à des mutations politiques à long et moyen terme, mais aussi dans la saisie sociologique de processus de formation de catégories et de coalitions de catégories candidates au pouvoir, de leurs prétentions concurrentes au contrôle exclusif de l'État, ou celles d'une ou de plusieurs de ces composantes. Ceci oriente évidemment, tant vers les stratégies des candidats au pouvoir d'État en vue de rallier des segments sociaux significatifs à leurs prétentions, que vers celles mises en œuvre par les détenteurs actuels du pouvoir d'État ; elles peuvent s'orienter vers la répression des coalitions oppositionnelles, ou inversement vers le ralliement à leurs prétentions comme dans le cas tunisien. Les deux postures stratégiques peuvent d'ailleurs être mixte.

Dès lors, l'analyse comparative des homologies entre les ensembles considérés montre les processus socio-politiques par lesquelles les opposants aux régimes actuels dans les pays de la zone Méditerranée accéderont ou non au contrôle de l'appareil d'État, que ces processus procèdent de négociations avec le système politique en place ou une partie de ses membres. Tout autant, les modalités de neutralisation ou d'alliance avec une force armée, sont décisives. Dans tous les cas observés en Méditerranée, la force armée a été la principale médiatrice entre ces différentes postures stratégiques. Elle l'a été dans les moments « révolutionnaire » et elle le sera quant aux issues politiques à venir. L'histoire récente et ancienne, en Europe (Espagne, Portugal) et dans les pays du glacis soviétique, montre que dans des configurations « révolutionnaires » équivalentes, jamais des blocs d'opposants politiques n'ont accédé au pouvoir d'État sans contrôle effectif, soit de l'armée en place, soit d'une ou plusieurs fractions significatives de la force militaire. Si la question de la sortie des régimes populistes s'est fixée sur le choix entre la « démocratie » ou la guerre à l'Est, elle subsiste dans l'espace Méditerranée où l'émergence islamiste vient s'intercaler et parasiter des processus équivalents : « démocratie », ou « guerre » !

Enfin, le rôle des réseaux sociaux mis en exergue reste encore soumis à discussions, en revanche, le « transnationalisme » nord-sud et est-ouest, qui investit les échanges culturels et symboliques, est sans doute plus opérants. Il dessine les formes nouvelles des dispositifs d'échanges humains et culturels en phase avec le type actuel de l'activité capitalistique des groupes sociaux patrimoniaux prépondérants dans un champ économique élargit à un espace transnational, c'est-à-dire une activité plus fortement investie dans cet espace que dans la phase « multinationale » précédente : celles d'interconnexions régionales avec les « délocalisations » comme autre face nouménale. Dans sa configuration présente à l'échelle du monde, l'accélération de ce processus d'urbanisation concourt à un processus de « métropolisation », une régionalisation à polarité urbaine et tertiaire, ouverte sur la nouvelle distribution des pôles urbains et régionaux. Plus encore, à tous ces paramètres d'analyse des processus actuels en Europe centrale et en Méditerranée devra s'ajouter celui d'un renouvellement urbain procédant d'une régionalisation entendue comme degré intermédiaire de recomposition des emboîtements des rapports sociaux à l'échelle planétaire. Dans ce mouvement général, la prise en considération du basculement démographique en cours, qui s'effectue de la campagne aux villes par déplacement de populations, devient également décisif.

Bibliographie

Gallissot R., « De l'Europe aux populismes du Tiers-Monde », [à :] idem (éd.), *Populismes du Tiers-Monde*, Paris 1997.
Hamami H., *Le chemin de la dignité*, Paris 2002.
Hobsbawn E., *L'Âge des extrêmes, histoire du court XXe siècle*, Bruxelles–Paris 1999.
Laclau E., *La Raison Populiste*, Buenos Aires 2005.

DOI: 10.12797.9788376386553.05

Aleksander Głogowski[*]

Jagiellonian University

THE ARAB SPRING IN PAKISTAN?

Abstract:

Pakistan, although it is not an Arab state, has long lasting contacts with the Arab World. They are based on the same religious and cultural foundations and deep economic contact as well. Many Pakistanis work in the Gulf States. Pakistani military has been training and supporting armed forces of such countries as e.g. Jordan. So the ideas of The Arab Spring have influenced young elites of Pakistani society somehow. The goal of the article is to show similarities and certain differences between the political situation in Pakistan and Arab states (esp. Egypt as comparable by the size and population, and role of military in politics too). The Author tries to answer the question whether something like the Arab Spring possible in Pakistan and/or maybe something like that just has happened.

Keywords: Pakistan, Arab Spring, Imran Khan, Tehrik-e-Insaf Pakistan, Inquilaab, Politics

The aim of the article is to answer the question whether the phenomenon of mass protests involving young people that will result in the overthrow/reform of the political system existing nearly forty years possible in Pakistan? For this purpose, what is important are the similarities and differences between the society and the political systems of Pakistan and Egypt, which is the largest Arab state in which a social movement called the "Arab Spring" emerged.

The population of Pakistan is about 193 million and 239 thousand (85 million and 294 thousand in Egypt). For the analysis of the possibility of "youth revolution"

---

[*] Associate professor in the Chair of International Relations Strategy of the Institute of Political Sciences and International Relations at the Jagiellonian University, email address: alexglogowski@wp.pl.

the compaction of demographic structure of society is important. People between 25 and 54 years of age represent 35.1% of the Pakistani population (in Egypt it is a little more – 38.3%). People between 15 and 24 – 21.6% (in Egypt, 18%). The largest percentage – 34 are people under 14 years of age (in Egypt, 32%). Population growth rate is 1.52% (1.88% for Egypt). If we consider development of civil society, the important factor is illiteracy, which remains a serious limitation in access to a broader knowledge and active participation in social and political life. In Pakistan, people able to read and write, are on average, 54.9% of the population. Among men it is 68.6% among women – only 40.3%. In Egypt 72% in total, 80.3% among men and 63.5% among women. The difference is even more evident if one compares the school age. The average Pakistani starts school at age 8 (7 for females). Egyptians at the age of 12 (men go to school a year longer than women). Of course, these are estimates and very general statements. One should assume that the problem is more acute in rural areas and poor suburbs, than in inhabited by middle class urban neighborhoods. Unemployment rate in Pakistan among people between 15 and 24 years: 7.7% (in Egypt until 24.8)[1].

Comparison of the economic situation of both countries is also worth mentioning. For more objective image, as a starting point we adopted year 2010, so a few months before the overthrow of the Mubarak regime in Egypt. Egypt's GDP was then 498.1 billion (purchasing power parity). This gave 6367 USD per capita. Economic annual growth was 5.29%. 51% of the population lived below the poverty line, defined by the UN on $ 2 a day[2] In Pakistan, in the same period the gross domestic product was 233.4 billion and per capita income was 1,254 dollars. The economy grew by 2.4% per year[3]. More than 60% Pakistanis lived below the poverty line[4]. It must be remembered that in 2010 Pakistan was hit by devastating flood, which destroyed not only buildings, but also farms, which are a major source of income[5].

The above data can be summarized to the following conclusion: Pakistan is a country of poorer and less educated people than was pre-revolutionary Egypt. On the one hand, a lower standard of living may be the basis for socio-economic revolution, on the other hand, the percentage of people who have access to knowledge useful for a critical overview is actually relatively small. It limits the potential

[1]   Demographic and social data for CIA World Factbook: [on-line] https://www.cia.gov/library/publications/the-world-factbook/geos/pk.html (Pakistan) and https://www.cia.gov/library/publications/the-world-factbook/geos/eg.html (Egypt), 26 June 2014.

[2]   "Egypt Economy", *Economy wach*, 29 March 2010, [on-line] http://www.economywatch.com/world_economy/egypt, 26 June 2014.

[3]   "Pakistan GDP and Economic Data", *Global Finance*, [on-line] http://www.gfmag.com/gdp-data-country-reports/204-pakistan-gdp-country-report.html, 26 June 2014.

[4]   "Poverty headcount ratio at $3.10 a day (2011 PPP) (% of population)", The World Bank, [on-line] http://data.worldbank.org/indicator/SI.POV.2DAY, 26 June 2014.

[5]   "Flood in Pakistan", *UNDP*, [on-line] http://undp.org.pk/flood-in-pakistan.html, 26 June 2013.

flow of ideas from the Arab states to "Pakistani street". What is the reason why Pakistani political elite do not use the situation in a power struggle? Or they do it to the extent that does not lead to violent social reactions? For this purpose, it is important to compare the political systems of the two countries. Especially in terms of democratic experiences. Focusing solely on the most recent history can be seen that in Egypt there was no democratic tradition at all. The major supporters of its introduction occurred are Islamic fundamentalists. The monarchy has been overthrown 23 July 1952 by the military coup of the Free Officers Movement, led by General Muhammad Negib. He has been replaced during the "palace coup" in 1954, by Col. Gamal Abdel Nasser[6]. His successors: Anwar as-Sadat and Husni Mubarak were also heavy-brass military. This meant that the armed forces have become the ruling power of the state. Only opposition (often outlawed by the authorities) was the fundamentalist organization Muslim Brotherhood[7]. Egyptian National Democratic Party (which is an emanation of the army), became de facto sole political power, resampling much more the model known from the Eastern Bloc, than that of the Western democracy. The situation in Pakistan is quite different. The state has emerged August 14, 1947. It inherited a political system that is the legacy of the slow transfer of power, performed by the British on the Indian Subcontinent. The first constitution of the state was India Government Act of 1935. What is important, it was passed by the Parliament of the United Kingdom 2 August 1935 year, and then imposed on India[8]. The second source of law was another act of Westminster: India Independence Act of 1947[9]. This legal framework lasted until 1956, when it was replaced by the first "indigenous" constitution. A key figure who influenced the political fundaments of Pakistan was its founder and first leader (formally as the Governor General – representative of the Crown) Mohammad Ali Jinnah. Unfortunately, he died in 1948, without finishing the process of creation of the political system. He was trained as a lawyer with the practice in London's well known Lincoln's Inn. A man belonging rather to the Western world, he opportunistically treated Islam as an argument for the creation of the state for Indian Muslims, not as a religion which he confessed himself (or at least follow/obey its rules). Therefore, the state he created seemed to be a secular republic, based on the traditions of Westminster democracy, not a dictatorship or a theocracy[10]. The postulate of a secular state has never been reached in Pakistan. The Objectives Resolution passed by the Pakistan's Constitutional Assembly

---

[6]   A. Patek, J. Rydel, J. Węc, *Najnowsza historia świata*, t. 1: 1945-1963, Kraków 1997, p. 342.
[7]   The role of the Muslim Brotherhood in Egypt as opposition describes prof. J. Zdanowski in the work *Współczesna muzułmańska myśl społeczno-polityczna. Nurt Braci Muzułmanów*, Warszawa 2009.
[8]   "Government of India Act 1935", *Legislation.gov.uk*, [on-line] http://www.legislation.gov.uk/ukpga/Geo5and1Edw8/26/2/enacted, 26 June 2014.
[9]   "Indian Independence Act 1947", *Legislation.gov.uk*, [on-line] http://www.legislation.gov.uk/ukpga/Geo6/10-11/30, 26 June 2014.
[10]   H. Khan, *Constitutional and political history of Pakistan*, Karachi 2007, pp. 49-55.

12 March 1949 which is an integral part of every subsequent constitution of Pakistan, refers directly to the will of God and the Quran as a source of law[11]. The quest for Islamization of the state does not have a chance to become directly flashpoint of revolution.

The first military coup's leader in 1958, general Ayub Khan did not intend to create military oligarchy as it has been done in Egypt. The mere fact is that the coup began on demand of the elected President Iskander Mirza. He invited gen. Ayub Khan to take power as the administrator of a martial law after a long period of instability and inability to form a government based on the stabile parliamentary majority. Bloodless nature of the process show the specific of Pakistan: the army did not use the force to take power. It just threatens to do so. It only takes the opportunity caused by crisis of civil institutions and/or political organizations[12]. Another characteristic of the Pakistani political practice, is seeking the legitimacy for the military rule in general elections. Pools are usually flawed, but the opposition is likely imprisoned (in exception of its leaders e.g. Benazir Bhutto and her hanged father Zulfikar; other civil politicians had been "just" exiled). The military has tried generally to make their rule as temporary as possible (although word "temporary" in the case of Ayub Khan meant seven years). The governments of Ayub tried to maintain a semblance of democracy, not only through the organization of the presidential election, but also the specific reform of the political system. He introduced unique solution, called "basic democracy". It has assumed participation of all citizens of the state regardless of gender in elections to the lowest municipal level. So elected local councilors (called "basic democrats") elected another level of administration. In the parliamentary elections half of seats were elected by indirect suffrage, and half – by direct one. In this way, General Ayub Khan wanted to rebuild democracy "from below", without any engagement of political parties. In fact, this idea was completely unrealistic. After the first such pools, Ayub announced the decree of restoring the functioning of political parties in Pakistan. He himself as newly elected president acceded to the party called the Pakistani Muslim League (the name referred to the political movement headed by former MA Jinnah)[13]. In addition, under the guise of "teaching Pakistanis democracy and responsibility for the state", the president has retained the right to appoint half of the members of parliament at their own discretion. Ayub won the presidential election on Jan. 2, 1965. His adversary was a woman, the sister of Mohammad Ali Jinnah, Fatima, a recognized physician and dentist, formerly close associate of her brother. She had been respected, so then immune to possible negative campaign or arrest. Although the elections were probably rigged, their importance in shaping the political con-

---

[11] "The Constitution of Pakistan", *Pakistani.org*, [on-line] http://www.pakistani.org/pakistan/constitution/annex.html, 26 June 2014.

[12] S. Nawaz, *Crossed Swords. Pakistan, it's army and the wars within*, Karachi 2008, pp. 142-143.

[13] *Ibid.*, pp. 142-143.

sciousness of Pakistanis (or at least its elites) cannot be underestimated even today. Most of the Muslim jurists agreed that the woman can be the head of the Islamic state. This verdict opened the way for Benazir Bhutto to take up the office of prime minister almost 30 years later. The candidature of Miss Jinnah was also an opportunity for organized action of supporters of parliamentary democracy and civilian, secular government. She has been a symbol and pattern for young Pakistani women and the patron of schools and medical academies for women, and many women's organizations[14].

These elections and the consolidation of opposition forces against the government have shown that there is a deep political awareness among Pakistani elites that democracy is an effective way to govern the country. On the other hand, it turned out that the military is not strong enough and determined to forcefully eliminate political opposition and its leaders. Significant role as the custodians of awareness of the value of representative democracy was played by the members of the Pakistan Civil Service (whose traditions reached the time of the British Raj, when they established Indian Civil Service, employing local representatives of the middle class)[15].

One shall keep in mind the Pakistani elite is not homogenous. On the one hand, these include officers of the armed forces (the graduates of British universities of imperial India, or even British Sandhurst Military Academy like Ayub Khan) on the other, representatives of bureaucracy gathered in Pakistan Civil Service. In addition to these "new" elites functioned as the traditional elite: great landowners of Punjab and Sindh, and representatives of the nascent businessmen and industrialists.

An important factor in shaping contemporary Pakistan and its political scene were the elections of 7 December 1970. Although they were held under conditions determined by a military dictatorship, the first time they had fully democratic character. President General Yahya Khan (who took power of General Ayub Khan because of his illness) decided to carry them out, as the intelligence services wrongly predicted their effect, assuming that the largest group does not receive the required majority for the government. The army would act as "kingmaker" than. The majority of seats gained the Awami League – the party fighting for national autonomy for Bengalis. Than Pakistan consisted of two "wings": Western Province and Eastern Province (today's Bangladesh). Bengalis despite the fact that they were the largest ethnic group, felt country's second-class citizens. The official language of the state – Urdu was a foreign language for them. The largest nation of the Western Province – Punjabis was over-represented in the most State agencies and central offices. However, at that time, Bengal was the most important provider of

---

[14] "Election Campaign 1965", *Nazaria-i-Pakistan Trust*, [on-line] http://nazariapak.info/Madar-i-Millat/Election-Campaign.php, 26 June 2014; vide: L. Ziring, *Pakistan in the twentieth century. A political history*, Karachi–New York 1997, pp. 281-283.

[15] "History of civil services in India and reforms", [on-line] www.arc.gov.in/10th/ARC_10th Report_Ch2.pdf, 26 June 2014.

national income for the state, due to the jute crop grown there. The central government, however, had not shared export earnings to the poorer province. This was
particularly acute during the catastrophic floods that hit Bengal in 1970. The complete lack of interest in helping the flood victims and rebuilding the province from
the devastation caused that Awami League, seeking autonomy, won almost all the
seats attributable for the eastern province. However, President Yahya nominated as
prime minister the leader of the Pakistan People's Party, which came second in the
election, winning elections in the Western Province. He sent the army consisting
mostly of residents of the western part of the country's military, to break the protests. It has become a cause of disintegration of the state, third war with India and
the emergence of an independent state of Bangladesh[16].

The experience of military defeat, and the breakup of the state as a result of
ethnic conflict is still traumatizing, at least for the Pakistani elite, including the
military. It was also proven that contrary to the official propaganda, Pakistani armed
forces are not omnipotent and are not able to fulfill its primary task: defending
the territorial integrity of the state. Even contemporary Pakistan is not ethnically
homogeneous, and so the process of decomposition of the state launched in 1971
can be expanded. The largest percentage of the population are Punjabis (44.68%),
Pashtuns are 15.42%, 14.1% Sindhi, Siriaki 8.38% of the population, Mohjiri (descendants of people who fled India in 1947) 7.57%, and 3.57% Balochi. This is accompanied by a mosaic of languages spoken in Pakistan. Punjabi 48%, Sindhi 12%,
Saraiki 10%, Pashtu 8%, Urdu (official language of Pakistan as a mother tongue)
8%, Balochi 3%, Hindko 2%, Brahui 1%, other languages 8%. Pakistan also wit-
nesses conflict between factions of Islam. Muslims constitute 96.4% of the population. Among them 85-90% are Sunni, Shia 10-15%. Other religions constitute
3.6%[17]. For the ruling establishment in Islamabad the prospect of further division
and separatism (supported by India or suspected of such support) is certainly very
traumatic. On the other hand a struggle for political representation and the national aspirations of elites is an important factor constituting the political scene,
especially in the provinces inhabited by Pashtuns: Khyber Pakhtunkhwa-and in
Baluchistan.

Military rulers were very important for the political process in Pakistan. But
there were also civilian governments. The most important were the years 1971-
1977, when the head of state (first as president and later as Prime Minister) was
charismatic leader of the Pakistan People's Party, Zulfiqar Ali Bhutto. Under
his rule not only was the oldest continuously operating political party founded,
but above all the Constitution has been adopted, which is still in force today.
It introduced a parliamentary-cabinet system of government responsible to an
elected parliament. President's powers were limited to perform merely ceremonial

[16]   J. Kieniewicz, *Od Bengalu do Bangladeszu*, Warszawa 1976, p. 249.
[17]   *The World Factbook, Central Inteligence Agency*, [on-line] https://www.cia.gov/library/publi
       cations/the-world-factbook/geos/pk.html, 26 June 2014.

functions[18]. The Constitution of 1973 is still the reference point for the political parties calling for democratization. Pakistan People's Party hasn't met popular expectations. It proclaimed a socialist manifesto (similar to some extent to the ideology of Arab socialism) and competed in the elections under the slogan "bread, clothing and shelter" (Urdu: roti, kapra aur makan)[19]. In fact PPP became (and perhaps it was from the beginning) oligarchy of Bhutto family, one of the richest in Sindh province. Withdrawal from its ideals became the basis for numerous splits caused by those activists who considered leftist program not only as a populist tool to gain power. The founder of the party, the Prime Minister Bhutto, posed as "Pakistani Mao" (he used the term "chairman" rather than "Prime Minister"). He wanted to be seen as a defender of the poor, or a modern social democrat[20]. However, the structure created by him, and the program framework exists till today, playing a significant role in the political scene. Zulfikar Ali Bhutto has become a legendary figure. August 13, 1973, he was overthrown by General Mohammad Zia ul-Haq, then after the bogus trial (based in false allegation of ordering assassination of a political opponent) hanged on April 4, 1979, in a prison in Rawalpindi[21]. His legendary "martyrdom" had been skillfully exploited by his daughter Benazir Bhutto, and today by his son in law Asif Ali Zardari (until December 2013 President of Pakistan). It should be noted that not only the army opposed to the rule of PPP, but primarily all those political forces that opposed the leftist policy, that ismostly dispossessed Pakistani industrialists. They became the major victims of socialist policies of Bhutto. They also became supporters of the new military regime that replaced the leftist civilian rule. The new authorities seeking political base, turned to the industrial middle class, whom they promised (and fulfilled these promises) the return of nationalized property. They also relied on religious constituency. Some researchers even sought family relationships between Gen. Zia ul-Haq and one of the leaders of the fundamentalist organization Jamaat-e-Islami[22]. Even General Zia decided not to completely eliminate the framework of a democratic state, and adapted it to his own needs. He introduced a presidential system by amendments to the Constitution of 1973. He also announced Islamic penal law "hudud" (however, the reluctance of the medical and legal professions meant that no such penalties as stoning or amputations were imposed to the legal system of the State). After the tragic death of Zia ul-Haq 17 August 1988, the arduous process of restoration of democracy had begun. But continuous perceptual presence of the army in the political process has been constant factor even now. Successively chiefs of staff of the army were consulted by

---

[18]   H. Khan, *op. cit.*, pp. 275-287.
[19]   "Our history", *Pakistan Peoples Party*, [on-line] http://www.ppp.org.pk/history.html, 26 June 2014.
[20]   L. Ziring, *op. cit.*, p. 398.
[21]   I. Talbot, *Pakistan. A Modern History*, New York 2005, p. 258.
[22]   A. Hyman, M. Ghayur, N. Kaushik, *Pakistan. Zia and After...*, New Delhi 1989, pp. 106-107.

civilian politicians. This custom took the form of so-called. "Troika" composed of the army chief of staff, the prime minister and the president. Personal nominations in the armed forces depend on the sole military circles, which civilian politicians do not have the courage to challenge. Also the "Afghan" and "Kashmir" foreign policy were practically excluded from civilian control, staying in the exclusive realm of "responsibility" of the armed forces[23].

At the same time there were four changes of civil prime ministers. Most often, this was done on suspicion of corruption and met with full acceptance of the public. Both of those leaders: Benazir Bhutto of the Pakistan People's Party and Nawaz Sharif of the Pakistan Muslim League (an organization representing the interests of industrialists and Punjabi financial elite) has been suspended that way. Until 12 October 1999 the army remained in the barracks. Then there has been the last military coup in which General Pervez Musharraf took the power (first as the chief executive than as the president). The circumstances of the event are well known from the general's memoirs, "In the Line of Fire" (Warsaw Polish edition of 2007), and with the development of Owen B. Jones "Eye of the Storm,, (Yale, 2002). Prime Minister Nawaz Sharif has decided to dismiss Gen. Musharraf as head of the Army Staff, and forbade the crew of the airplane (civilian PIA flight from Colombo, Sri Lanka) to land in Karachi. But his comrade officers unlocked the airport, and put Mr. Sharif under house arrest. The prime minister, has been accused of bringing danger to life and health of passengers (an act that may lead to capital punishment Pakistan), but due to the mediation of Saudi Arabia, Nawaz Sharif found himself in exile. It was impossible to predict General Musharraf's politics, the terrorist attacks of September 11, 2001 and accession to Pakistan "anti-terrorist coalition" had not taken place. Then, under pressure from the United States president has taken a number of democratic reforms, which he called "enlightened modernization". This process was supported by the western financial assistance. President organized elections which had been probably rigged. Range of political parties participated: religious groups represented by two major parties. Also secular parties took part, among them specially created for the occasion, Pakistani Muslim League as "presidential" one.

What's most important for the understanding of social processes taking place in Pakistan, is the growth of free media in the first decade of the twenty-first century (during military dictatorship of General Musharraf). This applies especially to electronic media. In addition to radio and public television stations, numerous are private. Particularly a fully professional TV – Geo.tv[24]. Young Pakistanis are also very active on the Internet. There are many websites with current affairs and information[25]. There are also active forums of fierce debate on the political situation.

---

[23]   M.J. Gohari, *The Taliban. Ascent to Power*, Karachi 2000, pp. 18-20.
[24]   Geo.tv, [on-line] http://www.geo.tv/Default.html, 26 June 2014.
[25]   S.A. Siraj, "Critical analysis of press freedom in Pakistan", *Global Media Journal*, [on-line] http://www.aiou.edu.pk/gmj/artical1(b).asp, 26 June 2014.

Internet users exchange news as spectacular as the killing of Osama bin Laden by U.S. commandos (reported live by one of the residents of Abbottabad)[26]. The government did not take any attempts to censor the Internet, with the exception of blocking access to YouTube (and this is because some content is contrary to Islam). An access to the popular social networking Facebook is unlimited. Internet plays a significant role in the political debate which takes place among young Pakistanis. It connects them also with the large diaspora residing outside the country. In England alone, it has over a million people[27]. Many of them maintain regular contact with their families in Pakistan, are interested in their problems and take part in political discussions that take place on the Web. They are using the high standards of freedom of expression, which are valid in the United Kingdom. Critical opinions about the Pakistani government also reach Pakistan, influencing local public opinion. For example, Pakistani bloggers revealed that during the catastrophic floods that hit Pakistan in 2010, President Zardari and his son were on holiday at their family estate in Normandy. They flew a helicopter that was missing in Pakistan to provide assistance to flood victims[28].

This information spread to the extent of Pakistani young people that eventually found their way into official circulation, which contributed to a drastic decline in support for the ruling Pakistan People's Party and Zadrari personally. On the other hand, Internet users were able to mobilize philanthropic organizations in the English city of Birmingham (inhabited by many Pakistanis) have transferred the money to the needy flood victims[29].

There are also many NGOs in Pakistan, involved in a number of important issues ranging from the common social issues to the rights of women. In this way, especially young Pakistanis have many forums, and ways to express their opinions without censorship (beyond issues against Islam, and even that is "softening" as a result of globalization and constant communication with the diaspora living in the West) or repression from the authorities. Famous journalists act as independent experts in various fields. For example, the recognized authorities in the field of foreign policy are Ahmed Rashid and Musa Khan Jalalzai, often quoted and invited by international media as a commentators and academic experts. They also have their own websites, which share the opinions and comments to readers both in Pakistan and abroad[30].

---

[26]   The relation of the events in Abbottabad via Twitter, 26 June 2014.
[27]   [on-line] http://www.ethnicity.ac.uk/population/size.html, 26 June 2014.
[28]   "The skewed narrative on Pakistan flood aid: 'help me or I'll kill you'", *Reuters*, 10 September 2010, [on-line] http://blogs.reuters.com/pakistan/2010/09/10/the-skewed-narrative-on-pakistan-flood-aid-help-me-or-ill-kill-you, 26 June 2014.
[29]   "Birmingham-based charity £350K for Pakistan flood survivors", *Birmingham Mail*, [on-line] http://www.birminghammail.co.uk/news/local-news/birmingham-based-charity-350k-for-pakistan-flood-129546, 26 June 2014.
[30]   *Ahmed Rashid*, [on-line] http://www.ahmedrashid.com, 26 June 2014; https://www.facebook.com/jalalzai.musakhan, 26 June 2014.

An example of the mobilization of Pakistani public opinion about social problems can be tragic event of 9 October 2012. The Taliban seriously shot a young resident of the Valley of Swat, Malala Yousafzai. Daughter of a local poet Ziauddin Yousafzai since 2009 ran an internet blog, describing her experience as a young schoolgirl, persecuted by the Taliban, who took her home valley and prevented her further education[31]. Texts written by than 12-year-old had shown not only to the West, but most of all the Pakistani public opinion how serious the threat of possible Talibanization to their former way of life is[32]. In this way, young Pashtun girl has become the most recognizable spokesperson for the rights of Pakistani women. She had been invited to the General Assembly of the United Nations[33]. One of the leaders of the Pakistani Taliban, Adnan Rashid, stated in an open letter to Malala Yousafzai that her tragedy should never have happened. However, he didn't apologize. When asked if Malala should have died or not, he replied that it is by the judgment of Almighty Allah that she has survived[34]. Of course, one must keep in mind that the availability of electronic media in Pakistan is in practice limited to the middle class.

During his rule Pervez Musharraf did not restrict the freedom of assembly. There were numerous demonstrations of both supporters and opponents of the government, as well as a variety of non-governmental organizations. The most popular place of political demonstrations is Aabpara Market in the capital Islamabad[35]. This broad area of freedoms enjoyed by Pakistanis was not available for residents of the military ruled Arab states[36]. Therefore, one cannot use a simple analogy when it comes to comparing Pakistan to the Arab countries and the conclusions that the wave of protests of young people who removed another dictatorship in the Arab countries, could spread to Pakistan. Currently, the Pakistanis have in fact other democratic tools that enable them to achieve their political aspirations. Pakistanis are a very active society, making use of the possibilities offered by modern communications technology. They participate in the elections, and they are not susceptible to radical fundamentalist organizations agenda[37]. This does not mean the loss

[31] *The Malala Yousafzai Blog & Story*, [on-line] http://www.malala-yousafzai.com, 26 June 2014.

[32] "Malala Yousafzai: Pakistan Taliban causes revulsion by shooting girl who spoke out", *The Guardian*, [on-line] http://www.theguardian.com/world/2012/oct/09/taliban-pakistan-shoot-girl-malala-yousafzai, 26 June 2014.

[33] Speech recorded in New York 26 July 2013, [on-line] http://www.youtube.com/watch?v=N2FRrBOIyEk, 26 June 2014.

[34] "Taliban commander: I wish Malala Yousafzai shooting had 'never happened'", *NBC News*, 17 June 2013, [on-line] http://worldnews.nbcnews.com/_news/2013/07/17/19516430-taliban-commander-i-wish-malala-yousafzai-shooting-had-never-happened?lite, 26 June 2014.

[35] "Aabpara Market: Extremely loud and incredibly closed", *The Express Tribune*, 6 May 2013, [on-line] http://tribune.com.pk/story/544923/pml-n-rally-aabpara-market-extremely-loud-and-incredibly-closed, 26 June 2014.

[36] M. Syed, "Prospect of Arab Spring in Pakistan", *IPRI Journal*, Vol. 12, 2012, no. 2, p. 158.

[37] "Is Pakistan in for an Arab Spring?", *The Voice of Russia*, 16 January 2013, [on-line] http://english.ruvr.ru/2013_01_16/Is-Pakistan-in-for-an-Arab-Spring, 26 June 2014.

of fundamentalist tendencies in Pakistan. Participants of peaceful demonstrations, and heated discussions on the Internet forums, are members/potential recruits for the armed groups, called generally, though not entirely adequately "Pakistani Taliban"[38].

Despite these significant differences there are some events or processes in Pakistan that may resemble the beginnings of the "Arab Spring". They were particularly evident in the final period of the rule of General Pervez Musharraf. In March 2007, the President decided to dismiss Chief Justice Muhammad Iftakar Choudharye on charges of abuse of power[39]. In fact, the reason proved to be a critical attitude towards government policies. He supported the verdicts against the government in favor of families of missing persons (which were kept by the Pakistani intelligence ISI without a legal warrant). The president's decision caused of demonstrations of many thousands lawyers across the country. They also had announced a general strike. Demonstrations were brutally pacified by the police[40]. However, supported not only by the Local, but by world public opinion, the Supreme Court considered the decision to dismiss Choudhary illegal and restored him to office. This decision was proof of the existence of an independent judiciary in Pakistan, and civic awareness among elites who were active in the defense of the independence of the Judiciary[41].

This decision severely weakened the authority of the president. However, there are indications that it was part of a political game. Namely, at a time when the demonstrations took part, talks were held between representatives of Musharraf, and former PM Benazir Bhutto. The result was a project of democratization of the country, assuming the president will remain in office in exchange for the holding of free elections in which the favorite was Mrs. Bhutto. October 6, 2007 presidential elections were held (under the Constitution of 1973 the Electoral College consisting of members of parliament and provincial parliamentary assemblies elected the head of State), which Pervez Musharraf. There was legal controversy, which became the basis of a complaint pending before the Supreme Court. Given an argument – first of all, that the Assembly of the North-West Frontier Province (now Khyber Pakhtunkhwa) should be dissolved. The inhabitants of that Pashtun province have

---

[38]   D. Montero, "Why the Taliban appeal to Pakistani youth? The tribal system that once grounded young people no longer provides enough opportunities", 16 June 2006, *The Christian Science Monitor,* [on-line] http://www.csmonitor.com/2006/0616/p07s02-wosc.html, 26 June 2014.

[39]   "Musharraf sacks Pak chief justice", 9 March 2007, *Rediff India Abroad,* [on-line] http://www.rediff.com/news/2007/mar/09pakcj.htm, 26 June 2014.

[40]   "Crisis for Musharraf over justice chief's sacking", *The Telegraph,* 17 March 2007, [on-line] http://www.telegraph.co.uk/news/worldnews/1545843/Crisis-for-Musharraf-over-justice-chiefs -sacking.html, 26 June 2014.

[41]   "Iftikhar Chaudhry reinstated as Pakistan Supreme Court Chief Justice", *AndhraNews.net,* [on-line] http://www.andhranews.net/Intl/2007/July/20/Iftikhar-Chaudhry-reinstated-8763. asp, 26 June 2014.

not been taken into account, which disrupted the democratic nature of the elections. Second term of office of the parliament and assemblies ended in 2008, so they had a weak mandate to choose the head of state for another 5 year term[42].

President Musharraf, fearing unfavorable verdict of the Supreme Court decided on a desperate step and 3 July 2007, announced a state of emergency in an attempt to impose a new provisional constitutional order. However, the Supreme Court did not accept his actions. This decision had public support. People demanded democratization of the state and free elections. Also, the United States reacted very nervously, seeking the annulment of the decision to impose direct military rule. This meant the reversal of Washington's former ally[43]. There was therefore a paradox: Musharraf became unacceptable by both the anti-American majority of society and by the U.S. administration. This meant that his days were numbered. The situation was even worse for the president. On December 27, 2007 his main opponent, former Prime Minister Benazir Bhutto has been assassinated. Police protection of her election rally in Rawalpindi turned out to be insufficient. The former prime minister died in hospital due to injuries caused by a suicide bomber[44]. Government investigation, supported by British experts from Scotland Yard, the blamed Pakistani Taliban and their leader Baitullah Mehsud, who's goal had been to destabilize the country and discredit its government[45].

The suspicion of connections of President Musharraf with the assassin has not been sufficiently proven and May 20, 2013, the court acquitted him of those charges[46]. Death of a popular politician united Pakistani public opinion around her widower Asif Ali Zardari and their son Bilawal. Their Pakistan People's Party won the elections in 2008, and its new leader was elected president of Pakistan[47]. This was possible because both the winning PPP and the largest opposition Pakistani Muslim League Nawaz Sharif were ready to carry out the procedure for impeachment, which Musharraf wanted to avoid[48]. One could say that it is largely Pakistani public opinion who led to the democratization by the demanding of free elections. But here the similarity with the "Arab Spring" ends. Contrary to events in Egypt, the army from the beginning showed no interest in defending their commander

---

[42]   [on-line] http://jurist.law.pitt.edu/forumy/2007/09/staying-pakistans-presidential-election. php, 26 June 2014.

[43]   "Musharraf Declares State of Emergency", *The New York Times*, 3 November 2007, [on--line] http://www.nytimes.com/2007/11/03/world/asia/04pakistan.html?_r=0, 26 June 2014.

[44]   "Benazir Bhutto assassinated", CNN, 27 December, [on-line] http://edition.cnn.com/2007/ WORLD/asiapcf/12/27/pakistan.sharif, 26 June 2014.

[45]   "Q&A: Benazir Bhutto assassination", *BBC News*, 3 May 2013, [on-line] http://www.bbc. co.uk/news/world-asia-22394552, 26 June 2014.

[46]   "Musharraf granted bail in Benazir Bhutto assassination case", *The Hindu*, 20 May 2013, [on-line]   http://www.thehindu.com/news/international/south-asia/musharraf-granted-bail-in-benazir-bhutto-assassination-case/article4732893.ece, 26 June 2014.

[47]   [on-line] http://www.app.com.pk/election, 26 June 2014.

[48]   "Pakistan's Musharraf steps down", *BBC News*, 18 August 2008, [on-line] http://news.bbc. co.uk/2/hi/7567451.stm, 26 June 2014.

and their own position in the state and the separation of the functions of the President (which was Musharraf) and the Chief of Staff of the Army (which took Gen. Ashfaq Parvez Kayani). So they remained passive in the barracks, allowing democratization process to go on[49].

Is there any analogy between Pakistan and the Arab states when it comes to the process of democratic transformation? Is the concept of the "Arab Spring" present in the Pakistani public opinion? These questions can be answered positive. In the May 2013 parliamentary elections had been held and came in very calm conditions. Of course there is strong tendency of local authorities to support some candidates, and to block others during registration process, as pointed to the European Union observers[50]. However, comparing these with previous elections, held in the shadow of a possible intervention of the army, we can talk about significant progress. It was particularly evident during the election campaign, which involved many, especially young people. The third force in the parliament was the Pakistan Tehreek-e-Insaf of Imran Khan (former captain of the national cricket team, who led Pakistan in 1992 to the title of world champions, beating England). PTI obtained the second result after winning Pakistan Muslim League of Nawaz Sharif. However, because of the electoral system, PTI is third-largest fraction in the National Assembly[51]. Imran Khan's Party won the provincial elections in Khyber-Pakhtunkhwa[52]. In his election campaign Imran Khan directly referred to the "Arab Spring", criticizing the existing political system as corrupt, riddled with nepotism and blocking prospects for young people. Also he paid attention to the widening social gap between the "ruling elite" and the masses.

Those terms are not "pure populism" in the case of a country whose citizens do not pay income tax, or whose amounts are about 60 USD per year[53]. Tehreek-e-Insaf means "Movement for Justice". The program of the party in many ways tries to follow the European social democracy and the concept of "third way". Their slogans are addressed to young Pakistanis from the lower-middle class, experiencing the most painful consequences of the economic crisis[54]. Anti-American agenda

---

[49] "Kayani supports democracy", *The Nation*, 3 May 2013, [on-line] http://www.nation.com.pk/pakistan-news-newspaper-daily-english-online/columns/03-May-2013/kayani-supports-democracy, 26 June 2014.

[50] [on-line] http://www.dailytimes.com.pk/default.asp?page=2013%5C07%5C11%5Cstory_11-7-2013_pg1_2, 26 June 2014.

[51] Pakistan General Elections 2013: [on-line] http://hamariweb.com/pakistan-election-2013, 26 June 2014.

[52] "Tehrik-i-Insaf sweeps Khyber Pakhtunkhwa", *The Nation*, 12 May 2013, [on-line] http://www.nation.com.pk/pakistan-news-newspaper-daily-english-online/elections-2013/12-May-2013/tehrik-i-insaf-sweeps-khyber-pakhtunkhwa, 26 June 2014.

[53] "Pakistan faces Arab spring, declares Imran Khan", *The Scotsman*, 28 July 2011, [on-line] http://www.scotsman.com/news/pakistan-faces-arab-spring-declares-imran-khan-1-1777035, 26 June 2014.

[54] "Pakistan elections: ex-cricketer Imran Khan offers 'third way'", *The Guardian*, 3 May 2013, [on-line] http://www.theguardian.com/world/video/2013/may/04/pakistan-elections-imran-khan-third-way-video, 26 June 2014.

(criticism of the government, which in fact allows making drone attacks on targets in Pakistan, and the operations of U.S. Special Forces, even in the immediate vicinity of the state capital) are in turn focused on moderate supporters of the Taliban. That strategy turned out to be a success in case of the province of Khyber Pakhtunkhwa[55].

It is hard to idealize Imran Khan and his party. There are serious allegations that behind antiestablishment slogans such as "Pakistani tsunami that will sweep away the ruling system" there is the Pakistani ISI military intelligence (sometimes called a "hidden government"). Khan has thus been a kind of safety valve, which will engage the Pakistani youth discontented by difficult economic situation. So it would prevent the "real", uncontrolled "Spring in Pakistan". Khan reproaches good contacts with Gen. Hamid Gul (known from supporting the Taliban), and the support which PTI granted Pervez Musharraf during the referendum legitimizing his coup[56]. This undermines the credibility of the Khan, along with his un-orthodox private life: not only marrying the daughter of British-Jewish millionaire Jemima Goldsmith, but also rather "easy" way of life, far from Islamic ideals is what is currently being challenged. On the other hand, that celebrity ex-cricket star, divorced from millionaire with a reputation of playboy criticizes "thick English women in mini-skirts". Khan is an excellent representative of Pakistani middle class. They often have such "double life" too[57]. In contrast, pointing out that he leaves far from conditions of the poor commoners – his potential voters, it should be remembered that exactly the same were political beginnings of Zulfikar Ali Bhutto, a socialist from a wealthy family of landlords of Sindh province. It is therefore difficult to assess to what extent the agenda of Imran Khan is his real program, and to what extent it is only a part of the political ritual. The fact that the candidate was perceived as a significant threat to the largest parties, providing use quite sharp, populist arguments in a negative campaign. Reproached Khan Ties with "a Jewish family in the UK", which was to prove the existence of a "conspiracy of Jewish-Indian servant ready to weaken or even to destroy Pakistani people"[58].

PTI activists were trying to reach the voters with the message of the party program using not only traditional but also modern means of communication such as Twitter and Facebook. On the social network are profiles of a few dozen supporters,

---

[55] "Imran Khan: A prayer for Pakistan", *Support Imran Khan*, [on-line] http://www.supportimrankhan.org/Articles/story.aspx?&id=139, 26 June 2014.

[56] 26 June 2014.

[57] "Can a millionaire ex-cricket star go from playboy to prime minister? Yes he Khan!", *Mail Online*, 12 November 2012, [on-line] http://www.dailymail.co.uk/news/article-2230965/Imran-Khan-Can-millionaire-ex-cricket-star-playboy-prime-minister-Yes-Khan.html, 26 June 2014.

[58] "'Imran Khan, Jewish agent': welcome to the wonderful world of Pakistani politics", *The Conversation*, 7 May 2013, [on-line] http://theconversation.com/imran-khan-jewish-agent-welcome-to-the-wonderful-world-of-pakistani-politics-13975, 26 June 2014.

and local branches of PTI. There are also Imran Khan's numerous fan pages. Some of them are run by Pakistanis residing abroad from the U.S. and Australia to the Great Britain. Similarly, were supporters of the thesis of the rigging of the elections in 2013 were active on the portal. They have tried to convince the audience that elections had been rigged and Imran Khan shall be the new Prime Minister[59].

From July 2013 ruling Pakistani Muslim League Nawaz Sharif has a stable majority in parliament, allowing the exercise of power without a coalition partner. This was confirmed by the presidential election that took place on 29 June 2013. Chosen as the candidate of PML Mamnoon Hussain, former governor of the province of Sindh has been elected easily[60]. His opponent was Wajihuddin Ahmad from PTI. It is difficult to predict future developments. Prime Minister Nawaz Sharif undoubtedly is the representative of the political elite that has ruled Pakistan intermittently since 1947. Any serious change cannot therefore be expected in policy whether internal or foreign. So it is no indication that he tried to carry out some measures to improve the standard of living, especially of young Pakistanis. For example, economic difficulties such as shortage of electricity supply to households due to insufficient power plants. The Prime Minister wants to focus public attention on the complex relations with India. Pakistanis are historically sensitive about the relations with their bigger neighbour. On the other hand, some analysts notice a positive change in the look that Sharif is taking towards India. It is now closer dialogue or even easing tension. We shall remember that Mr. Sharif had best relations with BJP government of Atal Bihari Vajpayee, so his understanding with Modi is much similar. Also Imran Khan wows for the comprehensive dialogue with New Delhi[61].

Talking about prospects for social or economic revolution, much depends on the further economic development of Pakistan as well as the equitable distribution of its positive effects. Pakistan has been called by the IMF experts as one of the 11 fastest growing economies in the world (so-called Next-11), ahead of members of the BRICS group (including traditional enemy – India)[62]. The problem of unequal distribution of "fruits" of economic growth is noticeable not only by Imran Khan and his party, but also by foreign observers. The UK Department for International Development depends on further assistance for Pakistan to perform a major

---

[59] "Tehrik-i-Insaf sweeps Khyber Pakhtunkhwa", *The Nation*, 12 May 2013, [on-line] http://www.nation.com.pk/pakistan-news-newspaper-daily-english-online/elections-2013/12-May-2013/tehrik-i-insaf-sweeps-khyber-pakhtunkhwa, 26 June 2014.

[60] "Mamnoon Hussain elected as new Pakistani president", *BBC News*, 30 July 2013, [on-line] http://www.bbc.co.uk/news/world-asia-23493649, 26 June 2014.

[61] "Indian views of Nawaz Sharif's election", *Shashank Joshi*, 15 May 2013, [on-line] http://shashankjoshi.wordpress.com/2013/05/15/indian-views-of-nawaz-sharifs-election, 26 June 2014.

[62] "Watch out for the Brics… and for the Next 11", *The Guardian*, 18 February 2011, [on-line] http://www.theguardian.com/global-development/poverty-matters/2011/feb/18/brics-next-11-economy-transformation-uk,31 June 2013.

tax reform. It would hit poor citizens in the first place[63]. A serious problem that can be a source of social unrest and a brake to economic development is the lack of electricity. Current infrastructure comes mainly from the 60s and 70s, and is based on imported raw materials such as gas and oil. Domestic stock of it is insufficient. Existing possibilities, as hydro power, are running out, as population growth increases the demand for water for human consumption. Nuclear energy looks as the best solution but the construction of new power plants takes time, which Pakistan does not have. The search for their own gas deposits is in progress, inter alia, with the participation of Polish experts, but even if it is successful, it will not fully satisfy the demands. Australian experts suggest, however, that Pakistan could use more natural potential which is solar energy by building solar collectors in the desert[64]. Until this problem is solved it is bound to get worse, and it will increase social discontent arising from the progress of civilization, which takes place in contemporary Pakistan. The reason for the protests could be prolonged power outages, causing that life in the summer with high temperatures and humidity will return again to the level of half a century ago. Young people from affluent families today are not accustomed to living without air conditioning and access to the Internet or even a television. The economic crisis in West caused that emigration is no longer the simplest alternative for ambitious people seeking a better life, although the rate of migration is still negative and last year reached a value of -2 (i.e. 2 immigrants per 1 thousand inhabitants)[65].

Summarizing the above considerations, one should notice that despite significant similarities to the Arab countries and close contacts resulting from the civilizational affinities, there are significant differences that cause that Pakistan has not experienced a phenomenon similar to the "Arab Spring" and there is little evidence that such a massive social rebellion of representatives of the young generation existed in Pakistan. This stems primarily from the fact that the political system of the Islamic Republic of Pakistan is now a democracy and has all the instruments for channeling social discontent, such as free media, and above all elective parliament and local assemblies, and the indirect presidential elections (a solution found in mature democracies as often as the general elections). Even temporarily exercising power, military in the country is not ready for such a fierce confrontation with society as it is today in Syria. It does not look ready to crack down free media and political opposition, as it happened in Tunisia and Egypt. The party system of Pa-

---

[63] "UK aid to Pakistan should continue but future increases must rest on domestic tax reform", *The Telegraph*, 4 April 2013, [on-line] http://www.telegraph.co.uk/news/worldnews/asia/pakistan/9969525/UK-aid-to-Pakistan-should-continue-but-future-increases-must-rest-on-domestic-tax-reform.html, 31 June 2014.

[64] "Pakistan has a bright energy future", *The International News*, 31 May 2013, [on-line] http://www.thenews.com.pk/Todays-News-9-181003-Pakistan-has-a-bright-energy-future, 31 June 2014.

[65] Index Mundi, [on-line] http://www.indexmundi.com/g/g.aspx?v=27&c=pk&l=en, 31 June 2014.

kistan is so pluralistic that reflects different trends of religious fundamentalism, moderate conservatism of the socialism. Fundamentalist forces, however, have not enough social support to be able to take power in the country alone or in coalition, as it happened in Egypt in the event associated with the Muslim Brotherhood Party of AKP in Turkey. The two religious parties: the Jamaat-e-Islami and Jamiat Ulema-e-Islam have in fact a total of 12 seats out of 265 seats in National Assembly (lower house)[66].

Armed group called "Pakistani Taliban", although being a serious threat to state security forces does not have enough popular support to seize power in Pakistan by force. The army remains the guarantee of moderate secularism. In contrast, characteristics of the "Arab Spring" social demands, especially related to the expectations of the younger generation, have become just part of the political game, which took place during the last election campaign. Whether the political system will absorb the revolutionary ferment depends on several factors, including the responsibility of the political elite, especially the opposition leader Imran Khan. Prime Minister Nawaz Sharif does not seem to be interested in the use of undemocratic methods. But it doesn't mean he is not ready to defend his post using police force against demonstrates gathered by Imran Khan. Prime Minister's activity is focused on the fight against the former president, Gen. Pervez Musharraf, who removed him from power in 1999 in a coup d'état. Of course, an important factor here is personal revenge, but it can have a positive effect: a chance to judge a politician who has abused the law to gain power in the state. But it also generates serious threat: it is hard to predict if the Army allows prosecuting its previous chief, or not.

It is difficult to clearly assess how optimism towards the democratic process, which some of the media and Polish analysts exhibit, is justified. Previous parliamentary elections of 2008 were held in an atmosphere of plebiscite. Voting for the Pakistani People's Party was in fact expressing disobedience to the than military government and wowing for transfer of power into civil hands. So the election of 2013 can be called a real election based on the dispute on the shape of the state. Until the next election one cannot not know for sure whether parliament will survive a full term without the intervention of the army or the High Court (one has to remember that the first term of Nawaz Sharif ended early, because of corruption charges, during the second it was overthrown by the army). It will also be a test of strength for the opposition: if it is ready to participate in the next elections, or will its followers tried to move out into the street effectively. The economic situation home and abroad would surely have some influence on the stabilization of the internal situation in Pakistan. The crisis clearly deteriorating social mood and makes young people particularly vulnerable to radicalization. The realization of positive forecasts for economic growth and the existence of a group of Next -11 with Pakistan in the composition, will surely be a stabilizing factor and a favorable political

---

[66]   Pakistan General Election: [on-line] http://hamariweb.com/pakistan-election-2013, 31 June 2014.

scene rather than moderate parties. Unfortunately last events in Islamabad look like "somebody" lost his nerves. Imran Khan organized large demonstration of his supporters urging Nawaz Sharif to step down and to organize new elections. For the first time in Pakistani history, a mainstream politician used the world "Revolution" (Urdu: *Inqilab*) to explain his action against the government. He also called for the civil disobedience (e.g. by refusing to pay VAT). Until 31 of August the Prime Minister refused to listen to such suggestions and has ordered the police to crack down those rallies[67]. The popular opinion is turning in favor another military takeover. The Chief of Army Staff called the meeting of corps commanders (the highest brass of Pakistani armed forces) because of the unstable situation in the country[68]. At the moment it is impossible to predict if gen. Raheel Sharif decide to take power himself, or whether he will just force the Prime Minister to step down and to organize new elections. Is once again the army perceived by the majority of the public opinion as the protector of the State against the civilian, too-ambitious and to-selfish politicians?

Bibliography

Ahmed Rashid, [on-line] http://www.ahmedrashid.com.

"Aabpara Market: Extremely loud and incredibly closed", *The Express Tribune*, 6 May 2013, [on-line] http://tribune.com.pk/story/544923/pml-n-rally-aabpara-market-extremely-loud-and-incredibly-closed.

"Benazir Bhutto assassinated", CNN, 27 December, [on-line] http://edition.cnn.com/2007/WORLD/asiapcf/12/27/pakistan.sharif.

"Birmingham-based charity £350K for Pakistan flood survivors", *Birmingham Mail*, [on--line] http://www.birminghammail.co.uk/news/local-news/birmingham-based-charity-350k-for-pakistan-flood-129546.

"Can a millionaire ex-cricket star go from playboy to prime minister? Yes he Khan!", *Mail Online*, 12 November 2012, [on-line] http://www.dailymail.co.uk/news/article-2230965/Imran-Khan-Can-millionaire-ex-cricket-star-playboy-prime-minister-Yes-Khan.html.

"The Constitution of Pakistan", *Pakistani.org*, [on-line] http://www.pakistani.org/pakistan/constitution/annex.html.

"Crisis for Musharraf over justice chief's sacking", *The Telegraph*, 17 March 2007, [on-line] http://www.telegraph.co.uk/news/worldnews/1545843/Crisis-for-Musharraf-over-justice-chiefs-sacking.html.

Demographic and social data for CIA World Factbook: [on-line] https://www.cia.gov/library/publications/the-world-factbook/geos/pk.html (Pakistan) and https://www.cia.gov/library/publications / the-world-factbook/geos/eg.html (Egypt).

---

[67] "Inqilab – when blood comes cheap", *Dawn*, 31 August 2014, [on-line] http://www.dawn.com/news/1128999/inqilab-when-blood-comes-cheap, 31 June 2014.

[68] "Political crisis must end through political means, Army says", *Dawn*, 31 August 2014, [on-line] http://www.dawn.com/news/1129001/army-chief-calls-corps-commanders-meeting, 31 June 2014.

"Egypt Economy", *Economy watch*, 29 March 2010, [on-line] http://www.economywatch.
    com/world_economy/egypt.

"Election Campaign 1965", *Nazaria-i-Pakistan Trust*, [on-line] http://nazariapak.info/Ma
    dar-i-Millat/Election-Campaign.php.

"Flood in Pakistan", *UNDP*, [on-line] http://undp.org.pk/flood-in-pakistan.html.

Geo.tv, [on-line] http://www.geo.tv/Default.html.

Gohari M.J., *The Taliban. Ascent to Power*, Karachi 2000.

"Government of India Act 1935", *Legislation.gov.uk*, [on-line] http://www.legislation.gov.
    uk/ukpga/Geo5and1Edw8/26/2/enacted.

"History of civil services in India and reforms", [on-line] www.arc.gov.in/10th/ARC_10th
    Report_Ch2.pdf.

Hyman A., Ghayur M., Kaushik N., *Pakistan. Zia and After...*, New Delhi 1989.

"Iftikhar Chaudhry reinstated as Pakistan Supreme Court Chief Justice", *AndhraNews.net*,
    [on-line] http://www.andhranews.net/Intl/2007/July/20/Iftikhar-Chaudhry-reinstated-87
    63.asp.

"Imran Khan: A prayer for Pakistan", *Support Imran Khan*, [on-line] http://www.supporti
    mrankhan.org/Articles/story.aspx?&id=139.

"'Imran Khan, Jewish agent': welcome to the wonderful world of Pakistani politics", *The
    Conversation*, 7 May 2013, [on-line] http://theconversation.com/imran-khan-jewish-
    agent-welcome-to-the-wonderful-world-of-pakistani-politics-13975.

Index Mundi, [on-line] http://www.indexmundi.com/g/g.aspx?v=27&c=pk&l=en.

"Indian Independence Act 1947", *Legislation.gov.uk*, [on-line] http://www.legislation.gov.
    uk/ukpga/Geo6/10-11/30.

"Indian views of Nawaz Sharif's election", *Shashank Joshi*, 15 May 2013, [on-line] http://
    shashankjoshi.wordpress.com/2013/05/15/indian-views-of-nawaz-sharifs-election.

"Inqilab – when blood comes cheap", *Dawn*, 31 August 2014, [on-line] http://www.dawn.
    com/news/1128999/inqilab-when-blood-comes-cheap.

"Is Pakistan in for an Arab Spring?", *The Voice of Russia*, 16 January 2013, [on-line] http://
    english.ruvr.ru/2013_01_16/Is-Pakistan-in-for-an-Arab-Spring.

"Kayani supports democracy", *The Nation*, 3 May 2013, [on-line] http://www.nation.com.pk/
    pakistan-news-newspaper-daily-english-online/columns/03-May-2013/kayani-supports
    -democracy.

Khan H., *Constitutional and political history of Pakistan*, Karachi 2007.

Kieniewicz J., *Od Bengalu do Bangladeszu*, Warszawa 1976.

"Malala Yousafzai: Pakistan Taliban causes revulsion by shooting girl who spoke out", *The
    Guardian*, [on-line] http://www.theguardian.com/world/2012/oct/09/taliban-pakistan-
    shoot-girl-malala-yousafzai.

The Malala Yousafzai Blog & Story, [on-line] http://www.malala-yousafzai.com.

"Mamnoon Hussain elected as new Pakistani president", *BBC News*, 30 July 2013, [on-line]
    http://www.bbc.co.uk/news/world-asia-23493649.

Montero D., "Why the Taliban appeal to Pakistani youth? The tribal system that once
    grounded young people no longer provides enough opportunities", 16 June 2006, *The
    Christian Science Monitor*, [on-line] http://www.csmonitor.com/2006/0616/p07s02-
    wosc.html.

"Musharraf Declares State of Emergency", *The New York Times*, 3 November 2007, [on-
    -line] http://www.nytimes.com/2007/11/03/world/asia/04pakistan.html?_r=0.

"Musharraf granted bail in Benazir Bhutto assassination case", *The Hindu*, 20 May 2013, [on-line] http://www.thehindu.com/news/international/south-asia/musharraf-granted-bail-in-benazir-bhutto-assassination-case/article4732893.ece.

"Musharraf sacks Pak chief justice", 9 March 2007, *Rediff India Abroad*, [on-line] http://www.rediff.com/news/2007/mar/09pakcj.htm.

Nawaz S., *Crossed Swords. Pakistan, it's army and the wars within*, Karachi 2008.

"Our history", *Pakistan Peoples Party*, [on-line] http://www.ppp.org.pk/history.html.

"Pakistan elections: ex-cricketer Imran Khan offers 'third way'", *The Guardian*, 3 May 2013, [on-line] http://www.theguardian.com/world/video/2013/may/04/pakistan-elections-imran-khan-third-way-video.

"Pakistan faces Arab spring, declares Imran Khan", *The Scotsman*, 28 July 2011, [on-line] http://www.scotsman.com/news/pakistan-faces-arab-spring-declares-imran-khan-1-1777035.

"Pakistan GDP and Economic Data", *Global Finance*, [on-line] http://www.gfmag.com/gdp-data-country-reports/204-pakistan-gdp-country-report.html.

Pakistan General Elections 2013, [on-line] http://hamariweb.com/pakistan-election-2013.

"Pakistan has a bright energy future", *The International News*, 31 May 2013, [on-line] http://www.thenews.com.pk/Todays-News-9-181003-Pakistan-has-a-bright-energy-future.

"Pakistan's Musharraf steps down", *BBC News*, 18 August 2008, [on-line] http://news.bbc.co.uk/2/hi/7567451.stm.

Patek A., Rydel J., Węc J., *Najnowsza historia świata. 1945-1963*, t. 1, Kraków 1997.

"Political crisis must end through political means, Army says", *Dawn*, 31 August 2014, [on-line] http://www.dawn.com/news/1129001/army-chief-calls-corps-commanders-meeting.

"Poverty headcount ratio at $3.10 a day (2011 PPP) (% of population)", *The World Bank*, [on-line] http://data.worldbank.org/indicator/SI.POV.2DAY.

"Q&A: Benazir Bhutto assassination", *BBC News*, 3 May 2013, [on-line] http://www.bbc.co.uk/news/world-asia-22394552.

Siraj S.A., "Critical analysis of press freedom in Pakistan", *Global Media Journal*, [on-line] http://www.aiou.edu.pk/gmj/artical1(b).asp.

"The skewed narrative on Pakistan flood aid: 'help me or I'll kill you'", *Reuters*, 10 September 2010, [on-line] http://blogs.reuters.com/pakistan/2010/09/10/the-skewed-narrative-on-pakistan-flood-aid-help-me-or-ill-kill-you.

Speech recorded in New York 26 July 2013, [on-line] http://www.youtube.com/watch?v=N2FRrBOIyEk.

Syed M., "Prospect of Arab Spring in Pakistan", *IPRI Journal* Vol. 12, 2012, no. 2.

Talbot I., *Pakistan. A Modern History*, New York 2005.

"Taliban commander: I wish Malala Yousafzai shooting had 'never happened'", *NBC News*, 17 June 2013, [on-line] http://worldnews.nbcnews.com/_news/2013/07/17/19516430-taliban-commander-i-wish-malala-yousafzai-shooting-had-never-happened?lite.

"Tehrik-i-Insaf sweeps Khyber Pakhtunkhwa", *The Nation*, 12 May 2013, [on-line] http://www.nation.com.pk/pakistan-news-newspaper-daily-english-online/elections-2013/12-May-2013/tehrik-i-insaf-sweeps-khyber-pakhtunkhwa.

"UK aid to Pakistan should continue but future increases must rest on domestic tax reform", *The Telegraph*, 4 April 2013, [on-line] http://www.telegraph.co.uk/news/worldnews/asia/pakistan/9969525/UK-aid-to-Pakistan-should-continue-but-future-increases-must-rest-on-domestic-tax-reform.html.

Watch out for the Brics... and for the Next 11", *The Guardian*, 18 February 2011, [on-line] http://www.theguardian.com/global-development/poverty-matters/2011/feb/18/brics-next-11-economy-transformation-uk.

The World Factbook, *Central Inteligence Agency*, [on-line] https://www.cia.gov/library/publications/the-world-factbook/geos/pk.html.

Zdanowski J., *Współczesna muzułmańska myśl społeczno-polityczna. Nurt Braci Muzułmanów*, Warszawa 2009.

Ziring L., *Pakistan in the twentieth century. A political history*, Karachi–New York 1997.

http://jurist.law.pitt.edu/forumy/2007/09/staying-pakistans-presidential-election.php.

http://www.app.com.pk/election.

http://www.dailytimes.com.pk/default.asp?page=2013%5C07%5C11%5Cstory_11-7-2013 _pg1_2.

http://www.ethnicity.ac.uk/population/size.html.

https://www.facebook.com/jalalzai.musakhan.

II.

INTERACTIONS ENTRE RELIGION ET POLITIQUE/
INTERACTION BETWEEN RELIGION AND POLITICS

DOI: 10.12797/9788376386553.06

Fernando Oliván López*

Universidad Rey Juan Carlos Madrid

CONSTITUTIONALISME ET MODÈLES CULTURELS : L'ISLAM ET L'OCCIDENT
Une approche depuis la théologie politique

Abstract :

La crise du constitutionnalisme actuel nous amène à chercher de nouvelles formes pour interpréter la réalité politique. Les récentes révolutions arabes nous placent devant la piste d'un nouveau paradigme interprétatif : la nécessité de reconnaître le fait religieux comme facteur déterminant du processus politique. De là l'importance de concepts comme la Théologie politique pour la nouvelle analyse politique.

Mots-clés : sémiotique juridique, théologie politique, théorie politique, constitutionnalisme arabe, Défenseur du peuple, discours politique

« Chaque société, chaque état de civilisation n'a plus qu'un certain nombre d'idées pour interpréter les événements, les conduire, les combattre ou s'y adapter », (H.-X. Arguillière, *Saint Grégoire VII. Essai sur sa conception du pouvoir pontifical*, Paris, Vrin 1934[1]).

Pour la présente réflexion il est nécessaire d'approfondir dans les racines constitutives de la pensée politique, que ce soit la pensée de l'Antiquité ou celle

---

* Professeur de Droit constitutionnel. Directeur de l'Observatoire Euro-méditerranéen, d'Espace publique et démocratie. Secrétaire général du Forum hispano-marocain des juristes.

[1] H.-X. Arguillière, *Agustinismo político. Ensayo sobre la función de la teoría política en la Edad Media*, Madrid 2005.

de nos jours. La conception de l'art, de la littérature, de la pensée religieuse, de la science elle-même et bien sûr aussi de la politique, participe à chaque moment historique d'une série de structures qui nous permettent d'identifier leur époque. Il est important d'apprécier que ces structures se maintiennent tout au long de longues périodes historiques, ce qui nous permet de tracer leur histoire et leur véritable généalogie. Avec cela ce que nous cherchons c'est, tout d'abord, d'arriver aux contenus sémantiques originaux qui sont partagés par ce type de concepts et donc trouver le sens avec lequel ils ont été introduits dans le langage politique et juridique, et ensuite, d'analyser le poids qu'ils maintiennent tout au long de leur histoire et avec lequel ils interagissent dans les idées et structures de la vie politique contemporaine. Bien que l'idée soit ancienne, Spinoza l'avait déjà proposée dans son célèbre *Traité théologico-politique* et de nombreux auteurs dans des époques passées y font référence, elle atteint dans l'actualité une nouvelle dimension qui nous invite à sa renaissance. Malgré un courant positiviste consolidé dans les études de science politique, un nouveau regard, cette fois depuis la théologie, peut être déterminant pour une meilleure compréhension du monde dans lequel on vit[2].

Le besoin d'une théologie politique dans le XXIe siècle est marqué par deux événements inéluctables. Tout d'abord l'irruption de nouveaux secteurs géographiques avec des cultures propres qui réclament un rôle principal dans la composition de l'ordre juridico-politique mondial, ce qui nous confronte à des positions politiques étrangères au discours classique développé en Occident au moins pendant les deux derniers siècles. Ensuite, l'échec du processus de sécularisation sur lequel, en Occident, on a voulu fonder l'idée de l'État moderne[3]. A nouveau et dans une boucle qui nous a pris de contre-pied, l'ultra modernité de l'événement politique se fonde sur des propositions idéologiques qui se réclament du discours politique. Dans le premier cas je pense, évidemment, à des idées comme celles du *jihad* islamique, de la *sharia*, mais aussi à ce retour au texte religieux dans de nombreux discours politiques, tels que la configuration juive de l'État d'Israël ou même la présence « atypique » de l'État du Vatican. Concernant la deuxième partie de mon propos, la crise de cette sécularisation s'apprécie dans la perte de désir d'autonomie de l'ordre politique, de nouveau tributaire des principes exogènes. En quelque sorte l'« économie » vient remplir l'espace (et le discours) occupé auparavant par la Parole Divine. Or, ceci, comme nous le verrons, n'a pas lieu que dans un sens métaphorique. La question que nous nous posons ici est justement celle-ci : est-il possible d'établir des systèmes de caractère constitutionnel dans des pays qui ne partagent pas la culture occidentale ? La question acquiert une dimension spécialement accrue si nous nous la posons non pas par rapport à des pays mais plutôt par rapport à des expressions culturelles, face à cette sorte de sensation de « ville assiégée » qui occupe la conscience des sociétés européennes parcourues en

[2]   Y. Yovel, *Spinoza, el marrano de la razón*, Barcelona 1995.
[3]   E. Voegelin, *La nueva ciencia de la política*, Madrid 2006.

plus par une nouvelle crainte des courants migratoires, réinterprétés comme une nouvelle invasion des barbares[4].

Pourtant, et malgré tout cela, la question initiale continue à avoir un fort contenu théorique, ce qui nous permet d'incorporer une réflexion à caractère scientifique avec, bien entendu, une lourde critique centrée sur les concepts de démocratie, constitutionnalisme et Occident. La réalité est que ces institutions, et c'est d'institutions dont nous parlons, sont des instruments sociaux, c'est-à-dire, des structures nées de l'action sociale, à l'égal que le langage lui-même, et donc profondément marquées par leur histoire. Parler d'État, de Constitution, de Parlement ou de système judiciaire etc. implique de reconnaître le long processus par lequel sont créées ces instances, leur histoire, leur étiologie profonde, c'est-à-dire reconnaître, en définitive, leur raison d'être. Les institutions, comme le propre langage d'un pays, ne sont pas nées du néant, elles n'apparaissent pas comme des instruments conçus par une pensée extérieure, laquelle en réponse à une demande présenterait les institutions à la société dans laquelle ces mêmes institutions allaient être installées[5]. Tout au contraire. Solon, Lycurgue, les décemvirs répondent à des mythes fondateurs sans un véritable fondement historique. Les formes qui configurent les pratiques politiques à Athènes ou Rome sont le fruit d'une longue tradition remplie d'épreuves et d'essais. Cicéron le recueille ainsi, le mettant sur la bouche de Caton le Vieux. Ceci est la grande différence de Rome par rapport à d'autres villes : son système n'est pas le fruit d'une proposition artificielle rédigée par un seul homme mais, au contraire, la construction d'un peuple tout au long de son histoire. Ainsi, parler des institutions d'Occident nous oblige, d'une certaine façon, à étudier le processus par lequel elles se construisent, et à analyser ensuite si ces processus peuvent s'enraciner au sein d'autres cultures différentes.

Commençons par l'analyse du contenu des institutions susvisées. Tout d'abord nous allons nous intéresser au concept d'État. L'idée d'État est née comme expression de la rupture du principe de l'auctoritas battu par l'idée romaine de l'empire. Se rapprochent ainsi toute une série de racines que l'on pourrait dénommer le génome de l'État. Tout d'abord un processus de territorialisation du pouvoir, intimement lié au processus déclenché par la surnommée réforme grégorienne[6] et qui finit par recréer l'idée de gouvernement, ce qui après sera la souveraineté confinée à un territoire. À cet événement, lequel nous le verrons par la suite est profondément marqué par la pensée chrétienne, s'ajoutent deux autres qui achèvent la configuration de l'idée moderne de l'État, c'est-à-dire le processus qui incorpore unité idéologique et populationnelle. Dans le premier cas l'œuvre s'achève avec le Traité de Westphalie (*Cujus regio, ejus religio*), dans le deuxième cas avec la Révolution française et l'identité du tiers état de la nation (*dixit* Sièyes). L'impor-

---

[4]   F. Oliván, *El extranjero y su sombra*, Madrid 1998.
[5]   Idem, *Nueva teoría política*, Madrid 2015.
[6]   S. Gouguensheim, *La réforme grégorienne. De la lutte pour le sacré a la sécularisation du monde*, Paris 2010.

tance est d'apprécier qu'aussi bien un événement comme l'autre sont profondément tributaires de ces susmentionnées racines théologiques. Dans le premier cas, les guerres de religion ne constituent-elles pas l'achèvement de cette crise de la christianisme ouverte par la Réforme protestante ? Dans le deuxième cas, la dette est partagée par le travail de sape réalisé par l'Edit de Nantes et l'effort théologique des jansénistes. La bulle pontificale *Unigenitus* pourrait nous en donner les clés. Les références théologiques pourraient aussi trouver leur accréditation dans l'origine même de la doctrine moderne de l'État et dans l'œuvre de Hobbes. Ce n'est pas seulement l'idée même de Leviathan qui est chargée de symboles religieux, ce que nous pouvons voir par la simple dénomination, mais sinon le fait que toute cette théorie constitue un barrage à l'idée théologique puritaine désenchainée par la Révolution. En effet, Hobbes développe cette idée comme un véritable projet théologique[7]. Nous reviendrons à ces idées.

L'espace symbolique occupé par le concept de souveraineté se construit aussi sur ces prémisses théologiques. Nous en parlerons au moment d'analyser son lien nécessaire au système constitutionnel. Néanmoins il faut d'abord rappeler que la notion même de « hiérarchie », fondamentale pour comprendre l'ordre politique et juridique de notre monde institutionnel, trouve son origine dans l'union de deux concepts grecs, hieros, qui veux dire divin, et arkos, pouvoir. La notion est introduite par Denys l'Aréopagite dans le contexte de sa théologie mystique gnostique et en référence fondamentale à l'ordre divin dans la catégorie des anges. L'ordre politique se construira à l'image de cet ordre divin (« La cité de Dieu ») lequel n'est pas simplement antérieur en théologie mais dans la propre succession des faits. Il est vrai que ces deux notions, État et souveraineté, pour leur propre dimension et leur élaboration lointaine, paraissent plus proches de ces origines théologiques dont nous avons parlé. Cela a l'air de vouloir dire que sont laissées pour un monde déjà complètement sécularisé d'autres notions telles que la Division de pouvoirs. Pourtant le poids théologique semble ici aussi écrasant. C'est surtout pour cette proximité à la Modernité que ce relent théologique semble davantage inquiétant. La division tripartite elle-même, la distinction entre les fonctions du royaume et du gouvernement, lesquelles aujourd'hui semblent si actuelles, la double fonction législative et judiciaire de la souveraineté, tout cela trouve à nouveau ses racines dans les vieux modèles théologiques. L'expression « le roi règne mais ne gouverne pas » n'est pas du tout le fruit des processus de constitutionnalisation des monarchies modernes de la fin du XIXe siècle, comme cela est souvent dit, mais semble au contraire avoir déjà été énoncée dans le développement théologique de la Trinité catholique consolidée dans le Concile de Nicée. C'est ainsi un modèle de séparation qui combine les idées de personne et de substance, notions que nous verrons par la suite migrer au monde politique. L'idée de l'administration moderne n'est pas concevable sans cet effort technique développé dans le domaine théologique[8].

[7]   K. Löwith, *Historia del mundo y salvación*, Madrid 2007.
[8]   J.H. Bernan, *Droit et Révolution. L'impact du Réforme protestante sur la tradition juridique occidentale*, Paris 2010.

La question que nous nous sommes posée au début s'élargit. Est-il réellement possible de transposer ces notions, c'est-à-dire, les faire germer dans un cadre culturel différent à celui qui se développe dans le cadre du christianisme ? De nouveau la meilleure façon d'analyser ce processus se fait à partir de l'expérience concrète, des réalités, c'est-à-dire à partir de ce monde réel dans lequel fonctionnent ces institutions. Pour cela nous devons retourner au concept même d'occident. C'est justement là, à partir de ces nouvelles questions, que peuvent se trouver les solutions. Tout d'abord, la première chose que nous pouvons apprécier c'est que cet Occident n'est d'aucune façon homogène. Tous les pays de cet espace culturel ne participent pas de la même façon de ce possible nucleus dur de l'idée d'occidentalité. Face au caractère central de pays tels que la France, l'Allemagne, l'Italie ou même l'Angleterre peuvent s'opposer, dès ses origines, d'autres réalités comme la Péninsule ibérique ou les pays nordiques. Prenons un exemple qui opère directement dans la trame institutionnelle et qui peut nous servir comme exemple pour la thèse soutenue ici. L'une des institutions les plus hautement développées de cette Modernité tardive de la fin du XXe siècle n'est autre que le Défenseur du peuple. L'idée, bien connue des constitutionnalistes, vient d'une vieille institution germanique, établie notamment dans les pays scandinaves, l'*ombudsman*, c'est-à-dire établie justement dans l'un de ces espaces que nous avons définis comme périphériques. Ce qui nous intéresse ici c'est de mettre en contraste deux faits. Le premier fait est son difficile ancrage constitutionnel dans une théorie de la séparation des pouvoirs. De quoi et de qui ce peuple souverain doit-il se défendre ? La transcription littérale de sa dénomination dans des ordres constitutionnels comme celui de l'Espagne incorpore brutalement ce paradoxe. La dénomination semble nous suggérer que, bien que le peuple soit souverain, il a besoin d'être défendu des organes et instances qui, même si subordonnées à lui, finissent par le dominer. Le deuxième fait est le succès écrasant de cette figure dans les textes constitutionnels postérieurs au dernier quart du siècle passé. Il est vrai que la doctrine française a fini par l'incorporer sous la nouvelle dénomination, plus sensible à la contradiction constitutionnelle que son nom primitif, le Médiateur. C'est sous cette nouvelle dénomination que la figure est transmise au constitutionnalisme arabe, par exemple dans la constitution marocaine. Pourtant la proposition française ne répond pas véritablement aux fonctions constitutionnelles qu'incorpore cette vieille figure de l'*ombudsman*, ce qui entraîne un coefficient de déplacement institutionnel dont les conséquences sont très intéressantes. Analysons le cas, puisqu'il s'agit d'un cas, qui nous permet d'apprécier quelques-unes des règles du jeu de ce processus constitutionnel et qui le fait en mettant sur la table des espaces culturels – de culture juridico-constitutionnelle – de mondes si différents comme la Scandinavie, la France, l'Espagne ou le Maroc. À ce point, l'élément clé que j'aimerais souligner, c'est que, logiquement, un espace périphérique comme la Scandinavie « lit » le système de valeurs recueillies dans le modèle du rationalisme constitutionnel avec ses propres prémisses idéologiques, ou mieux encore, avec le cumul de son expérience historique. En effet, c'est là qu'apparaît cette figure dans l'ordre constitutionnel d'un système démocratique de bases Rousseauistes.

L'idée importante, c'est que, dû à l'incorporation de ces nouvelles propositions politiques et à une certaine dégradation du système démocratique, conséquence du surgissement et de la reconnaissance de nouveaux pouvoirs étrangers à la volonté générale, l'Institution du Défenseur du peuple s'est vue octroyer un vrai rôle principal. C'est ainsi qu'elle a été recueillie par les pays de la périphérie. L'Espagne, un pays qui arrive sur le chemin démocratique après avoir subi une violente dictature de plus de quarante ans et avec laquelle le pays ne rompt pas totalement puisqu'il accepte une « transition censurée » et qui, d'une manière ou d'une autre, maintient le vieil appareil fasciste. Les rédacteurs de la Constitution étaient pleinement conscients de cela et pour y remédier, ils commencèrent à chercher des solutions. C'est ainsi qu'ils trouvèrent dans cette vieille institution nordique une solution intéressante. Il est vrai qu'il s'agissait d'une solution contradictoire avec la doctrine de la souveraineté populaire, avec les principes de la division des pouvoirs et avec les exigences de la soumission de l'administration aux lois et au contrôle judiciaire. Tout cela est vrai, mais, et c'est ce qui importe, le modèle fonctionnait. Il fonctionnait au moins pendant cette première étape durant laquelle le nouveau système commençait à s'enfoncer dans les usages de la démocratie, ce qui rendait le système espagnol authentiquement exportable.

L'élément d'interprétation clé nous est à nouveau donné par l'endroit choisi par les constituants pour situer cette figure. Le Défenseur du peuple se situe ainsi dans le Chapitre IV du Titre I, c'est-à-dire dans un appareil dédié à la protection des droits fondamentaux. La Constitution le configure comme un « Alto comisionado » (un Haute comité) du Parlement. Ceci répond au minimum de cohérence de la part des constituants qui se réclament encore comme constitutionnalistes. Si la figure du Défenseur du peuple construit un appareil pour le contrôle du pouvoir exécutif, il doit être situé dans l'espace du pouvoir législatif. En effet il sera incorporé aux côtés du pouvoir législatif mais en totale rupture avec celui-ci. Comme nous l'avons dit, la figure apparaît aussi dans le modèle français de la Ve République, mais elle le fait avec ses propres caractéristiques. Tout d'abord le constituant français rejette la dénomination du « Défenseur du peuple » du fait qu'elle remet en question la souveraineté du peuple mais il propose la non moins contradictoire figure du « Défenseur des droits » qui pose le problème de sa délimitation avec la fonction judiciaire. L'intérêt ici c'est sa nouvelle situation constitutionnelle. Elle a un titre propre, le XII, mais est soumise à la fois au législateur et au président de la République. Au fond ce qui réapparait c'est la puissance du système administratif, la logique du Conseil d'État. Si juger l'administration c'est encore administrer, contrôler l'administration est aussi une tâche administrative. C'est la raison pour laquelle la doctrine n'hésite pas à construire cette figure comme une autorité administrative indépendante. De même, on trouve une nouvelle parution du modèle au Maroc[9],

---

[9]   F. Oliván, « El espiritu dentro de la constitución marroquí », *Politica Exterior* Vol. 26, 2012, n° 149.

encore une fois un espace périphérique de la culture islamique. Maintenant nous nous en tiendrons aux faits, ce ne sera qu'ensuite que nous en tirerons les conséquences. Nous nous trouvons face à un texte nouveau, de 2011, fruit d'un processus complexe, et, à nouveau, basé sur des racines pas toujours démocratiques, voire sur des instances de pouvoir complètement en dehors de la sphère démocratique et au milieu d'une transition d'un régime évidemment tyrannique. A l'instar du cas espagnol, la figure est un instrument hautement efficace, mais les mécaniques par lesquelles elle s'introduit sont différentes en ce qui concerne la dénomination choisie, le Médiateur, et sa situation constitutionnelle. Quant à sa situation constitutionnelle, elle sera similaire à celle qui existe en France avec un titre propre, le XII, mais elle présentera une dimension radicalement différente à celle de la Vᵉ République. L'institution apparaît ainsi dans un cadre dénommé « de la bonne gouvernance » et accompagnée de toute une série d'instruments comme le Conseil national des droits de l'homme, l'Instance nationale de probité ou le Conseil supérieur de l'éducation, entre autres. Une douzaine au total, ce qui crée une nouvelle dimension constitutionnelle[10].

La conclusion à laquelle j'aimerais arriver c'est que la notion n'est pas neutre. Nous ne sommes pas face à un instrument qui serait un véhicule pour le développement d'une communauté politique quelconque, indépendante de sa propre nature. Au contraire, la notion est profondément idéologique et entraîne une façon particulière de sentir cette nouvelle communauté. Ce qu'on appelle philosophie de l'Histoire renvoie à une façon de concevoir la politique, une façon dont nous devons nécessairement apprécier, au moins, deux prémisses. Tout d'abord une propre auto-compréhension, c'est-à-dire, comment se sent-on ? Que comprend-t-on ? Qui sommes-nous ? Ensuite une direction spécifique. Vers où allons-nous ?, en définitive, que veut-on ? Représentation et destin, ce que d'autres auteurs dénomment « vérité » (Voegelin)[11], exigent déjà une théologie. Il s'agit d'une théologie politique qu'elle soit dans cette contemplation cyclique de l'être en rotation continue entre des formes corrompues et la vie nouvelle, c'est-à-dire, la théologie de l'Éternel Retour dans l'expression de Mircea Eliade[12] – et qui nous permet de réincorporer l'image des mille mythes agraires sur lesquels se construit la religion (et la « politique ») antique – ou, au contraire, dans les propositions linéaires des mythes eschatologiques de quelques peuples sémites tels que le Messie promis, Paruxia ou Jugement dernier dans ses expressions chrétiennes. Avec Augustin d'Hippone ces notions acquerront des contenus pleinement politiques. Eric Voegelin n'hésite pas à trouver un parallélisme dans la crise du modèle augustinien et qui trouvera son zénith dans les contenus prophétiques de Joachim de Flore et dans les propositions déjà définitivement sécularisées d'auteurs tels que Condorcet, Marx, Compte ou même Weber, tous, selon notre auteur, continuateurs de ce néo-gnosticisme

---

[10]   Cf. F. Oliván, « El espiritu dentro... »
[11]   Cf. E. Voelglin, *La nueva ciencia...*
[12]   M. Eliade, *Le mythe de l'éternel retour*, Paris 1951.

auquel ouvre ses portes la notion de Modernité. Blumemberg va encore plus loin et soutient que tout le Moyen Âge – en définitive, cet augustinisme – n'est plus que l'effort gigantesque, mais in fine vain, de nier les conséquences théologico-politiques du gnosticisme d'auteurs comme Marcion et ses adeptes.

L'État naît ainsi comme le résultat de cet effort théologique où se croisent les idées, monophysistes, trinitaires, monarchianistes, etc. avec ses dérivées doctrinales concrètes, d'Origène jusqu'à Arius, ce croisement faisant partie substantielle de leurs prémisses. Au fond, Nicée, de la main de ce géant manipulateur que fut Eusèbe de Césarée, constitue le fondement même de ce nouveau mode d'organiser la vie politique qu'on appelle aujourd'hui État. C'est là que l'idée de « principauté », comme structure d'organisation politique, se fait définitivement politique, c'est-à-dire, rentre dans la sphère du public en rompant sa structure originaire liée à l'appareil (privé) de la famille romaine. La *Domus Aurea*, ou cette longue liste d'écoles qui arrivent jusqu'au palais byzantin, se transforme définitivement en l'« État »[13]. En définitive, il est impossible de comprendre le Léviathan sans cet effort théologique développé par la théologie catholique et qui a fait de l'Eglise le corps mystique du Christ. Pourtant, la clé de la question n'est pas ici non plus. Le problème c'est comment translater ceci à des réalités dont le « humus » s'alimente de différents systèmes de pensée, c'est-à-dire d'autres systèmes théologiques. À nouveau nous devons engager une réflexion attentive des éloignements culturels, ces cercles concentriques dans lesquels se transmettent les idées comme des tâches d'huile. Jaspers parlait même d'une époque cruciale aux conséquences extraordinaires durant laquelle ont coïncidé, comme un véritable point zéro de la pensée, Bouddha, Moïse et Homère. Néanmoins, pour nous il y a un autre moment également liminaire et beaucoup plus proche, ce temps qui va du Ve au VIIe siècle, plus de deux siècles qui nous permettent de concentrer la naissance des trois religions sur lesquelles se construit l'histoire moderne suite à l'éboulement de l'Antiquité. Nous allons le souligner, autant le judaïsme talmudique que la chrétieneté augustinienne ou l'islam sont des religions modernes[14]. D'autre part, les origines lointaines qui réclament les légendes abrahamiques, la Judée des Apôtres comme l'Egide elle-même ne sont plus qu'une partie de la légende, le mythe sur lequel se lève l'appareil théologique, la liturgie de chacune de ces expressions du nouvel ordre religieux, un ordre qui, depuis son origine, se veut aussi un ordre politique[15]. C'est l'arrière-fond de référence d'une doctrine décidément post-impériale. Ce sont trois systèmes qui surgissent au milieu de la crise du monde ancien et de la rupture de son système de vérités (le fait que la nouvelle notion devienne celle de « foi » ne sera pas le fruit de la coïncidence : on croit ou on ne croit pas) Aucune des institutions de l'État moderne, même de l'État actuel, ne trouve dans la raison son

---

[13]   P. Veyen, *L'Empire gréco-romain*, Paris 2015.
[14]   D. Boyarin, *Espacios fronterizos. Judaismo y cristianismo en la Antiguedad tardía*, Madrid 2013.
[15]   G. Corm, *La question religieuse au XXIe siècle*, Paris 2006.

fondement ultime. Ce sont des propositions qui viennent se configurer comme des instruments de légitimation du pouvoir au milieu de la désintégration de l'ordre juridico-politique. Par conséquent, le point d'équilibre sur lequel gravite la modernité contemporaine ne se trouve pas là, ou pas totalement là, mais il se trouve dans la capacité d'adaptation des réalités culturelles d'aujourd'hui aux appareils institutionnels qui configurent l'ordre politique actuel. C'est aussi là que fonctionne tout l'univers symbolique des références culturelles. C'est donc ici qu'aujourd'hui s'articule la question qui nous concerne et à laquelle nous devons répondre. Avec cela nous fermons le cercle que nous avions ouvert au début. La réponse se construit sur deux axes différents. Premièrement, la distance idéologique (dans le sens de culturelle) entre des espaces de civilisation qui se confrontent. Deuxièmement le principe de la traductibilité institutionnelle, c'est-à-dire, la capacité technique des structures institutionnelles pour « germer » sur ce supposé terrain étranger, sur une culture différente[16].

Tout d'abord, le problème de la distance. Nous avons dit que le système culturel maintient un centre et tout son ensemble de périphéries plus ou moins proches, c'est aussi ce qui arrive avec les langues. Dans le champ des institutions, le processus est similaire. Néanmoins, on parle toujours de distances et non pas d'oppositions. En continuant avec notre exemple, dans tous ces cas il a pu être apprécié que les institutions dotent leurs « parleurs » de compétences suffisantes pour avoir accès à d'autres systèmes linguistiques. Dans la terminologie de Chomsky nous pourrions dire que dans tous les systèmes il y a une sorte de « grammaire naturelle » qui rend viable l'apprentissage mutuel. En définitive, la circulation linguistique n'est pas seulement possible mais elle est très commune, et, en plus, elle est l'une des voies les plus intéressantes pour promouvoir le développement et l'évolution des langues. Nous n'avons pas besoin de beaucoup d'effort pour comprendre que cette même efficacité se produit dans le cadre des institutions. Dit de façon simple, un courtisan habitué à la cour achéménide n'a besoin que d'un cursus de trois mois pour se débrouiller à merveille au milieu des intrigues partidistes du Capitole ou de l'Elisée. Avec cela nous affrontons le dernier point : la traductibilité. Nous arrivons au bout parce que nous sommes conscients que la clé de l'affaire se trouve ici. Est-il possible de transférer des institutions typiques du système démocratique à ce maillage institutionnel qui articule la vie sociale et économique dans, par exemple, l'époque de Cyrus le Grand ?

Les institutions, comme nous l'avons déjà dit, sont des structures avec une grande similarité avec les langues. Une institution c'est un artéfact social qui se constitue sous deux pôles étiologiques. Tout d'abord sa propre dimension historique. De ce point de vue la réponse n'est pas trop loin de celle de la langue, nous devons dire qu'il n'y a pas de rationalité institutionnelle. Mais à ce point de vue historiciste il faut ajouter une autre perspective. Si les institutions réussissent à survivre de longues périodes c'est parce que, en plus, elles répondent aux critères de

---

[16] Cf. F. Oliván, *Nueva teoría política...*

rationalité pratique, c'est-à-dire, elles résolvent des conflits en favorisant la cohésion du groupe, ce « *mos* » auquel se référaient les Romains. Cette rationalité peut en effet être universalisable.

Et l'Islam ? Le processus appliqué à la culture islamique nous mène à une analyse similaire à celle qu'on a proposée avec cette périphérie européenne de laquelle l'Espagne, comme nous l'avons dit, serait un exemple. Tout d'abord parce que ses structures conceptuelles (et théologiques) n'étaient pas si éloignées. Dans tout un éventail de religions qui se développent dans le bassin méditerranéen le gnosticisme est toujours présent. Le célèbre lien entre les trois religions du Livre n'est pas une question de textes sacrés mais, comme nous l'avons dit, de contemporanéité de leur naissances. Ce sont trois processus presque simultanés au milieu de la crise de l'ancienneté et une réponse à l'urgence de nouvelles institutions soutenues théologiquement. Ce n'est pas que l'Islam a été véhicule, à travers ses traducteurs, de la culture classique vers l'Occident[17], mais c'est que nous sommes face à une identité de structures conceptuelles. La rupture, de ce fait, il faut la chercher beaucoup plus tard que dans le Moyen Âge En effet, les différences entre ces deux mondes n'existeront pas avant le XVIIIe siècle[18].

En conclusion, ce qui nous intéresse d'étudier c'est si ces bases conceptuelles sont suffisantes pour configurer non seulement le modèle d'organisation politique qu'on pourrait dénommer État, mais aussi sa configuration comme démocratie, et c'est à cela que nous voulons donner une réponse affirmative. Mais évidemment il faudra reconnaître ses particularités en tant que telles, et non pas les considérer comme des déviations plus ou moins folkloriques d'un modèle homogène fruit d'une centralité européenne. Dans le XXIe siècle nous devons considérer les systèmes démocratiques sous des nouvelles formes complexes. Pour cela, les mécaniques apprises de cette théologie politique peuvent nous aider.

Bibliographie

Arguillière H.X., *Agustinismo político. Ensayo sobre la función de la teoría política en la Edad Media*, Madrid 2005.

Bernan J.H., *Droit et Révolution. L'impact du Réforme protestante sur la tradition juridique occidentale*, Paris 2010.

Boyarin D., *Espacios fronterizos. Judaismo y cristianismo en la Antiguedad tardía*, Madrid 2013.

Corm G., *La question religieuse au XXIe siècle*, Paris 2006.

Corm G., *Pensée et politique dans le monde arabe*, Paris 2015.

Eliade M., *Le mythe de l'éternel retour*, Paris 1951.

Gouguensheim S., *La réforme grégorienne. De la lutte pour le sacré a la sécularisation du monde*, Paris 2010.

---

[17] D. Gutas, *Pensée grecque, culture arabe*, Paris 1998.
[18] G. Corm, *Pensée et politique dans le monde arabe*, Paris 2015.

Gutas D., *Pensée grecque, culture arabe*, Paris 1998.

Löwith K., *Historia del mundo y salvación*, Madrid 2007.

Oliván F., « El espiritu dentro de la constitución marroquí », *Politica Exterior* Vol. 26, 2012, n° 149.

Oliván F., *El extranjero y su sombra*, Madrid 1998.

Oliván F., *Nueva teoría política*, Madrid 2015.

Veyen P., *L'Empire gréco-romain*, Paris 2015.

Voeglin E., *La nueva ciencia de la política*, Madrid 2006.

Yovel Y., *Spinoza, el marrano de la razón*, Barcelona 1995.

DOI: 10.12797/9788376386553.07

Alessandra Fani*

Universitat Rovira i Virgili, Tarragona

LA *DAWLA MADANIYYA* DANS L'ÉGYPTE POST--MOUBARAK : UNE NOUVELLE PIÈCE DU COMPLEXE PUZZLE « ÉTAT - RELIGION » DANS L'ISLAM

Abstract :

Après la chute du président Moubarak et avant l'élection du général al-Sissi, l'Égypte a connu une phase de transition politique riche d'idées et de débats. Dans cet article on analysera le concept de *dawla madaniyya*, selon lequel tant les autorités militaires que les autorités religieuses doivent être exclus de l'État. Toutes les forces politiques, à l'exception des extrémistes religieux, revendiquent cette modèle politique, en profitant de l'enthousiasme du peuple pour gagner son soutien. La conséquence est qu'elle est devenue une formule ambiguë, *où le poids de l'aspect religieux prédomine sur l'aspect militaire.*

Mots-clés : Égypte, *dawla madaniyya*, révolution, sécularisation, laïcité

1 – Le débat constitutionnel au cœur de la transition politique post-Moubarak

Après la chute du régime de Moubarak en 2011, les différents acteurs de la société civile égyptienne, jusque-là harcelés par un manque de liberté d'expression,

---

* Docteure en Histoire contemporaine (Universitat Rovira i Virgili) et Géopolitique (Institut français de géopolitique), email addresse : fani.alessandra@gmail.com.

ont commencé à exprimer leurs revendications politiques. Place Taḥrîr devient le
théâtre de cette effervescence d'idées et des propositions : un nouvel acteur que le
pouvoir doit prendre forcement en considération.

Dans ce contexte, c'est le débat constitutionnel qui occupe une place de premier plan dans la lutte pour voir reconnu ses propres droits ou, pour le dire avec les
mots qui circulaient dans la Place, la « liberté et justice sociale » (ḥurrya wa 'adâla
ijtima'iyya) pour tous.

En trois ans, de 2011 à 2014, l'Égypte a vu trois référendums constitutionnels
et la rédaction de deux nouvelles constitutions. Le premier référendum a eu lieu
quelques jours après les démissions de Moubarak, le 14 février 2011, par volonté du
Conseil supérieur de forces armés (SCAF en anglais) qui voulait se montrer soli-
daire avec le peuple. Cependant, ce dernier s'oppose au référendum en appelant
à boycotter le vote parce qu'il veut une nouvelle constitution[1] et pas seulement
l'amendement de certains articles, comme établissait le référendum[2]. De fait, seulement le PND et les Frères musulmans l'ont approuvé. Une coalition stratégique
qui rappelle à celle établie entre l'armée et les Frères après la révolution de 1952.
On retrouve ce parallélisme historique dans l'évolution de la coalition aussi : Nasser
banni les Frères en 1954, tandis qu'al-Sissi destitue leur chef, le président Morsi,
seulement un an après son élection en 2012.

C'était justement pour l'approbation de la constitution de Morsi que les
Égyptiens ont voté au cours du deuxième référendum en décembre du 2012.

La destitution de Morsi a mis fin à cette constitution, remplacée par celle cou-
rante, qui a été élaborée par le président al-Sissi et adoptée par le référendum de
janvier 2014.

L'opposition politique égyptienne, pourtant, a continué à s'articuler autour du
domaine judiciaire, comme au temps du régime Moubarak où le contexte répressif
ne laissait pas de place à l'action politique[3].

---

[1]   On peut lire certains des principales revendications dans l'article sur la conférence de presse
       organisée par al-Masry al-Youm, Cf. Moḥsin Samīka, « Ittiḥâd chabâb al-thawra yurafaḍa
       ta'dîlât al-dustûriyya wa da'wa li-l-taẓâhir ḍaddiha al-jama'a », Al-Masry al-Youm, 16 mars
       2011, [en ligne] http://today.almasryalyoum.com/article2.aspx?ArticleID=290677, 3 no-
       vembre 2015.
[2]   Notamment les amendements concernent les articles: 75, 72, 77, 88, 93, 139, 147 et l'élimi-
       nation des articles 179 et 189. Cf. « Égypt›s constitutional referendum », Copts United, 20
       Mars 2011, [en ligne] http://www.copts-united.com/English/Details.php?I=393&A=3264,
       3 novembre 2015.
[3]   N. Maugiron-Bernarnd, « Anatomie sociologique d'une affaire égyptienne. Le procès
       de «l›Emigré» Youssef Chahine », [à :] Droits et sociétés dans le monde arabe. Perspectives
       socio-anthropologiques, G. Boëtsch, B. Dupret, J.-N. Ferrié (éd.), Aix-en-Provence 1997,
       pp. 167-192.

2 – Le rôle central de la *dawla madaniyya* dans le débat constitutionnel

Dans cette bataille constitutionnelle, la première question disputée concerne la *dawla madaniyya*.

Littéralement, l'expression *dawla madaniyya* est composée par le substantif féminin *dawla* et par l'adjectif *madaniyya*. *Dawla*, de la racine *d w l* (changer périodiquement, être substitué, passer) signifie « alternance, instabilité, dynastie, État, pays, nation »[4]. *Madaniyya*, féminin de *madanî*, vient de la racine *m d n* (peupler, fonder une ville, civiliser) signifie « citoyen, civilisé, civil opposé à militaire ; civique, séculaire opposé à religieuse »[5].

Selon cet expression, donc, ils sont exclus du pouvoir soit les autorités militaires que les autorités religieuses, comme on peut lire dans les pages du journal des forces socialistes, distribué à Taḥrîr les jours de l'occupation de la place :

> On veut une *dawla madaniyya*, qui n'est ni religieuse ni militaire. Il s'agit d'un État guidé par des citoyens civils, non par l'autorité militaire ou par la police. Il est fondé sur la liberté d'expression, foi et conviction religieuse. Tous les citoyens qu'en font partie ont les mêmes droits et chances, les mêmes devoirs et responsabilités, indépendamment de leur religion, ethnie et idéologie. La dawla madaniyya garantie la liberté d'expression, de culte et des pratiques religieuses de toutes les religions et fois sans privilégier l'une ou l'autre.

Dans un manifeste successif on précise aussi les mesures à prendre afin de protéger ces principes. Parmi ces mesures on trouve:

- *Refus du processus dans les tribunaux militaires, plutôt que dans les tribunaux civils, pour les personnes impliquées dans les cas de violences confessionnelles ;*
- *Elaboration rapide d'une loi unifiée pour le lieu de culte ; d'une loi qui criminalise l'incitation au conflit ; une loi pour un statut personnel unique ;*
- *Formation des comités populaires dans chaque village pour défendre la* dawla madaniyya *et la citoyenneté.*

Ce message est destiné à perdre sa clarté au moment où la *dawla madaniyya* devient une revendication de toutes les instances politiques, qui utilisent cette idéologie pour arriver au pouvoir ou bien le garder, en gagnant le soutien du peuple.

De cette dynamique les forces révolutionnaires sont bien conscientes :

> Soudain la *dawla madaniyya* est devenue une revendication de tous. Elle est revendiquée même par ceux qui nous avaient accusés d'être de mécréants ou par ceux qui nous accusaient de vouloir détruire la stabilité.

---

[4]   Cf. R. Traini, *Dizionario arabo-italiano*, Roma 1999, pp. 385-386.
[5]   Cf. *Ibid.*, pp. 1390-1391.

Pour éviter des changements inattendus qui modifient les règles du jeu, c'est né-cessaire qu'on spécifie quelle est la *dawla madaniyya* qu'on veut. L'utilisation vul-gaire de cette expression pour obtenir du profit personnel, la vide de son contenu réel et la conduit sur le chemin des intérêts des forces de la contre-révolution[6].

La conséquence est que l'expression a pris des nuances de signification, en perdant de fait, sa valeur et surtout sa clarté. L'expression *dawla madaniyya* est devenue une revendication ambiguë, un terme dont « interprétation sémantique change en fonction de l'acteur concerné »[7].

3 – Le débat sur la *dawla madaniyya* post-Moubarak : la dominance de l'aspect religieux sur les militaires

Lisant les déclarations des différents acteurs politiques égyptiens pendant les trois ans post-Moubarak et pre-Sissi, on peut comprendre clairement comment la reven-dication de la *dawla madaniyya* a été instrumentalisée. En commençant par les militaires, qui expriment la volonté de l'instaurer pour respecter les aspirations du peuple[8]. Le *murchid* Tantawi, présidente du SCAF en 2011-2012 avant de l'élec-tion de Morsi, proclame : « la dawla madaniyya fondée sur la démocratie *réelle*, qui permit à tous les fils de la nation de participer dans la prise de décisions »[9] ; en faisant l'éloge des jeunes responsables de la révolution de 25 janvier. Et enfin, Nabil Fahmi, ministre de l'extérieur de juin 2013 à juillet 2014, donc sous la présidence d'al-Sissi, déclare que l'Égypte sera « *une dawla madaniyya*, ni religieuse ni mi-litaire »[10].

Si d'une part ces déclarations ne représentent qu'un discours politique, vide de son efficacité, de l'autre démontrent comment les militaires jouent à niveau lin-guistique en considérant l'adjectif *madanî* dans son acception de « pas religieuse ». Dans les élections de 2012 le général Shafiq se présente comme le garant d'un État civil, c'est-à-dire pas religieuse, face à un État guidé par le candidat de Frères musulmans Morsi. De façon spéculaire, le candidat Morsi, au lendemain de son

---

[6]   M. Hāṭif, « Ayya dawla madaniyya nurīd ? », *Ḥatta al-Naṣr* 2011, n° 3, p. 2.

[7]   B. De Poli, « Arab Revolts and the 'Civil State'. A new term for old conflicts between Isla-mism and secularism », *Approaching Religion* Vol. 4, 2014, n° 2, pp. 95-104.

[8]   M. Chaban, I. Abd al-Karim, S. Zahran, « Taḥqîq muṭâlib al-thawra wa aḥdâfha wa ijrâ' intikhâbât dîmuqrâṭiyya i'dâd dustûr jadîd », *Al-Ahrām*, 22 juillet 2011, [en ligne] http://www.ahram.org.eg/pdf/Zoom_1500/index.aspx?cal=1&ID=45518, 3 novembre 2015.

[9]   Ḥ. Abu Duma, « al-Murchîd yaḥadara min al-farqa wa-l-tashqîq fi niyyât al-jech », *Al--Ahram*, 7 octobre 2011, [en ligne] http://www.ahram.org.eg/pdf/Zoom_1500/index.aspx?cal=1&ID=45595, 3 novembre 2015.

[10]   « Wazîr al-kharijiyya: al-tawajihu al-'âm ilâ dawla madaniyya lâ diniyya wa lâ askariyya », *State Information Service*, 10 novembre 2013, [en ligne] http://sis.gov.eg/Ar/Templates/Ar ticles/tmpArticles.aspx?ArtID=76503#.VWL_wE_tmkp, 3 novembre 2015.

élection, déclare que l'Égypte est une *dawla madaniyya*, nationale, constitutionnelle et démocratique, ni théocratique ni séculaire[11]. Effectivement, Morsi est
l'alternative civile, pas militaire, par rapport au candidat Shafiq.

La déclaration de Morsi introduit un aspect fondamental, qui constitue le cœur
du débat sur la *dawla madaniyya* en Égypte. Il précise qu'il ne s'agit pas ni d'un
État théocratique ni séculaire. Théocratique est l'État que veulent les extrémistes
salafistes, comme le parti *al-Nour*, qui considèrent la *dawla madaniyya* infidèle. Les
extrémistes coptes, comme le père Herminia, ne veulent pas non plus une *dawla
madaniyya*, tout en demandant mais ils demandent un renforcement du contrôle
ecclésiastique sur le statut personnel des Coptes. Il s'agit de l'article 2 de la constitution égyptienne qui établit que l'islam est la religion d'État et la *charia* la source
principale du droit. Selon cet article, les Coptes et les Juifs suivent leur statut personnel, comme réaffirme l'article 3 ajouté par Morsi[12].

Les forces révolutionnaires considèrent ces extrémistes les principales responsables de la contre-révolution : « La plupart des voleurs de la révolution se trouvent
parmi le chaykh salafistes et à l'intérieur de l'Eglise Copte Orthodoxe »[13].

Entre les deux positions, c'est-à-dire, les extrémistes qui veulent le confession-
nalisme du droit et les forces révolutionnaires qui veulent un droit unifié, la plupart
considèrent qu'il n'y a pas d'incompatibilité entre la *dawla madaniyya* et la *charia*,
parce qu'un État *madanî* signifie qu'il est neutre à l'égard de la religion et pas
contre la religion.

C'est Mahmud Safi al-Din Kharbus, directeur de la néo revue *Majalla al-qaw-
miyya li-chabâb* (*La revue nationale des jeunes*) fondée le 15 février du 2011, qui
explique le pourquoi de cette compatibilité :

> La *madaniyya* de l'État signifie qu'on ne fait pas de discrimination en base à la
> religion ou à des autres éléments. Un État fondé sur la citoyenneté et pas sur la
> religion, sans discrimination parmi les personnes qui ont la nationalité de cet État.
> Principe fondamental d'un État moderne. [...] Le fait que la dawla madaniyya soit
> fondée sur la citoyenneté et ne fasse pas discrimination sur la base de la religion, ne
> signifie pas qu'elle soit laïque. Écrire dans la constitution que l'islam est la religion
> d'État veut dire simplement que l'islam est la religion de la majorité. La laïcité de
> l'État n'est pas une condition fondamentale pour un État national moderne, même
> si cela a été la solution en Europe où l'autorité politique s'est contraposée à celle
> religieuse.

---

[11] T. Mekka, « Mursî: Maṣri al-Youm madaniyya bi-ḥaqq wa lâ takûn askariyya aw diniyya », *Mufakkira al-Islām*, 6 octobre 2012, [en ligne] http://islammemo.cc/akhbar/arab
/2012/09/06/155228.html, 3 novembre 2015.

[12] L'article 3 de la Constitution du 2012 établit : « Les principes de la religion des Égyptiens
chrétiens ou juifs sont la source principale des législations qui organisent leur statut personnel, leurs affaires religieuses et le choix de leurs dirigeants spirituels ».

[13] Tract distribué à Place Tahrir pendant les jours de l'occupation par les jeunes progressistes.

À partir de ces considérations on trouve ceux qui ne voient pas de contradiction entre la *dawla madaniyya* et la *charia*.

C'est la position, par exemple, du jeune Wa'il Ghonim, l' « activiste du clavier »[14], considéré par le journal *Time* parmi les cent personnes les plus influents du 2011 :

> Nous travaillons pour avoir une *dawla madaniyya* qui garantisse les droits des citoyens. On est conscients que la charia est la source principale du droit, mais il n'y a pas de contraste entre la dawla madaniyya et la charia islamique[15].

Le premier ministre Ali Salmi aussi reconnaît l'importance de la *dawla madaniyya*, sans l'exclusion de la *charia* :

> La *dawla madaniyya* est la base pour le progrès de la société. Cela n'implique pas l'éloignement des principes religieux. L'Égypte post révolution doit être un État civil, une démocratie moderne, fondée sur la citoyenneté et sur l'État de droit où on respecte la dévolution du pouvoir, le pluripartisme et la justice sociale[16].

Certains Frères musulmans veulent la *dawla madaniyya*, mais avec une référence explicite à l'Islam, « nécessaire parce que la *charia* de Dieu est la seule forme possible pour garantir la sureté de l'*umma* »[17], explique le représentant général de l'organisation, Muhammad Badi'. Selon Hisam Iryani, le représentant du parti Liberté et Justice des Frères musulmans, réaffirme la nécessité de cette référence en disant que « le prophète a été le premier à instaurer une *dawla madaniyya*, où tous qu'y vivaient, chrétiens et juifs compris, bénéficiaient de la *madaniyya* ». Enfin, le Dr Wahid Abd Magid, le président de la commission de coordination du parti Liberté et Justice, précise:

> C'est la majorité parlementaire que confère à l'État la référence [islamique]. La loi islamique reconnaît aux non-musulmans de suivre leurs religions dans les questions de foi et du statut personnel […][18].

---

[14] M. el-Baradei, « Wael Ghonim. SpokesMan for a Revolution », *Time*, 4 décembre 2011, [en ligne] http://content.time.com/time/specials/packages/article/0,28804,2066367_2066369_2066437,00.htm, 3 novembre 2015.

[15] F. Zidan, « Ghonim: lâ ta'ârida bayn madaniyya al-dawla wa-l-charî'a al-islamiyya », *Al-Masry al-Youm*, 31 novembre 2011, [en ligne] http://today.almasryalyoum.com/article2.aspx?ArticleID=315720, 3 octobre 2015.

[16] H. al-Ḥussain, I. Hashim, A. Salmi: « Maṣr la satakûn illa dawla madaniyya », *Al-Ahram*, 20 septembre 2011, [en ligne] http://www.ahram.org.eg/pdf/Zoom_1500/index.aspx?cal=1&ID=45547, 3 novembre 2015.

[17] H. al-Waziri, « Badi': La amân li-"umma" illa taḥt charî'a Allah wa la khawf min iqâma dawla madaniyya bimargî'a islamiyya", *Al-Masry al-Youm*, 16 june 2011, [en ligne] http://today.almasryalyoum.com/article2.aspx?ArticleID=300468, 3 novembre 2015.

[18] H. al-Waziri, A. al-Khatib, « al-Mâdda al-awal fî machrû' dustûr "al-ikhwân wa-l-tahâlif": maṣr dawla madaniyya bimargi'îyya islamiyya », *Al-Masry al-Youm*, 13 décembre 2011, [en ligne] http://www.almasryalyoum.com/news/details/133431, 3 novembre 2015.

Cette polémique sur la *charia*, dont on a montré un petit aperçu, s'intègre au plus ample et complexe débat sur la relation entre les concepts de sécularisation/laïcisme et Islam, qui nécessite une digression historique et des éclaircissements ponctuelles, afin de contextualiser le débat actuel pour le mieux comprendre.

4 – Laïcité, sécularisation et Islam

La question de la relation entre la laïcité, la sécularisation et l'Islam est une question très présente et complexe dans le débat des pays arabo-musulmans. À la suite de la pénétration des Européens au Moyen Orient, à partir de la seconde moitié du XIXᵉ siècle, cette région est entrée en contact avec un modèle politique différent et, surtout, « gagnant ». Les conséquences furent de deux ordres, une pratique et une, si on veut, plus conceptuel. D'un côté, on mit en place des processus de modernisation et de sécularisation de la structure de l'État, qui commence avec l'expérience de Muhammad Ali (1805-1848) en Égypte[19], jusqu'à la fin du califat et la naissance de la République laïque turque en 1923. De l'autre côté, on donna un nouvel élan au débat sur les formes de gouvernement dans l'Islam sur la base de nouveaux concepts importés, laïcisme et sécularisation.

En arabe, ces concepts ont été traduits par l'expression *lâ diniyya* (pas religieux) et plus tard, *à la fin du XIXᵉ* siècle, par deux termes forgés exprès : *'almaniyya*, du mot *'alm* (monde) pour sécularisme et *'ilmaniyya*, du mot *'ilm* (connaissance, esprit rationnel) pour laïcisme. Pour ne pas créer confusion entre les deux, on a introduit le calque *lâykiyya*.

Des choix linguistiques qui, comme observe Ansari, ont eu de profondes répercussions idéologiques à long terme. Le mot *lâ diniyya* a laissé en héritage aux deux néologismes l'acception d'« irréligiosité » à cause de la première traduction qui l'a introduit dans la culture arabe[20].

Pour la plupart des musulmans, un système séculaire est un système où on refuse tout court la religion et, en particulier, l'ordre moral islamique. Une distorsion qui aliment ce que Boroujerdi définit « orientalisme à l'inverse »[21]. Ceci, conséquence du colonialisme, utilise paradoxalement les mêmes instruments et principes de l'orientalisme, tout en considérant l' « Occident » la référence pour définir soi-même. En conséquence, la conviction que pour créer un contre-modèle moderne il faut forcement rester dans le cadre de l'Islam.

La sécularisation, du mot latin *seacolum* (monde), est un concept né dans le contexte protestant pour se référer à l'expropriation des biens ecclésiastiques.

---

[19]　Mouhammad Ali est considéré le père de l'Égypte moderne ainsi que « le premier vrai séculaire du monde arabe ». Cf. F. Zakariya, *Laïcité ou islamisme. Les arabes à l'heure du choix*, Paris 1991, p. 15.

[20]　A. Ansary-Filali, *L'Islam est-il hostile à la laïcité ?*, Arles 2002, pp. 38-45.

[21]　A.A. an-Na'im, *Islam and the Secular State. Negotiating the Future of Shari'a*, Cambridge 2008, pp. 273-274.

Il s'agit d'un mouvement social qui peut arriver à influencer aussi le domaine politique, sans arriver pourtant à séparer le pouvoir politique du religieux à la française. Un pays peut être, donc, séculaire mais pas laïque, comme par exemple l'Angleterre, ou laïque, mais donner à la religion un rôle public, comme aux États-Unis.

On peut comprendre, sur la base de ce sommaire explication, comment dans le monde musulman il n'est pas possible parler de laïcisme, en manquant les éléments fondamentaux que le caractérise : un État sacralisé comme l'empereur et une institution ecclésiastique comme l'Eglise. En plus de cela, on constate que le pouvoir, dans le monde musulman, n'a jamais été sacré. Le Baath en Syrie ou en Tunisie, le FNL en Algérie ou le régime militaire égyptien sont des systèmes qui ont pour modèle les fascismes européens ou les socialismes du troisième-monde et ils sont bien différents du Coran ou de la tradition du Prophète[22]. Ils n'étaient pas non plus sacrés les califes omeyyades ou abbassides qui viennent juste après celle qu'on considère l' « époque d'or » de l'Islam.

Sans entrer dans la polémique à propos de la fiabilité ou non de cette « époque d'or »[23] ce qui est important à souligner c'est l'innovation introduité par les nouveaux systèmes de monarchies qui, malgré leur nom de califat, adoptent totalement la structure administrative et militaire des anciens empires. À côté de l'élite politique (gouverneurs, militaires, bureaucrates), une nouvelle catégorie se forme, celle des *ulema* et *fuqaha*, c'est-à-dire des hommes compétents dans les questions religieuses. Il s'agit d'un processus de sécularisation où la politique cesse d'exister en fonction de la religion pour la servir.

À partir de ce moment-là, les sociétés musulmans suivent un mécanisme cyclique, appelé par Ansary « compromis médiévale », qui durera jusqu'au XIXe-XXe siècle quand on verra l'instauration des États modernes[24]. Ce mécanisme fonctionne selon le même schéma d'alliances : mobilisation par le peuple guidé par les hommes de religion afin qu'on respecte les principes religieux, nouveau guides politiques, décadence des mœurs et une nouvelle demande du respect de principes religieux.

L'histoire nous démontre, donc, comment la question de la relation entre pouvoir politique et religieux a été toujours présente chez les théologiens-juristes musulmans, même si on n'utilisait pas les concepts de laïcisme et sécularisation. De plus, il est donc permis de constater que considérer l'islam incompatible par nature avec la sécularisation est aussi trompeuses que considérer le christianisme naturellement adapte pour la séparation entre le pouvoir politique et religieux.

La religion, dans l'histoire de l'humanité, a été toujours liée à tous les aspects de la vie de l'être humain, tant sociaux que politiques. Le christianisme n'est pas

---

[22]   O. Roy, *La laïcité face à l'islam*, Paris 2005, p. 31.
[23]   Le Prophète Muhammad ne désigna personne comme son successeur (autre preuve qu'il s'agissait d'un pouvoir sacré qui ne pouvait être transmis) ; à sa mort et pendant la période des premiers califes il y eu beaucoup de controverses et des divisions, parmi les plus profondes divisions de l'Islam, comme par exemple les chiites.
[24]   A. Ansary-Filali, *op. cit.*, pp. 38-45.

une exception. L'attitude apolitique de Christ et le quiétisme politique du christianisme naissant s'expliquent par le contexte historique de l'époque : les premiers
chrétiens se trouvaient dans la périphérie, la Palestine, du vaste empire Roman.
Celle-là était la stratégie politique la plus appropriée.

En effet, l'histoire de l'Eglise catholique est une alternance de pouvoir avec
l'État, pour le conquérir, le soumettre et finalement pour en être soumise.

La laïcité s'impose à l'église contre sa volonté et contre son pouvoir temporel.
Une vraie « opération chirurgicale »[25] impliquant une mobilisation militaire qui
a duré pour plus de deux siècles.

Dans l'Occident chrétien est possible retrouver les mêmes tendances et expériences théocratiques qui ont caractérisé les premiers ans de l'islam ; de la même
manière, on retrouve dans l'islam les tendances du quiétisme politique qui ont
caractérisé les premiers ans du christianisme. À l'époque grégorienne et carolin-
gienne chrétienne corresponds l'islam naissant de Medina, tandis que le processus de sécularisation connu par le monde chrétien à partir du XIVe siècle, l'islam
l'a connu depuis la fin de l' « époque d'or », c'est-à-dire au VIIe siècle.

On a précisé tout cela parce qu'une tendance récurrente a été constatée dans
la presse internationale : les articles concertants la *dawla madaniyya* en Égypte
se focalisent sur l'opposition entre l'« État civile » et le générique « islamisme ».
On a déjà pu constater comment ce sont seulement les extrémistes musulmans,
les salafistes, qui s'opposent à la *dawla madaniyya*, tandis que les Frères musulmans sont favorables. Néanmoins, le terme « islamisme » inclue les Frères musulmans aussi. Par contre, la *dawla madaniyya* est associée toujours positivement aux
Coptes. Pourtant, il y a les extrémistes coptes qui ne la veulent pas. Dans un article
publié sur *Le Monde,* le président du CNRS critique l'attitude des Français qui
« vivent dans l'illusion de l'*équation magique,* selon laquelle la République équivaut
à la démocratie qui équivaut à la laïcité qui équivaut à l'égalité des sexes qui équivaut à la modernité qui équivaut à l'Occident qui équivaut au christianisme »[26].
Il conclut en disant que « la question à laquelle sont confrontés les musulmans,
islamistes et laïcistes confondus, est sociale et non religieuse »[27], tout en critiquant
« l'islamophobie dans laquelle se vautre désormais l'Europe »[28].

Cette islamophobie se base sur la culture du « choc de civilisations »[29], selon
laquelle l'Islam, est l'ennemie et il est représenté comme un bloc monolithique,
hostile à l'Occident et aux principes démocratiques et de droits humains. C'est

---

[25]   M. David, « Remise en question de la théorie de la secularisation », [à :] *Identités religieuses
in Europe,* G. Davie, D. Hervieu-Léger (ed.), Paris 1996, pp. 25-42.

[26]   J.F. Bayart, « Être laïque en terre d'Islam », *Le Monde,* 29 novembre 2011, [en ligne] http://
www.lemonde.fr/idees/article/2011/11/28/etre-laique-en-terre-d-islam_1610163_3232.html,
3 novembre 2015.

[27]   *Ibid.*

[28]   *Ibid.*

[29]   S. Huntington, *The Clash of Civilizations and the Remaking of World Order,* New York
1996.

notamment la position de « confrontationists » américaines qui, après l'anéantissement du communisme, considèrent l'Islam comme le nouvel ennemie[30]. Cette représentation de l'Islam violente s'est imposé dans l'imaginaire collectif, en monopolisant tous les débats liés à cette religion. Il est hors de question que cet élément soit plus visible que l'Islam modéré, même s'il est extrêmement minoritaire parmi les millions des musulmans dans le monde. Le modèle politique théocratique est, par ailleurs, une tradition tout à fait récente et « déviant de l'orthodoxie », pour reprendre les mots de Carré[31]. L'émergence des mouvements islamistes par tout le monde musulman, de l'Indonésie au Maroc, remonte aux années 1960, après l'échec de l'expérience libéral de Nasser et la défaite militaire égyptien du 1967. Un réveille islamique alimenté ensuite par la révolution iranienne et les pétrodollars saoudites. L'ISIS en représente son évolution historique contemporaine.

L'attitude de scepticisme des intellectuels européens et américains face à les dernières révolutions démontrent comment le « spectre de l'islamisme »[32] démure le paramètre de référence pour l'analyse des évènements dans cette région du monde.

Conclusions

Au lendemain de la chute de Moubarak, la transition politique a été dominée par le débat constitutionnel. Au cœur de ce débat il y a la revendication de la *dawla madaniyya*, c'est-à-dire un État qui exclue du pouvoir tant les autorités militaires que les autorités religieuses. Néanmoins, tant les militaires que les religieux n'hésitent pas à la revendiquer ; comme toutes les autres forces politique, à l'exception des extrémistes religieux, soit musulmans que coptes. La *dawla madaniyya* est devenue un instrument pour gagner le soutien de la place. En conséquence, l'expression devient ambiguë et un objet de différentes interprétations, selon l'acteur politique qui la proclame. Le débat est particulièrement complexe parce qu'il s'intègre à une ample problématique dérivant de la relation entre État et religion et notamment entre État et Islam. Une relation qui a subi des profondes influences par le contact des pays arabo-musulman avec l'Europe et son modèle politique d'État, qui s'est imposé. Le débat sur la *dawla madaniyya* en Égypte reflet ce contexte, ainsi com-

---

[30]   En opposition aux « accomodationists » qui considèrent l'Islam une nouvelle défie, tout en critiquant ceux qui réduisent l'Islam à la seule composant minoritaire extrémiste. G. Fawaz, *America and Political Islam. Clash of cultures or clash of Interests*, Cambridge 1999, pp. 20-35. Parmi les noms des « confrontationists » les plus grands : Bernarn Lewis, Daniel Pipes, Judith Miller, Mongtomery Watt ; parmi les « accomodationists » : John L. Esposito, Leon T. Hadar.

[31]   O. Carré, *L'Islam laïque ou le retour à la Grande Tradition*, Paris 1993, p. 30 ; G. Burhan, *Islam et politique. La modernité trahie*, Paris 1997, p. 228.

[32]   H. Ben Hammouda, « L'orientalisme et les révolutions tunisienne et égyptienne. Pourquoi ne l'ont-ils pas aimée la révolution ? », *Confluences Méditerranée. Révoltes arabes : premiers regards* Vol. 2, 2011, n° 77, pp. 63-74.

ment en Tunisie la *dawla madaniyya* a une connotation presque directe de « laïcité », conséquence de la domination et l'influence française[33].

Par contre, en Égypte, où le système politique est une sorte de néo-millet dans le cadre d'un État national moderne, on a vu que le débat se focalise sur la relation entre la *charia* e la *dawla madaniyya*, tout en soulignant la compatibilité entre les deux. L'aspect militaire n'est pas trop considéré, même si c'était une priorité dans les revendications de la place.

Aujourd'hui, ils sont les militaires qui suivent à contrôler les pays avec un régime militaire répressif, dirigé par al-Sissi, qui collabore avec les institutions religieuses modérées majeures, al-Azhar pour le côté musulmane et l'Eglise copte orthodoxe pour celle chrétienne. Raison pour laquelle il y a une forte opposition à ce régime et, parallèlement, une forte répression par ceci, qui ne distingue pas entre les islamistes, « les terroristes » et les activistes qui luttent pour la liberté et la justice sociale.

La *dawla madaniyya* elle est donc loin de s'être réalisé en Égypte. Toutefois, le débat constitutionnel autour de la *dawla madaniyya* dans la phase post-Moubarak et pre-Sissi constitue une pièce fondamentale du complexe débat sur la relation entre État et religion (*dîn wa dawla*) en Égypte, tout en démontrant comment ce n'est pas l'Islam, en tant qu'Islam, la cause d'un système socio-politique pas démocratique et qui donne beaucoup de poids à la religion.

Bibliographie

Abu Duma Ḥ., « al-Murchîd yaḥaḍara min al-farqa wa-l-tashqîq fî niyyât al-jech », *Al-Ahram*, 7 octobre 2011, [en ligne] http://www.ahram.org.eg/pdf/Zoom_1500/index.aspx?cal=1&ID=45595.

Ansary-Filali A., *L'Islam est-il hostile à la laïcité?*, Arles 2002.

el-Baradei M., « Wael Ghonim. SpokesMan for a Revolution », *Time*, 4 décembre 2011, [en ligne] http://content.time.com/time/specials/packages/article/0,28804,2066367_2066369_2066437,00.htm.

Bayart J.F., « Être laïque en terre d'Islam », *Le Monde*, 29 novembre 2011, [en ligne] http://www.lemonde.fr/idees/article/2011/11/28/etre-laique-en-terre-d-islam_1610163_3232.html.

Ben Hammouda H., « L'orientalisme et les révolutions tunisienne et égyptienne. Pourquoi ne l'ont-ils pas aimée la révolution ? », *Confluences Méditerranée. Révoltes arabes : premiers regards* Vol. 2, 2011, n° 77.

Carré O., *L'Islam laïque ou le retour à la Grande Tradition*, Paris 1993, p. 30 ; G. Burhan, *Islam et politique. La modernité trahie*, Paris 1997.

Chaban M., Abd al-Karim I., Zahran S., « Taḥqîq muṭâlib al-thawra wa aḥdâfha wa ijrâ' intikhâbât dîmuqrâṭiyya i'dâd dustûr jadîd », *Al-Ahrām*, 22 juillet 2011, [en ligne] http://www.ahram.org.eg/pdf/Zoom_1500/index.aspx?cal=1&ID=45518.

---

[33] B. De Poli, *op. cit.*

David M., « Remise en question de la théorie de la secularisation », [à :] *Identités religieuses in Europe*, G. Davie, D. Hervieu-Léger (ed.), Paris 1996.

De Poli B., « Arab Revolts and the 'Civil State'. A new term for old conflicts between Islamism and secularism », *Approaching Religion* Vol. 4, 2014, n° 2.

« Egypt's constitutional referendum », *Copts United*, 20 Mars 2011, [en ligne] http://www.copts-united.com/English/Details.php?l=393&A=3264.

Fawaz G., *America and Political Islam. Clash of cultures or clash of Interests*, Cambridge 1999.

Ḥāṭif M., « Ayya dawla madaniyya nurīd ? », *Ḥatta al-Naṣr* 2011, n° 3.

Huntington S., *The Clash of Civilizations and the Remaking of World Order*, New York 1996.

al-Ḥussain H., Hashim I., Salmi A.: « Maṣr la satakûn illa dawla madaniyya », *Al-Ahram*, 20 septembre 2011, [en ligne] http://www.ahram.org.eg/pdf/Zoom_1500/index.aspx?cal=1&ID=45547.

Maugiron-Bernarnd N., « Anatomie sociologique d'une affaire égyptienne. Le procès de «l'Emigré» Youssef Chahine », [à :] *Droits et sociétés dans le monde arabe. Perspectives socio-anthropologiques*, G. Boëtsch, B. Dupret et, J.-N. Ferrié (ed.), Aix-en-Provence 1997.

Mekka T., « Mursî: Maṣri al-Youm madaniyya bi-ḥaqq wa lâ takûn askariyya aw diniyya », *Mufakkira al-Islām*, 6 octobre 2012 [en ligne] http://islammemo.cc/akhbar/arab/2012/09/06/155228.html.

Moḥsin Samīka, « Ittiḥâd chabâb al-thawra yurafaḍa taʻdîlât al-dustûriyya wa daʻwa li-l-taẓâhir ḍaddiha al-jamaʻa », *Al-Masry al-Youm*, 16 mars 2011, [en ligne] http://today.almasryalyoum.com/article2.aspx?ArticleID=290677.

an-Naʼim A.A., *Islam and the Secular State. Negotiating the Future of Shariʼa*, Cambridge 2008.

Roy O., *La laïcité face à l'islam*, Paris 2005.

Traini R., *Dizionario arabo-italiano*, Roma 1999.

« Wazîr al-kharijiyya: al-tawajihu al-ʻâm ilâ dawla madaniyya lâ diniyya wa lâ askariyya », *State Information Service*, 10 novembre 2013 [en ligne] http://sis.gov.eg/Ar/Templates/Articles/tmpArticles.aspx?ArtID=76503#.VWL_wE_tmkp.

al-Waziri H., « Badi': La amân li-"umma" illa taḥt charîʼa Allah wa la khawf min iqâma dawla madaniyya bimargîʼa islamiyya", *Al-Masry al-Youm*, 16 june 2011, [en ligne] http://today.almasryalyoum.com/article2.aspx?ArticleID=300468.

al-Waziri H., al-Khatib A., « al-Mâdda al-awal fî machrûʼ dustûr "al-ikhwân wa-l-tahâlif": maṣr dawla madaniyya bimargiʼîyya islamiyya », *Al-Masry al-Youm*, 13 décembre 2011, [en ligne] http://www.almasryalyoum.com/news/details/133431.

Zakariya F., *Laïcité ou islamisme. Les arabes à l'heure du choix*, Paris 1991.

Zidan F., « Ghonim: lâ taʻârida bayn madaniyya al-dawla wa-l-charîʼa al-islamiyya », *Al-Masry al-Youm*, 31 novembre 2011, [en ligne] http://today.almasryalyoum.com/article2.aspx?ArticleID=315720.

DOI: 10.12797.9788376386553.08

Houaida Benkhater[*]

Université de Tunis

RELIGION ET MODERNISME, QUEL COMPROMIS DANS LA TUNISIE D'AUJOURD'HUI ?

Abstract :

Cette contribution vise à donner une option de lecture du compromis qu'on trouvé les acteurs entre modernité et religion, à partir d'une enquête de terrain, qui continue toujours, entre deux pays la France et la Tunisie, où des musulmans revendiquent « leur modernité ». Le point de départ de cet interrogation est le débat social autour de l'identité culturelle tunisienne, ses représentations et les stratégies qu'ont adopté les acteurs sociaux et politiques pour revendiquer « leur identité ».

Mots-clés : Compromis, Stratégies, modernité, Religion, Représentations

On ne parle de compromis que lorsqu'il y a conflit ou doute. Mais aussi parler de compromis induit nécessairement un processus de négociation, qui se construit parallèlement au conflit.

En Tunisie, aujourd'hui, on ne peut plus ignorer que la société passe par une étape de désaccord, d'effervescences ou de débat si on veut adoucir les choses. Un débat « reporté depuis plus de cinquante ans » selon les uns, et « inventé et étranger à la société tunisienne » selon d'autres.

Dans un premier temps on peut dire que le conflit est autour de choix politiques et idéologiques, autour de deux propositions de modèle sociétal, différentes et parfois divergentes. Dans ce cas nous laisserons le mot aux urnes et le problème est résolu et retournons au « silence on tourne » de la période d'avant le 14 janvier 2011. Mais la situation est différente.

---

[*] Doctorante à la Faculté des Sciences Humaines et Sociales de Tunis, Université de Tunis, email adresse: hbenkhater@gmail.com.

À l'été 2013, au sit in du Bardo, nous étions face à une situation qu'un socio-logue ne peut ignorer. En effet, des milliers de Tunisiens y étaient séparés par des barrières de fer, revendiquant, de chaque côté des barrières la légitimité et le droit de gouverner qui lui revient, mais aussi un projet sociétal qui est propre à son/ ses appartenances/visions. Voyant, ainsi, chacun en son projet la conformité à la culture « tunisienne » par rapport à l'autre et l'authenticité d'une identité face à l'étrangéité de l'autre. Un mot d'ordre : on ne se connaissait pas. De chaque côté, les personnes présentes dans ce sit in exprimaient la conscience d'un conflit réel, qui arrivait jusqu'à menacer leur existence, sociale, politique et même physique. Et de chaque côté de sit in les Tunisiens disaient « qu'avant on se connaissait pas, comme si on vivait dans deux sphères différentes... on se croyait pas si diffé-rent... on se croyait pas capable d'en arriver là... ».

En réalité, l'assassinat de Mohamed Brahmi et avant celui de Chokri Bel Aïd, si on les considère comme un élément déclencheur, ont été marquant non seulement par le choc qu'a produit ce passage au degré extrême et intolérable socialement de la violence, qu'est l'assassinat politique, mais aussi par une bourrasque d'accusa-tions mutuelles de la responsabilité de ces assassinats. Ces accusations ne sont pas adressées uniquement à un parti ou un courant politique, mais à la nature même de la culture à laquelle s'identifie chacun de ces groupes d'acteurs qui défendent ces courants idéologiques. Une culture à laquelle ces acteurs s'identifient.

Pour les pro-islamistes, ces accusations leurs sont adressées par les assassins mêmes des deux politiciens, justement pour leur faire porter le chapeau d'un crime qui prouvera l'illégitimité de leur victoire électorale et voire même leur existence sur la scène politique et socioculturelle du pays. Ainsi ils relancent l'accusation à ses porteurs par la même stratégie en les accusant de faire partie de l'ancien ré-gime, un régime antidémocratique qui tend à éliminer l'autre par tous les moyens, usant du terrorisme et de la violence comme principales accusations.

Pour l'autre clan qui prône le modernisme tunisien ces accusations ont pour objectif de déstabiliser un modèle sociétal installé depuis l'indépendance pour le remplacer par un modèle unique, étranger à la culture tunisienne et surtout anti-moderniste et antidémocratique. Cette tentative de mettre la main sur l'État et sur la société se donne, selon eux, tous les moyens, allant du mensonge à la violence verbale et physique.

Ce paysage reflète non seulement une réalité sociale et politique, qui peut être justifiée par un discours politique défendant l'une ou l'autre des positions ; un discours massivement transmis par les médias et le web, et repris par les acteurs sociaux qui l'adoptent, soit par conviction, soit par stratégie de repositionnement sociale. Mais, au-delà, nous dirons que ce discours répond à des représentations précédemment intériorisées par les acteurs et qui trouvent une formulation diffé-rente suivant le contexte dans lequel elles sont exprimées.

Les entretiens entrepris tout le long de cette période, depuis la révolution et bien avant nous ont mené à une série d'observations, autour des représentations de la modernité et de la religion qui sont mises à l'avant des propos de acteurs qui ont choisi de participer à cette controverse soit par la contestation ou par l'expression d'un choix, soit par le choix de se retirer de ce jeu politique et électoral et de faire partie de ce qu'on appelle « la majorité silencieuse ». Le silence lui-même forme de contestation et signe de crise sociale.

Dans ce qui suit nous n'allons-nous attarder longuement sur les définitions des concepts de modernité de religion ou de représentations, mais plutôt sur une première analyse de discours qui s'inscrit dans la tentative de compréhension à ses balbutiements. Un effort de contextualisation que nous essayons d'illustrer ici nous impose un bref retour historique sur les débuts de cette polémique, entre islam et modernité, qui a commencé dès le XIXe siècle. L'intérêt analytique de ce va et vient entre historique et actuel est sensé nous éclairé sur la construction de cette représentation qui, aujourd'hui encore continue un rôle très important dans le conflit actuel. Ces représentations à étendue historique, sont des éléments très agissants dans les processus de constructions des identités.

Croire à la modernité ou croire à la religion, un conflit de représentations ?

À entendre les réponses des Tunisiens à nos interrogations durant cette période, on croirait que la question que nous avions posé était « vous croyiez que la meilleur solution est l'islamisme ou le modernisme ? », alors qu'elle en est toute autre.

La manière dont nos interlocuteurs se lancent dans la défense d'une position ou d'une autre, nous informe sur les degrés d'influence des représentations de la religion et de la modernité sur leur actions et leurs réactions, leurs choix politiques leurs visions de la société, mais surtout sur leurs manière de s'identifier.

Un discours qui arrive, dans certains cas à des degrés de ferveur, qu'on a l'impression que la modernité est une religion, une vérité qui nie toute autre, pour les modernistes, et que pour les islamistes et avec eux les sympathisants de leur projet, tous ceux qui s'opposent ou s'opposeraient à l'islamisme politique en faveur d'autres idéologies sont mécréants. Qu'en est-il de l'expression de ces deux représentations ?

La modernité

Rares sont les mots aussi récurrents que le mot « modernité », aussi bien dans les exprimés scientifiques et philosophiques, que dans les médias et les discours politiques. Malgré cette récurrence ; qui en fait parfois une évidence et une obligation pour atteindre la conformité exemplaire dans sa forme subjective, la modernité reste une notion presque « indéfinie », « une notion indécise », de part sa disposition à rendre compte d'un nombre indéfini de phénomènes dans toutes les disciplines. Cependant, sans rentrer dans les différentes extensions de définitions que donnent les sciences humaines à cette notion, nous dirons que la modernité ne désigne généralement, dans son usage le plus fréquent, que « l'actuel » ou le contemporain par rapport à un passé différent, et même contre ce passé, aussi bien en tant que faits historiques qu'en tant que valeurs et normes. C'est cette « conscience historique » qui approprie l'analyse de la modernité à un principe de rupture historique, et de reconstruction de modèle de réalité qui ne s'identifie qu'à lui-même. Giddens définit une société moderne comme « une société où le temps et l'espace se vident de leur tout enracinement » et « surtout se séparent fortement l'un de l'autre ». C'est ce qui permet selon lui « la reconstitution des rapports sociaux et l'apparition de nouvelles possibilités »[1].

Ainsi, la rationalisation, le progrès économique et scientifique, la démocratie, la séparation du politique et du religieux, l'échec des dieux… sont les nouvelles valeurs de la société moderne, qui nait à l'Occident dès le XIXe siècle. En effet cette réflexion est issue de l'interrogation des sociétés occidentales sur elle-même, sur le concept de la religion et de l'institution religieuse et son rôle dans le processus de changement qu'a vécu le vieux continent durant les siècles derniers. Ainsi le mot « religion » désigne un phénomène propre aussi bien que la « sécularisation » liée à la modernité.

D'autre part, l'enchainement de changements historiques, on transformé le modèle du vécu, de l'actuel des sociétés occidentales victorieuses en un idéal de société qui a prit par la suite la forme d'une représentation de la modernité qui donne un sens aux pratiques sociales, au vécu des acteurs mais aussi aux changements historiques et la manière d'appréhender le monde. Cette représentation de la modernité, comme valeur de référence, en exclut toute société n'ayant pas connu le même enchainement historique de changement et de rupture, et n'ayant pas le même rapport d'incertitude avec le passé.

L'appropriation « historique » de la modernité est confrontée à une revendication de réappropriation du phénomène par les acteurs qui ne s'identifient pas à cette histoire d'une modernité « construite ailleurs » que leur culture, et leur expérience de vie.

Et c'est là que se focalise toute la polémique de la représentation de la modernité en Tunisie, à laquelle nous nous intéressons. En fait, cette controverse revient au début de la période post coloniale, et même avant, avec la réflexion Abdelaziz Thaalbi[2] et de Tahar Hadad[3], qui a remis en question la vision islamique de la société. Par la suite Bourguiba, en qualité de leader politique avisé, voulant s'approprier cette initiative de modernisation de la société, a entrepris un ensemble de réformes

---

[1]   A. Giddens, *La constitution de la modernité*, Paris 1987, p. 163.
[2]   M. Dellagi, *Abdelaziz Thaalbi. La naissance du mouvement national tunisien*, Tunis 2013, p. 57.
[3]   N. Sraieb, « Islam, réformisme et condition féminine en Tunisie : Tahar Haddad (1898--1935) », *Clio. Histoire, femmes et sociétés*, [en ligne] http://clio.revues.org/285, 8 février 2005 ; http://dx.doi.org/10.4000/clio.285.

juridiques et législatives visant à « moderniser la société tunisienne, et libérer la femme ».[4]

L'expérience de la modernisation fondée par Bourguiba, inspirée du modèle de sécularisation de la Turquie kémaliste, a effectivement été confrontée à ce malaise par rapport à un projet qui met en second rang des valeurs qui façonnaient la vision du monde pour les Tunisiens, celles de la religion. Selon le modèle séculier, il est impératif, de séparer la religion des différents domaines de la vie des sociétés modernes. En conséquence, la législation, la culture, l'art, la politique, la science... sont du domaine rationnel qui se libère de toute influence et de toute interprétation religieuse.

Ce projet, se réfère dans son interprétation de la modernité, à la définition française de la société moderne[5], qui prône la laïcité de l'État et la rationalisation des rapports sociaux et des lois. Ainsi, nait le sentiment d'étrangéité de ces valeurs chez une grande partie de la population qui ne se reconnait pas dans cette vision de la société et considère ce modèle comme une offense à sa culture et ses croyances.

Historiquement des voix se sont élevées depuis l'indépendance pour contester aussi bien certaines réformes législatives comme le code du statut personnel et la nouvelle position qu'il donne à la femme, que toute la politique sociale et religieuse de Bourguiba, comme la réduction du rôle éducatif et social de la Zeitouna, et on a vu dans ces réformes « une sortie de la religion » et une tentative d'arriver au modèle laïque français, qu'ils considèrent comme hostile à l'islam.

En contrepartie, les défendeurs du projet progressiste de Bourguiba, ont réprimandé et réprimandent encore cette optique qu'ils considéraient comme rétrograde et visant à arrêter un processus de changement et du progrès de la société tunisienne qui la propulserait vers le rang des pays développés. Voyant dans la modernité une unité indissociable de développement économique et social, de valeurs de symboles et d'idéologie, cette partie des Tunisiens dont une grande partie d'élites, ne voyaient le salut que dans ce modèle au quel ils adhèrent.

D'un autre coté, cette opposition a contribué à construire, chez cette catégorie de la société, une représentation de la religion, et précisément de l'islam, en tant

---

[4]   Constitution Tunisienne du 1er juin 1959, [en ligne] http://mjp.univ-perp.fr/constit/tn1959i. htm.

[5]   H. Zaghouani-Dhaouadi, *Le pèlerinage oriental de Bourguiba. Essai sur une philosophie politique. Février-Avril 1965*, Paris 2011, pp. 141-143. Nous notons aussi qu'il n'est pas à négliger le rôle de la colonisation française dans le métissage culturel des tunisiens, fortement agrée par la réconciliation avec la culture française comme l'affirme H. Bourguiba dans son discours à Beyrouth le 8 mars 1965 : « Nous n'avons jamais pensé que la libération d'un peuple quelconque eut besoin d'être soutenue par la haine envers les citoyens d'une puissance colonisatrice. La haine des races prend son origine dans les complexes de supériorité et les humiliations. Nous ne pouvions combattre le colonialisme au nom du droit des peuples à la dignité et nourrir en même temps un quelconque sentiment de haine pour l'un d'eux. Je suis allé plus loin. Je ne l'ai jamais considéré comme un ennemi mais comme une victime lui aussi du régime colonialiste auquel seule une minorité avait intérêt pour asservir à la fois les peuples dominés et les peuples dominants ».

qu'obstacle au progrès et aux libertés individuelles et intellectuelles. La religion a pris l'image d'un dogme dépassé, dont les adeptes appellent à l'adoption d'un modèle sociétal vieux de 1400 ans.

Représentation de la religion

Bien que nous ne partagions pas la conviction de Bernard Lewis[6] (soutenue par plusieurs intellectuels) que l'islam, en tant qu'expérience religieuse suffirait à expliquer à lui seul tous les comportements et les motivations de personnes et de populations identifiées comme musulmanes, indépendamment de l'état réel de leurs convictions et de leur pratique religieuse effectives et du contexte culturel et politique dans le quel leurs connaissance se construisent ; il est clair que le mot religion ne signifie pas, pour ces acteurs, un domaine séparé de la vie sociale, mais il indique la norme régulatrice de la vie et inscrite dans la société. La religion est la source de la morale et la légitimité légale.

Il faut dire que cette représentation de la religion n'est pas limitée à la religion musulmane ou aux musulmans. Le enquêtes que nous avons mené le long de nos recherches de thèse, nous confirment que cette représentation de la religion, est la même chez les interviewés Tunisiens aussi bien pour les musulmans des différents rites que pour les juifs[7].

Mais d'autres aspects de cette représentation apparaissent dans les discours des Tunisiens et dévoilent la dimension du malaise à appréhender une vision sociale de la religion comme restreinte à une foi, une croyance intime et individuelle. D'après ces dits, l'islam de part son universalisme, est une religion faite pour construire une *Oum'a*, unie par la parole de dieu, et les préceptes de la religion, chose qui a permis les « gloires de l'histoire musulmane ». Toutefois, l'islam comme toute religion, prône la paix, la tolérance, la sacralité du savoir, et le partage du pouvoir entre les musulman, *al chour'a*, et ne tolère pas l'imposition d'idée du pouvoir par la violence et le terrorisme qui n'est que le reflet d'un courant de pensées qui a usé de la présentation décadente de l'islam, dans le discours politique et médiatique et d'un « élitisme profane » qui en fait une représentation que les générations successive ont intériorisée et qui a induit un processus d'auto stigmatisation chez les musulmans eux mêmes.

---

[6]　B. Lewis, *Le retour de l'Islam*, trad. T. Jolas, D. Paulme, Paris 1985, p. 445. Lewis affirme dans ce sens que « les musulmans, tout comme d'autres peuples, agiront et réagirons selon des modèles qui sont leurs » et que « si on veut comprendre tout ce qui se passe à l'heure actuelle dans le monde musulman, et se qui s'est passé autrefois, il nous faut prendre en compte deux points essentiels : le premier point est celui de l'universalité du facteur religieux dans la vie de peuples musulmans, le second est son caractère focal ».

[7]　H. Ben Khater, Autour du changement social et le changement religieux à l'île Djerba, thèse en cours sous la direction de M. Kerrou.

Pour remédier à cela, l'islam doit d'abord être appréhendé comme une expérience religieuse humaine, donnant lieu à une pluralité d'usages par les acteurs sociaux concernés. Si les musulmans sont, en grande partie définis par l'islam, ils contribuent également à le définir en retour.

En d'autre terme, cette représentation telle qu'elle est exprimée, reflète la modernisation de l'islam prônée par les intellectuels musulmans dits *centristes*, et répond à une certaine logique de la modernité qui la définit comme « universelle » et démocratique. Elle confirme ainsi, que ce n'est pas la modernité qui s'oppose à la religion car elle est par définition valable pour tout temps, mais ce sont les modernistes qui déclinent toutes formes de religiosité visibles, et qui dénient le caractère religieux de la culture tunisienne. Ce conflit, ou ce refus des modernistes d'accepter l'aptitude moderne de l'islam revient selon cette configuration, à la vision colonialiste, que certains modernistes ont hérité, qui sont d'ailleurs décrits par « les orphelins de la France ».

La dimension historique de cette représentation ou cette image moderne de l'islam, revient au fait au XIXᵉ siècle, lorsqu'en réaction à l'avancement du colonialisme occidental, un mouvement transversal de renaissance arabe moderne voit le jour : « la *Nahda* ». Déclenchée par Muhammad Ali, après l'expédition de Napoléon en Égypte entre 1798 et 1801 et la décomposition politique de l'Empire ottoman, la principale interrogation de cette mouvance était : « Comment se fait-il que le monde soit devenu l'enfer des croyants et le paradis des incroyants ? »[8]. Elle se développe en deux phases : la première, consistait à la modernité technique et scientifique et administrative[9], la seconde phase fut l'affirmation dans le Moyen-Orient de trois principales idées importées d'Occident : le principe de la raison et la participation au pouvoir, c'est-à-dire la démocratie.[10]

Les principes de « la *Nahda* », forment jusqu'à nos jours la doctrine des partis islamistes, qui se considèrent comme les porteurs du flambeau de la renaissance islamique, chose qui fait peut être l'un des principaux avantages de leur discours mobilisateur, face à une masse d'auditeurs en quête de modèle conforme à leurs valeurs et à leurs aspirations de progrès et de démocratie. Autrement dit, prendre du modèle occidental moderne ce qui convient pour le rétablissement général du pays sans atteindre les fondements de la culture arabe et musulmane.

---

[8]   L. Dakhli, *Une génération d'intellectuels arabes. Syrie et Liban, 1908-1940*, Paris 2009, p. 155.
[9]   *Ibid.*, p. 11. (Muhammad Ali envoie des émissaires en France pour en apprendre plus sur celle-ci. Parmi eux Rifa'a al-Tahtawi. De retour en Égypte, il fonde une école de traduction et commence la diffusion d'ouvrages. L'imprimerie se développe.)
[10] *Ibid.* (Le premier penseur religieux musulman, initiateur d'un mouvement de reforme dans ce sens est Jamal Al-Din Al-Afghani dont l'essentiel de sa pensée est transmis par Muhammad Abduh, son élève égyptien. Abduh développe les trois idées de la *Nahda* : l'unité (*Tawhid*) dans ses deux sens : unité politique de l'Om'a et unité religieuse ; l'interprétation (*Ijtihad*) des textes religieux : pendant trop longtemps seule l'imitation (*Taqlid*) a eu cours, et la consultation (*Chour'a*), un mot apparaît dans le *Hadith*. On trouverait donc un concept de démocratie dans la Sunna.)

De quel compromis parle-t-on ?

Devant ce paysage de visions et de projets sociétaux si divergents, qui mobilisent deux très grandes fractions de la population tunisienne, une question se pose : est-il possible d'arriver à la construction un projet unificateur, il est même légitime de s'interroger face à des convictions si fortes et des représentations aussi détermi- nantes, sur la possibilité d'arriver à un compromis social nécessaire à la paix sociale tant convoitée.

Une première expérience de négociation et de débat aurait pu déboucher sur un tel compromis dans l'ère Bourguiba, et résoudre un conflit qui n'a fait qu'évo- luer en silence, entre tradition et modernisme comme il l'appelait. Mais il a choisi de trancher la question politiquement, et d'imposer une vision unique, non seule- ment sur le plan politique et législatif, par l'élimination de toute pluralité ou oppo- sition politique, mais en étouffant tout débat intellectuel s'opposant à sa vision de la nation tunisienne, ou ce qu'il appelait la « Oum'a » tunisienne. Une Oum'a moderne, musulmane, mais différente des autres pays arabes ou musulmans, un modèle qui ne se réfère qu'à sa propre histoire et sa propre expérience[11]. C'est le modèle de l'exception tunisienne si cher à Bourguiba et aux bourguibistes.

À la fin de la gouvernance de Bourguiba et durant la période de Ben Ali, cette tendance au modèle unique s'est accentuée, appuyée par la montée des courants islamistes et de l'intégrisme religieux dans le monde, donnant un prétexte au ré- gime d'éliminer toute tendance politique ou intellectuelle à critiquer ses choix.

Mais la société n'a pas suivi. Bien que la majorité de l'élite tunisienne ou du moins celle à qui reconnaissait l'appartenance à cette catégorie, soit du coté mo- derniste, une grande partie de la société tunisienne, qui d'ailleurs n'écoutaient plus cette élite contrôlée et poursuivie par la machine de l'état et du parti au pouvoir, se posait des questions sur son identité, sur son mode vie et sur le modèle sociétal en norme dans son pays. Cette catégorie, réduite au silence à défaut de confor- mité à des valeurs aux quelles elle n'adhère pas, et dont une grande fraction de jeune, s'est trouvé elle aussi, après le 14 janvier devant la possibilité d'imposer son modèle. Un modèle qui lui a été transmis par les voix virtuelles, comme les médias et les réseaux sociaux[12], et qui s'est trouvé approprié à ses valeurs et à ses représen-

---

[11]   H. Bourguiba avait parlé le 20 mars 1961 dans une interview à la télévision française, mise en ligne le 15 mars 2013 des rapports de la Tunisie avec l'islam et la démocratie : « l'État tunisien moderne n'est pas laïc ; c'est un État musulman mais progressiste. On a toujours cru que l'islam était un élément de recul, de stagnation ; la cause en est dans les hommes de l'islam, ceux qui interprètent la loi de l'islam et qui ont l'esprit très étroit, figé, pétrifié. Moi j'interprète les textes religieux de façon très libérale » ([en ligne] https://www.youtube.com/watch?v=U8xArsDS1J8). D'autant plus que Bourguiba, n'a pas manqué de revendiquer ses références plurielles à la Philosophie des Lumières et à la pensée humaniste quelque peu positiviste, d'un côté et à un islam coranique, qu'il se proposait d'actualiser en continuant l'œuvre réformatrice de Jamaleddine El Afghani, Mohamed Abdou et Chakib Arslan.

[12]   D. Wolton, *Indiscipliné. La communication, les hommes et la politique*, Paris 2012, p. 307.

tations, sans jamais avoir l'occasion d'en débattre dans n'importe quel espace réel qu'il soit intellectuel ou éducatif, ou de le concéder avec son vécu et la réalité de sa condition sociale.

Après le 14 janvier, la strate d'opacité qui empêchait les Tunisiens de se connaitre et de s'entendre s'est levée, et a laissé la place au choc de se savoir si différents, sans avoir acquis les mécanismes du dialogue et de la négociation, bref les mécanismes de la démocratie.

La stratégie des acteurs

Le sit in du Bardo, point de départ de notre observation, a été l'illustration de cette situation.

En réécoutant et en relisant les déclarations des participants et sympathisants de cette action du sit in, on dirait que le passage à la violence entre les deux parties était inévitable, et que conflit armé était une étape à venir très prochainement. Mais cela a pu être évité, grâce à deux facteurs capitaux : d'abord, la conscience politique et sociale qu'il fallait à tout prix éviter la reproduction du scénario chaotique des autres pays du « Printemps arabe ». Même ceux qui appelaient à l'intervention militaire comme dernier recours, à l'instar de cas de l'Égypte, avaient conscience que cela formerait la fin de l'expérience démocratique à son début, et utilisaient cette réclamation, à notre avis, comme stratégie de pression.

Le deuxième facteur, qui résulte du premier est la stratégie de négociation des acteurs politiques et sociaux, et qui s'est basé sur un point essentiel, pour un accord de rencontre.

Mettre en avant un élément unificateur de l'identité : « On est tous musulmans ! …on est tous modernes ! On est tous Tunisiens ! ». Ce slogan implicite a permis le report d'un débat autour du jugement de l'autre, de ses convictions et ses intentions de domination, le questionnement des acteurs opposés sur « **Comment les autres nous voient ? Comment nous nous voyons ?** », pour arriver à l'étape des élections, et de l'approbation de leurs résultats.

La mise en œuvre de cette stratégie a été illustrée par le discours des politiciens tunisiens des deux camps, et certaines actions médiatique qui ont confirmé l'adoption de cette ligne stratégique de conformité à une identité tunisienne réclamée par une population qui a exprimé son ennui du discourt politique précédent, qu'elle jugeait séparateur des Tunisiens et loin de leurs attentes.

Une première étape a été l'adoption de la constitution en un temps court comparé à celui d'avant le sit du bardo, laissant de coté les réclamations jugés extrêmes par les deux cotés, et gardant les principaux élément qui reflètent l'identité culturelle et l'expérience sociétal de la Tunisie comme l'article premier de la constitution qui réaffirme que la religion officielle de l'État est l'islam, et la confirmation des acquis du code du statut personnel de 1959.

D'un autre coté les discours médiatiques des principaux communicants politiques, se sont vus prendre une voie de rapprochement de ce slogan identitaire : on entendait les politiciens de gauche, parler de leurs croyances religieuses et citer le prophète et de versets du Coran en face des islamistes qui prônaient leur modernité et leur défense des liberté individuelles et intellectuelle, et leurs tendance artistique en écartant des plateaux les visages connus pour être proche des positions extrêmes comme Sadok Chourou ou Habib Ellouz. Cette stratégie de rapprochement a été confirmée par « la rencontre des deux vieux », Béji Caied Essebssi, Rached Ghannouchi, orchestré à Paris, afin d'annoncer définitivement l'arrivée à un compromis politique des deux plus grande forces politiques dans le pays.

Bien que le compromis politique soit en œuvre, que les élections soient réussies, que Caied Essbssi ait récemment annoncé que « la Tunisie n'est pas laïque » et que Rached Ghannouchi ait déclaré le changement du nom du parti islamiste et que « le nouveau nom doit refléter le modernisme et la tolérance du parti islamique[13] », nous pensons que le compromis social a encore du chemin à faire, de débats et de négociations intellectuelles avant d'arriver à une forme conventionnelle définitive.

Bibliographie

Constitution Tunisienne du 1er juin 1959, [en ligne] http://mjp.univ-perp.fr/constit/tn1959i.htm.

Ben Khater H., Autour du changement social et le changement religieux à l'île Djerba, thèse en cours sous la direction de M. Kerrou.

Dakhli L., Une génération d'intellectuels arabes. Syrie et Liban, 1908-1940, Paris 2009.

Dellagi M., Abdelaziz Thaalbi. La naissance du mouvement national tunisien, Tunis 2013.

Giddens A., La constitution de la modernité, Paris 1987.

Lewis B., Le retour de l'Islam, trad. T. Jolas, D. Paulme, Paris 1985.

Sraieb N., « Islam, réformisme et condition féminine en Tunisie : Tahar Haddad (1898-1935) », Clio. Histoire, femmes et sociétés, [en ligne] http://clio.revues.org/285; http://dx.doi.org/10.4000/clio.285.

Tunis : L'interview qui a fâché Rached Ghannouchi, qui prend à partie lUGTT et ses grèves ! (Vidéo), African Manager, [en ligne] http://africanmanager.com/tunis-l%C2%92interview-qui-a-fache-rached-ghannouchi-qui-prend-a-partie-l%C2%92ugtt-et-ses-greves-video.

Wolton D., Indiscipliné. La communication, les hommes et la politique, Paris 2012.

https://www.youtube.com/watch?v=U8xArsDS1J8.

Zaghouani-Dhaouadi H., Le pèlerinage oriental de Bourguiba. Essai sur une philosophie politique. Février-Avril 1965, Paris 2011.

---

[13] Déclarations de Rached Ghannouchi à la presse tunisienne. Tunis : L'interview qui a fâché Rached Ghannouchi, qui prend à partie lUGTT et ses grèves ! (Vidéo), African Manager, [en ligne] http://africanmanager.com/tunis-l%C2%92interview-qui-a-fache-rached-ghannouchi-qui-prend-a-partie-l%C2%92ugtt-et-ses-greves-video, 16 avril 2015.

III.
CHANGEMENTS SOCIAUX :
MOUVEMENTS SOCIAUX ET RÉFORMES POLITIQUES/
SOCIAL CHANGES:
SOCIAL MOVEMENTS AND POLITICAL REFORMS

DOI: 10.12797/9788376386553.09

Ouelhadj Ferdiou*

Université Alger 3

LE PROCESSUS DE RÉFORME CONSTITUTIONNELLE EN ALGÉRIE : ENJEUX ET PERSPECTIVES

Abstract :

L'Algérie qui a fait l'expérience de la réforme constitutionnelle imposée par « la rue » bien avant l'avènement des autres « Printemps arabes », ne s'est pas moins engagée à achever le processus de démocratisation amorcé en 1989. Toutefois, en raison du refus de l'opposition de cautionner une réforme constitutionnelle décidée et encadrée par le pouvoir, mais plus encore sans doute à cause de l'absence manifesté d'une vision consensuelle au niveau des « centres de décision », le projet de révision de la loi fondamentale peine à se matérialiser.

Mots-clés : Algérie, Réforme constitutionnelle, Démocratisation

Introduction

Les émeutes d'octobre 1988 constituent, à bien des égards, un tournant majeur dans l'évolution politique de l'Algérie. Le régime, qui subissait alors les tensions nées de la chute drastique des recettes d'exportation des hydrocarbures, principale source de revenus du pays, fut contraint d'amorcer des réformes. Cependant, si les émeutes d'octobre 1988 ont mis fin au régime du parti unique et entrouvert les voies de la démocratisation du système politique, les « révolutions arabes » des années 2011-2012 ne manqueront pas, elles aussi, d'interpeller l' « *establishment* » algérien sur l'opportunité de conduire à terme les réformes annoncées.

---

* Professeur de Relations Internationales à l'Université d'Alger 3, email adresse : feroul_04@yahoo.fr.

I – L'ouverture du champ politique et économique après les événements d'octobre 1988

L'initiative du pouvoir, sous Chadli Bendjedid, d'amorcer des réformes libérales dans leur essence dans un pays pétri d'idéologie socialiste, eut l'effet d'un véritable coup de tonnerre[1]. De fait, la constitution de 1989 introduit un changement capital dans l'orientation idéologique du pays et, sur le terrain, le gouvernement de Mouloud Hamrouche multiplie les occasions d'enraciner les réformes envisagées.

1-1 – L'option libérale de la constitution de 1989

Jusqu'en 1989, l'Algérie aura connu deux constitutions successives : celle du 8 septembre 1963, rédigée par l'Assemblée constituante élue le 20 septembre 1962 et dirigée par Ferhat Abbas, suspendue par le coup d'État du 19 juin 1965 ; puis celle du 18 novembre 1976, toutes deux adoptées par référendum.

A l'inverse des deux constitutions précédentes qui font de l'orientation socialiste le fondement doctrinal de l'Algérie et du Front de libération nationale la pierre angulaire de l'édifice institutionnel du jeune État indépendant, celle de 1989 se distingue par son caractère foncièrement libéral dans tous les champs d'activité politique et sociale : multipartisme, pluralisme syndical et médiatique, élargissement de la représentation au sein des assemblées élues et de l'accès aux emplois ainsi qu'aux fonctions de responsabilité au sein de l'État, ouverture de l'économie à l'initiative privée, etc.

Exploitant à souhait l'option démocratique et libérale consacrée par la constitution en vigueur, le premier gouvernement de l'après-octobre 1988 ouvre une multitude d'espaces dédiés à la compétition et à la concurrence.

1-2 – Les réformes tous azimuts du gouvernement Hamrouche

Les réalisations portées à l'actif du gouvernement Hamrouche (septembre 1989 – juin 1991) ont valu à son chef l'appellation de « père » des réformes en Algérie. En effet, rompant avec l'ordre établi, Mouloud Hamrouche entérine la création de partis politiques, élargit le champ médiatique en autorisant la presse privée et en permettant l'ouverture des médias publics à toutes les sensibilités. Sur le plan

---

[1]   Pour Ahmed Mahiou qui parle des émeutes d'octobre 1988 comme de « la première tempête populaire sérieuse » pour le régime fondé sur le système de parti unique et la prééminence de l'armée, la constitution de 1989 a représenté, « malgré sa courte vie et ses faiblesses », un jalon déterminant « dans la transition de l'Algérie vers un régime démocratique ». Voir, à ce propos, « Les contraintes et incertitudes du système politique », [à :] A. Mahiou, J.-R. Henry (éd.), *Où va l'Algérie ?*, Paris, Aix-en-Provence 2001, pp. 13-34.

syndical, il réduit le monopole de l'Union générale des travailleurs algériens en favorisant l'avènement d'autres corporations de travailleurs et permet la création d'organisations patronales. Dans le domaine de l'économie, les changements intervenus ne sont pas, non plus, négligeables.

De fait, s'éloignant des modes de gestion administrée de l'économie nationale, le gouvernement réformateur encourage l'initiative privée, réduit le monopole de l'État sur le commerce extérieur, renforce l'autonomie des entreprises publiques et décide d'assainir le domaine agricole de l'État[2]. Cependant, si la libéralisation économique qui commençait à prendre forme était relativement bien encadrée, l'ouverture politique amorcée ne tarda pas à engendrer des crispations, du fait de la montée en puissance du Front islamique du salut, principal mouvement de l'opposition légalisé en vertu des dispositions de la constitution de 1989, qui reconnaît le « droit de créer des associations à caractère politique » sous réserve de ne pas « attenter aux libertés fondamentales, à l'unité nationale, à l'intégrité territoriale, à l'indépendance du pays et à la souveraineté du peuple » (article 40).

II – L'inflexion de la transition politique dans le contexte de la « décennie noire »

La qualification des années 1992-2002 de « décennie noire » ou de « décennie rouge », par les médias, trouve sa traduction dans la notion de « tragédie nationale » consacrée dans le discours officiel. Dans les deux cas, cette notion renvoie aux dures épreuves que la société algérienne a vécues après l'arrêt du processus électoral de janvier 1992[3].

De fait, après le « coup de force » du pouvoir contre la mouvance islamiste en passe de remporter une victoire électorale sans précédent, l'annulation du deuxième tour des législatives provoque un enchaînement de violences qui finirent par ébranler l'État. Ce dernier décrète alors l'État d'urgence et décide de surseoir à la poursuite de l'expérience de démocratisation du pays.

[2] L'ensemble de ces réformes seront adoptées le 28 novembre 1988, lors du VIe congrès ordinaire du FLN, ainsi que lors du congrès extraordinaire du parti réuni une année plus tard (30 novembre 1989). Sur ces aspects et sur les incidences socio-politiques des réformes adoptées, voir N.-E. Ghozali, « L'Algérie dans tous ses états : de la crise à la démocratie orpheline », [à :] A. Mahiou, J.-R. Henry (éd.), opus cit., pp. 35-51.

[3] La littérature d'expression française consacrée à cet aspect est extrêmement abondante. On se limitera à évoquer l'ouvrage de R. Mimouni, *De la barbarie en général et de l'intégrisme en particulier*, Paris 1993 ; puis celui d'A. Metref, *Chroniques d'un pays blessé*, Pezenas 1998.

2-1 – L'ascension fulgurante du FIS

Après la victoire du FIS aux élections municipales de juin 1990, la mouvance isla-miste tente de tirer profit de son ascendant pour exiger l'organisation d'élections législatives et présidentielles. Devant l'atermoiement du pouvoir, le FIS décide aussitôt d'une grève générale à partir de mai 1991 et multiplie les démonstrations de force, notamment dans la capitale où, pour des raisons de maintien de l'ordre public, l'armée intervient et réprime les manifestations. Succédant à Mouloud Hamrouche, Sid-Ahmed Ghozali engage son gouvernement dans une politique de redressement sur deux fronts : celui du rétablissement des équilibres macro-écono-miques et celui de l'endiguement de la mouvance islamiste. Sur ce dernier plan, la victoire fulgurante du FIS aux élections législatives de décembre 1991 fausse com-plètement les pronostics du pouvoir. Dès lors, suspectant les islamistes de fraude électorale, d'exercice de pressions politiques et surtout craignant le basculement de l'Algérie dans l'intégrisme, le pouvoir décide de l'arrêt du processus électoral[4].

2-2 – Le gel du processus électoral de janvier 1992

L'arrêt *sine die* du processus électoral, en janvier 1992, a été interprété comme étant la manifestation de la volonté du pouvoir d'empêcher toute perspective d'alter-nance politique en Algérie. Au plan interne comme à l'étranger, la disqualification du FIS a été perçue comme un « coup de force » opéré par l' « oligarchie mili-taire », considérée comme la pierre angulaire du système politique algérien. Cette interprétation a d'autant plus prévalu que des forces démocratiques de l'opposition se sont elles-mêmes déclarées hostiles à l'initiative du pouvoir. Fait aggravant, le ralliement du FLN d'Abdelhamid Mehri au groupe de Sant-Egidio renforce l'idée que le camp des « janviéristes » ne faisait pas l'unanimité au sein de l'*Establishment* algérien, qui ne supportait pas l'isolement international de l'Algérie[5].

2-3 – Le recadrage opéré par la constitution de décembre 1996

Afin de juguler la violence politique qui s'instaure après le coup d'arrêt apporté au processus électoral, le président Liamine Zeroual qui succède au Comité d'État

[4]   Pour un aperçu des péripéties vécues par la société algérienne durant toute cette période, voir en particulier l'essai de B. Stora, *La guerre invisible. Algérie, année 1990*, Paris 2001.

[5]   De ce point de vue, l'avis plus que nuancé de l'un des acteurs les plus représentatifs de l'époque, le général K. Nezzar, exprimé dans *Mémoires d'un général*, Alger 1999, est édifiant. On consultera avec profit cet ouvrage, où l'auteur prend le soin de justifier la décision de surseoir au processus électoral qui a vu le FIS obtenir 188 sièges au premier tour des légis-latives du 26 décembre 1991, avec seulement 3 260 222 voix, contre 15 sièges pour le FLN avec 1 612 649 voix et 20 sièges pour le FFS avec 510 661 voix.

présidé par Ali Kafi, procède à la révision de la constitution de 1989 en y apportant une modification majeure : la restriction du champ d'application de l'article 40. En effet, reprenant quasiment la même formulation consacrée par la constitution de 1989, celle de 1996 substitue la notion de « partis politiques » à celle d' « associations à caractère politique » et balise davantage le droit de créer des partis politiques. Ainsi, le premier alinéa de l'article 42 de la nouvelle constitution stipule que le droit reconnu et garanti au citoyen ne saurait l'autoriser à « attenter (…) aux valeurs et aux composantes fondamentales de l'identité nationale… ainsi qu'au caractère démocratique et républicain de l'État ». L'allusion à l'idéologie du FIS est manifeste ; elle le sera davantage à la lumière des autres alinéas successifs du même article 42. Ainsi, outre que les partis politiques ne sauraient désormais « être fondés sur une base religieuse, linguistique, raciale, de sexe, corporatiste ou régionale », la nouvelle constitution interdit également le recours « à la propagande partisane portant sur les éléments » précités[6].

III – L'amorce du processus de « normalisation » politique

Dès son élection à la présidence de la république, en avril 1999, Abdelaziz Bouteflika met en chantier le projet de rétablissement de la concorde civile et le fait adopter par le parlement, en juillet 1999. Six ans plus tard (septembre 2005), le président de la république organise un référendum qui aboutit à l'adoption de la « charte pour la paix et la réconciliation nationale » afin d'enraciner la paix en Algérie après plus de dix ans de tragédie, qui aura occasionné près de 200 000 morts, des milliers de disparus et des centaines de milliers de personnes déplacées ou exilées. D'autre part, soucieux d'assurer la stabilité après les graves événements de Kabylie au printemps 2001, puis de valoriser le rôle de la femme algérienne dans la société, le chef de l'État initie successivement deux amendements constitutionnels, le premier en avril 2002 et le second en novembre 2008.

---

[6] Les écrits publiés à propos de la constitution de 1996 sont fort nombreux. On se limitera à en signaler trois : A. Mahiou, « Note sur la constitution algérienne de 1996 », [à :] *Annuaire de l'Afrique du Nord*, 1996 ; R. Babadji, « De la religion comme instrument à l'identité comme sanctuaire : quelques remarques sur la constitution algérienne du 28 novembre 1996 », [à :] A. Mahiou, J.-R. Henry (éd.), Ibid., pp. 53-70 ; H. Gourdon, « La constitution algérienne du 28 novembre 1996 », [à :] *Maghreb-Machrek*, n° 156, pp. 36.

3-1 – La loi relative au rétablissement de la concorde civile de juillet 1999 et la charte pour la paix et la réconciliation nationale de septembre 2005

La loi portant « concorde civile », promulguée par Abdelaziz Bouteflika, a déjà été précédée d'un projet similaire initié par son prédécesseur, Liamine Zeroual, connu sous le générique de la politique de la Rahma (clémence)[7].

En vertu de la **loi n° 99-08 du 13 juillet 1999, relative au rétablissement de la concorde civile**, les « personnes impliquées ou ayant été impliquées dans des actions de terrorisme ou de subversion » ont désormais la possibilité d'assurer leur « réinsertion civile au sein de la société », en s'engageant à « cesser, en toute conscience, leurs activités criminelles » (Article 1). Dans son article 2, la loi précise les « mesures particulières » édictées en faveur des repentis et qui sont au nombre de trois (03) : l'exonération des poursuites, la mise sous probation et l'atténuation des peines. Trois décrets exécutifs se chargeront de préciser les conditions de mise en œuvre de certaines dispositions de la loi. Il s'agit :

- du décret exécutif n°99-142 du 20 juillet 1999, qui détermine les modalités d'application de l'article 8 de la loi n°99-08, relatif à la « mise sous probation » des terroristes repentis ;
- du décret exécutif n°99-143 du 20 juillet 1999, qui précise les modalités de mise en œuvre des dispositions respectives de l' article 4 relatif à l' « exonération des poursuites », des articles 16 et 17 en rapport avec « la mise sous probation », des articles 31, 32 et 35 de la loi n°99-08 tous relatifs aux questions de « procédure » ;
- du décret exécutif n°99-144 du 20 juillet 1999, qui fixe les conditions d'application des dispositions de l'article 40 de la loi n°99-08, relatif à certaines dispositions particulières en rapport avec les questions de réparation et d'indemnisation.

S'agissant de la **charte pour la paix et la réconciliation nationale**, adoptée par référendum en date du 29 septembre 2005, l'ordonnance n°2006-01 du 27 février 2006 portant mise en œuvre des dispositions de la charte, prévoit les mécanismes et les procédures concernant aussi bien les conditions d' « extinction de l'action publique » que les modalités d'octroi de la « grâce » et de la « commutation ou remise de peine » au bénéfice des « personnes qui ont commis ou ont été les complices d'un ou de plusieurs faits prévus et punis » par les dispositions pertinentes du code pénal, ainsi que « des faits qui leur sont connexes ». D'autre part, l'ordonnance contient des dispositions relatives aux « mesures destinées à consolider la réconciliation nationale », au titre desquelles l'ordonnance indique les « mesures au profit des personnes ayant bénéficié de la loi relative au rétablissement de la

---

[7]　A. Moussaoui, « La concorde civile en Algérie : Entre mémoire et histoire », [à :] A. Mahiou, J. R. Henry (éd.), Ibid., pp. 71-92.

concorde civile » (Article 21 à Article 24), les « mesures au bénéfice des personnes ayant fait l'objet de licenciement administratif pour des faits liés à la tragédie nationale » (Article 25), ainsi que les « mesures pour prévenir la répétition de la tragédie nationale » (Article 26). Enfin, l'ordonnance énumère les « mesures d'appui de la politique de prise en charge du dossier des disparus » (Article 27 à Article 39). Enfin, l'ordonnance consacre deux chapitres aux « mesures destinées à renforcer la cohésion nationale » (article 40 à Article 43) ainsi qu'aux « mesures de mise en œuvre de la reconnaissance du peuple algérien envers les artisans de la sauvegarde de la république… » (Article 46).

En application des dispositions de la loi n°99-08 et de la charte, plus de 7500 terroristes auraient quitté les maquis et se seraient rendus aux autorités pour bénéficier des mesures de clémence édictées à leur égard et 11200 familles de terroristes abattus auraient été indemnisées.

3-2 – Les amendements constitutionnels d'avril 2002 et de novembre 2008

Après les évènements du « Printemps berbère » de 2001, un début de réponse sera apporté aux revendications identitaires de la composante berbérophone, du fait que la loi de révision constitutionnelle n° 02-03 du 10 avril 2002 introduit un article 3 bis consacrant « Tamazight » comme « langue nationale ». En outre, dans un souci de démocratisation accrue du système politique, le pouvoir ouvre aux femmes algériennes la perspective d' « augmenter » leurs « chances d'accès à la représentation dans les assemblées élues » (Loi n° 08-19 du 15 novembre 2008, portant révision constitutionnelle). Toutefois, l'amendement de l'article 74 limitant l'éligibilité du président de la république à deux mandats de cinq ans chacun et son remplacement par une disposition qui consacre sa rééligibilité sans limitation de durée, est considéré par l'opposition algérienne comme un renoncement regrettable à l'un des principaux acquis démocratiques consacrés par la constitution de 1996.

IV – L'impact des « révolutions arabes »

Les révoltes populaires qui se sont succédé dans le monde arabe, depuis janvier 2011, ont ouvert la voie à des révisions constitutionnelles sans précédent. En effet, requis de composer avec les nouvelles dynamiques sociales qui se sont fait jour, les régimes en place se sont engagés dans des processus de réforme constitutionnelle plus ou moins accomplis. Ainsi, l'élaboration de nouvelles constitutions devient, dans le contexte des « Printemps arabes », l'enjeu majeur des transformations en cours, y compris en Libye où le régime déchu n'a pas jugé utile de se doter d'une loi fondamentale.

De ce point de vue, il importe d'observer qu'à de rares exceptions près, les vagues de contestation populaire se sont essentiellement confinées dans les pays arabes dits « républicains » et ont épargné les régimes monarchiques. Cette constatation revêt toute son importance lorsqu'on sait que les revendications portées par les mouvements protestataires expriment l'attachement des sociétés arabes à une véritable démocratisation[8]. En ce sens, sauf à considérer que les monarchies arabes représentent un modèle de démocratie accomplie, il devient légitime de s'interroger sur les modes de gouvernance adoptés par ces pays et, probablement davantage sur le rôle de la géopolitique mondiale dans le déclenchement des révolutions arabes.

Enfin, sans préjuger de l'impact des facteurs externes sur les dynamiques d'évolution politique au Maghreb et au Moyen Orient, il est certain que les changements constitutionnels en cours connaissent une ampleur et des rythmes de progression assez contrastés. Ainsi, si certains pays arabes ont pu élaborer des constitutions formellement nouvelles (Tunisie, Égypte, Libye, Yémen et Maroc), d'autres n'ont adopté que des amendements mineurs aux lois fondamentales en vigueur, qui ne remettent pas fondamentalement en cause l'ordre constitutionnel établi (Bahreïn, Jordanie, Oman, Qatar, Syrie). A l'opposé, il convient d'observer que des pays du Golfe comme l'Arabie saoudite, le Koweït ou les Emirats arabes unis ne semblent pas affectés par les changements en cours.

Dans ce tableau d'ensemble, l'Algérie revêt sans doute une place particulière, dans la mesure où elle représente le seul pays arabe à avoir fait l'expérience de la réforme constitutionnelle imposée par « la rue », bien avant l'éclosion des autres « printemps ».

4-1 – Les fondements de la « résilience » algérienne

Lorsque, le 5 octobre 1988, des émeutes éclatèrent en plein centre d'Alger avant de gagner l'intérieur du pays, donnant lieu à la destruction des édifices publics et des symboles de l'État, notamment les structures du Front de libération nationale, les dirigeants s'empressèrent d'en minimiser l'ampleur et voulurent tourner en dérision les manifestations de rue en les qualifiant de « chahut de gamins ». Très vite, cependant, la répression sanglante des émeutes et l'implication de l'armée finirent par donner la pleine mesure de la gravité des événements. À l'évidence, cela devait s'avérer suffisant pour convaincre le président Chadli de l'utilité d'introduire des réformes globales et, contre toute attente, d'envisager la fin du régime de parti unique.

---

[8]   Sur la problématique générale des mouvements sociaux qui se sont fait jour dans le contexte des « Printemps arabes », voir O. Ferdiou, États, *pouvoirs et sociétés au Maghreb et au Moyen-orient : Le grand défi de la démocratisation,* Table ronde de l'IMDEP, Ministère de la Défense Nationale, Alger, 13 avril 2011.

En conséquence, l'explosion des « révoltes arabes » à la périphérie de l'Algérie a été appréhendée avec beaucoup de circonspection par les autorités politiques. D'une part, en effet, la posture algérienne à l'égard de la vague de démocratisation qui gagne la Tunisie, l'Égypte et la Libye et d'autres pays arabes se justifie par la crainte de réédition du syndrome irakien. L'attachement de l'Algérie aux dogmes de la souveraineté et de la non-ingérence s'accompagne, d'autre part, de la crainte de se voir encerclée par des courants islamistes radicaux, ravivant de ce fait le spectre de guerres civiles à l'image de celle vécue durant la « décennie noire ». Enfin, profitant de l'aisance financière que lui procurent les cours soutenus des hydrocarbures, le pouvoir procède à des ajustements de salaires et des pensions, relance la politique d'emploi des jeunes et empêche les manifestations de rue que tente d'organiser la Coordination nationale pour les libertés et la transition démocratique (CNLTD). Toutefois, par souci de prévention des débordements, les autorités politiques font état de projets de réforme destinés à conforter l'engagement de l'Algérie en faveur de la démocratie participative, sans violence politique[9].

4-2 – L'engagement en faveur de nouvelles réformes organiques

Le 15 avril 2011, moins de deux mois après la levée de l'état d'urgence décrété en 1992 et alors que les révoltes arabes ont scellé le sort de deux chefs d'État, tandis que la guerre civile s'installe en Libye, le président Bouteflika annonce à la télévision algérienne une série de réformes aussitôt suivies d'application. Certaines portaient sur les libertés politiques (loi organique relative au régime électoral prévoyant la mise en place d'une commission nationale de supervision des élections, loi organique définissant les cas d'incompatibilité avec le mandat parlementaire, loi organique relative aux partis politiques qui a permis, après son entrée en vigueur, la légalisation de plus d'une trentaine de formations ; loi organique définissant les modalités d'élargissement de la représentativité politique des femmes pour lesquelles il est désormais fait obligation aux partis politiques de réserver 30% de leurs candidatures aux assemblées élues). D'autre part, d'autres projets de lois, vite concrétisés, ont fait également l'objet d'annonce : il s'agit de la loi sur les associations (loi n°12-06 du 12 janvier 2012) ainsi que la loi organique sur l'information.

Par la suite, dans un contexte national marqué par l'approche de l'échéance d'expiration du mandat d'Abdelaziz Bouteflika à la tête de l'État et la perspective de sa reconduction pour un quatrième mandat, mais surtout en raison de l' état de santé chancelant du président qui alimente bien des incertitudes sur sa succession, la révision de la constitution s'impose de nouveau à l'élite dirigeante sans parvenir,

---

[9] Cf., à ce sujet, L. Dris-Ait Hamadouche, « L'Algérie face au Printemps arabe : pressions diffuses et résilience entretenue », [à :] *Annuaire IEMed de la Méditerranée*, Barcelone 2012, pp. 178-183.

pour autant, à en fixer l'agenda ni même à déterminer la nature des rééquilibrages souhaités.

4-3 – Le projet de révision constitutionnelle

Annoncé à plusieurs reprises depuis le déclenchement des révolutions arabes mais sans cesse différé, le projet de révision constitutionnelle vise à adapter la loi fondamentale du pays aux évolutions de la société algérienne ainsi qu'aux mutations en cours dans le monde, notamment dans l'espace régional où les transformations intervenues posent avec acuité la lancinante question de l'ancrage de la démocratie. A cette fin, des consultations avec des formations et des personnalités politiques ont été menées dès 2012 sous la double conduite du président du Sénat, Abdelkader Bensalah, ainsi que du général à la retraite, Mohamed Touati. Elles seront boudées par une large partie de l'opposition qui réclame un changement profond du système politique et non pas « un simple lifting de l'architecture institutionnelle ». Aussi, une commission d'experts composée de cinq membres et présidée par l'universitaire Azzouz Kerdoun a été chargée, en avril 2013, de proposer les amendements idoines à l'issue d'une vaste concertation avec les acteurs politiques et sociaux, menée sous l'égide du chef de cabinet du président de la république, Ahmed Ouyahia. Cette nouvelle série de consultations politiques avait pour but officiel d'élargir et d'approfondir « les libertés et la démocratie », avec pour seules limites « les constantes du peuple et de la république ». Ces consultations se sont achevées sans atteindre les résultats escomptés.

Devant la situation de blocage que connaît le processus de révision constitutionnelle, l'opposition algérienne tente de se mobiliser autour de la CNLTD, qui prend l'initiative d'organiser un conclave des forces de l'opposition, toutes tendances confondues, le 10 juin 2014, à Alger. Regroupant des démocrates, des islamistes et d'anciens chefs de gouvernement, la conférence de l'opposition débouche sur l'adoption de la « plateforme de Mazafran » qui énumère les mesures que requiert toute « solution consensuelle à la crise ». Par la suite, dans le but d'assurer au regroupement d'Alger une continuité de mobilisation et d'action, il sera procédé à la mise en place de l'Instance de suivi et de consultation de l'opposition (ISCO) qui comprend, outre les représentants de la CNLTD, ceux du Pôle des forces pour le changement, mené par l'ancien candidat à l'élection présidentielle du 17 avril 2014, Ali Benflis[10].

---

[10]   Sans fédérer l'ensemble des forces de l'opposition, l'ISCO compte dans ses rangs les représentants de plusieurs partis politiques, tels que le MSP de Abderrazak Makri, le RCD de Mohcine Belabbas ou Sofiane Djillali du Jil Jadid. Elle compte, également, les représentants du Pôle des forces du changement auxquels s'ajoutent certaines personnalités politiques indépendantes, les représentants de la société civile et ceux des Ligues des droits de l'homme.

De son côté, le Front des forces socialistes (FFS), visiblement soucieux de peser de tout son poids sur l'échiquier politique algérien tout en s'abstenant d'intégrer la CNLTD, lance en novembre 2014 l'idée d'un projet de « conférence nationale du consensus », ouverte à l'ensemble des acteurs politiques nationaux, y compris aux forces politiques affiliées au pouvoir. Dans ce cadre, le FFS engage le processus de consultations bilatérales avec plus d'une soixantaine d'acteurs différents, répartis entre partis et personnalités politiques, syndicats et organisations de la société civile. Cependant, initialement prévue pour les 23 et 24 février 2015, la « conférence nationale du consensus » finit par être reportée *sine die*, en raison de l'échec du parti dans son dessein, d'une part, de rallier à son projet les forces les plus représentatives de l'opposition, regroupées au sein de la CNLTD et du Pôle des forces du changement et, d'autre part, des « lignes rouges » fixées par les principaux partis de la coalition gouvernementale. De fait, ces derniers – le Front de libération nationale et le Rassemblement national démocratique – qui ont initialement semblé adhérer à la démarche du FFS, finissent par subordonner leur participation à l'engagement du plus vieux parti de l'opposition à ne pas envisager la remise en cause des institutions élues.

Dans un tel contexte, le projet de révision de la loi fondamentale semble constituer une véritable épreuve pour l'élite dirigeante, d'abord en l'absence d'une vision consensuelle apparente au niveau des centres de décision[11], ensuite en raison du refus de l'opposition de cautionner une réforme constitutionnelle décidée et encadrée par le pouvoir.

---

[11] Dans l'interview accordée au quotidien algérien *El Watan* en date du 02 mars 2015, Mohamed Larbi Ould Khelifa, président de l'Assemblée populaire nationale, a déclaré que l'amendement constitutionnel attendu n'était pas à l'ordre du jour de la session parlementaire de printemps qui s'ouvre le jour-même, notant au passage ne pas disposer « d'indicateur clair de la part du gouvernement sur son agenda ». En revanche, le président du Conseil de la nation, Abdelkader Bensalah, affirme de son côté que « tous les indicateurs montrent que ce rendez-vous n'est pas éloigné » (*El Watan* du 03 mars 2015). Une telle dissonance, à propos d'une échéance aussi importante que la révision de la constitution, n'est pas de nature à conforter l'idée d'une vision partagée au sein du pouvoir, surtout si on garde à l'esprit la diatribe portée publiquement par Amar Saadani, Secrétaire Général du FLN, à l'endroit du général-major Mohamed Mediene, chef algérien des services de renseignement, dans le contexte d'ébullition que suscitait la perspective du 4e mandat d'Abdelaziz Bouteflika à la tête de l'État. Aussi et afin de dissiper les équivoques à propos de l'éventuelle révision de la loi fondamentale, le président du Conseil constitutionnel Mourad Medelci, crut devoir rappeler une évidence, en signifiant clairement que tout projet de révision de la constitution se fait nécessairement « à travers une saisine officielle du Conseil constitutionnel, et nous sommes en attente de cette saisine jusqu'à présent » (*El Watan* du 12 avril 2015, p.2).

Conclusion

De 1963 à 1996, l'Algérie aura connu quatre constitutions successives : celles à forte connotation socialiste de 1963 et de 1976, celle foncièrement libérale de 1989 puis celle de « recadrage » de 1996 visant à restreindre le champ d'application de l'article 40 de la constitution de 1989, toutes adoptées par référendum populaire. De 2002 à 2008, des amendements constitutionnels seront ensuite introduits par voie d'adoption parlementaire ; celui de 2002 consacrant Tamazight comme langue nationale et celui de 2008 visant, d'une part, à promouvoir la représentation de la femme au sein des assemblées élues et, d'autre part, à sauter le verrou limitant l'éligibilité du président de la république à deux mandats de cinq ans chacun.

Dans le feu des révolutions arabes, l'impératif de « stabilité » sera érigé en principe cardinal de gouvernance, conforté par une généreuse politique de redistribution de la rente et, surtout, par un subtil dosage d'encadrement politique de la société, alliant réformes organiques (régime électoral, mandat parlementaire, partis politiques, représentativité politique des femmes, loi sur les associations, loi organique sur l'information) et verrouillage de l'activisme politique de l'opposition.

Au total, devant l'incapacité des décideurs à faire prévaloir une vision consensuelle du changement, rendue particulièrement ardue du fait des incertitudes liées à la maladie du président et, de surcroît, en raison du contexte troublé de l'environnement régional, la politique du *statu quo* semble représenter, pour la classe politique au pouvoir, une option sans doute plus confortable qu'une initiative de réaménagement des rapports de forces, aux conséquences totalement imprévisibles.

Bibliographie

Babadji R., « De la religion comme instrument à l'identité comme sanctuaire : quelques remarques sur la constitution algérienne du 28 novembre 1996 », [à :] A. Mahiou, J.-R. Henry (éd.), *Où va l'Algérie ?*, Paris, Aix-en-Provence 2001.

« Les contraintes et incertitudes du système politique », [à :] A. Mahiou, J.-R. Henry (éd.), *Où va l'Algérie ?*, Paris, Aix-en-Provence 2001.

Dris-Ait Hamadouche L., « L'Algérie face au Printemps arabe : pressions diffuses et résilience entretenue », [à :] *Annuaire IEMed de la Méditerranée*, Barcelone 2012.

Ferdiou O., *États, pouvoirs et sociétés au Maghreb et au Moyen-orient : Le grand défi de la démocratisation*, Table ronde de l'IMDEP, Ministère de la Défense Nationale, Alger, 13 avril 2011.

Ghozali N.-E., « L'Algérie dans tous ses états : de la crise à la démocratie orpheline », [à :] A. Mahiou, J.- R. Henry (éd.), *Où va l'Algérie ?*, Paris, Aix-en-Provence 2001.

Gourdon H., « La constitution algérienne du 28 novembre 1996 », [à :] *Maghreb-Machrek*, n°156.

Mahiou A., « Note sur la constitution algérienne de 1996 », [à :] *Annuaire de l'Afrique du Nord*, 1996.

Metref d'A., *Chroniques d'un pays blessé*, Pezenas 1998.

Mimouni R., *De la barbarie en général et de l'intégrisme en particulier*, Paris 1993.
Moussaoui A., « La concorde civile en Algérie : Entre mémoire et histoire », [à :] A. Mahiou, J. R. Henry (éd.), *Où va l'Algérie ?*, Paris, Aix-en-Provence 2001.
Nezzar K., *Mémoires d'un général*, Alger 1999.
Stora B., *La guerre invisible. Algérie, année 1990*, Paris 2001.
El Watan, 03 mars 2015 ; 12 avril 2015.

DOI: 10.12797.9788376386553.10

Mohammed Dahiri[*]

Universidad Complutense de Madrid

LES MOUVEMENTS PROTESTATAIRES AU MAROC AVANT ET APRÈS LA NAISSANCE DU MOUVEMENT DU 20 FÉVRIER ET LA RÉFORME DE LA CONSTITUTION DE 2011

Abstract :

L'objectif de cette recherche est de tenter d'identifier l'origine des Mouvements protestataires au Maroc depuis l'indépendance en 1956, 55 ans avant le « Printemps arabe » et avant même l'existence d'Internet et des réseaux sociaux. La recherche explore comment ces mouvements se sont coordonnés autour du « Mouvement du 20 février » (M20F) et après l'adoption de la nouvelle Constitution en juillet 2011. Nous étudierons les moyens et formes de mobilisation ainsi que les canaux de communication utilisés par le M20F dans le contexte du « Printemps arabe » au Maroc ainsi que leurs effets sur la transformation politique et sociale du pays. La recherche explorera également les raisons pour lesquelles plusieurs analystes et observateurs ont parlé d'« exception marocaine » à l'agitation vécue dans le monde arabe depuis début 2011.

Mots-clés : Mouvements protestataires, transformation politique et sociale au Maroc, démocratisation, Printemps arabe, Mouvement du 20 février, Constitution de 2011

---

[*]   Enseignant-chercheur au Département des Études Arabes et Islamiques de l'Université Complutense de Madrid, enseignant à la Chaire UNESCO de Résolution des Conflits de l'Université de Cordoue, Professeur-chercheur de l'Institut des Sciences des Religions de l'Université Complutense de Madrid et chercheur à Euro-Mediterranean University Institute (EMUI), e-mail adresse : mdahiri@ucm.es.

1 – Les mouvements protestataires au Maroc avant le 20 février 2011

A la différence d'autres pays arabes, les mouvements protestataires au Maroc ne sont pas nés en 2011. Depuis l'indépendance en 1956, ils se déploient sous diverses formes : les révoltes populaires du Rif en 1958-1959, au nord du Maroc ; les grèves de mars 1965[1] et de juin 1981[2] à Casablanca, de janvier 1984 à Nador et Marrakech,

---

[1]   Tout part de la grogne des collégiens et lycéens s'opposant à une circulaire du ministère de l'Education nationale qui fixe l'âge limite auquel les élèves de l'enseignement secondaire pourront être admis dans le second cycle. « Le 23 mars, la grève se transforme en véritable émeute à Casablanca. Des jeunes non scolarisés rejoignent les grévistes, mais également des adultes venus des quartiers pauvres. Tout le monde est pris de court, le gouvernement comme les partis et les syndicats. Les autorités font appel à la troupe pour ramener le calme. Les manifestations se poursuivant le 24, le général Oufkir "met le paquet" et réprime sauvagement les émeutiers. Officiellement, on dénombre pour la seule ville de Casablanca 7 morts, 69 blessés et 168 arrestations. Pour sa part, le socialiste Mohamed El Yazghi, dans un petit livre de souvenirs publié en 2002, parle de plus de 600 morts rien qu'à Casablanca. L'ambassade française, elle, évoque quelque 1 000 morts. Réagissant aux émeutes dans un discours télévisé, en s'adressant aux enseignants, Hassan II aura ce mot cruel : « Permettez-moi de vous dire qu'il n'y a pas de danger aussi grave pour l'État que celui représenté par un prétendu intellectuel. Il aurait mieux valu que vous soyez des illettrés », « De la "siba" à la révolution », *Zamane*, 9 novembre 2012, [en ligne] http://zamane.ma/fr/de-la-siba-a-la-revolution, 19 mars 2015. Le journaliste Attilio Gaudio se remémore les douloureux événements de Casablanca : « En mars 1965, le soleil au Maroc avait la couleur du sang et des larmes. Il éclairait un peuple déçu par ses gouvernants, qui ne mangeait pas à sa faim, qui subissait le chômage et l'injustice et qui voyait, impuissant, les riches devenir toujours plus riches et les pauvres croupir en silence », *ibid.*

[2]   A la demande du FMI, le gouvernement marocain met sur pied en 1978 un programme de réformes économiques basé sur la réduction des investissements de l'État, l'augmentation des taxes et le gel des salaires. Il provoque une réaction populaire qui entraîne son abandon en 1979. En 1980, le FMI demande au Maroc d'adopter un nouveau plan d'austérité et de réduire son subside sur les produits alimentaires. Cela amène le gouvernement à décréter en juin 1981 une hausse de 50% du prix de la farine. Sensible à la réaction populaire, l'État défend toutefois aux boulangers d'augmenter le prix du pain. Cette nouvelle arrive dans un contexte difficile : durant les années 1970, le prix de la nourriture, en tenant compte de l'inflation, a augmenté plus vite que les salaires. La politique gouvernementale visant à leur faire supporter la hausse décrétée, les boulangers déclenchent une grève générale le 20 juin. Une pénurie est observée et la grève s'étend rapidement à travers le pays. La CDT (Confédération démocratique des travailleurs), syndicat proche de l'USFP (Union socialiste des forces populaires), appelle les travailleurs à une grève générale pour forcer l'annulation des hausses. « Dans certaines villes, elle tourne à l'émeute. A Casablanca, 10 000 jeunes descendent dans les rues. Des magasins sont pillés, des édifices publics brûlés et des combats opposent les grévistes aux forces de l'ordre. Ils deviennent inégaux lorsque les autorités font appel à l'armée. Selon le rapport du ministre de l'Intérieur, la répression fait 66 morts et 110 blessés, dont 73 policiers, ainsi que 500 arrestations. Les syndicats fixent pour leur part le nombre de morts à plus de 600 et celui des blessés à plus de 5000. Les protestations forceront le gouvernement à surseoir temporairement à l'application de son plan d'austérité »,

de juin 2008 à Sidi Ifni au Sud du pays, de décembre 1990 à Fès[3] ; les grèves de l'Union nationale des étudiants marocains (UNEM)[4] depuis sa création en 1956 ; les grèves et manifestations des syndicats contre les bas salaires et la cherté de la vie ; les *sit-in* des diplômés chômeurs depuis la création de leur association (ANDCM) en 1991[5] ; les manifestations et *sit-in* de l'Association marocaine des droits humains (AMDH) depuis 1979[6] ; les manifestations du mouvement des femmes pour la

---

« 20 juin 1981. Révolte du pain au Maroc », *Perspective Monde*, [en ligne] http://perspective. usherbrooke.ca/bilan/servlet/BMEve?codeEve=929, 20 mars 2015.

[3]   Les militants de l'UGTM (Union générale des travailleurs du Maroc) l'appellent toujours « le vendredi noir ». C'était le 14 décembre 1990. « Le pays vit alors une dangereuse ébullition. Le programme d'ajustement structurel, le fameux PAS, en vigueur depuis 1983 et imposant une impitoyable austérité financière, touche de plein fouet les secteurs sociaux, en premier lieu les classes défavorisées. Le SMIG dépasse à peine les 1050 dirhams, quand les usines ne baissent pas le rideau. Le gouvernement de Karim Amrani, qui a échappé de peu à une motion de censure en mai de la même année, ne sait plus où donner de la tête. Il suffira d'une grève générale pour rendre la situation explosive ». Il a fallu attendre 15 ans supplémentaires pour que l'Instance Équité et Réconciliation (IER) jette davantage de lumière sur ces événements. En novembre 2005, une équipe d'investigation menée par Abdelaziz Bennani (ancien président de l'OMDH) a arrêté le nombre de victimes du 14 décembre 1990 à 106 morts. « Si Fès a payé le plus lourd tribut aux événements du 14 décembre 1990, en termes de morts et de dégâts matériels, d'autres villes ont connu des incidents de moindre gravité. Tanger a évité le pire avec un bilan d'un mort et 124 blessés. Idem pour d'autres villes, où des émeutiers ont été traduits devant les tribunaux : 125 personnes condamnées à Rabat, 72 à Kénitra, 17 à Meknès et 23 à Béni Mellal », « Anniversaire. Fès la martyre », *Telquel Online*, 16 octobre 2014, [en ligne] http://w.telquel-online.com/ archives/452/mag1_452.shtml, 20 mars 2015.

[4]   Pour plus d'information sur l'histoire de l'UNEM et l'activisme politique dans les milieux estudiantins, lire l'article : Montassir Sakhi, « L'activisme politique dans les milieux estudiantins », *CETRI*, juin 2008, [en ligne] http://www.cetri.be/L-activisme-politique-dans-les?lang=fr, 20 février 2015.

[5]   Association nationale des diplômés chômeurs du Maroc (ANDCM), première organisation rassemblant des titulaires de diplômes allant du baccalauréat jusqu'au doctorat en situation de chômage et poursuivant l'objectif d'intégrer ses adhérents à la fonction publique. Depuis lors, l'espace protestataire des diplômés s'est amplifié en nombre d'acteurs et en dossiers revendicatifs. Les manifestations des diplômés constituent aussi bien des réponses au chômage qu'à des sujets disparates tels que le renchérissement des transports et des services de première nécessité, le respect des droits de l'Homme ou le détournement de l'argent public. À partir de 1997, des groupes de diplômés de troisième cycle – DESA (Diplôme d'études supérieures approfondies), DESS (Diplôme d'études supérieures spécialisées), de doctorants et de docteurs – d'ingénieurs et de diplômés atteints d'un handicap se mobilisent en dehors de l'ANDCM. La multiplication de groupes agissant dans un même espace de protestation entraîne l'apparition de logiques de concurrence pour attirer les personnes potentiellement mobilisables et l'attention des médias. Montserrat Badimon Emperador, « Diplômés chômeurs au Maroc : dynamiques de pérennisation d'une action collective plurielle », *L'Année du Maghreb* Vol. 3, 2007, pp. 297-311.

[6]   Créée le 24 juin 1979 et reconnue d'utilité publique, l'Association marocaine des droits humains (AMDH) est membre observateur de l'ECOSOC-ONU. Elle a un réseau national de 91 sections locales, 4 commissions préparatoires et 9 sections régionales.

modification du Code de famille et du Code de la nationalité marocaine ; les mobilisations et *sit-in* des femmes *soulaliyates*[7] dès 2007 pour la défense de leurs droits
à l'héritage et pour lutter contre la loi coutumière inégalitaire (le Dahir datant du
27 avril 1919) ; les revendications du Mouvement alternatif pour les libertés individuelles (MALI) créé en 2009 pour défendre les libertés individuelles et « pour faire
entendre aux autorités que la religion est une conviction personnelle »[8].

---

[7]   Les femmes *soulaliyates* tirent leur nom de la terre des *soulalis* dont elles sont originaires,
cultivée par leurs ancêtres depuis des générations. Elles exigent, à travers leur mouvement,
la révision de l'arsenal juridique organisant les terres collectives, notamment le *Dahir* (Décret) datant du 27 avril 1919, et ce, en vue de garantir l'égalité homme/femme en matière de
droits garantis aux personnes issues des communes collectives, et à les reconnaitre en tant
qu'ayants droit sans discrimination aucune.
    Au Maroc, les terres collectives constituent un réservoir foncier important car elles re-
présentent le tiers du territoire ayant une valeur agro-sylo-pastorale et concernent 4 631 collectivités ethniques, soit près du quart de la population totale du pays. Les terres collectives
appartiennent à des groupes ethniques et sont régies par le droit coutumier marocain (Orf)
qui stipule qu'elles reviennent aux hommes. Par le passé, les terres collectives ne pouvaient
être vendues ou cédées et la Jmâa (la tribu) les exploitait de manière collective par le biais
de l'usufruit ou de la jouissance du revenu de ces terres par les ayants droits.
    Mais, depuis les années 1980, le Conseil de tutelle en a autorisé la vente. C'est lors de la
cession de ces terres à des promoteurs immobiliers qui voulaient acquérir ces terrains pour
étendre les villes que les problèmes ont commencé car seuls les hommes ont été dédom-
magés. Les indemnisations financières ou parcelles de terrain individuel (et non plus collectif) ont été distribuées aux ayants droits masculins, excluant totalement les femmes du
partage. La vente de ces terres rapporte énormément d'argent aux hommes que la cupidité
pousse parfois à ne pas partager leurs gains avec leurs sœurs, filles. Privées de ressources
et chassées de leurs terres, ces femmes n'ont pas eu d'autre choix que de mendier et de se
loger dans des bidonvilles alors que leurs frères et pères se sont enrichis, s'abritant derrière
cette loi coutumière injuste. Lorsqu'elles se sont tournées vers les représentants des tribus
pour savoir pourquoi elles étaient privées de leur droit, ils leur ont répondu que la coutume
Orf prévoit que seuls les hommes ont le droit de bénéficier des terres collectives. D'abord
ignorées, les femmes soulaliyates, déterminées à exprimer haut et fort leur indignation et
à demander à ce que justice soit faite, ne se sont pas découragées. Les efforts déployés par
ces femmes n'ont pas été vains. L'été 2009, le Ministère de l'Intérieur a annoncé que désormais « en cas de vente de terres collectives, les femmes doivent êtres dédommagées à part
égale ». Cette reconnaissance du droit des femmes à disposer des mêmes avantages que les
hommes constitue une avancée positive mais ce droit n'étant pas rétroactif, il ne règle pas
le problème de l'indemnisation des terres qui ont été vendues avant cette décision. A partir
du mois de novembre 2009, on a pu constater des avancées concrètes sur le terrain. Les
femmes de la Kesba de Medhia ont reçu, à titre d'indemnisation annuelle, la somme de
17 600 dirhams à l'occasion de l'Aïd Lékbir. Dans la jmâa de Saknia, les femmes ont obtenu
le droit d'être enregistrées au même titre que les hommes sur les listes des ayants droits.
Pour plus d'information sur ce mouvement:
    « Au Maroc, le combat des femmes soulaliyates continue », Programmes échanges
et partenariats, 3 juin 2010, [en ligne] http://emi-cfd.com/echanges-partenariats10/spip.
php?article150, 23 mars 2015.
[8]   Le 20 juillet 2012 le Mouvement alternatif pour les libertés individuelles (MALI) a formé
le mouvement « Masayminch », un mouvement de jeunes marocains qui n'ont pas l'intention de jeûner durant le mois de Ramadan et souhaitent pouvoir manger en public sans

On ne peut pas donc considérer le M20F comme évènement initiateur du mouvement protestataire de janvier-février 2011. Dans le cas du Maroc, il s'agit d'un évènement qui a réactivé un potentiel de contestation en veille qui a trouvé dans les révoltes tunisienne et égyptienne de début 2011 les conditions de son renouveau. Le mouvement protestataire actuel est le prolongement, sous une autre forme, d'une activité de protestation déjà présente[9] depuis l'indépendance du Maroc en 1956.

Par ailleurs, depuis son accession au trône après la mort de son père le 23 juillet 1999, le nouveau souverain marocain, Mohammed VI, a été rapide à prendre plusieurs décisions. Dès les funérailles, il a établi des contacts directs avec la population, comme pour couper une relation de peur réciproque : premier discours le 30 juillet, avec un souci affiché envers les pauvres et les femmes ; accueil officiel le 3 septembre de l'opposant Abraham Serfaty, poursuivi, emprisonné, puis banni par Hassan II ; voyage plébiscité du nouveau Roi, de Casablanca à Oujda, du 10 au 20 octobre 1999, en passant notamment par les zones du Rif traditionnellement hostiles à l'ancien roi et, par représailles, ostensiblement délaissées par ce dernier ; enfin, réduction des attributions du ministre de l'Intérieur, Driss Basri, après les émeutes de Laayoune de septembre 1999[10].

Mohammed VI a également engagé de nombreuses réformes. En seize ans de règne (1999-2015), le visage de la monarchie a profondément changé. En rupture avec l'héritage de son père, le nouveau souverain a réconcilié le pays avec son passé, l'a modernisé et s'est attaqué aux grands défis sociaux. D'après de nombreux observateurs[11], plusieurs évolutions méritent d'être soulignées, tant elles sont synonymes de changement irréversible :

1) Limogeage du « vizir » de Hassan II :

Moins de trois mois après son intronisation, le 8 novembre, le Roi Mohammed VI a limogé Driss Basri, le tout-puissant ministre de l'Intérieur de son père, symbole des « années de plomb » et chargé des dossiers les plus délicats : le Sahara Occidental, le contrôle des populations et des territoires et peut-être aussi de ce que Hassan II avait appelé son « jardin secret », à savoir la répression, la terreur organisée, les longues rancunes et les terribles vengeances toujours justifiées par la consolidation du trône et l'unité du royaume, de Tanger à la frontière mauritanienne[12]. Le départ du ministre de l'Intérieur était considéré comme le test de la volonté du Roi de poursuivre le changement[13].

risquer d'être réprimés par la police. « Maroc : "Masayminch", ces rebelles qui mangent en public pendant le Ramadan », *Afrik Online*, 12 juillet 2012, [en ligne] http://www.afrik.com/article26191.html, 3 avril 2015.

9   F. Vairel, « L'ordre disputé du sit-in au Maroc », *Genèses* 2005, n° 59, pp. 47-70.
10 B. Cubertafond, « Mohamed VI, quel changement ? », *Annuaire Français des Relations internationales. AFRI 2000* Vol. 1, 2000, pp. 37-52.
11 F. Soudan, « Mohammed VI, pionnier en son royaume », *Jeune Afrique*, 5 août 2014.
12 B. Cubertafond, *op. cit.*, pp. 37-52.
13 « Mohammed VI limoge le "vizir" de son père », *Libération*, 10 novembre 1999, [en linge] http://www.liberation.fr/monde/1999/11/10/mohammed-vi-limoge-le-vizir-de-son-

2) L'Instance Equité et Réconciliation (IER) :

L'Instance Equité et Réconciliation (IER) a été installée officiellement par le roi Mohammed VI le 7 janvier 2004. Dans le discours prononcé à cette occasion, le Souverain a conféré à l'Instance une dimension historique et lui a confié des responsabilités éminentes en la définissant comme une commission pour la vérité et l'équité[14]. Un travail de mémoire, d'inventaire et finalement de réconciliation avec le passé des « années de plomb » tout d'abord. Cette introspection pionnière dans la région est l'une des raisons pour lesquelles le régime a pu, en grande partie, faire l'économie de la vague des Printemps arabes[15].

3) La réconciliation de la monarchie avec le Nord et l'Oriental :

Depuis l'indépendance en 1956, le Nord du Maroc (principalement ses villes les plus importantes : Al-Hoceima, Nador, Tétouan, Ksar el-Kébir) a été banni des plans nationaux de développement. Cette politique a fait de ces villes une « zone désespérément pauvre et une plaque tournante de la drogue et de la contrebande »[16]. Depuis son intronisation en 1999, le nouveau Roi a réconcilié la monarchie avec le Nord ainsi qu'avec l'Oriental en leur consacrant son premier voyage officiel, lançant au passage de grands projets d'infrastructures : un réseau autoroutier, une ligne de Train à grande vitesse (TGV) entre Tanger et Casablanca[17], Tanger Med[18], le plus grand port de l'Afrique de l'Ouest, adossé à une zone franche. Tout cela a transformé le Nord en un vrai pôle économique.

4) L'Initiative nationale pour le développement humain (INDH), créée en 2005 par le Roi Mohammed VI, pour lutter contre la pauvreté et l'exclusion sociale.

5) Les nombreuses initiatives prises en faveur des droits des femmes depuis l'an 2000 :

a) La Moudawwana : une part substantielle des acquis de l'émancipation des femmes se trouve dans la Moudawwana, ou Code du statut personnel, réformée en 2004[19]. Cette loi a, entre autres, relevé l'âge légal du mariage à 18 ans pour les filles, aboli la polygamie, substitué le divorce judiciaire à la répudiation et instauré le partage des biens en cas de divorce.

b) Le Code de la nationalité marocaine, qui datait du 19 septembre 1958, a été modifié le 8 mars 2007[20], le jour même de la Journée internationale de la femme.

---

pere-le-depart-du-ministre-de-l-interieur-etait-considere-comme-l_290229, 10 avril 2015.
[14] Pour plus d'information voir : « L'IER », *Royaume du Maroc. Instance Equité et Réconciliation*, [en ligne] http://www.ier.ma/rubrique.php3?id_rubrique=5, 14 avril 2015.
[15] F. Soudan, *op. cit.*
[16] *Ibid.*
[17] Pour plus d'information, visitez : [en ligne] http://www.tgvmaroc.ma, 15 avril 2015.
[18] Pour plus d'information, visitez : [en ligne] http://www.tmpa.ma, 15 avril 2015.
[19] Dahir (Décret) 1-04-22, du 3 février 2004 que portant la promulgation de la Loi 70-03 portant Code de la Famille. Bulletin officiel n° 5358 du 6 octobre 2005.
[20] Dahir 1-07-80 du 23 mars 2007 portant promulgation de la Loi 62-06 modifiant et complétant le Dahir 1/58/250 du 6 septembre 1958 portant Code de la nationalité marocaine. Bulletin officiel n° 5514 du 5 avril 2007.

Cette décision avait été prise par le roi Mohammed VI dans un discours prononcé le 30 juillet 2005 à l'occasion de la fête du trône[21].

La révision du Code de la nationalité marocaine a consacré l'égalité entre la femme et l'homme pour transférer la nationalité marocaine à leurs enfants issus de mariage mixte. Cet amendement était revendiqué depuis longtemps par les associations de femmes et par de nombreux militants des droits humains.

c) Le statut de la femme dans la réforme constitutionnelle de 2011 occupe une place non négligeable, même si ce qui est le plus généralement souligné par les média est un rééquilibrage des pouvoirs au sein de l'appareil d'État. Dès le préambule, il est proclamé que le Royaume du Maroc s'engage à « bannir et combattre toute discrimination à l'encontre de quiconque en raison du sexe ». La discrimination relative au sexe est la première à être mentionnée, avant celle relative à la couleur, aux croyances, à la culture, à l'origine sociale ou régionale, à la langue ou au handicap[22]. Le statut de la femme fait l'objet de l'article 19 de la Constitution. Cet article important est le premier du Titre II intitulé « Libertés et droits fondamentaux ». Cet article dispose que « l'homme et la femme jouissent, à égalité, des droits et libertés à caractère civil, politique, économique, social, culturel et environnemental, énoncés dans le présent titre et dans les autres dispositions de la Constitution, ainsi que dans les conventions et pactes internationaux dûment ratifiés par le Royaume, et ce dans le respect des dispositions de la Constitution, des constantes et des lois du Royaume. L'État marocain œuvre à la réalisation de la parité entre les hommes et les femmes. Il est créé, à cet effet, une Autorité pour la parité et la lutte contre toute forme de discrimination ». Un autre article du même titre concerne de manière incidente le statut de la femme. C'est l'article 34 qui énonce que « les pouvoirs publics élaborent et mettent en œuvre des politiques destinées aux personnes et aux catégories à besoins spécifiques. A cet effet, ils veillent notamment à : traiter et prévenir la vulnérabilité de certaines catégories de femmes et de mères »[23].

Plusieurs analystes et observateurs ont donc qualifié le Maroc d' « exception improbable » à l'agitation vécue dans le monde arabe depuis début 2011. L'immense popularité du roi Mohammed VI, l'approche tactique envers l'islam politique et le flux de projets de réformes sociales à travers le pays ont renforcé l'impression d'un royaume relativement stable, résultat de la relation intime entre la monarchie consacrée par l'histoire et la culture marocaine[24].

---

[21]　Voir le texte intégral du Discours du roi Mohammed VI du 30 juillet 2005 annonçant la révision du Code de nationalité marocaine : [en ligne] http://www.maroc.ma/fr/discours-du-roi, 21 avril 2015.

[22]　F. Jean, « Le statut de la femme marocaine dans la réforme constitutionnelle globale », *Centre Marocain Interdisciplinaire des Etudes Stratégique et Internationales*, [en ligne] http://www.cmiesi.ma/acmiesi/file/temoin/florence-jean_tem_1.pdf, 21 avril 2015.

[23]　Dahir n° 1-11-91 du 27 chaabane 1432 (29 juillet 2011) portant promulgation du texte de la Constitution (Bulletin officiel n° 5964 bis du 28 chaâbane 1432 – 30 juillet 2011), [en ligne] http://www.maroc.ma/fr/content/constitution-0, 12 mars 2015.

[24]　Pour plus de détails voir : « Maroc : 'Mouvement pour la dignité' prévu le 20 février 2011 », *GlobalVoices*, 17 février 2011, [en ligne] http://fr.globalvoicesonline.org/2011/02/17/57911, 13 février 2015.

Pourtant, dès janvier 2011, un groupe de jeunes commençaient à évoquer, sur Internet et les réseaux sociaux, les problèmes de la vie quotidienne des Marocains : coût de la vie élevé, bas salaires, chômage généralisé, illettrisme, restrictions sur la presse, retour des enlèvements et de la torture dans les prisons politiques[25].

2 – Les mouvements protestataires au Maroc après le 20 février 2011

En janvier 2011, avec le succès de la révolution tunisienne et sa volonté de restaurer la dignité des peuples, de rendre prioritaires la démocratie, la liberté, et la volonté populaire, des militants marocains ouvrirent un débat sur Facebook autour du thème du changement au Maroc et créèrent un groupe qu'ils appelèrent « *Harakat al-Huriyya wa Dimoqratiyya al-An* », en arabe : « Mouvement Liberté et Démocratie Maintenant » (MLEDM)[26].

Quelques jours plus tard, le 27 janvier 2011, le groupe émettait sa première déclaration fondatrice dans laquelle il annonçait son intention « d'organiser des manifestations pour exiger que l'institution royale apporte les modifications nécessaires dans le système politique, de manière à permettre aux Marocains de s'auto-gouverner, de réaliser une rupture avec le passé de manière tangible et irrévocable, de bénéficier des ressources du pays et de parvenir à un vrai développement ». Dans la même déclaration il annonçait « nous avons décidé d'organiser des manifestations le 20 février 2011 dans toutes les villes marocaines, devant les municipalités et les institutions représentant les autorités ».

Le groupe reconnaissait dans cette déclaration que « le système royal, à travers son nouveau roi, au début de son règne, avait exprimé son intention de moderniser la société marocaine et avait lancé des initiatives dans ce sens en examinant la période connue sous le nom des "années de plomb", en élargissant remarquablement la marge des libertés, et en adoptant un nouveau langage pour répondre aux demandes des Marocains ». Mais il signalait également « un point de discontinuité dans ces initiatives, pour ne pas dire un point de régression totale et une abstinence complète de traiter les vrais problèmes de l'autorité au Maroc ».

Le MLEDM avait cinq revendications majeures :

1 – Annuler la Constitution actuelle (Constitution du 7 octobre 1996) et nommer une commission fondatrice composée de membres qualifiés et intègres qui établirait une nouvelle Constitution définissant clairement la place de la royauté.

2 – Dissoudre le Parlement, le Gouvernement et les partis politiques qui n'ont contribué qu'à la corruption politique.

---

[25]   *Ibid.*

[26]   Groupe de débat sur Facebook autour du thème du changement au Maroc appelé *Harakat Huriyya wa Dimoqratiyya al-An*, en arabe Mouvement Liberté et Démocratie Maintenant (MLEDM) : حركة حرية و دمقراطية الآن, *Facebook*, [en ligne] https://www.facebook.com/groups/ MLEDM, 13 mars 2015.

3 – Prendre des mesures concrètes et tangibles pour soulager les souffrances du peuple marocain et créer un fonds d'urgence pour aider les personnes au chômage.

4 – Libérer tous les détenus politiques.

5 – Nommer un gouvernement intérimaire qui assurerait les tâches de gestion temporairement, en attendant la mise en place de la nouvelle Constitution.

Le MLEDM exprima également ses revendications dans une vidéo, considérée comme véritable acte de naissance du Mouvement du 20 février (M20F). Cette vidéo fut diffusée sur YouTube et les réseaux sociaux le 14 février, quelques jours avant le 20 février. Ces revendications sont résumées dans une déclaration à Jeune Afrique de Hakim Sikouk, membre de la coordination de Rabat du M20F : « Nous voulons une Constitution démocratique, la fin de l'impunité. Nous voulons un gouvernement qui serve nos intérêts et un Parlement qui nous représente ».

Le dimanche 20 février, des centaines de milliers de manifestants défilèrent dans toutes les villes du Maroc. Cette date marquera la transformation du MLEDM en « Mouvement du 20 février-Maroc »[27] (M20F). Ce mouvement est une coalition de militants de gauche (socialistes, trotskistes et marxistes-léninistes), de militants des ONG de défense des droits humains, d'islamistes, de jeunes indépendants, de diplômés au chômage, de rappeurs, de blogueurs et utilisateurs de Facebook. Leurs parcours n'ont rien en commun. Entre-temps, des coordinations fleurissent dans presque toutes les villes marocaines et dans quelques pays d'Europe.

Le 9 mars, le roi Mohammed VI parut répondre pour la première fois aux contestataires dans un discours[28] que l'on a qualifié d'historique, promettant des réformes structurelles dans la Constitution, son engagement à transmettre certaines de ses prérogatives à des représentants élus et la poursuite de la régionalisation dans le pays. La réforme la plus emblématique sera la réforme constitutionnelle qui réconciliera enfin le cadre institutionnel avec les réalités de la société marocaine. Le roi annonça un agenda clair : une commission ad hoc devrait rendre les résultats de ses travaux dans le courant du mois de juin. Cette commission serait présidée par Abdelatif Menouni[29] qui entamerait une large concertation avec « les partis politiques, les syndicats, les organisations de jeunes et les acteurs associatifs, culturels et scientifiques qualifiés »[30].

---

[27]   Mouvement du 20 Février, *Facebook*, [en ligne] https://www.facebook.com/Movement20, 18 février 2015.

[28]   Discours du Roi Mohemmed VI du 9 mars 2011, *YouTube*, [en ligne] https://www.youtube.com/watch?v=9pTJoUl3W8s, 18 mars 2015.

[29]   Abdellatif Menouni (1944), juriste et constitutionnaliste marocain. Il est professeur titulaire de chaire à la faculté de Droit de l'université Mohamed V de Rabat depuis 1969. Il est depuis 2008 le représentant du Maroc à la Commission européenne pour la démocratie par le droit. Celle-ci qui porte également le nom de Commission de Venise est composée, selon l'article 2 de son statut, « d'experts indépendants, éminents en raison de leur expérience au sein des institutions démocratiques ou de leur contribution au développement et des sciences politiques ». Site web official : http://www.menouni.be/abdeltif.php, 19 mars 2015.

[30]   Discours royal du 9 mars 2011, op. cit.

Le discours fut accueilli avec émotion par les uns, avec scepticisme par les autres qui décidèrent de poursuivre la mobilisation « jusqu'à la satisfaction des revendications »[31]. Pour le M20F, les réformes annoncées étaient loin du compte et ils publièrent une nouvelle vidéo annonçant une « semaine d'action et de volontariat pour mobiliser sur les déficiences des services publics ». La semaine commencerait par une campagne de don du sang et s'achèverait avec une manifestation à l'échelle nationale[32]. Un nouveau clip, en arabe marocain et en amazigh mis en ligne sur internet le 18 mars[33], appela à une manifestation de masse le 20 mars. Le 20 mars vit un nombre record de manifestants dans les rues relayer le mouvement dans pratiquement toutes les villes et villages du pays[34].

Le 17 juin 2011, le roi Mohammed VI prononça un second discours[35] esquissant la réforme constitutionnelle. Les réformes proposées restaient loin des attentes du M20F, qui publia une nouvelle vidéo[36] appelant au boycott du référendum[37]. En même temps, le M20F lança la campagne « *Mamsawtinch* », en arabe : « Nous ne voterons pas ». Il justifia sa position au vu des nombreuses « atteintes à l'intégrité du scrutin référendaire : un processus anti-démocratique et non transparent ; un débat constitutionnel bâclé, un non-respect des lois de la campagne pour le référendum ; une instrumentalisation irresponsable et dangereuse de la religion avec des appels à voter "oui" lors des prêches des imams dans les mosquées ; des actes d'agression et de harcèlement à l'encontre des partisans du "non" ; une répartition du temps à l'antenne inégalitaire ; une atteinte dangereuse à la liberté d'expression ; des fraudes électorales à craindre ; des violations flagrantes du code électoral concernant le vote des Marocains de l'étranger ; des actes de corruption des citoyens pour les faire voter "oui" ; des versements de sommes importantes à des partis politiques pour soutenir le "oui" ; et une ingérence étrangère inacceptable, notamment de Nicolas Sarkozy »[38].

Le 23 juin, le M20F diffusa une autre vidéo appelant au boycott du référendum constitutionnel[39]. Le mouvement contestataire accusa ainsi les autorités de mettre

---

[31]   *Jeune Afrique*, 20 juin 2011.

[32]   Vidéo en langue arabe mise en ligne par *Moroccans For Change* : https://www.youtube.com/user/MoroccansforChange/videos, 25 mars 2015.

[33]   Vidéo mis en ligne sur internet le 18 mars : *YouTube*, [en ligne] https://www.youtube.com/watch?v=CqhZAyTtwCg, 25 mars 2015.

[34]   Vidéo de la manifestation du 20 mars à Casablanca mise en ligne par *Moroccans For Change* : *YouTube*, [en ligne] https://www.youtube.com/watch?v=Okz1Profps0, 25 mars 2015.

[35]   Vidéo du discours du Roi Mohammed VI du 17 juin 2011, *YouTube*, [en ligne] https://www.youtube.com/watch?v=geFftCCFS4A, 25 mars 2015.

[36]   Voir aussi la vidéo réalisée par Montasser Drissi et mise en ligne par le M20F : *YouTube*, [en ligne] https://www.youtube.com/user/mouvement20fevrier, 26 mars 2015.

[37]   Film de Nabil Bouhmouch, jeune réalisateur sympathisant du M20F : *Vimeo*, [en ligne] https://vimeo.com/nadirbouhmouch, 26 mars 2015.

[38]   *Facebook*, [en ligne] https://www.facebook.com/mamsawtinch.ma, 26 mars 2015.

[39]   Cette vidéo a été diffusée sur YouTube et sur les réseaux sociaux le 23 juin et fait appel au boycott du referendum constitutionnel du 1 juillet. La version originale est en arabe maro-

tout en œuvre pour « affirmer que la grande majorité du peuple est de son côté ; que seule une petite minorité soutient le Mouvement du 20 février ». Craignant des fraudes massives et notamment que « des centaines de milliers de citoyen(ne)s, peut-être des millions, seront transportés par les autorités jusqu'aux bureaux de vote pour voter "oui" »,[40] le mouvement appela les militants de toutes ses coordinations locales à se rendre dans les bureaux de vote pour veiller au bon déroulement du scrutin et recueillir des témoignages vidéo.

La nouvelle Constitution fût adoptée par 98% des marocains qui participèrent au Referendum du 1 juillet. Le M20F continua cependant ses manifestations et actes revendicatifs. Début septembre 2011, les activistes du M20F publièrent une nouvelle vidéo appelant à une protestation nationale afin de dénoncer ce qui était pour eux une réforme en trompe l'œil[41].

Le M20F fut un élément moteur du changement au Maroc tout au long de l'année 2011. Comme dans les autres pays arabes, il s'est servi abondamment des médias sociaux et d'internet pour coordonner les actions de ses membres et diffuser son message.

3 – Les moyens et formes de mobilisation et les canaux de communication du M20F

La plupart des médias marocains ignorèrent le M20F et ses appels. Seuls quelques journaux arabophones, en papier et en ligne, transmirent le message. Les activistes durent se tourner vers Internet et utilisèrent pleinement les puissants médias

---

cain, en langue amazigh et en français : « Campagne de boycott du referendum constitutionnel Maroc 1 juillet », *YouTube*, [en ligne] https://www.youtube.com/watch?v=eb_lOYkttqQ, 26 mars 2015.

La traduction : « Le jour du référendum, je n'irai pas voter car cette Constitution ne nous concerne pas. Elle ne parle pas de nous. Elle ne protège que les intérêts des voleurs. La commission constitutionnelle ne représente pas le peuple. Ce sont les mêmes qui ont œuvré pour truquer les précédentes élections. La Constitution a été rédigée de façon non démocratique. Maintenant, ils veulent que nous votions 'oui' sans la comprendre ou la discuter et sans avoir l'occasion de voir ce qu'elle nous apporte.

La Constitution n'est pas bonne pour nous. Elle ne garantit pas nos droits. Nous rejetons cette farce référendaire. Ces partis politiques nous ont menti pendant si longtemps. Ils ont reçu des millions pour vous convaincre de voter "oui", alors que les gens qui appellent au boycott sont battus et harcelés. Que nous votions "oui" ou "non", notre voix ne sera pas entendue. Nous devons les obliger à accepter une assemblée constituante élue, qui rédigera une nouvelle constitution. Manifestons ! Occupons la rue ! Protestons ! Mamfakinch ! Nous n'abandonnerons pas ! ».

[40]   Pour de plus amples détails, voir : « Référendum au Maroc. Le mouvement du 20 février appelle au boycott », *Le Monde*, [en ligne] http://printempsarabe.blog.lemonde.fr/2011/06/30/referendum-au-maroc-le-mouvement-du-20-fevrier-appelle-au-boycott, 26 mars 2015.

[41]   Vidéo mise en ligne par le M20F : *YouTube*, [en ligne] https://www.youtube.com/user/mouvement20fevrier?feature=watch, 26 mars 2015.

sociaux que sont : YouTube, Facebook et Twitter pour faire passer leurs messages et mots d'ordre.

En créant un groupe Facebook qu'il appellera Mouvement du 20 février[42], un autre groupe Youtube[43] et un compte Twitter[44], le M20F réussit à communiquer avec un grand nombre de jeunes au Maroc et à l'étranger.

Le M20F fut également épaulé par de nombreux sympathisants. Un groupe de blogueurs et défenseurs des droits humains appelé « *Mamfakinch* », en arabe : « Nous ne renoncerons pas » créèrent un site web d'information dédié aux activités du M20F qu'ils appelèrent mamfakinch.com[45], un groupe Facebook[46], un autre groupe Youtube[47] et un compte Twitter[48].

D'autres blogueurs anonymes ont aidé à diffuser et traduire les déclarations du M20F de l'arabe, de l'arabe marocain et de la langue amazigh aux langues française et anglaise. Des plus actifs, je citerai les blogueurs Larbi[49] et Mehdi[50] (un des fondateurs du groupe « *Mamfakinch* »).

Les activistes ont eu recours également aux chants révolutionnaires (Rap, Hip-Hop, Rock, etc.) pour « dénoncer la répression policière durant les manifestations ». Les rappeurs Mouad L'haked[51] et Jihane ont réalisé une vidéo en arabe avec la chanson *Mellit*! مليت (J'en ai marre !)[52]. Le groupe marocain de musique pop *Hoba Hoba Spirit*[53] a aussi publié une chanson de soutien au M20F qui revisitait l'hymne national tunisien : « Quand le peuple veut vivre, le destin ne peut manquer de répondre. L'oppression disparaîtra. Les chaînes se briseront à coup sûr »[54].

[42] Mouvement du 20 Février, *Facebook*, [en ligne] https://www.facebook.com/Movement20/info?tab=page_info, 28 mars 2015.

[43] Mouvement 20 février, *YouTube*, [en ligne] http://youtube.com/mouvement20fevrier, 28 mars 2015.

[44] #Feb20, *Twitter*, [en ligne] http://twitter.com/mouvement20fev, 28 mars 2015.

[45] *Mamfakinch*, [en ligne] https://www.mamfakinch.com, 29 mars 2015.

[46] Mamfakinch, *Facebook*, [en ligne] https://www.facebook.com/MAMFAKINCH.Official (groupe créé le 17 mars 2011), 7 février 2015.

[47] Mamfakinch, *YouTube*, [en ligne] https://www.youtube.com/user/Mamfakinch (groupe créé le 17 février 2011), 9 février 2015.

[48] Mamfakinch, *Twitter*, [en ligne] https://twitter.com/Mamfakinch (groupe créé le 17 février 2011), 9 février 2015.

[49] « #FEB20 Au pouvoir marocain de prendre ses responsabilités », *Labri*, [en ligne] http://www.larbi.org/post/2011/02/FEB20-Au-pouvoir-marocain-de-prendre-ses-responsabilites, 9 février 2015.

[50] Lire ses entrées dans le site, [en ligne] https://www.mamfakinch.com, 9 février 2015.

[51] Page web officielle, [en ligne] http://www.l7a9ed.com, 9 février 2015.

[52] Video/chanson de soutien au M20F (*Mellit*!مليت" – J'en ai marre !) réalisée par L'Haked et Jihane : *YouTube*, [en ligne] https://www.youtube.com/watch?v=I2QCt0XQA0w, 10 février 2015.

[53] Page web officielle du groupe *Hoba Hoba Spirit*, [en ligne] http://www.hobahobaspirit.com, 10 février 2015.

[54] Chanson de soutien au M20F (ارادة الحياة – La volonté de vivre) publiée par le groupe marocain de musique pop *Hoba Hoba Spirit*, [en ligne] https://www.youtube.com/watch?v=-JCGrcgeyi0, 10 février 2015.

Facebook et les réseaux sociaux ont donc joué un rôle considérable. Plusieurs observateurs estiment que la grande mobilisation qui a donné naissance au M20F n'aurait pas été possible sans le rôle joué par Internet. Selon une étude de l'Agence Nationale de Réglementation des Télécommunications du Maroc (ANRT) publié en mai 2013, en 2012, 92% de la population était équipée en téléphonie mobile contre 87% en 2011. Sur l'accès à Internet les évolutions sont marquantes. En 2012, 15,6 millions d'individus de 6 à 74 ans se sont connectés à Internet, soit une hausse de 4,69% par rapport à 2011. En clair, pour une population de 32,5 millions d'habitants[55], plus d'un Marocain sur deux était un internaute au moins occasionnel au cours des 12 mois de 2012. Et un quart de la population des 6-74 ans se connectait au moins une fois par jour. Le taux de raccordement à Internet des foyers marocains atteignait 39% en 2012 contre 35% en 2011. En ce qui concerne les réseaux sociaux, plus de 85% des internautes utilisaient Internet pour les consulter. Facebook en tête avec 5,4 millions de profils enregistrés au Maroc[56]. Et d'après les résultats d'une autre étude publié en décembre 2012, un Marocain sur deux se connectait pendant 4 heures par jour. En ce qui concerne les réseaux sociaux, Facebook primait sur les autres réseaux avec 97% d'utilisateurs, suivi par Google+ (49%) et Twitter (41%)[57].

Certains militants du M20F reconnaissent que Facebook et les réseaux sociaux ont joué un rôle considérable mais ils considèrent que ce ne sont pas eux qui ont fait la révolution. Ce sont plus les aspirations humaines « d'accès aux droits fondamentaux que la technologie Facebook qui ont poussé les foules à se soulever », affirme Montassir Sakhi, un des fondateurs du M20F, dans une rencontre avec la journaliste Emmanuelle Couttier[58]. Facebook a permis une communication, mais en interne. C'est-à-dire entre les militants du M20F. La mobilisation de la population s'est, elle, construite sur un travail de proximité, c'est-à-dire par le bouche à oreille, par l'action des organisations, des associations et des syndicats. Facebook a surtout permis de médiatiser les actions du M20F. Le M20F a eu recours au « Net » en contrepoids aux médias publics, ce qui lui

---

[55] « Population du Maroc par année civile par milieu de résidence : 1960 – 2050 », *Haut-Commissariat au Plan*, [en ligne] http://www.hcp.ma/Population-du-Maroc-par-annee-civile-en-milliers-et-au-milieu-de-l-annee-par-milieu-de-residence-1960-2050_a677.html, 20 avril 2015.

[56] « Résultats de l'étude annuelle sur l'usage des TIC au Maroc », *Agence Nationale de Réglementation des Télécommunications (ANRT)*, 21 mai 2013, [en ligne] http://www.anrt.ma/sites/default/files/CP-Resultats-enquete-annuelle-usage-TIC-2012-fr.pdf, 10 février 2015.

[57] Pour de plus amples informations, voir les sondages d'opinion : « Usage d'Internet au Maroc », *Institut de sondage Averty Market Research & Intelligence*, [en ligne] http://averty.ma/fr/resultats/usages-dinternet-au-maroc, 12 février 2015.

[58] A l'occasion du troisième anniversaire du M20F, la journaliste Emmanuelle Couttier a republié la rencontre qu'a eu avec un de ses fondateurs, Montassir Sakhi : « Contestations au Maroc : Le Mouvement du 20 Février fête ses 3 ans », *Urbainhumain Online*, 20 février 2014, [en ligne] http://urbainhumain.mondoblog.org/2014/02/20/le-mouvement-de-contestation-marocain-du-20-fevrier-fete-ses-3-ans, 18 février 2015.

a permis de diffuser ses photos, ses vidéos et de sensibiliser l'ensemble de la communauté internationale.

4 – Quatre années après la naissance du M20F et la réforme de la Constitution : quel bilan ?

Quatre ans après l'avènement du Mouvement du 20 février, il est clair que ce dernier n'a pas laissé indifférent, qu'il a réussi à imposer sa place dans un agenda politique national et international pourtant très chargé en 2011.

Le M20F a mis l'État devant le fait accompli et l'a amené à réagir en promettant des réformes et un changement profond. Il a également permis de sortir le Maroc du consensus destructeur qui a conduit les citoyens à se désintéresser de la politique au profit d'une classe politique animée par l'ambition personnelle plutôt que par le devenir du Maroc. « Le M20F est donc synonyme de la réappropriation massive de la politique par la majorité silencieuse au Maroc ».[59]

Le M20F, comme l'explique l'acteur associatif Ghali Bensouda, a donc « montré la maturité de la société marocaine toutes tendances confondues et cela constitue une nouvelle preuve qui remet en cause le discours conservateur que de nombreux 'analystes' aiment à répéter pour justifier l'injustifiable et la persistance du *statu quo* ».[60]

Si on ne devait retenir qu'une chose du M20F, c'est son esprit, celui de la prise de conscience citoyenne, de l'implication, de l'idée que le temps de la fatalité est révolu et que les citoyens ont un rôle à jouer dans le devenir de leur pays. Cet esprit-là a montré, à d'innombrables reprises depuis 2011, qu'il continue à vivre en dépit de l'affaiblissement considérable de la contestation.[61]

D'autre part, le M20F a montré que « la gauche et les islamistes sont capables de mettre de côté leurs divergences, dans un moment de transition. Il s'agit de se mettre d'accord sur les règles d'une compétition politique démocratique ».[62]

Quatre ans après le 20 février 2011, il y a, d'après les acteurs associatifs et fondateurs du M20F, une ouverture sans précédent de l'espace de débat public, une multiplication des dynamiques associatives et citoyennes initiées par des jeunes revendiquant le changement et un contre-pouvoir citoyen mobilisable au moment où « l'État accentue son despotisme et où la prédation des acteurs économiques dominants s'accentue ». Le 20 février constitue aujourd'hui « un moment de recrutement massif de jeunes convaincus par l'action politique et protestataire. Il contri-

---

59   « Le mouvement du 20 février a-t-il été vain ? », *Al Huffington Post Maghreb Online*, 22 février 2015, [en ligne] http://www.huffpostmaghreb.com/ghali-bensouda/maroc-mouvement -20-fevrier-vain_b_6729632.html, 23 février 2015.
60   *Ibid.*
61   *Ibid.*
62   Y. Belal, *Le Cheikh et le Calife, Sociologie religieuse de l'islam politique au Maroc*, Lyon 2011, *Open Edition Books*, [en ligne] http://books.openedition.org/enseditions/933?format=toc.

bue à la socialisation politique de toute une génération qui incorporera et portera cet événement »[63].

Les fondateurs du M20F reconnaissent pourtant leur échec dans leur incapacité jusqu'à aujourd'hui à créer des organisations politiques capables de porter le mouvement social et d'être leur représentant. Face à la corruption, aux carences et aux insuffisances des organisations actuelles, il y a un travail à mener sur la création d'organisations politiques capables de s'instituer comme alternatives de la classe politique actuelle et capables de mener des réformes dans le sens de la justice sociale et de la démocratie[64].

Bibliographie

#Feb20, *Twitter*, [en ligne] http://twitter.com/mouvement20fev.

« #FEB20 Au pouvoir marocain de prendre ses responsabilités », *Labri*, [en ligne] http://www.larbi.org/post/2011/02/FEB20-Au-pouvoir-marocain-de-prendre-ses-responsabilites.

« 20 juin 1981. Révolte du pain au Maroc » , *Perspective Monde*, [en ligne] http://perspective.usherbrooke.ca/bilan/servlet/BMEve?codeEve=929.

« Anniversaire. Fès la martyre », *Telquel Online*, 16 octobre 2014, [en ligne] http://w.telquel-online.com/archives/452/mag1_452.shtml.

« Au Maroc, le combat des femmes soulaliyates continue », *Programmes échanges et partenariats*, 3 juin 2010, [en ligne] http://emi-cfd.com/echanges-partenariats10/spip.php?article150.

Belal Y., *Le Cheikh et le Calife, Sociologie religieuse de l'islam politique au Maroc*, Lyon 2011, *Open Edition Books*, [en ligne] http://books.openedition.org/enseditions/933?format=toc.

« Campagne de boycott du referendum constitutionnel Maroc 1 juillet », *YouTube*, [en ligne] https://www.youtube.com/watch?v=eb_lOYkttqQ.

« Contestations au Maroc : Le Mouvement du 20 Février fête ses 3 ans », *Urbainhumain Online*, 20 février 2014, [en ligne] http://urbainhumain.mondoblog.org/2014/02/20/le-mouvement-de-contestation-marocain-du-20-fevrier-fete-ses-3-ans.

« Contestations au Maroc. Le Mouvement du 20 février... », *Urbainhumain Online*, [en ligne] http://urbainhumain.mondoblog.org/2014/02/20/le-mouvement-de-contestation-marocain-du-20-fevrier-fete-ses-3-ans.

Cubertafond B., « Mohamed VI, quel changement ? », *Annuaire Français des Relations internationales. AFRI 2000* Vol. 1, 2000.

« De la "siba" à la révolution », *Zamane*, 9 novembre 2012, [en ligne] http://zamane.ma/fr/de-la-siba-a-la-revolution.

« Diplômés chômeurs au Maroc : dynamiques de pérennisation d'une action collective plurielle », *L'Année du Maghreb* Vol. 3, 2007.

---

[63]   « Contestations au Maroc. Le Mouvement du 20 février... », *Urbainhumain Online*, [en ligne] http://urbainhumain.mondoblog.org/2014/02/20/le-mouvement-de-contestation-marocain-du-20-fevrier-fete-ses-3-ans, 20 février 2014.

[64]   *Ibid.*

Jean F., « Le statut de la femme marocaine dans la réforme constitutionnelle globale », *Centre Marocain Interdisciplinaire des Etudes Stratégique et Internationales*, [en ligne] http://www.cmiesi.ma/acmiesi/file/temoin/florence-jean_tem_1.pdf.

Jeune Afrique, 20 juin 2011.

« L'IER », *Royaume du Maroc. Instance Equité et Réconciliation*, [en ligne] http://www.ier.ma/rubrique.php3?id_rubrique=5.

Mamfakinch, [en ligne] https://www.mamfakinch.com.

Mamfakinch, *Facebook*, [en ligne] https://www.facebook.com/MAMFAKINCH.

Mamfakinch, *Twitter*, [en ligne] https://twitter.com/Mamfakinch (groupe créé le 17 février 2011).

Mamfakinch, *YouTube*, [en ligne] https://www.youtube.com/user/Mamfakinch.

« Maroc : "Masayminch", ces rebelles qui mangent en public pendant le Ramadan », *Afrik Online*, 12 juillet 2012, [en ligne] http://www.afrik.com/article26191.html.

« Maroc : 'Mouvement pour la dignité' prévu le 20 février 2011 », *GlobalVoices*, 17 février 2011, [en ligne] http://fr.globalvoicesonline.org/2011/02/17/57911.

« Mohammed VI limoge le "vizir" de son père », *Libération*, 10 novembre 1999, [en linge] http://www.liberation.fr/monde/1999/11/10/mohammed-vi-limoge-le-vizir-de-son-pere-le-depart-du-ministre-de-l-interieur-etait-considere-comme-1_290229.

Mouvement 20 février, *YouTube*, [en ligne] http://youtube.com/mouvement20fevrier.

Mouvement du 20 Février, *Facebook*, [en ligne] https://www.facebook.com/Movement20.

Mouvement du 20 Février, *Facebook*, [en ligne] https://www.facebook.com/Movement20/info?tab=page_info.

« *Le mouvement du 20 février a-t-il été vain ?* », *Al Huffington Post Maghreb Online*, 22 février 2015, [en ligne] http://www.huffpostmaghreb.com/ghali-bensouda/maroc-mouvement-20-fevrier-vain_b_6729632.html.

Mouvement Liberté et Démocratie Maintenant (MLEDM), *Facebook*, [en ligne] https://www.facebook.com/groups/MLEDM.

« Population du Maroc par année civile par milieu de résidence : 1960 – 2050 », *Haut-Commissariat au Plan*, [en ligne] http://www.hcp.ma/Population-du-Maroc-par-annee-civile-en-milliers-et-au-milieu-de-l-annee-par-milieu-de-residence-1960-2050_a677.html.

« Référendum au Maroc. Le mouvement du 20 février appelle au boycott », *Le Monde*, [en ligne] http://printempsarabe.blog.lemonde.fr/2011/06/30/referendum-au-maroc-le-mouvement-du-20-fevrier-appelle-au-boycott.

« Résultats de l'étude annuelle sur l'usage des TIC au Maroc », *Agence Nationale de Réglementation des Télécommunications (ANRT)*, 21 mai 2013, [en ligne] http://www.anrt.ma/sites/default/files/CP-Resultats-enquete-annuelle-usage-TIC-2012-fr.pdf.

Sakhi M., « L'activisme politique dans les milieux estudiantins », *CETRI*, juin 2008, [en ligne] http://www.cetri.be/L-activisme-politique-dans-les?lang=fr.

Soudan F., « Mohammed VI, pionnier en son royaume », *Jeune Afrique*, 5 août 2014.

« Usage d'Internet au Maroc », *Institut de sondage Averty Market Research & Intelligence*, [en ligne] http://averty.ma/fr/resultats/usages-dinternet-au-maroc.

Vairel F., « L'ordre disputé du sit-in au Maroc », *Genèses* 2005, n° 59.

https://vimeo.com/nadirbouhmouch.

https://www.facebook.com/mamsawtinch.ma.

http://www.hobahobaspirit.com.

http://www.17a9ed.com.

https://www.mamfakinch.com.
http://www.maroc.ma/fr/content/constitution-0.
http://www.maroc.ma/fr/discours-du-roi.
http://www.menouni.be/abdeltif.php.
http://www.tgvmaroc.ma.
http://www.tmpa.ma.
https://www.youtube.com/user/MoroccansforChange/videos.
https://www.youtube.com/user/mouvement20fevrier?feature=watch.
https://www.youtube.com/watch?v=9pTJoUl3W8s.
https://www.youtube.com/watch?v=CqhZAyTtwCg.
https://www.youtube.com/watch?v=I2QCt0XQA0w.
https://www.youtube.com/watch?v=-JCGrcgeyi0.
https://www.youtube.com/watch?v=Okz1Profps0.

DOI: 10.12797.9788376386553.11

Khalid Mouna[*]

Moulay Ismail University, Meknes

MOVEMENT OF PROTEST IN MOROCCO
The case of unemployed graduates

Abstract:

The Moroccan political system is based on a diversity of actors: the urban bourgeoisie, peasantry, the state workers, etc. But, among its components, there are also unemployed graduates. This paper will show how they have been divided into several groups since the late 1990s, each group defined by its interests and degrees. Beyond these specificities, all these groups share the same aim: they want access to employment, more specifically to civil service positions. This article analyzes these two aspects through the use of public space during protest movements by unemployed graduates.

Key words: Protest Movements, Morocco, Arab Spring

Following the events in Tunisia and Egypt, Morocco, starting in 2011 began its own Arab Spring. Protests and strikes have brought about a significant number of social conflicts. These strikes were driven primarily by professional corps. This has been since January 2011 and occupied the public space. Officials, physicians, teachers, among others, denounced the devaluation of their material living conditions of and their symbolic status within the society. These movements began in a fragmented manner before the coordination of 20 February Movement (20FM)[1] was launched,

---

[*] Professor, Department of Sociology, Faculty of Letters and Humanities, email adress: khalidmounapro@gmail.com.

[1] The movement of 20-February is a protest movement emerged in Morocco 20 February 2011 following the wave of protests in the Arab countries known as the "Arab Spring".

it has subsequently led to a relatively marginal way to gather and express their political claims, economic and social. Professional corps have joined the movement
while keeping their specific claims, which reflect the legitimacy of their protest.
These sectorial mobilizations take an ambivalent discourse that marks not only
joining the 20FM but also a distance from it. So involvement in the 20FM or non-
involvement or non-involvement is intrinsic to the satisfaction or non-satisfaction
of their occupational claims.

The analysis of the sectorial issue in Morocco allows us to understand the
changing nature of the Moroccan political system. Despite the latter's authoritarian
depths[2] set up a protest space. The analysis of the political system of the Maghreb
countries in general and Morocco in particular through its monarchy is based on
the dichotomous nature of these systems. The dominant conventional approaches
since the 1960s are categorized by specialty; firstly a top-down approach including
political scientists interested in the authoritarian regime rather devices. On the
other hand, a bottom-up approach, mostly anthropologists seeking to understand
the dimensions of political power (sharifism, sainthood, brotherhoods etc.) and the
mechanisms of the latter. In these approaches, the Moroccan state is most often
presented as hogging all spheres of political life, a State above everybody.

Our approach is to perceive the state as an agent that rationalizes its actions
in connection with the various actors. Behind the image of the authoritarian state,
most approaches be they anthropological or Political Science perceived the political
system from the omnipresent king Hassan II. The period of the reign of Hassan II
is described as a period of *dar al mulk*[3] policy that combined empiricism: authoritarianism, paternalism, symbolic and physical violence and the bloody repression
of public demonstrations. In all this analysis, we identified a clientelist character of
dar al mulk. But unlike its neighbors which are also characterized by authoritarianism (Tunisia, Algeria, Libya), the Moroccan political system has chosen political
pluralism but controlled by *dar al mulk*.

The government in Morocco has been approached in a classic sociological
framework, that of Weber, who perceives the State as "a political institution in
continuous activity whose administrative management successfully claimed for
the execution of regulations that established the monopoly of legitimate physical
constraint"[4]. The state model of Weber served as a basis for understanding the
diversity of situations. The government in Morocco is a complex combination of
actors, which obliges it to tend and fragment positions of power. This fragmenta-

---

[2]   A. Hammoudi, *Le maître et le disciple. Genèse et fondement des pouvoirs autoritaires dans
le monde arabes*, Paris 2001; A. Hammoudi, *The Cultural Foundations of Moroccan Authoritarianism*, University of Chicago Press 1997.

[3]   The term mulk refers to power, it is the source of the highest manifestation of political
power. Ibn Khaldun distinguishes two powers in this sense: the time of the khilafa first, then
the time of the four caliphs and the mulk.

[4]   M. Weber, *Économie et société*, trans. J. Freund, P. Kamnitzer, P. Bertrand, Paris 1971,
p. 57.

tion has allowed since 1980[5] the creation of corporate and sectorial networks that are part of a dynamic that is their own in their relationship with power. Several examinations that have been successful in Morocco and the Maghreb in general have seen youth as the way that allows the passage from the tribal framework to the political framework. I refer to the book of Waterboury about monarchy in Morocco; the later explains that young Moroccans are "successors, both uncomfortable and accomplices of the prior protectorate generation"[6] and "in a society where the individual is less important than the group, the behavior imitation… acts as a catalyst in the transformation of traditional systems into modern political organizations"[7]. The practical collective protest challenges this simplistic perception of the sociopolitical dynamics in the Maghreb. The state mobilizes in its relationship with the various actors of cooptation strategies and corruption[8]. It acts as society's structuring of differentiated types, that of labor markets and inequality[9].

Therefore, our contribution will be devoted to the process of creating the movement of unemployed graduates and the link that this movement through its multiple identities created with the movement of 20MF. Our ambition is to demonstrate the sectorial challenge mechanisms in Morocco, which, despite its rejection by the state policy eventually militate to integrate this same institution qualified as a clientelist state.

Unemployed graduates: a movement with a mobilizing identity

On 26 October 1991, the movement of unemployed graduates was created; more than two months before that, on July 31, 300 graduates conducted a sit-in in Sale to discuss their exclusion from the labor market. And this was within the headquarters of the Democratic Confederation of Labor in Casablanca (CDT). This founding meeting was observed in the presence of 77 committees representing different provinces of the Kingdom. The stated aim of the National Association of the unemployed graduates in Morocco (ANDCM), omnipresent in the Moroccan protest landscape, is to create a space that promotes the interests of unemployed graduates pursuing the objective of integrating its members in the public service. Since its creation, the ANDCM occupies the public space; it has become the way to claim and protest.

---

[5]   The 1980s have seen major upheavals due to structural adjustment programs imposed by the World Bank.

[6]   J. Waterbury, *Le Commandeur des croyants. La monarchie marocaine et son élite*, trans. C. Aubin, Paris 1975, p. 103.

[7]   *Ibid.*, p. 102.

[8]   M. Bennani-Chraïbi, *Soumis et rebelles. Les jeunes au Maroc*, Paris 1994.

[9]   D. King, P. Le Galès, "Sociologie de l'État en recomposition", *Revue française de sociologie* Vol. 3, 2011, no. 52, pp. 453-480.

Since 1997, several groups will appear on the stage of public space; these are groups of graduates, including postgraduate: The applied graduate degree (DESA), the specialized graduate studies (DESS), engineers and disabled unemployed. This time, these groups are mobilizing outside the ANDCM. They seek to defend their claims independently from the original association[10], but these claims end up producing logic of competition among unemployed graduates. The mobilization of different groups of graduates produced a "perpetuation of collective action of the unemployed graduates, their insistent claim of integration of both the public service and their occupation of public roads eventually produce a dual logic of trivialization and demonization"[11]. The unemployment that affected graduates of the public education system is widespread from the late 1990s to all degrees, including branches that formed a social and economic elevator like engineers. Therefore, the university has gradually become the place of production of mass unemployment; however, graduates however perceive the public service as a right, the State has the obligation to integrate them within its institutions. Far from opposing segmentarity and centrality, we should distinguish two types of segmentarity, the soft one, and the modern and hard one. The structuro-fonctionalist reading creates an opposition from a segmental reading, without perceiving segmentarity in the overall system. The analysis adopted here is based on the movement of opposition between state and unemployed graduates.

The groups formed since 1997 are distinguished by their degrees, which will create a kind of internal classification. To meet this need, the state has set up a recruitment policy of unemployed graduates according to their activism and their abilities of occupations of the public space. The mobilization of young graduates has become a means from which a militant knowledge is constructed, and mobilization changes depending on the political and economic context. On its part, the state in its management of collective demands and mobilizations of the unemployed graduates has developed an expertise in the daily management of the disorder. Thus, the unemployed do not appear to constitute a security threat to the State; they are rather turned into a political tool to justify the occasional success of public authority in the management of the issue of unemployment in Morocco.

Claims and mobilizations will reach their pinnacle with the arrival of the Socialists to power in 1998. A large march was organized towards Rabat; groups from across Morocco occupy the center of the city to reiterate their demands to the new government. The march led to the hiring of the acquaintances of the Socialist Party[12]; but the movement must handle another crisis due to the loss in 2001 of

[10]   A. Rachik, "Nouveaux mouvements sociaux et protestation au Maroc", *IRES*, Rapport d'étude 2010, [on line] http://www.ires.ma/sites/default/files/nouveaux_mouvements_so ciaux_et_protestations_au_maroc.pdf, 3 November 2015.

[11]   M. Badimon-Emperador, "Diplômés chômeurs au Maroc. Dynamique de pérennisation d'une action collective plurielle", *L'année du Maghreb* 2007, no. 3, p. 297.

[12]   M. Madani, T. Belghazi, *L'action collective au Maroc. De la mobilisation des ressources à la prise de parole*, Publication de la faculté des Lettres Mohamed V, Rabat 2001.

its seats in the Moroccan Union of Labor (UMT) which closed its premises to the association of unemployed graduates. However protests continue at the local level in cities far from the Capital.

Ritualized actions

Whether from the unemployed graduates or the state, forms of interaction revolving around the dispute between the unemployed graduates on the one hand and partial tolerance to the occupation of public space by the State on the other hand; a kind of normalization of relation between the two actors was born.

From 2003, when the creation of the union executives of the unemployed (UCSC), several groups appear on the protest scene and target Rabat as space of claims, but the degree of organizational maturity of these new groups is lower than that of unemployed graduates[13]. Each group among the unemployed graduates chose a strategy that is suitable for it. Graduate studies (3rd cycles) have opted for "the logic of intensification, to force the authorities to react"[14]. The logic of mobilization among actors is based on the idea of graduates right to a secure salary in public institutions. This logic is based on an ambivalent position in which the state is perceived as an institution little or no legitimate but which nevertheless proves the only hope to get a job. Thus, when joining in the movement, the unemployed person must show a punctuality and attendance of a permanent commitment during mobilizations.

The activists are obliged to participate because they are ranked on a list according to the actions in which they took part and according to the dangerousness of the latter. The names of the unemployed who participated are on a list that is subject of negotiations with the authorities and the participants who withdraw are removed from that list and do not have the right to benefit from agreements and commitments that the unemployed group sign with the authorities. The logic of right to the civil service implies the obligation of commitment on the part of the unemployed activists. The unemployed graduate has the right to the public service, but this right must be expressed by his attendance and the ritual of the public space occupation. This culminates by the end into a kind of professionalization of activism, advocacy and action and occupation of public space eventually forge the identity of the various groups that make up the body of unemployed graduates. The only degree does not give access to employment and individual action must be part of a network of "patronage". Group identity is forged therefore in constant mobilization combined with the diploma, which explains the use of the list to control the rights holders.

---

[13]   M. Badimon-Emperador, "Diplômés…", p. 297.
[14]   Eadem, "Les manifestations des diplômés chômeurs au Maroc. La rue comme espace d'affirmation et de transgression du tolérable", *Genèses* 2009, no. 77, p. 40.

3rd cycle graduates were divided into four groups: UCSC, Khams, Amal and Annasr. These four groups were able to have an agreement with the Ministry of Interior in 2006, which excluded the movement of the ANDCM. This agreement led to a demobilization of the four groups, and the space of Rabat was evacuated temporarily. In 2008, the Minister of Education had 1 000 positions that were reserved only for senior executives of three new groups: Al-Hiwar, Al-Istihkak and Al Moubadara, groups that will be created after the direct recruitment of the four groups in 2006. The argument of the latter was in favor of the right to public service is still based on the obligation of the State to ensure their work in the public service, but this right always goes through the daily occupation of the streets of Rabat.

The immolation is a form of protest. When the occupation of public space is not successful, the switch to the immolation as a form sacrifice appeared at first as a solution to attract the media and the general public but also as the culmination of a process of despair. By sacrificing his body and his life, the unemployed transgresses the rules of contestation and show that they are ready and able to go to the end. The sacrificial act consolidates the group's identity, as if sacrifice somehow sanctified the group and its demands.

Indeed, with these practices of immolation, a list of "martyrs" who gave their lives to defend their cause appears at manifestation. The possibility of extending the claims then becomes difficult; every militant commitment for another reason may negatively affect the movement and deviate from its objective.

This does not mean that the movement of unemployed graduates does not adhere to a number of political and social actions. This is particularly true of their action against the rising prices of essential goods, as well as their commitment in extra-national issues such as the Palestinian cause. These actions take a strategic importance, for they are of an economic and political nature and are not permanent; they do not, hence, occupy public space. However, the extension of protests makes finding supporters and recruiting new members. The public space is transformed into a scene of sacrifice that renews the connection with the issue of unemployment and the fate of standardization that is characterized by the daily occupation of public space in the Capital. Sacrifice is the symbol of a fair cause, a right to the public service. On thescene, unemployed graduates occupy the space of the parliament, by "provoking" a clash with security forces in a ritualized way. The victims of these confrontations are filmed and posted on YouTube. The physical deployment and pathways are chosen according to their degree of provocation. The images of the injured, sometimes coated with the sacrificial blood, are meaningful essentially when they are sustained by media coverage. By filming their own fights, their blood flowing on public space and posting them on websites, the protestors blood flows on public space, and the dramatization of their fight takes accordingly all its dimensions. This can only strengthen the identity enrolment of the group and its claims, it becomes the same sign of swear "bi dim'a mo'ataline" the blood of the unemployed. As a symbol of the blood sacrifice for a just struggle perceived.

The claims of the unemployed graduates to the public service right explain the hybrid nature of the political system. The State exercises violent crackdown from time to time against protesters but finally legitimizes their claims, notably through official negotiations. On their side, unemployed graduates restore legitimacy to the state through its exercise of its patrimonial power. The discourse of unemployed graduates to the denunciation of the State clientelism is meaningless once they integrate the public service. In light of these data, how to discern links between unemployed graduates and the 20 FM?

The movement of the 20 February and unemployed graduates

When we observe the forms of manifestation and appropriation of public space by the unemployed graduates, we see that the 20 FM caused a disorder in various movements that have habitually been occupying the public space and being permanently visible. Since 20 February 2011, the 20 FM occupied the public space continuously and raises political and economic claims questioning the sectorial ideology of the unemployed movements. Therefore, a kind of breakaway is marked on the ground.

The militant legacy of unemployed graduates appears to be more glorious in terms of achievements if compared with the 20 FM, but it is a legacy taken in a pragmatic sectorial dynamics. A heritage deeply rooted in practice and identifiable protest the same as a reproducible expertise. The expertise in the «activism» is expressed in mastering the forms of space occupation and the dramatization of disputes with the authorities, alternating confrontation and pacification. Unemployed graduates have kept their distance from political retrievals especially from the extreme left which is very present in the movement. This policy works like a distance obligation to ensure the identity of the group; this distance is missing in the 20 FM movement. But why the movements of the unemployed have they not been able to invest the movement of 20 F to generalize and politicize their claims?

The National Association of Unemployed Graduates of Morocco (ANDCM) joined the National Committee to Support M Feb. 20 (CNAM). But this support in principle is transformed into a distance after the demonstration of 20 March 2011. The groups of the unemployed in Rabat and Casablanca have even stopped their activism between early February and early April, so that their conflicts do not interfere with that of the M of 20 F.

Unemployed graduates know the inner workings that lead to the public service. However, the claims of the 20 FM require from the State profound changes. The political claims of the M 20 F pushed the state to engage in a little controllable reform process by the actors. But, it is not obvious, for postgraduates in particular, to see the structure of power changes, this implies indeed a new convergence of the movement and, above all, a possible loss of the right to public service guaranteed by the clauses 12 and 13 of the Constitution of 1996. The rhetoric imposes that both movements tacitly do not cross in politics. The movement of 20 F holds an «ambitious» speech, wherein precariousness and employment appear as protest slogans. But unemployed graduates cannot think of their integration in the public service in general disorder. In that sense, unemployed graduates protest as dynamics may appear as the most successful embodiment of a pacification of relations between the authorities and the opposition[15].

The state on its side with the outbreak of protests in 2011 found among unemployed graduates a response to a political crisis on a general basis. From late January 2011, negotiations were opened with various groups of unemployed graduates and thousands of new job vacancies were opened since March, which have neutralized all form of protest and occupation of public space for several months. Conversely postgraduate groups ANDCM, excluded from integration agreements in the public service, launched in early March 2011 a "ma'raka wataniya" (national struggle) that stretched over several weeks within the capital. During this "ma'raka", the movement was welcomed at the headquarters of the Moroccan Labour Union (UMT), the latter opened the gates to the association of unemployed graduates to sleep and meet during the whole period of the ma'raka. In general, claims erupted from March because of unfulfilled government promises[16].

Conclusion

The special status of the unemployed used to determine the insurmountable ideological boundaries[17] between the M20 F and unemployed groups. The logic of right to the civil service played a brake in a radical political membership. The actions of unemployed graduates, despite their radicalization, respected the limits imposed by their relationship to power.

Groups of unemployed graduates have always forged ties with political or trade union organizations, particularly those in positions of power, to defend better their files. This proximity is achieved while keeping a distance with those organizations. The movement of 20 FM, however, by its "hybrid" political identity and its continuing commitment disrupted the identity of the group of unemployed graduates. The use of lists of attendance at "ma'rik" fights served to impose a "military" organization, the list serves to differentiate the true activists from those "cowards", those who deserves from those who do not have the right to public service. When

---

[15] M. Emperador-Badimon, "Où sont les diplômés chômeurs? Un exemple de pragmatisme protestataire à l'heure du 20 Février", *Confluences Méditerranée* Vol. 3, 2011, no. 78, pp. 77-91.

[16] Unlike Tunisia of Ben Ali, unemployment benefits proposed by Ben Ali after the death of Bouazizi had a contrary effect to the expected immobility. V. Geisser, M. Béchir-Ayari, "Une révolution par le bas", *Contretemps*, [on line] http://www.contretemps.eu/interviews/révolution-par-bas, 15 December 2015.

[17] M. Bennani-Chraibi, *op. cit.*, p. 171.

the unemployed challenge recruitment by a clientelistic way, they do not question the clientelistic logic of the state, but their exclusion from the practice.

Conversely the unemployed graduates, the M20 F in a "poorly organized" has targeted the state and its figures. Difference in expectations, activist expertise and relationship with the State blocked any joint working strategy. This break is symbolized by the act of immolation, which occurred after the adoption of the new constitution that removed sections 12 and 13 of the Constitution of 1996. The new government led by the Islamic party of Justice and development (PJD) canceled all agreements with the former government regarding the direct integration of the unemployed graduates to the public service. According to the head of government, Benkirane, the new constitution no longer guarantees this right, and, hence, access to the civil service in only possible through impartial competitions. In challenging groups of unemployed graduates, Benkirane asked those who signed the agreement with the government of Allal Fassi to complain against the decision. Along with the complaint, three unemployed graduates set themselves on fire in January 2012 in opposition to the decision of Benkirane. He pledged to implement the decision of the court if it is in favor of the unemployed. The case is judged in favor of groups that have signed agreements with the former government of Allal Fassi. On its side, the government referred the court of appeal. In Morocco, the State holds an ambivalent discourse. It refuses to position itself as a major player in the field of employment, but does not hesitate to politicize this issue. The State asks unemployed graduates to participate in a contest; however, it will integrate in the public service the Saharan unemployed graduates. Thus, between political, social and economic management of employment, the state ranks itself as a key player in managing this challenging sector.

Bibliography

Badimon-Emperador M., "Diplômés chômeurs au Maroc. Dynamique de pérennisation d'une action collective plurielle", L'année du Maghreb 2007, no. 3.

Badimon-Emperador M., "Les manifestations des diplômés chômeurs au Maroc. La rue comme espace d'affirmation et de transgression du tolérable", Genèses 2009, no. 77.

Bennani-Chraïbi M., Soumis et rebelles. Les jeunes au Maroc, Paris 1994.

Emperador-Badimon M., "Où sont les diplômés chômeurs? Un exemple de pragmatisme protestataire à l'heure du 20 Février", Confluences Méditerranée Vol. 3, 2011, no. 78.

Geisser V., Béchir-Ayari M., "Une révolution par le bas", Contretemps, [on line] http://www.contretemps.eu/interviews/révolution-par-bas.

Hammoudi A., The Cultural Foundations of Moroccan Authoritarianism, University of Chicago Press 1997.

Hammoudi A., Le maître et le disciple. Genèse et fondement des pouvoirs autoritaires dans le monde arabes, Paris 2001.

King D., Le Galès P., "Sociologie de l'État en recomposition", Revue française de sociologie Vol. 3, 2011, no. 52.

Madani M., Belghazi T., *L'action collective au Maroc. De la mobilisation des ressources à la prise de parole*, Publication de la faculté des Lettres Mohamed V, Rabat 2001.

Rachik A., "Nouveaux mouvements sociaux et protestation au Maroc", *IRES*, Rapport d'étude 2010, [on line] http://www.ires.ma/sites/default/files/nouveaux_mouvements_sociaux_et_protestations_au_maroc.pdf.

Waterbury J., *Le Commandeur des croyants. La monarchie marocaine et son élite*, trans. C. Aubin, Paris 1975.

Weber M., *Économie et société*, trans. J. Freund, P. Kamnitzer, P. Bertrand, Paris 1971.

DOI: 10.12797/9788376386553.12

Łukasz Jakubiak*

Jagiellonian University

Constitutional reforms in Morocco in the aftermath of the Arab Spring

Abstract:

The paper concerns the process of constitution-making and relates to some constitutional changes adopted in Morocco in the aftermath of the Arab Spring. The author focuses on the content of the new constitution of 29 July, 2011 and takes into consideration the most important provisions connected with the system of government. The author emphasizes the strengthening of the position of the government headed by the prime minister and pays attention to the parliamentary components of the new basic law. However, the conclusion is that the constitutional reforms of 2011 do not go too far and have their clearly visible limits.

Key words: Morocco, the Arab Spring, the constitution of 2011, the system of government, the executive branch

1. Introductory remarks

The Arab Spring in Morocco was strongly related to the activity of 20 February Movement – various groups expecting far-reaching political changes. One of the key demands of protesters was to carry out constitutional reforms, which would be much deeper than the changes introduced in previous years. To a large degree, the desired reforms were intended to transform the Moroccan system of government

---

* PhD, assistant professor at the Chair of Constitutionalism and Systems of Government in the Institute of Political Science and International Relations of the Jagiellonian University in Cracow, email address: lukasz.jakubiak@uj.edu.pl.

established in the constitution of 1996[1]. The followers of 20 February Movement demanded a significant limitation of the constitutional position of the monarch, which would lead to a parliamentary system of government known from most European states. According to the theoretical construction of such a model, the position of the head of state is reduced to a representative and ceremonial functions. The president or monarch has very little impact on the daily management of the state and the process of determining of the state policy. What is more, the head of state is devoid of a strong legitimacy obtained directly from the people. The president or monarch may, however, play the role of arbitrator, who only occasionally interferes with the activity of the other organs of the state, such as the parliament or the government. As a result, the burden of the state policy rests with the prime minister, who is the head of government and the most important person on the political scene. In short, in such a system the head of state is politically neutralized. Therefore, the government is responsible exclusively before the parliament. The head of state has no right to dismiss the government without a previous demand of the prime minister[2].

It should be noted, however, that contemporary European parliamentary systems are applicable in a far rationalized version. In this case, the political and constitutional position of the parliament is significantly reduced, which in turn contributes to the strengthening of the position of the executive branch of government. Consequently, the process of rationalization of the parliamentary system of government can go in two different directions. In the first case, the strengthening of executive power relates primarily to the head of state. In extreme form, it leads to the introduction of the semi-presidentialism, which should be regarded as the result of profound rationalization of the parliamentary model. This version of rationalization exists in some European republics[3]. In the second case, through the aforementioned process, the prime minister (together with the government) be-

---

[1]   However, the demands of protesters also included social reforms, as well as the fight against corruption and nepotism. Constitutional changes were therefore not the only ones that were expected to be introduced. See: F. Abdelmoumni, "Le Maroc et le Printemps arabe", *Pouvoirs* Vol. 2, 2013, no. 145, pp. 131-134; B. Dupret, J.-N. Ferrié, "Maroc: le 'Printemps arabe' de la monarchie", *Moyen-Orient* 2011, no. 12, pp. 57-58. It is estimated that on 20 February 2011 150-200 thousands of the Moroccan people in over fifty cities and towns took part in the protests against the existing political and social situation. See: M. Madani, D. Maghraoui, S. Zerhouni, "The 2011 Moroccan Constitution. A critical analysis", International Institute for Democracy and Electoral Assistance, Stockholm 2012, p. 6, [on-line] http://www.idea.int/publications/the_2011_moroccan_constitution, 12 July 2015.

[2]   More broadly on the theoretical construction of the parliamentary system of government see: G. Sartori, *Comparative Constitutional Engineering. An Inquiry into Structures, Incentives and Outcomes*, New York 1997, pp. 101-119.

[3]   Its example is the semi-presidential system of government that has existed in France since the coming into force of the constitution of 1958. More broadly on this topic see: B. Clift, "Dyarchic presidentialization in a presidentialized polity. The French Fifth Republic", [in:] *The Presidentialization of Politics. A Comparative Study of Modern Democracies,*

comes the key element in the structure of the executive branch, while at the same time the position of the head of state is obviously weakened. The same refers to the status of the parliament in relation to the government. This version of rationalization is typical for modern European monarchies. It may be described as a premiership system of government[4]. What is important, common element of both variants of rationalization is a limited position of the legislative power. It is exemplified by a significant role of the executive branch in the law-making process.

The structure of the system of government established in the Moroccan constitution of 1996 indicated that it contained some elements of the parliamentary model. A confirmation of this was the principle of political responsibility of the government before the parliament – a necessary condition for such a system. The principle was, however, adopted in a limited form and had no significance in the political practice. Consequently, the existence of some components of parliamentarianism does not change the fact that before 2011 the Moroccan constitutional system was far from mechanisms that are typical for European monarchical model. Evidence of this is the content of all previous Moroccan constitutions of 1962, 1970, 1972, 1992 and 1996. All the basic laws were adopted during the reign of Hassan II who remained in power until 1999. These constitutions gave the king a lot of important competences and confirmed his dominance across the entire political system. In addition to the constitutional provisions that were favorable to the monarch, authoritarian style of governance should also be taken into account[5]. All this meant that the pro-democratic constitutional changes, which were started to be made in the 1990s, had little political significance. One of such reforms was the establishment of the Constitutional Council – the body whose main task is to control the constitutionality of the law[6]. Despite accession to the throne by Mohammed VI, which took place in the late 1990s, a new constitution was not enacted then. A sudden acceleration of the constitutional process occurred only as a result of the Arab Spring. The turmoil connected with the events of 2011 contributed to the adoption – after 15 years – a completely new constitution. The act introduced some novelties concerning the fundamental constitutional principles, as well as

---

Th. Poguntke, P. Webb (ed.), Oxford–New York 2005, pp. 221-245, [on-line] http://dx. doi.org./10.1093/0199252017.001.0001.

[4] Its example is the premiership system of government that exists in the United Kingdom. More broadly on this topic see: R. Heffernan, P. Webb, "The British Prime Minister: Much More Than 'First Among Equals'", [in:] The Presidentialization..., Th. Poguntke, P. Webb (ed.), pp. 26-62, [on-line] http://dx.doi.org./10.1093/0199252017.001.0001; J. Szymanek, "System rządów premierowskich jako nowy typ systemu rządów: casus Wielkiej Brytanii", Przegląd Politologiczny 2011, no. 1, pp. 65-77.

[5] F. Biagi, "The 2011 Constitutional reform in Morocco: more flaws than merits", Jean Monnet Occasional Paper 2014, no. 7, p. 5, [on-line] https://www.um.edu.mt/__data/assets/pdf _file/0016/207610/JM_Occasional_Paper_no._7_final_version_after_2nd_amendment.pdf, 10 July 2015.

[6] K. Naciri, "La loi et le règlement dans la Constitution", [in:] Trente années de vie constitutionnelle au Maroc, [in:] D. Basri, M. Rousset, G. Vedel (éd.), Paris 1993, p. 294.

major organs of the state, including the monarch, the government, the prime minister and the chambers of bicameral parliament.

2. The enactment of the 2011 constitution as a result of the Arab Spring

The process of constitutional reforms was launched by Mohammed VI. A fast decision concerning the creation of the new constitution allowed him to retain a big impact on its final shape. On 9 March 2011 Mohammed VI indicated the most important components which the new basic law would include. The monarch mentioned, *inter alia*, the promotion of fundamental rights and a guarantee of the independence of the judicial branch of government. Mohammed VI also paid attention to the changes that would affect the system of government. Among his demands there was the reinforcement of the principle of the separation of powers, as well as the transfer of new powers to the legislative body. What is more, the monarch also recognized the need to improve the status of opposition political parties. From the point of view of the system of government, the most significant element of the planned reform was, however, the requirement that the king would appoint as the prime minister a member of the political party with the largest number of votes in parliamentary elections[7]. It would undoubtedly expose the principle of political responsibility of the government before the parliament. Consequently, the expected constitutional changes, in particular those relating to the structure of the system of government, would result in the weakening of the role of the king, and at the same time in the increasing of the position of the parliament and the government headed by the prime minister. The extent, to which the strong constitutional position of the monarch would be limited, was therefore essential in the draft constitutional reform.

Following his speech of 9 March, Mohammed VI established the Consultative Commission on Constitutional Reform. The forum consisted of not only lawyers but also economists and sociologists. All the members of this body were appointed by the monarch. Its task was to draft a text of the reformed basic law[8]. It is worth emphasizing that – unlike some other states that experienced the Arab Spring, for example Tunisia – in Morocco there was no constituent assembly composed of popularly elected representatives of various political parties and other organizations. However, during the work on a new constitution different organizations could submit their proposals on constitutional issues. This also applied to 20 Feb-

---

[7]   F. Biagi, *op. cit.*, pp. 6-7.

[8]   *Ibid.*, p. 7; O. Bendourou, "La nouvelle Constitution marocaine du 29 juillet 2011", *Revue Française de Droit Constitutionnel* 2012, no. 91, p. 512, [on-line] http://dx.doi.org/10.3917/rfdc.091.0511; E. Popławska, "Recepcja zasad zachodniego konstytucjonalizmu (na przykładzie Maroka)", [in:] *Zmiany polityczne w państwach arabskich. Wybrane zagadnienia ustrojowe*, A. Rothert, J. Szymanek, A. Zięba (ed.), Warszawa 2012, pp. 37-38.

ruary Movement[9]. It does not change the fact that the new constitution has been prepared under the auspices of the monarch. It was the king who took the idea of the constitutional changes so that he acquired a special position as an initiator of the reforms, proving that he is able to respond immediately to the voice of the people. Imposing the main directions and the scope of the constitutional reforms, the monarch was able to control indirectly the process of constitution-making. The attention should be paid, however, to the significant difference in comparison with the previous constitutions, even with those which were adopted in the 90s. They all were imposed directly by Hassan II[10]. In this case, as a result of the Arab Spring, the power of the king to shape the content of the constitution was to some extent limited. Due to the quick response of the monarch and the immediate establishment of the Consultative Commission on Constitutional Reform, the organizations representing the 20 February Movement did not have a decisive influence on the final content of the new basic law. After a few months, July 1, 2011, the draft constitution was submitted to a popular referendum. Almost 73% of eligible voters took part in the vote. The new constitution was supported by over 98% of them. The process of constitution-making ended 29 July, 2011 with the promulgation of the new basic law[11].

3. The constitutional system of government

Taking into consideration the constitutional position of the most important organs of the state, it should be noted that the Moroccan constitution of 29 July, 2011[12] reinforces the principle of the separation of powers. According to the article 1, Morocco is a constitutional, democratic, parliamentary and social monarchy. The constitutional system of the Kingdom is based on the separation, the balance and the collaboration of powers. Such wording was lacking in the previous constitution of 7 October, 1996[13]. It is worth noting that the close cooperation of divided powers

---

[9]   F. Biagi, *op. cit.*, pp. 7-9.

[10]   The monarch had thereby a specific pre-constitutional power (*pouvoir 'pre-constituant'*). See: M. Rousset, "L'interprétation des pouvoirs du roi dans la nouvelle Constitution", [in:] *La Constitution marocaine de 2011. Analyses et commentaires*, Centre d'Études Internationales (ed.), Paris 2012, pp. 50-52.

[11]   O. Bendourou, *op. cit.*, p. 513; E. Popławska, *op. cit.*, p. 38.

[12]   Dahir n° 1-11-91 du 27 chaabane 1432 (29 juillet 2011) portant promulgation du texte de la Constitution, *Bulletin Officiel*, 30 July 2011, no. 5964 bis, pp. 1902-1928, [on-line] http://www.sgg.gov.ma, 10 July 2015; *Draft Text of the Constitution Adopted at the Referendum of 1 July 2011*, trans. by J.J. Ruchti, [in:] *World Constitutions Illustrated*, J.J. Ruchti (ed.), Buffalo–New York 2011, [on-line] http://www.constitutionnet.org/files/morocco_eng.pdf, 10 July 2015.

[13]   Dahir n° 1-96-157 du 23 joumada I 1417 (7 octobre 1996) portant promulgation du texte de la Constitution révisée, *Bulletin Officiel*, 10 October 1996, no. 4420 bis, pp. 643-654, [on-line] http://www.sgg.gov.ma, 10 July 2015.

is a key element of the parliamentary system of government. In the constitution of 2011 the factor is emphasized much stronger than before. There is no doubt that without respecting the principle of separation of powers, the parliamentary system cannot be properly constructed and appropriately implemented. This concerns in particular the relationship between the executive and the legislative branches of government.

In regard to the functions conferred on the monarch, it is clear that the constitution of 2011 changes the relationship between the monarchy and the government. In the article 42 the king is defined as the head of state, its supreme representative and a symbol of the unity of the Nation. The role of the monarch is also to be the guarantor of the continuity of the state, as well as the supreme arbitrator (*Arbitre suprême*) between the institutions, who guards the respect for the basic law and the regular functioning of the constitutional institutions. The monarch has to protect the democratic choice (*choix démocratique*) and the rights and freedoms of the citizens. Moreover, the king is the guarantor of the independence of the state and of its territorial integrity. It is worth noting that the function of an arbitrator that alleviates conflicts between other organs of the state is typical of the role of the head of state in the parliamentary model. Moreover, in the new constitution the functions of the king as the head of state have been separated from his functions as a religious leader. This is an important change in comparison with provisions of the previous constitutions. In this way, the two main roles of the head of state are clearly separated. It contributes to a better implementation of the rules of the parliamentary system in which the position of the monarch as a religious leader should not impinge on its functions within the system of government.

As indicated in the speech of Mohammed VI on March 9, 2011, under the new basic law, the king who appoints the government after the parliamentary elections is obliged to take into account the political composition of the House of Representatives (*Chambre des Représentants*) – the first chamber of the Moroccan parliament. According to the article 47, the king appoints the prime minister (described in the constitution of 2011 as the head of government – *Chef du Gouvernement*) from the political party that wins the parliamentary elections, and with a view to their outcomes[14]. On proposal of the head of government, the monarch appoints the other members of the cabinet. It should be pointed out that previously the prime minister was appointed at the discretion of the king. What is more, in the light of the constitution of 2011 the prime minister and the government are primarily responsible to the parliament. The prime minister needs to be supported by the parliament at the stage of the creation of the new government after parliamentary elections. As provided in article 88, after the designation of the members of the

---

[14] According to Mohammed Amine Benabdallah, this constitutional provision implies that it is the prime minister, not the monarch, who decides on the composition of his own government. See: M.A. Benabdallah, "Le bicaméralisme dans la Constitution marocaine de 2011", [in:] *La Constitution marocaine…*, Centre d'Études Internationales (ed.), p. 129.

government by the head of state, the prime minister presents before both chambers the programme that is going to be implemented. There is a debate before each of the chambers, but the discussion is followed by a vote only in the House of Representatives. The confidence is expressed by the vote of the absolute majority of all its members. In this way, the responsibility of the government before the parliament – the most important component of the parliamentary system – was clearly marked. In turn, the political responsibility of the government before the monarch is not expressed in a direct way. Moreover, the new constitution provides in the article 89 that the government exercises the executive power. This constitutional provision should be seen in the context of the principle of the separation of powers that has been undoubtedly strengthened in the new basic law. As stated in the said article, under the authority of the prime minister, the government puts into effect its own governmental programme. On this basis it can be concluded that the government plays an important role in determining the state policy.

A stronger position of the prime minister is also visible in other areas. In the article 104 of the new constitution, the head of government has been granted the right to dissolve the parliament. It refers exclusively to the House of Representatives, so the prime minister is not allowed to dissolve the second chamber – the House of Councillors (*Chambre des Conseillers*). The dissolution of the first chamber may take place by a decree passed in the Council of Ministers. Moreover, it requires consultations with the monarch, the president of the first chamber and the president of the Constitutional Court[15]. It should be pointed out that the right of the prime minister to dissolve the parliament is quite original. It is due to the fact that in the pure parliamentary system of government the dissolution of parliament is a typical competence of the head of state that acts as a political arbitrator. It is used mainly in order to ensure the necessary balance between the government and the legislative body[16]. Even though in the light of the constitution of 2011 the Moroccan parliament may be dissolved by the monarch, it is not the exclusive competence of the head of state. In this respect, the role of the prime minister is, however, more limited. Firstly, the head of government may dissolve only the first chamber, whereas the king is entitled to dissolve both of them. Secondly, the application of the article 104 requires the participation of the Council of Ministers, which is headed by the king. Therefore, the monarch is surely not devoid of influence on the decision of the prime minister who seeks to dissolve the House of Representatives.

---

[15]   Following the adoption of the constitution of 2011, the latter body has replaced the Constitutional Council. Its role has also been strengthened. It corresponds to the idea of consolidating the status of the judiciary in the Moroccan political system. More broadly on the judicial branch of government in the constitution of 2011 see: B. Mathieu, "L'émergence du pouvoir judiciaire dans la Constitution marocaine de 2011", *Pouvoirs* Vol. 2, 2013, no. 145, pp. 47-58; Y. Gaudemet, "Le pouvoir judiciare dans la Constitution marocaine de 2011", [in:] *La Constitution marocaine...*, Centre d'Études Internationales (ed.), pp. 199-205.

[16]   Ł. Jakubiak, "Parlamentaryzacja marokańskiego systemu rządów na gruncie konstytucji z dnia 29 lipca 2011 r.", *Przegląd Prawa Konstytucyjnego* 2014, no. 4, pp. 108-109.

What is more, the constitution of 2011 strengthened the role of the prime minister as the leader of the government. According to the article 92, under the presidency of the prime minister, the Council of Government – body, which was not provided in the previous constitutions – deliberates on the general policy of the state before it is presented in the Council of Ministers. It also deliberates on some other issues, such as: public policies, the engagement of the political responsibility of the government before the first chamber, as well as current affairs relating to the human rights and public order. This is another proof of a better position of the government and the prime minister. It should be emphasized that meetings of the Council of Government – unlike meetings of the Council of Ministers – are held without the participation of the king. Consequently, the prime minister may meet officially with ministers without the participation of the monarch, which gives the opportunity to determinate the policy of the government within its own political environment. For this reason, the Council of Government in Morocco resembles to some extent the council of cabinet in the Fifth French Republic, although the latter has not been settled in the constitutional provisions. It appeared only in political practice. It is worth noting that the Moroccan Council of Government has its own constitutional powers, which means that this body is not under the constant tutelage of the king[17].

The consequence of the strengthening of the position of the government led by prime minister is the evident shift in emphasis concerning the political responsibility of the government. The constitution of 2011 does not contain provisions explicitly giving the monarch a right to dismiss the whole government by his own decision. The article 47 provides only that the king may, on his own initiative, and after consultation with the prime minister, terminate the functions of one or several members of the body. This means that – according to Didier Maus – political responsibility before the king is ambiguous and not as strong as before[18]. What is more, the right to dismiss ministers has not been exempted from the requirement of countersignature. It further reduces the position of the monarch in relation to the government. It should be mentioned that the king does not have a direct impact on the composition of the government. It is due to the fact that the head of state appoints the members of the body on proposal of the prime minister. On the basis of the constitutional regulation of the governmental responsibility, it seems that the cabinet led by the prime minister is much more connected with the parliament than with the monarch[19]. It is one of the most important features of the constitutional reform of 2011. The same process can be seen in the constitutional regulation of the motion of censure. According to the article 105, the House of

---

[17]   D. Melloni, "La Constitution marocaine de 2011. Une mutation des ordres politique et juridique marocains", *Pouvoirs* Vol. 2, 2013, no. 145, p. 7.

[18]   D. Maus, "L'exécutif dans la Constitution marocaine de 2011", [in:] *La Constitution marocaine…*, Centre d'Études Internationales (ed.), p. 75.

[19]   Ł. Jakubiak, *op. cit.*, pp. 107-108.

Representatives may engage the political responsibility of the government on its own initiative. Moreover, the parliamentary responsibility of the body before the first chamber may be engaged by the head of government. It takes place on a declaration concerning the public policy or in connection with the vote of a text. The refusal of confidence has far-reaching effects. It results in the resignation of government (the article 103). It is worth noting that in the light of the new constitution, the parliament has additional instruments that give it the opportunity to obtain information about governmental activities. According to the article 101, the prime minister presents before the parliament an account concerning the actions taken by the government. The head of government is obliged to do so if there is a demand of the members of the legislative body, but the prime minister has also the possibility to act on his own initiative.

The reinforcement of the constitutional position of the prime minister and the government is unquestionable, but this opinion should not lead to far-reaching conclusions. Despite the aforementioned changes, a lot of key royal powers have been retained. As a result, the king can still have a major impact on the activity of the government. First of all, according to the article 48, the king presides over the Council of Ministers composed of the prime minister and other ministers. As provided in the article 49, the Council of Ministers deliberates on the strategic directions for the state policy. This body also deliberates on other matters, such as: amendments to the constitution or bills of organic laws. In this way, the king is able to influence directly the policy of the state. Through the Council of Ministers the monarch could also try to secure a permanent guardianship of the government. The monarch promulgates laws (the article 50), may address messages to the Nation and to the parliament (the article 52) or is able to dissolve both chambers of the parliament or only one of them (the article 52). These powers give him direct influence on the parliament, and indirect on the government. What is more, the king still plays an important role in the field of national security. It results from his function as the supreme chief of the royal armed forces. The special attention should be paid to the Superior Council of Security (*Conseil supérieur de sécurité*), because it is the monarch who presides over this body. Moreover, the head of state has extraordinary powers if there is a serious threat to the state security. According to the article 59, when the integrity of the national territory is threatened or the regular functioning of the constitutional institutions of the state is obstructed, the king may, after consultations with the prime minister, the president of the House of Representatives, the president of the House of Councillors, as well as with the president of the Constitutional Court proclaim the state of emergency[20]. The

---

[20] Such royal powers are based directly on the article 16 of the French constitution of 1958. These powers were also granted to the king in the previous Moroccan constitutions. Such a regulation of the state of emergency is characteristic of other French-speaking African countries. More broadly on this topic see: J. Robert, "L'état d'exception dans la Constitution du Maroc", [in:] *Trente années...*, pp. 239-260; A. Cabanis, M.L. Martin, *Les constitutions d'Afrique francophone. Évolutions récentes*, Paris 1999, pp. 105-109.

extraordinary powers of the monarch undoubtedly correspond to his role as the guarantor of the national independence.

It should also be noted that not all the powers of the head of state require the countersignature. As far as the powers that have been exempt from countersigning are concerned, the monarch is able to make use of a substantial scope of political autonomy. The limited significance of countersignature causes that the head of state is much more independent from the government. In conjunction with some other provisions of the current basic law that are surely beneficial to the monarch, it must be said that the planned weakening of its constitutional position has its clearly defined limits. This in turn determines the extent to which it is possible to strengthen the status of the prime minister as the head of government. Taking into account the described position of the king, there is no reason to believe that the prime minister could become an exclusive leader of the executive branch. There is no doubt that the monarch has not been deprived of any significant influence on the daily management of the state. Chairing the meetings of the Council of Ministers, where a lot of important decisions are made, proves it. This is the place where the king still has a lot to say. The same applies to the remarkable participation of the monarch in the law-making process.

4. Conclusions

In conclusion, it should be noted that – as far as the constitutional reforms of 2011 are concerned – the Arab Spring has brought only limited success. It is very well visible on the example of the system of government that is regulated in the provisions of the basic law. Contrary to the expectations of supporters of the 20 February Movement, Morocco did not transformed into a monarchy based on the European parliamentary model in which "the king reigns but does not govern"[21]. It can be concluded, however, that the current Moroccan system of government seems to be much more balanced. Consequently, this system is more like a classic semi-presidential system than pure parliamentary one. Such a situation can be seen as a result of the specificity of the Moroccan political life and the tradition of the country in conjunction with some circumstances of the Moroccan Arab Spring (first of all, a fast response of the monarch after the outbreak of social protests). Therefore, the king could impose the framework of the new basic law and control the process of constitution-making. However, despite the limited results of the constitutional changes, the basic law of 2011 clearly differs from the previous constitution of 1996. From this point of view, the new constitution seems to be an important step forward. Thanks to the basic law, Morocco is undoubtedly closer to the European monarchical systems, although this goal is still far away. Taking into account the specificities of North African states, it does not seem that it will ever be achieved.

---

[21]   F. Biagi, *op. cit.*, p. 13.

It can also be concluded that after the Arab Spring of 2011 the Moroccan constitutionalism, which since the adoption of the first basic law of 1962 has been borrowing some French constitutional designs[22], resembles – *toutes proportions gardées* – the semi-presidential system of the Fifth Republic. Although Morocco is not a republic, in the light of the constitution of 2011, relations in the triangle of the head of state – the government – the parliament seem to be quite similar to the relationship between the French political institutions that constitutes the semi-presidential model. In both cases, the characteristic is a kind of constitutional balance of power within the executive branch of government. Following the adoption of the constitution of 2011, the Moroccan system of government approached the parliamentary system in its highly rationalized version. Consequently, the parliamentarization of the system of government, which had been dominated by the monarch before 2011, resulted in the adoption of ideas, which are typical of semi-presidentialism. The most important issue is that in such a system there is – as Giovanni Sartori noted – a bicephalous executive that is composed of the head of state and the prime minister. The latter is independent from the president of the Republic, but has to be supported by the parliament. At the same time, the head of state is quite strong, but cannot govern alone. It leads to the conclusion that the president of the Republic has to share executive power with the head of government[23]. However, the aforementioned constitutional similarities do not necessarily mean similarities in the practice of governance. The real functioning of the constitutional institutions is the result of many factors, which are to a large degree unrelated to the content of the basic law.

---

[22] Various mechanisms of rationalized parliamentarianism concerning law-making process may be regarded as constitutional designs taken from France and applied in the Moroccan constitutionalism. More broadly on this topic see: M. Guibal, "Les sources modernes de la Constitution marocaine", [in:] *Trente années...*, D. Basri, M. Rousset, G. Vedel (ed.), pp. 50-54.

[23] G. Sartori, *op. cit.*, pp. 131-132. More broadly on the other definitions of semi-presidentialism see: M. Duverger, "Le concept de régime semi-presidentiel", [in:] *Les régimes semi-presidentiels*, M. Duverger (ed.), Paris 1986, pp. 7-17; R. Elgie, "What is semi-presidentialism and where is it found?", [in:] *Semi-presidentialism outside Europe. A comparative study*, R. Elgie, S. Moestrup (ed.), London–New York 2007, pp. 1-13; J. Szymanek, "System półprezydencki (mieszany). Metodologiczna zasadność i prakseologiczna użyteczność", [in:] *Systemy rządów w perspektywie porównawczej*, idem (ed.), Warszawa 2014, pp. 279-323.

Bibliography

Abdelmoumni F., "Le Maroc et le Printemps arabe", *Pouvoirs* Vol. 2, 2013, no. 145.

Benabdallah M.A., "Le bicaméralisme dans la Constitution marocaine de 2011", [in:] *La Constitution marocaine de 2011. Analyses et commentaires*, Centre d'Études Internationales (ed.), Paris 2012.

Bendourou O., "La nouvelle Constitution marocaine du 29 juillet 2011", *Revue Française de Droit Constitutionnel* 2012, no. 91, [on-line] http://dx.doi.org/10.3917/rfdc.091.0511.

Biagi F., "The 2011 Constitutional reform in Morocco: more flaws than merits", *Jean Monnet Occasional Paper* 2014, no. 7, p. 5, [on-line] https://www.um.edu.mt/__data/assets/pdf_file/0016/207610/JM_Occasional_Paper_no._7_final_version_after_2nd_amendment.pdf.

Cabanis A., Martin M.L., *Les constitutions d'Afrique francophone. Évolutions récentes*, Paris 1999.

Clift B., "Dyarchic presidentialization in a presidentialized polity. The French Fifth Republic", [in:] *The Presidentialization of Politics. A Comparative Study of Modern Democracies*, Th. Poguntke, P. Webb (ed.), Oxford–New York 2005, [on-line] http://dx.doi.org./10.1093/0199252017.001.0001.

Dahir n° 1-11-91 du 27 chaabane 1432 (29 juillet 2011) portant promulgation du texte de la Constitution, *Bulletin Officiel*, 30 July 2011, no. 5964 bis, [on-line] http://www.sgg.gov.ma.

Dahir n° 1-96-157 du 23 joumada I 1417 (7 octobre 1996) portant promulgation du texte de la Constitution révisée, *Bulletin Officiel*, 10 October 1996, no. 4420 bis, [on-line] http://www.sgg.gov.ma.

Draft Text of the Constitution Adopted at the Referendum of 1 July 2011, trans. by J.J. Ruchti, [in:] *World Constitutions Illustrated*, J.J. Ruchti (ed.), Buffalo–New York 2011, [on-line] http://www.constitutionnet.org/files/morocco_eng.pdf.

Dupret B., Ferrié J.-N., "Maroc: le 'Printemps arabe' de la monarchie", *Moyen-Orient* 2011, no. 12.

Duverger M., "Le concept de régime semi-presidentiel", [in:] *Les régimes semi-presidentiels*, M. Duverger (ed.), Paris 1986.

Elgie R., "What is semi-presidentialism and where is it found?", [in:] *Semi-presidentialism outside Europe. A comparative study*, R. Elgie, S. Moestrup (ed.), London–New York 2007.

Gaudemet Y., "Le pouvoir judiciare dans la Constitution marocaine de 2011", [in:] *La Constitution marocaine de 2011. Analyses et commentaires*, Centre d'Études Internationales (ed.), Paris 2012.

Guibal M., "Les sources modernes de la Constitution marocaine", [in:] *Trente années de vie constitutionnelle au Maroc*, D. Basri, M. Rousset, G. Vedel (ed.), Paris 1993.

Heffernan R., Webb P., "The British Prime Minister: Much More Than 'First Among Equals'", [in:] *The Presidentialization of Politics. A Comparative Study of Modern Democracies*, Th. Poguntke, P. Webb (ed.), Oxford–New York 2005, [on-line] http://dx.doi.org./10.1093/0199252017.001.0001.

Jakubiak Ł., "Parlamentaryzacja marokańskiego systemu rządów na gruncie konstytucji z dnia 29 lipca 2011 r.", *Przegląd Prawa Konstytucyjnego* 2014, no. 4.

Madani M., Maghraoui D., Zerhouni S., "The 2011 Moroccan Constitution. A critical analysis", International Institute for Democracy and Electoral Assistance, Stockholm 2012,
p. 6, [on-line] http://www.idea.int/publications/the_2011_moroccan_constitution.

Mathieu B., "L'émergence du pouvoir judiciaire dans la Constitution marocaine de 2011",
Pouvoirs Vol. 2, 2013, no. 145.

Maus D., "L'exécutif dans la Constitution marocaine de 2011", [in:] *La Constitution marocaine de 2011. Analyses et commentaires*, Centre d'Études Internationales (ed.), Paris
2012.

Melloni D., "La Constitution marocaine de 2011. Une mutation des ordres politique et
juridique marocains", *Pouvoirs* Vol. 2, 2013, no. 145.

Naciri K., "La loi et le règlement dans la Constitution", [in:] *Trente années de vie constitutionnelle au Maroc*, D. Basri, M. Rousset, G. Vedel (ed.), Paris 1993.

Popławska E., "Recepcja zasad zachodniego konstytucjonalizmu (na przykładzie Maroka)",
[in:] *Zmiany polityczne w państwach arabskich. Wybrane zagadnienia ustrojowe*, A. Rothert, J. Szymanek, A. Zięba (ed.), Warszawa 2012.

Robert J., "L'état d'exception dans la Constitution du Maroc", [in:] *Trente années de vie
constitutionnelle au Maroc*, D. Basri, M. Rousset, G. Vedel (ed.), Paris 1993.

Rousset M., "L'interprétation des pouvoirs du roi dans la nouvelle Constitution", [in:] *La
Constitution marocaine de 2011. Analyses et commentaires*, Centre d'Études Internationales (ed.), Paris 2012.

Sartori G., *Comparative Constitutional Engineering. An Inquiry into Structures, Incentives
and Outcomes*, New York 1997.

Szymanek J., "System półprezydencki (mieszany). Metodologiczna zasadność i prakseologiczna użyteczność", [in:] *Systemy rządów w perspektywie porównawczej*, J. Szymanek
(ed.), Warszawa 2014.

Szymanek J., "System rządów premierowskich jako nowy typ systemu rządów: casus Wielkiej Brytanii", *Przegląd Politologiczny* 2011, no. 1.

IV.
ÉTATS ET POUVOIRS FACE AU PRINTEMPS ARABE :
RÉFORMES ET *STATU QUO*/
STATES IN THE FACE OF THE ARAB SPRING:
REFORMS AND *STATUS QUO*

DOI: 10.12797.9788376386553.13

Belkacem Iratni[*]

University Algers 3

THE AFTERMATH OF 'ARAB SPRING' REVOLUTIONS: POLITICAL CONSENSUS OR POWER TRANSITION IN ALGERIA?
A Critical assessment

Abstract:

Since the coming of the so-called Arab Spring, there has been a mounting controversy on whether the dismissal of authoritarian regimes in the Arab world has effectively paved the way to democratization. In this vein, the reflection on political consensus or the transition to a new political order becomes pertinent and requires academic investigation on political change which can avoid uncertainties and "the fears of the unknown".

The main contention of this study, devoted to the Algerian case, pertains to the fact that in the light of domestic demands and external pressures, a move towards a consensus based on gradual political and economic reforms which were incepted in 2011, may avoid this country to be drawn into political turmoil, terrorism and social chaos as it happened in other Arab countries.

Key words: Algeria, political consensus, political change, Arab spring, terrorism

I – Questioning the potency of political transition:

The theoretical background of this study relies on the assumptions developed by Daron Acemoglu and James A. Robinson in their pioneering analysis related to

---

[*] Professor, Dean of the Faculty of Political Sciences and International Relations at the University Algers 3, email adress: kacemiratni@hotmail.com.

political transition in non-fully democratic societies, given the existence of a vast literature on political transformation, and a great number of experiences that have occurred since the end of the Cold War[1]. This theoretical setting may help to highlight the effectiveness of political transition through the analysis of the Algerian example, in the light of significant changes that have rocked North Africa in the recent years, ranging from timid constitutional amendments in Morocco to revolts in Tunisia and Egypt and a civil war in Libya, Syria and Yemen.

The two authors dwell on democratic convergence that may be ideally understood on the basis of Robert Dahl's 'polyarchy' model which includes two vital dimensions of democracy: competitiveness and participation, and a set of major civic and political rights and freedoms that serves as a basic indicator of democracy[2]. If political transition experienced by non-democratic societies aims at bringing a new political and social order, it remains obvious that most of these societies are still far from achieving high levels of competiveness and participation. Still, other political entities have quickly returned to non-democratic systems after more or less violent uprisings.

The lack of will to achieve democratic standards as it happened in Russian/ post-soviet transitions, was due the absence of democratic culture and to the legacy of history as well as to the weakness of the States due to competition between State and non-State actors and the incapacity of enforcing[3] the rule of law.

To many political analysts, the weakness of most of the Arab regimes was due to the lack of legitimacy, understood in the sense put forward by Seymour Lipset in his seminal "Some social Requisites of Democracy: Economic Development and Political Development"[4]. However, it seems too simplistic to weigh the legitimacy of many Arab regimes in terms of voting outcome as elections may not prove to be the real indicator of people's electoral behavior. In many cases, political apathy seems to explain the low level of voting turnout even when elections have been held in a more or less fair manner. The disgust is directed not only to the rulers but to the whole polity including opposition parties.

Many political scientists have argued that the Arab world has been relatively reluctant to experience sound political changes because of the lack of prerequisites for the democratic praxis. Explanations focused on the persistence of 'oriental despotism', the absence of effective institutional frameworks and good governance as well as the lack of a secular State power and the inexistence of a free market economy[5]. The failure to move to democratic values in the Arab World was also

---

[1]   D. Acemoglu, J.A. Robinson, "A theory of Political Theories", *The American economic Review* Vol. 91, 2001, no. 4, pp. 938- 963.
[2]   *Ibid.*
[3]   Gel'man, "Post-Soviet Transitions and Democratization: Towards Theory-Building", *Democratization* Vol. 2, 2003, no. 10, pp. 87-104.
[4]   M.S. Lipset, "Some Social Requisites of Democracy: Economic Development and Political Legitimacy", *American Political Science Review* Vol. 53, 1959, no. 1, pp. 69-105.
[5]   S. Salem, "Theories of democratic transition. The case of Egypt", *Muftah*, 1 July 2013, [on-line] http://www.muftah.org/scholarship-on-democratic-transition-the-case-of-egypt, 20 February 2015.

explained by the weight of the Army which is regarded as the backbone of many Arab regimes because of its corporatist interests and geostrategic considerations as it has been the case in Egypt.

Nevertheless, the mistake concerns the claim that liberal democratic values are universal and that western liberalism is tailor-made for all societies, despite differences in terms of identity, religious values, historic development and economic achievements. The contention, here, is that Arab societies may present some specificities and that their political development may involve some peculiar aspects that can mix democratic values with local cultural, social and economic ingredients. In fact, Western powers have been more interested to maintain political stability in the Arab world in order to exploit its vast riches than urging a move towards democracy and social progress. It is worth reminding that the regimes of Ben Ali, Gadhafi, and Hosni Mubarak have been able to secure their power for a long time, thanks mainly to the support of Western powers.

'The Arab spring' did not lead Arab societies into the path of western democracy and the uprisings succeeded only in removing dictatorial regimes. The changes that started in Tunisia in 2011 have brought religious extremism, social chaos, political instability and economic decline in many Arab countries. These fears constitute the reasons that explain why Algeria has been kept aloof from political unrest. Indeed, after embarking upon radical reforms that saw the introduction of a multiparty system and a free-market economy in 1989, Algeria has experienced a bitter Islamic upsurge after the cancellation of the second round of the parliamentary elections which the Islamist movement was poised to win in January 1992. This uprising was followed by a decade of terrorist attacks that cost more than 150.000 lives and the loss of more than $30 billion in economic damages.

In the face of 'Arab spring' turmoil, Algeria was able to preserve an impressive level of stability, help to stave off further unrest in the Maghreb region and strengthen the country's baseline economic indicators[6]. These successes were made possible thanks mainly to the increase of oil prices and to the politics of national reconciliation that was initiated by President Bouteflika since coming to power in 1999. As a result, most of the terrorist groups gave up violence in return for amnesty and social measures. In addition, moderate Islamist parties have joined the presidential coalition and some of their militants were earmarked for ministerial portfolios. Therefore, predictions that Algeria was to follow suit after the events that had occurred in Tunisia, Libya and Egypt were swept away.

The small street riots that erupted in 2011 were due primarily to the opposition of businessmen operating in the black economy networks to the economic measures enforced by the government. Nevertheless, the regime pushed forward its ambitious development programme which aimed to improve basic infrastructures, such as social housing and public transport, subsidize basic goods and increase financial inducements in favor of the poorer segments of the population. It has also

---

[6]　　The report, Oxford Business group, p. 15.

granted credit facilities in order to drastically reduce unemployment. In parallel, the government engaged a constitutional reform process in 2011 in order to improve good governance as it was proclaimed.

However, when President Bouteflika announced his intention to run for a fourth mandate in 2014 and when news that his health was deteriorating, some opposition parties and small segments of civil society began to mobilize their forces in order to impose the change of the regime. Amid these assumptions, a movement supposed to represent civil society, *Barakat* (enough) came to emerge a few weeks before the presidential elections. It started to organize small public meetings to express support for the establishment of democracy and oppose Bouteflika's decision to run for presidency. The impact of this movement on the home polity was too limited as *Barakat* failed to gather a wide support from the masses. Besides, the official opposition parties were also divided over the strategies to counter the expected victory of Bouteflika in April 2014 presidential elections.

The call of the opposition parties increased with the dwindling of oil prices and with the security situation going worse in Algeria's neighbouring countries (Tunisia, Libya and Mali).The reaction of the Algerian opposition was incited by the emergence of terrorist groups in these countries and the intensification of smuggling activities along Algeria's immense and porous borders.

Security and economic considerations came to fill the agenda of both the regime and the opposition. Each of them believes that its choices with regard to conducting political affairs, ensuring domestic stability and managing national economy, were the best. While the leadership called for a political consensus through deepening the reforms initiated in 2011, opposition parties and small segments of the civil society continued to urge for the transformation of the regime. Political change came then to defy political consensus and this equation constitutes the challenge Algeria is facing today.

II – Political consensus as the regime's choice:

To strengthen his position, Bouteflika succeeded in striking a *modus vivendi* with various ruling elites. He was, then, able to restructure the apparatus of the security services and redefine its missions in early 2014. The functional arrangements taken by President Bouteflika and the leadership of the security forces can be explained by the widely shared necessity to maintain internal cohesion and stability in the face of threats that may come from terrorist groups activating in neighbouring countries. Thus, security concerns became the cornerstone of the regime's policy which found a sound support from the great majority of Algerians who have experienced a bloody struggle with the Islamic insurgents in the 1990s.

Moreover, if threats from terrorist groups activating in Algeria have withered away, terrorist attacks were still carried out in the southern parts of the country by groups affiliated to *AL- Qaida* in Islamic Maghreb (AQIM) operating in the Sahel region. The attack targeting gas facilities in Ain Amenas, a locality situated in the southern swathes of Algeria in January 2013, was regarded as a potential factor which could destabilize the country by undermining its vital economic resources[7]. The results were a drop of gas production and revenues, the fear that foreign companies would withdraw from Ain Amenas gas plant, and the psychological burden for companies otherwise willing to invest in Algeria[8].

In this context, President Bouteflika came to be regarded by many Algerians as the savior of the national sovereignty and social cohesion as well as the guarantor of internal stability in the face of political upheavals experienced by Tunisia, Egypt and Libya. According to a political analyst, *"Bouteflika still enjoys a significant degree of support and legitimacy in the eyes of many Algerians, being considered as the person who took Algeria out of the abyss of civil war. Moreover, his patronage networks and paternalistic policies buy him a significant inter-class and geographically widespread support. Despite his poor health, he has remained the only name on which most of the different actors of the country could agree"*[9].

In this context, Abdelaziz Boutefklika won his four term in office on April 17, 2014, obtaining 81% of the cast, well ahead of his main contender, former Prime Minister Ali Benflis (12%). The opposition claimed that the victory Bouteflika's was illegitimate as the turnout was only 51%, down from 75% in 2009, and that his success was helped by a massive fraud. Substantial evidence of such a fraud was not given and foreign observers have attested of the fair character of the presidential elections. In addition, Bouteflika's health condition[10] economic mismanagement of public enterprises, and bureaucratic malpractices came under harsh criticisms from the opposition parties.

Strengthened by a large victory in the 2014 presidential elections, Bouteflika went on pursuing ahead his agenda of political reforms and ambitious economic programme. *"It will be the opening of a new page in the path of overall reforms… which cannot be fruitful in the absence of political reforms"*, he said in a speech read on his behalf at a ceremony convened in Mostaganem in April 2014[11].

President Bouteflika proposed a raft of reforms which aimed at delegating more authority to the prime minister, reinforcing the independence of the judiciary, strengthening the role of the parliament, promoting civil liberties and ensuring

---

[7] Algeria has 160 trillion cubic feet of gas, making it the third-biggest gas producer in the world after Qatar and Russia. It ranks fourteenth in oil reserves with 12 billion barrels.

[8] D. Cristiani, "Algeria's Political Transition Begins in the Midst of Major Security Challenges", *Terrorism Monitor* Vol. 12, 2012, no. 9.

[9] *Ibid.*

[10] President Bouteflika suffered a stroke in 2013 that forced him to move in a wheel-chair and make rare public appearances.

[11] "President Bouteflika announces political reforms for consensual revision of constitution", *Algeria Press Service*, 28 April 2014, [on-line] http://www.aps.dz/en/folder-presidential-elec tion-2014/2352-president-bouteflika-announces-political-reforms-for-consensual-revision-of-constitution, 12 March 2015.

fair elections. Specifically, a two-term presidential limit was proposed and provisions for a new electoral law and a new information code were announced. In addition, the 19-year long state of emergency was abolished and the representation of
women in electoral contests was greatly enlarged.

The draft was handed to political parties which have been invited to debate
the reforms in June 2014 before being handed to a constitutional committee for
review. Thus, the president's cabinet director Ahmed Ouyahia opened up a round
of consultations with opposition parties, national personalities, and representatives
of civil society in order to consolidate the constitutional reforms process incepted
by President Bouteflika in 2011. A panel of law experts and academics was set up
to draw up a draft constitution. The commission completed its work and handed
a report to the president in September 2014. A revised constitution may be announced during the first quarter of 2015 and submitted to the two chambers of
the parliament.[12]

In parallel to political reforms project, the Algerian government announced
a new five-year economic plan (2015-2019), worth $262 billion, to strengthen the
country's basic infrastructures, resorb housing deficit, expand hydrocarbons exploration and boost agriculture sector in order to reduce rising import bills. Through
this new plan, President Bouteflika wanted to draw lessons, improve the impact of
his programme on local and human development and build a productive and diversified economy. Moreover, Algeria's Prime Minister, Abdelmalek Sellal confirmed
in many public statements that the 2014-2019 investment plan based on sound
forecasts would help increase Algeria's economic growth up to 7% in 2019, and that
Algeria's future would not be mortgaged. He also reiterated the engagement that
his government would opt for an economy that creates wealth without neglecting
but rather providing assistance to lower classes of the population.

To sustain national development and head off the sort of unrest that upended
the economies of Tunisia, Libya and Egypt, the Algerian government responded by
pouring

"*More than $10 billion annually to finance social housing, unemployment ben-
efits and heal for lower social strata and public health*"[13]. Annual expenditure is
expected to reach 30% of the GDP of 2014-2015 (a little more than $78 billion)[14].

---

[12]   "Interview of Mohamed Larbi Ould Khelifa, The Speaker of the Lower House of the Alge-
       rian Parliament", *El Watan*, 9 March 2015, p. 2.
[13]   Reda Hamiani, former Head of the association of private entrepreneurs, le Forum des Chefs
       des entreprises (FCE), *Jeune Afrique* 2011, no. 2614, p. 7.
[14]   The report…, p. 26.

III – Power transfer as the response of the opposition coalition:

Political consensus based on a package of reforms announced by President Boutef-lika in April 2014 was met by some skepticism by opposition parties and segments of civil society which saw these reforms as a means to maintain the current political system. Only a week after April 2014 presidential elections, Ali Benflis set up the Pole des Forces du Changement (PFC), a movement that gathered about twenty (small) parties which supported his candidacy during these elections. Moreover, about 400 people representing various opposition parties as well as intellectuals, journalists and human rights activists created the National Coordination for Liber-ties and Democratic Transition (CNLTD). This coalition included secular move-ments such as *Jil-Jadid* (Arabic word for 'new generation') and the Rally for Culture and Democracy (RCD) as well as Islamist parties such as *Ennahda* and the Move-ment of the Society for Peace (MSP).

The CNLTD and PFC declined invitations to take part in talks to reform the constitution that took place in June and July 2014. According to Abdelaziz Rahabi, a prominent CNLTD member, the reason of this refusal was that *"President Boute-flika has launched these consultations to gain time, distract the population, send signals of democratic openness to foreign powers and give the image of a country that is changing, but it is a cosmetic maneuver"*[15].

It was the first time ever that ideologically and eclectically different parties unite in a coalition to call for the change of the regime. The political landscape of Algeria's opposition front became to change radically when representatives of Is-lamist conservative forces and secular activists came together to hold conferences, organize public protests and try to mobilize the population in order to force the regime out. The formation of CNLTD was considered as a good beginning to unite opposition parties and a sign that *"Political opposition in Algeria has matured a lot"*, declared Sofiane Djilali the leader of *Jill Jadid.*

At the conference held in Zeralda near Algiers in June 2014, the CNLTD adopted a political platform with the objective of "pursuing the common action for change, guaranteeing liberties and democratic transition as well as implicating Algerian people in the process of change"[16]. The principles of democratic tran-sition concern the respect of the republican character of the Algerian State, the preservation of national unity, the rejection of all forms of violence and keeping the military establishment away from political conflicts. The platform insisted also on the importance of dialogue and consensus in the process of democratic transition[17].

---

[15] *Ibid.*
[16] "La CNLTD dévoile sa Plateforme politique et ses propositions pour une transition démo-cratique", *TSA Algérie*, 31 May 2014, [on-line] www.tsa-algérie.com/2014/05/31/ plateforme-politique-de-la-conference-pour-la-transition-democratique-la-coordination-pour-les-liber tes-propose-un-gouvernement-consensuel-de-transition, 12 March 2015.
[17] *Ibid.*

To achieve its objectives, the CNLTD proposed *"a dialogue without exclusion and a constitution based on a true consensus and approved by referendum"*[18].

On a concrete basis, the CNLTD held a meeting on June 18, 2014 in order to evaluate the recommendations taken at the conference convened in Zeralda and define a programme of actions. It held also several conferences in September and October in order to promote its agenda and change the perception that the Algerian opposition is widely and irreversibly split between Islamists and secular reformists[19].

The unity of some opposition parties did not, however, resist political realities in the sense that opposition in Algeria is not only weak but also divided. From the start of the creation of the CNLTD, the movement *Barakat* showed its reluctance to join the Islamist parties in this coalition. Amira Bouraoui, a founding member of *Barakat*, clearly asserted her aversion to Islamist parties by declaring that: *"Algeria has had a very painful history with terrorism and Islamism and we cannot fall into the same traps"*, adding that *"we want a secular state"*[20].

Most important, was the refusal made by the Front des Forces Socialists (FFS) to join the CNLTD. Supposed to be the most prominent opposition party in Algeria, the FFS favours a modern and democratic Algeria, but it has also altered participation and boycott of the various elections held since the introduction of the multiparty system in 1989[21]. By participating in government-hosted meetings held in June and July 2014 and keeping distances with the CNLTD, the FFS has certainly weakened the coalition opposed to the regime and undermined its credibility.

The Front of Socialist Forces came to opt for a medium line between the regime's call for political consensus based on gradual political reforms and the opposition coalition which urges a political transition aiming at bringing power change in Algeria. Thus, the FFS proposed a national conference which aims at *"reconstructing a national consensus"* in order *"to save Algeria and not the regime"*, according to the declaration made by the National Secretary of this party in November

---

[18]   "La CNLTD tire à boulets rouges sur le FFS", *TSA Algérie*, 24 October 2014, [on-line] http://archives2014.tsa-algerie.com/2014/10/24/la-cnltd-tire-a-boulets-rouges-sur-le-ffs, 14 March 2015.

[19]   "La CNLTD dévoile…", *TSA Algérie*, 31 May 2014, [on-line] www.tsa-algérie.com/2014/05/31/plateforme-politique-de-la-conference-pour-la-transition-democratique-la-coordination-pour-les-libertes-propose-un-gouvernement-consensuel-de-transition, 12 March 2015.

[20]   K. Barzegar, "Stumbling towards unity", *Goog Governance Africa*, 1 December 2014, [on-line] http://gga.org/stories/editions/aif-29-africas-opposition-in-pieces/stumbling-towards-unity, 14 March 2015.

[21]   This movement is the oldest opposition party in Algeria (1963), led by his charismatic and ailing leader Hocine Ait Ahmed, one of the 9 historic chiefs that launched a revolution against French colonial rule in November 1954. The FFS boycotted parliamentary elections in 2002 and 2007 as well as presidential polls in 2009 and 2014. It chose to run during the 2012 parliamentary election and won 27 seats in the 462-seat People's National Assembly, the Algerian Parliament's lower house.

2014[22]. It held, then, numerous meetings with other opposition parties as well with the FLN party, the National Rally for Democracy (RND), *Taj* ('crown' in Arabic language) and the Mouvement pour le Changement (MPA). All these four parties belong to the presidential coalition.

The FLN and RND met the initiative incepted by the FFS with some enthusiasm at the beginning, but they started to criticize this project on the basis that " *it cannot succeed without the control of legal institutions by the State*" as the leader of RND, Abdelkader Bensalah[23] declared. Moreover, FLN's Secretary General, Amar Saidani insisted that the FFS project "*should not question the legitimacy of President Bouteflika*"[24].

For its part, the CNLTD considered the initiative of the FFS as a means to undermine its own proposal and criticized this party as being an instrument in the hands of the regime[25]. The CNLDT leaders issued a statement asserting that: "after the failure of its consultations around the constitution, the political system seeks again, through biased methods, to draw the political class to new but useless consultations"[26].

The CNLTD went on putting pressure on the political system through peaceful means in order to counter what it saw "*as manoeuvers of the regime*"[27]. Thus, this coalition tried to organize sits in public meetings and processions but with no wide mass support. The leaders of CNLTD protested against what they conceived as a ban by security forces on these actions[28]. They also tried to mobilize public opinion on the occasion of demonstrations that erupted in In Salah, a remote city in the Algerian Sahara against the news that the government has started to exploit shale gas. The slogans proffered by marchers considered shale gas as damaging to health and environment. On February 24, 2015, CNLTD activists reiterated their appeal to the people to join public protests against the regime's policies on the occasion of the double celebration of the foundation of the Algerian Trade Union (UGTA) and the State's nationalization of oil assets detained by foreign companies. These calls

---

[22] H. Naït Ali, "Consensus national. Le FFS veut 'sauver l'Algérie et non le pouvoir'", *Le Quotidien d'Oran*, 9 November 2014, [on-line] http://www.algeria-watch.org/fr/article/pol/initiatives/ffs_lignes_rouges.htm, 12 March 2015.

[23] "Mascara: Bensalah cible l'initiative du FFS et l'opposition", *El Watan*, 22 February 2015, [on-line] http://www.elwatan.com/actualité/mascara-bensalah-cible-l-initiative-du-ffs-et-l-opposition-22-02-2015-288165_109.php, 12 March 2015.

[24] H. Naït Ali, *op. cit.*

[25] "La CNLTD tire à boulets…", *TSA Algérie*, 24 October 2014, [on-line] http://archives2014.tsa-algerie.com/2014/10/24/la-cnltd-tire-a-boulets-rouges-sur-le-ffs, 14 March 2015.

[26] *Ibid.*

[27] "La CNLTD dévoile…", *TSA Algérie*, 31 May 2014, [on-line] www.tsa-algérie.com/2014/05/31/plateforme-politique-de-la-conference-pour-la-transition-democratique-la-coordination-pour-les-libertes-propose-un-gouvernement-consensuel-de-transition, 12 March 2015.

[28] S. Djilali, "Secretary General of Jil Jadid declared that the 'he regime has blocked all the issues in Algiers in order to put an end to any citizen movement'", Le Pouvoir a bouclé tout Alger, [on-line] http://www.algerieconfluences.com/p=27422, 13 March 2015.

remained illusory as only a few people went to the streets to support CNLTD's initiative. However, these public protests were viewed as "a great success", by Aberrazack Mokri, the President of MSP and one of the prominent figures of CNLTD[29].

IV – Consensus vs power transfer in the light of Algeria's great challenges:

If politics is about power shift and interests, whether these interests are related to individuals, groups, communities or states, it remains that political options and choices are also determined by challenges, threats, domestic demands and external pressures. It seems more pertinent to analytically combine these parameters in the light of the challenges Algeria is facing in order to evaluate which of the political designs proposed by the Algerian regime or by the opposition may be less costly in terms of stability and more advantageous in terms of economic progress. Therefore, two big challenges appear of a great importance to Algeria's future: Salafism in a tricky regional context and the dependence on the hydrocarbons sector.

1 – Salafism and a complex regional context:

A political analyst depicted *Jihadism* as one of the biggest challenges for Algeria in Bouteflika's fourth term[30]. However, it seems that *Salafist* ideology may be the real seeds that breed terrorism. Indeed, the potential threat to Algeria may be more the propagation of an ultra-conservative interpretation of Islam than the violence carried out by Islamist terrorists. The threat, then, may be propagated by school education, social media used by radical Islamist preachers rather than by arms, missiles or suicide-attacks.

The process of 're-islamisation' of the Algerian society, as encouraged by imported religious schisms since the 1990s and the religious zealotry pursued by some public and private institutions seem to reflect the new form of practicing Islam. However, these practices may not be as dangerous as the spread of *Salafi* as an ideology. This ideology which derives from *Wahhabism*, a school of thought initiated by a Saudi Arabian preacher close to King Saud family, outlines an apparent attachment to the teaching of *Salaf* (ancestor) and exalts a *de façade* rigorist and ascetic practice of religion.

The danger of *Salafism* is not represented by religious radicalization of *Salafi* militants as such, but by the fear that this ideology may lead to increasing intolerance and to cultural regression and ignorance[31]. Obscurantism and religious fanati-

---

[29]   "Interview of Mohamed Larbi…", *El Watan*, 3 March 2015, p. 2.
[30]   D. Cristiani, *op. cit.*
[31]   B. Iratni, "Why no spring in Algeria. Questioning multiculturalism and democracy experiments", [in:] *Democracy and Multiculturalism in North Africa in the light of Arab Spring*, E. Moha (ed.), New York–London 2014, p. 35.

cism may seriously undermine Algerian authenticity and traditional fabric which is based on Maliki rite (considered as a moderate and open-minded)[32].

School Education which relies heavily on Arabic language in Algeria has permitted youngsters to get access to Middle-East based Salafi literature through books and social media in particular. It has provoked, in fact, a split with traditional religious teachings based on orality mainly because many segments of the old generations were illiterate.

In recent years, radical Islam proselytism, through a Niagara of *fatwas* (legal pronouncements) made by Middle Eastern clerics or *Imams*, has inundated social networks and became a new fashion that has attracted many Algerian youngsters. External environment has also impacted youth radicalization in Algeria and elsewhere with mounting Islamic xenophobia in Western Europe (as highlighted by 'Charlie Hebdo' case) as well as by US military intervention in Iraq and Afghanistan and their staunch support to Israel's aggressive policies in Gaza strip. To shift to extremism became then easy and plunging into jihadism may be considered as "the last stage" in *Salafi* ideology, to paraphrase Lenin's caricature of Imperialism.

The propagation of *Jihad* ideology in Algeria has increased after NATO's military intervention in Libya, since it has also favoured the emergence of extremist groups in this country and the intrusion of Middle-East based Islamic State in Iraq and the Levant (ISIL) or *Daech* in North Africa. In Algeria, some terrorist groups such *Jund Al-Khalifa* (soldiers of the Caliphate) have shifted their allegiance from the dominant Maghreb branch of AQMI to Al-Baghdadi, the leader of ISIL. In Tunisia, the radical *Oqba Ibn Nafaa* brigade has issued statements in support of *Daech*. The killing of a French hiker Hervé Gourdel in Algeria in September 2014, the assassination of Egyptian Copts in Libya in February 2015 and the attack on Bardo Museum in Tunis in March may be considered as serious signals of the attempt by *Daech* terrorist groups to destabilize the whole Maghreb.

In such a 'hot' regional context, Algeria found itself surrounded by a belt of insecurity (a 'fire belt') along its northern borders with Tunisia and Libya and its southern frontiers with Niger and Mali where AQMI groups are still active. Consequently, the Algerian leadership repeatedly called for the preservation of internal cohesion and domestic stability. If *Jihadism* is no longer a serious threat within Algerian borders, it remains that instability faced by its neighbours, due to terrorist attacks and Salafi activism, may constitute a permanent source of worries for Algeria's domestic security.

---

[32] The debate on the law related to violence against women scheduled to take place in the upper chamber of the Algerian parliament on 23 March 2015 was delayed *sine die*, probably because of pressures by the Islamist and conservative trend to stop this bill from being voted. See *El Watan*, 30 March 2015, p. 4. This paper reported for insistence that Islamists deputies were against this law on the basis that "it is their fault, if women are attacked in the street", and "we cannot criminalize a man who was excited by a women" and also that "women cloths which are not allowed by Sharia (Islamic law) are responsible for the violence of men against women".

Therefore, maintaining internal stability and social cohesion became the leitmotiv of Algerian leaders. Trying to threaten the regime by pushing people to demonstrate in streets was considered by Abdelkader Bensalah, the leader of RND and speaker of the Algerian Senate as an attempt by opposition parties "to jeopardize the stability of the country"[33]. In a speech delivered in Hassi Messaoud, Algeria's most important gas plant on February 24, 2015, Prime Minister, Abdelmalek Sellal declared that "*some people have tried, in vain, to fuel fitnah (ill-feelings) in the North of the country, and then in the South in Ghardaia, Ouargla and Djanet. After these successive failures, they try now to do the same in In Salah, but their action will not succeed, because the Algerian people is united and Algeria is today a stable country that exports peace*"[34].

Security became thus tightly linked with economic development, particularly in a conjuncture marked by the fall of oil prices. In a speech addressed on February 24, 2014 on the occasion of celebrating the 34th anniversary of the nationalization of oil assets, President Bouteflika declared that: "*the preservation of the global security of our country which drains all our efforts, implies the mobilization of all vital forces to preserve our economic security*"[35]. He also reminded that "social gains, gradual reduction of the level of unemployment as well as many socio-economic achievements were obtained only because of the reestablishment of peace and stability during the last years"[36].

Such a 'national security consensus' preached by Algerian leaders may be shared by many of their citizens, as the memory of the Islamist insurrection in the 1990s is still vivid and the recent events in Libya, Syria, Tunisia and Egypt stand as powerful reminders of the chaos that may be generated by revolutionary uprisings[37]. Furthermore, possible foreign conspiracy to destabilize Algeria was put forward, as highlighted by the meeting held jointly by the Trotskyist 'Party of the Workers' and Algeria's main trade union, UGTA in Algiers in January 2013.

Algerian opposition parties reiterated their rejection of violence, insisting on a peaceful political transition. Still, street demonstrations, however peaceful they may be, will not avoid 'the fear of the unknown'. Furthermore, Algeria's political opposition remains deeply divided, despite a kind of unity shown behind the

---

[33]   "Mascara: Bensalah cible l'initiative…", *El Watan*, 22 February 2015, [on-line] http://www.elwatan.com/actualité/mascara-bensalah-cible-l-initiative-du-ffs-et-l-opposition-22-02-2015-288165_109.php, 12 March 2015.

[34]   [on-line] http://www.algerie-focus.com/blog/2015/02/sellal-accuse-lopposition-dattiser-lafitna, 12 March 2015.

[35]   "Message of President Bouteflika on the occasion of the anniversary of the creation of the Algerian Trade Union (UGTA) and the nationalization of oil and gas in Algeria.du Président Bouteflika à l'occasion du double anniversaire de a création de l'UGTA et de la nationalisation des hydrocarbures", [on-line] http://www.elmoudjahid.com/fr/actualites/74000, 25 February 2015.

[36]   *Ibid.*

[37]   D. Cristiani, *op. cit.*

CNLTD. A conclusion to be drawn is that opposition parties are too weak and highly disparate to overthrow the Algerian regime. Neither the Front des Forces Socialistes (FFS) or the newly formed Pole des Forces du Changement (PFC), or Mouloud Hamrouche a former Prime Minister and a well-known reformer[38], have resolutely supported CNLTD initiatives.

People's apathy to politics in Algeria is well established, as 97% of Algerians claim not belong to a political party, while 50% mistrust parliament and political parties, according to a survey conducted recently[39]. However, this political apathy finds its explanation in the fact that large segments of the Algerian population seem more worried by the ways to get access to the rent through the easy distributive capacities of the State, considered as a 'nanny' state in many respects.

Seemingly, the regime has the capacity to master the desire to change and temper the ardor of opposition parties to impose a radical transformation of the Algerian political system. As a French political analyst argued, "Algeria does not depend on tourism, direct foreign investments, or revenues from the Suez canal, in contrast to Tunisia and Egypt. In fact, the regime has the means to resist"[40]. In any case, the Algerian army remains the real means able to keep domestic order and secure the country's borders in accordance to its constitutional prerogatives. Therefore, in response to calls made by some politicians to implicate the army in power politics, *El Djeich*, the mouthpiece of the People's National Army (ANP) stated that "Today, a quarter of a century after the introduction of pluralism and the definite withdrawal of the army from the political scene, ANP has been completely engaged in the building of a modern and professional army, and conducting its constitutional missions by protecting itself from any interference and political calculations"[41].

2 – The dependence on the hydrocarbons sector:

Between 2009 and 2013, Algeria saw energy exports and public revenues almost double. This spiral of cash flows has facilitated a strong growth of imports and public spending and contributed to build large foreign exchange assets. The hydrocarbons sector is certainly a blessing for Algeria as it accounts for nearly 40% of

---

[38]	A former high officer and a long-time assistant to President Boumedienne (1965-1978), Mouloud Hamrouche appointed Prime Minister by President Chadli in 1990 after the introduction of multiparty system.He carried out decisive and bold economic reforms but stepped down amidst the Islamist insurrection led by the Salvation Islamist Party (FIS) in 1992. Despite his retirement, he is supposed to have maintained strong links within the army and State apparatuses. The current economic situation that may be fragilized by a continuous drop of oil prices may make of Hammrouche one of the most serious candidates to succeed Bouteflika.

[39]	Sondage d'opinion sur les Algériens et la politique in *El Watan*, 12 January 2010, pp. 2-3.

[40]	Interview of Luis Martinez to *El Watan*, 17 January 2011, p. 2.

[41]	Editorial „*El Djeich*", July 2014.

GDP, 98% of export earnings, 85% of all current account earnings and 70% of fiscal revenues[42]. But it can turn into its Achilles heel when oil prices witness a long-term downward trend. The crumbling down of oil prices which began by mid-2014 has shifted the attention on the fragility of Algerian economy as these prices were divided by half in the following six months.

Political opposition started to blame the government for mismanagement, excessive social expenditure and heavy dependency of the country's economy on oil and gas revenues. It has focused on the negative effects a continuous drop of oil prices may have on the country's economy as it happened in the mid-1980s. At that time, Algeria faced a thorny crisis that resulted in a violent uprising in October 1988 which caused dozens of young victims.

Today, Algeria's officials respond by denying that their country is facing an economic crisis and by confirming that Algeria could weather the fall of oil price. Finance Minister, Mohamed Djellab insisted that "the financial stability of Algeria will not be affected by the oil price drop (because) the government has means at its disposal to deal with this type of situation"[43]. In fact, by June 2014, Algeria has $193.26 billion in foreign exchange and some $60-70 billion in a Stabilization Fund designated to insulate the economy and the budget from the fluctuations of oil prices[44]. Furthermore, external debt is very low at less than 2% of GDP, a matter that will help the government's ability to meet its external financing needs.

Despite these assets, Algeria could still expect a suffocating economic crisis if the fall of oil prices continues in the long run and if the local export structure is not diversified. Meanwhile, the government has urged investment in industry and agriculture without neglecting the hydrocarbons sector. Sonatrach, the Algerian State oil company, has allocated a budget of $ 42 billion over the next five years for exploration and development in the oil and gas field[45].

Ending the heavy reliance on the hydrocarbons sector may constitute one of the biggest challenges Algeria is facing today and will probably be the main subject of contention between the Algerian leadership and its political opposition in the short run.

---

[42]   Africa/Documents, [on-line] http://www.kpmg.com/Africa/en/KPMG, 14 March 2015.

[43]   "Algeria can avoid economic crisis, but will it?", *Menas Associates*, [on-line] http://www.menas.co.uk/politics_and_security/Algeria/news/article/3706.

[44]   E. Norland, "The Geopolitical and Economic Consequences of Lower Oil Prices", [on-line] https://www.cmegroup.com/education/files/oil-collapse-winners-and-losers.pdf, 16 June 2015.

[45]   I. Kimouch, "Algeria pumps USD 650m into oil projects", *Zawya*, 10 February 2015, [on-line] http://www.zawya.com/story/Algeria_oil_sector_gets_cash_boost-ZAWYA20150210085031, 15 June 2015.

Conclusion:

If Algeria has avoided the negative effects of the 'Arab spring' revolts, security threats and increasing economic problems still remain, unless oil prices are kept at a low level, they may continue to fuel conflicts between the regime and its opposition. The future of Algeria may look uncertain if conflicts of group interests will prevail over the necessity of consolidating a national consensus that aims at deep-rooting gradually universal democratic values with local political genius and specific societal features.

Algeria is still a very young country and is undergoing a series of major internal and generational challenges. Social and political transformations constitute a normal course in the life of the home polity and conflicts of interests are also normal. Still, the current geopolitical context and world's energy outlook require an internal consensus in order to avoid upheavals that may threaten the unity of the people and its identity.

Social discrepancies, ideological antagonisms and external alignments are ingredients that should be dealt with compromise and not with harsh diatribe and confrontation. The value of security and stability seems vital for Algeria in order to avoid 'the uncertainties of the future'. The bitter experience of violence Algeria has undergone in the 1990s is still vivid in the memory of many Algerians and tragic events are still occurring in Tunisia, Egypt, Libya and Syria. Thus, they may constitute an impact on Algeria's internal stability with regard the menace due to the expansion of Daech and *Salafi* proselytism throughout North Africa.

Algeria's economic future remains intimately linked with the necessity of developing conventional and non-conventional energy sources without, however, neglecting the health of the population and the protection of the environment. These options seem necessary as Algeria's oil reserves are drying up because of a decrease of investments to renew the energy resources and because of growing domestic consumption of oil and gas. As an energy expert put it, Algeria's oil reserves are limited, at around 20 years of current production. If the country does not succeed in revamping its hydrocarbon sector or in diversifying its economy and exports base to other sectors, this will cause problems in the longer run"[46].

The Algerian authorities seem aware of the necessity to diversify the national economy as the country has real assets with regard to vast mineral resources, renewable energy potential (mainly solar) and human capabilities (70% of the Algerian population are under the age of 30). This 'national project' requires the consolidation of the democratic process and the implication of private capital and initiatives. Algeria's future prospects do not seem that gloomy, in spite of an unstable geopolitical context.

---

[46] C. Krauss, "Oil Prices: what's behind the drop? Simple economics", *The New York Times*, 5 October 2015, [on-line] http://www.nytimes.com/interactive/2015/business/energy-envi ronment/oil-prices.html, 3 November 2015.

Bibliography

Acemoglu D., Robinson J.-A., "A theory of Political Theories", *The American economic Review* Vol. 91, 2001, no. 4.

Africa/Documents, [on-line] http://www.kpmg.com/Africa/en/KPMG.

"Algeria can avoid economic crisis, but will it?", *Menas Associates*, [on-line] http://www.menas.co.uk/politics_and_security/Algeria/news/article/3706.

Barzegar K., "Stumbling towards unity", *Goog Governance Africa*, 1 December 2014, [on--line] http://gga.org/stories/editions/aif-29-africas-opposition-in-pieces/stumbling-to wards-unity.

"La CNLTD dévoile sa Plateforme politique et ses propositions pour une transition démo-cratique", *TSA Algérie*, 31 May 2014, [on-line] www.tsa-algérie.com/2014/05/31/plate forme-politique-de-la-conference-pour-la-transition-democratique-la-coordination-pour-les-libertes-propose-un-gouvernement-consensuel-de-transition.

"La CNLTD tire à boulets rouges sur le FFS", *TSA Algérie*, 24 October 2014, [on-line] http://archives2014.tsa-algerie.com/2014/10/24/la-cnltd-tire-a-boulets-rouges-sur-le-ffs.

Cristian D., "Algeria's Political Transition Begins in the Midst of Major Security Chal-lenges", *Terrorism Monitor* Vol. 12, 2012, no. 9.

Djilali S., "Secretary General of Jil Jadid declared that the 'he regime has blocked all the issues in Algiers in order to put an end to any citizen movement'", Le Pouvoir a bouclé tout Alger, [on-line] http://www.algerieconfluences.com/p=27422.

Editorial "El Djeich", July 2014.

Gel M.V., "Post-Soviet Transitions and Democratization: Towards Theory-Building", *Democratization* Vol. 2, 2003, no. 10.

Interview of Luis Martinez to *El Watan*,17 January 2011.

"Interview of Mohamed Larbi Ould Khelifa, The Speaker of the Lower House of the Alge-rian Parliament", *El Watan*, 9 March 2015.

Iratni B., "Why no spring in Algeria. Questioning multiculturalism and democracy ex-periments", [in:] *Democracy and Multiculturalism in North Africa in the light of Arab Spring*, E. Moha (ed.), New York–London 2014.

Kimouch I., "Algeria pumps USD 650m into oil projects", *Zawya*, 10 February 2015, [on--line] "Mascara: Bensalah cible l'initiative du FFS et l'opposition", *El Watan*, 22 Fe-bruary 2015, [on-line] http://www.elwatan.com/actualité/mascara-bensalah-cible-l-ini tiative-du-ffs-et-l-opposition-22-02-2015-288165_109.php.

Krauss C., "Oil Prices: what's behind the drop? Simple economics", *The New York Times*, 5 October 2015, [on-line] http://www.nytimes.com/interactive/2015/business/energy-environment/oil-prices.html.

Lipset M.-S., "Some Social Requisites of Democracy: Economic Development and Political Legitimacy", *American Political Science Review* Vol. 53, 1959, no. 1.

"Message of President Bouteflika on the occasion of the anniversary of the creation of the Algerian Trade Union (UGTA) and the nationalization of oil and gas in Algeria.du Président Bouteflika à l'occasion du double anniversaire de a création de l'UGTA et de la nationalisation des hydrocarbures", [on-line] http://www.elmoudjahid.com/fr/actualites/74000.

Naït Ali H., "Consensus national. Le FFS veut 'sauver l'Algérie et non le pouvoir'", *Le Quotidien d'Oran*, 9 November 2014, [on-line] http://www.algeria-watch.org/fr/article/pol/initiatives/ffs_lignes_rouges.htm.

Norland E., "The Geopolitical and Economic Consequences of Lower Oil Prices", [on-line] https://www.cmegroup.com/education/files/oil-collapse-winners-and-losers.pdf.

"President Bouteflika announces political reforms for consensual revision of constitution", *Algeria Press Service*, 28 April 2014, [on-line] http://www.aps.dz/en/folder-presidential-election-2014/2352-president-bouteflika-announces-political-reforms-for-consensual-revision-of-constitution.

Reda Hamiani, former Head of the association of private entrepreneurs, le Forum des Chefs des entreprises (FCE), *Jeune Afrique* 2011, no. 2614.

The report, Oxford Business group.

Salem S., "Theories of democratic transition. The case of Egypt", *Muftah*, 1 July 2013, [on-line] http://www.muftah.org/scholarship-on-democratic-transition-the-case-of-egypt.

El Watan, 12 January 2010.

El Watan, 30 March 2015.

http://www.algerie-focus.com/blog/2015/02/sellal-accuse-lopposition-dattiser-lafitna.

http://www.zawya.com/story/Algeria_oil_sector_gets_cash_boost-ZAWYA20150210085031.

DOI: 10.12797/9788376386553.14

Noureddine Harrami[*]
Asmae El Arfaoui[**]

Université Moulay Ismail – Meknès

L'État et les mobilisations de 2011 au Maroc

Abstract :

La présente étude s'intéresse à la gestion des mobilisations de 2011 au Maroc par l'État. Après une chronologie de ces mobilisations, l'étude expose les principales actions menées par le pouvoir pour contenir ces mobilisations. Elle procède par la suite à une analyse des ressources mobilisées par l'État face au mouvement de contestation de 2011.

Mots-clés : Printemps arabe, Maroc, mobilisation étatique

Cette communication se propose d'effectuer un retour sur la gestion étatique des mobilisations de 2011 au Maroc. Par comparaison à d'autres situations dans le monde arabe, il est couramment admis que l'option de la réforme spécifie la démarche de l'État au Maroc face à ces mobilisations. Les réformes entreprises auraient eu un impact décisif sur le cours des contestations, en les stoppant, épargnant ainsi le régime en place des scénarios égyptien et tunisien. Or ces réformes ne sont qu'une composante d'une série de mesures et de stratégies déployées par le pouvoir pour contenir les mobilisations. En réalité, l'entrée du mouvement du 20 février dans un processus d'extinction tient à d'autres facteurs dont les plus déterminants sont inhérents au mode de fonctionnement du système politique

---

[*]   Professeur, Département de sociologie, Faculté des Lettres et des Sciences Humaines, Université Moulay Ismail, email adresse : noreddineharrami@gmail.com.
[**] Professeure à l'Ecole Nationale Supérieure des Arts et Métiers de l'Université Moulay Ismail.

au Maroc. Outre une gestion sécuritaire et politique habile ainsi que d'autres mesures à caractère social et économique, le pouvoir a su mobiliser des ressources
très anciennes en matière de contrôle de la contestation et du personnel politique.
Les stratégies de domination habituelles du Palais se sont avérées, encore une fois,
efficaces. Elles ont permis une sortie de la crise déclenchée par le Printemps arabe
avec le renforcement du *leadership* royal. C'est ce que nous tentons de montrer
dans cette communication. Nous commençons d'abord par présenter ces mobilisations de 2011. Ensuite, nous parlons des réponses qu'elles ont suscitées auprès de
l'État marocain. Et enfin, nous abordons certaines caractéristiques pertinentes de
l'espace de la contestation au Maroc qui ont rendu efficace la gestion des mobilisations par l'État.

Naissance et évolution du Mouvement du 20 février (M20F) :

Dès le début des révoltes de Tunisie, certains activistes du *Mouvement du 20* février
(M20F) ont tenté sans succès d'initier une mobilisation à travers l'organisation de
sit-in de solidarité avec la Tunisie, puis l'Égypte. Il a fallu une période d'action virtuelle avant la sortie du mouvement dans le monde réel le 20 février 2011. Durant
cette phase d'activisme sur le net, de nombreux mouvements se sont constitués
via des communiqués et des programmes d'action diffusés essentiellement sur le
réseau social Facebook.

Le premier mouvement déclaré dans l'histoire de la version marocaine du
« Printemps arabe » a choisi comme appellation « Mouvement Liberté et démocratie maintenant »[1]. Dans son communiqué fondateur du 27 janvier 2011, ce mouvement a invité les Marocains à manifester le 20 février pour demander à l'institution
royale d'opérer « les changements nécessaires dans le régime politique pour l'établissement d'un gouvernement du peuple ». Le groupe réclame[2] :
* La dissolution du parlement, du gouvernement et des partis responsables de la
  corruption ;
* L'abrogation de la constitution et la mise en place d'une assemblée constituante ;
* La mise en place d'un gouvernement de transition dans la perspective de l'élaboration d'un nouveau contrat entre la monarchie et la société ;
* Des dispositions urgentes pour atténuer « les souffrances » du peuple et la mise
  en place d'une caisse de chômage.
  D'autres mouvements vont naître par la suite, toujours sur Facebook :
* « Mouvement 20 février pour la dignité – Le soulèvement est la solution » qui
  réclame dans son communiqué fondateur : « la libération des détenus politiques et la désignation d'un gouvernement de transition à même de prendre

---

[1]   Médiateur pour la Démocratie et les Droits de l'Homme, *Mouvement du 20 février*, Rabat
       2015, p. 16.
[2]   *Ibid.*, annexe, p. 3.

des initiatives pour atténuer la gravité de crise sociale en baissant les prix et en augmentant les salaires ainsi qu'en mettant d'urgence en place une caisse de compensation de chômage, et en favorisant l'élection d'une assemblée constituante ». Du point de vue de ce mouvement, la royauté ne sera qu'un symbole d'unité de la nation sans prérogatives executives, législatives ou juridiques[3].

- « Le Peuple veut le changement » :
  Le communiqué annonçant la création de ce mouvement se distingue par l'allusion à d'autres doléances parmi lesquels : la reconnaissance des droits culturels des berbères (langue amazigh comme langue nationale), des droits et libertés fondamentales, l'égalité complète entre la femme et l'homme, l'abrogation de l'article 19 qui consacre un pouvoir absolu au Roi, un État non théocratique et la liberté des croyances[4].

- Le « Mouvement pour le changement » qui fixe dans son communiqué vingt mesures prioritaires (une monarchie parlementaire, une assemblée constituante, une constitution populaire et démocratique, une position symbolique du monarque, un premier ministre nommé à partir de la majorité parlementaire, etc.)[5].

Les trois premiers mouvements vont annoncer le 15 février 2011 leur intégration dans une seule structure. Ils regroupent leurs revendications dans un « Communiqué commun des mouvements de la manifestation du 20 février »[6]. Il s'agit d'une synthèse des revendications déjà énoncées dans leur platesformes fondatrices à savoir une monarchie parlementaire, des instituions élues de plein pouvoir et une justice indépendante.

Des syndicalistes et des militants des droits de l'Homme appuient cette dynamique virtuelle en publiant un communiqué intitulé « Marche du 20 février pour la démocratie et la justice sociale » où ils réclament « une profonde réforme du système politique et la mise en place d'une constitution qui garantit au peuple l'exercice de sa totale souveraineté par des élections libres ». Le communiqué insiste sur la séparation des pouvoirs, l'indépendance de la justice, et le respect des droits de l'Homme[7].

Quelques jours avant la première manifestation, une nouvelle plateforme, signé « Jeunes du 20 février », est présentée publiquement pour la première fois lors d'une conférence de presse au siège de l'Association marocaine des droits de l'Homme (AMDH), contrôlée par le parti d'extrême gauche, La Voie démocratique, et en présence des membres du bureau national de la dite association. Cette conférence marque la sortie des mobilisations du monde virtuel, et la première reproduction publique de quelques icônes du M20F (Oussama Lakhlifi et Tahani Madmad).

---

[3]   *Ibid.*, p. 4-6.
[4]   *Ibid.*, p. 6 et suivantes.
[5]   *Ibid.*, p. 11 et suivantes.
[6]   *Ibid.*, p. 18-19.
[7]   *Ibid.*, p. 18.

L'ensemble des communiqués diffusées lors de cette phase virtuelle du M20F va constituer l'essentiel des revendications du mouvement durant une année de mobilisation. Ces communiqués se recoupent sur le diagnostic de la situation du pays déclarée « marqué par l'économie de la rente et de la corruption », et proposent comme sorties l'instauration d'une monarchie parlementaire, une nouvelle constitution, la dissolution du parlement, le départ du gouvernement, le respect des droits de l'Homme et la libération des détenus politiques en plus de résolutions efficaces pour lutter contre la fragilité sociale et l'intégration des diplômés et des lauréats des universités dans la fonction publique. Les communiqués sont tous d'accord sur le fait que le moyen principal pour faire pression sur le pouvoir est de manifester pacifiquement dans la rue.

Il s'agit *grosso modo* de revendications héritées du règne de Hassan II. Et comme dans le passé, les lignes rouges (la monarchie, l'islam, l'intégrité territoriale) n'ont pas été franchis, sauf dans de rares moments lors des marches du M20F où certaines participants ont brandi des slogans antimonarchistes ou même indépendantistes dans les extrêmes nord et sud du pays.

Selon une périodisation effectuée par des acteurs du M20F[8], nous pouvons distinguer dans cette année 2011 de mobilisations sociales intenses au Maroc entre quatre phases :

- Une première phase allant du 27 janvier au 8 avril 2011 qui a vu la constitution du M20F et qui est marquée par des manifestations mensuelles au cours desquelles, les organisateurs pariaient sur une large solidarité populaire ;
- Une seconde phase du 9 avril au 9 juillet 2011. Cette période se distingue par un changement dans les stratégies de mobilisation. Les militants du 20F vont accélérer le rythme des manifestations qui vont devenir hebdomadaires. Et pour élargir leur base sociale, ils vont étendre les manifestations aux quartiers populaires au lieu des centres et des principales artères des villes.
- Une troisième phase du 10 juillet au 25 novembre 2011 caractérisée par une mobilisation pour le boycotte du référendum du 17 juin 2011 au sujet la nouvelle constitution ainsi que les élections législatives du 25 novembre 2011.
- Une quatrième phase du 26 novembre au 19 février 2011 caractérisé par l'accentuation de l'essoufflement du M20F suite à la victoire du parti islamiste, le PJD et la nomination de son secrétaire général, chef du gouvernement, sans oublier les effets du retrait des islamistes de Justice et Bienfaisance du mouvement. Des manifestations sporadiques sont organisées pendant lesquelles les militants du M20F, principalement de l'alliance de gauche, réclament la dissolution du nouveau gouvernement et du parlement ainsi que l'abrogation de la constitution récemment adoptée.

Comment le pouvoir politique va se conduire face à ces mobilisations ?

---

[8]　*Ibid.*, p. 15 et suivantes.

La gestion étatique des mobilisations :

Face au mouvement de contestation, l'État a tenté différentes actions et stratégies qui combinent travail médiatique, intervention socio-économique, action politique et traitement sécuritaire. Nous reprenons dans ce qui va suivre les actions saillantes de l'État durant les mobilisations marocaines de 2011.

L'action médiatique :

Dès les premiers signes d'une mobilisation en gestation dans le monde virtuel, l'agence de presse officielle (MAP) entame une campagne médiatique célébrant l'exceptionnalité marocaine. Des dépêches relaient des analyses attribuées à des organes d'information internationales (Fox News, Washington Post, etc.) ou à des « experts », où le Maroc est déclaré « politiquement stable »[9], « une exception (dans la région) », et « ne sera pas touché par les révoltes »[10]. Et à la veille des manifestations du 20 février 2011, l'agence de presse gouvernementale diffuse des dépêches, reprises par les chaines de télévision et certains journaux, informant de l'annulation des manifestations et du retrait de certains organisateurs. Cette action menée par l'agence de presse officielle continue après les manifestations par la diffusion de dépêches soutenant que les manifestations au Maroc « font exception dans la région » puisqu'elles ne remettent pas en cause la monarchie.

Le quotidien le plus vendu au Maroc à l'époque, *Al Masae*, prend part dans cette campagne médiatique. Son directeur, considéré alors en connivence avec un proche du roi, dénonce les premiers appels à manifester, en parlant « des manœuvres du Polisario et des renseignements algériens (…) qui veulent déstabiliser le pays »[11]. D'autres quotidiens vont s'associer à cette campagne en décrivant les leaders du mouvement de « gauchistes , hâtés , laïcs , libertins , homosexuels , pro-Polisario » et même de « christianisés », ce qui a incité l'Eglise de Rabat à publier un communiqué niant l'existence de chrétiens dans le mouvement[12].

Cette campagne médiatique a suscité une réaction de la part du M20F qui publie un communiqué récusant les accusations d'être à la solde « du Front Polisario et les renseignement algériens ainsi que de servir des intérêts extérieurs (et également) l'athéisme et la christianisation (de certains de ses membres) »[13]. Le M20F diffuse une vidéo sur You Tube intitulée « Le Maroc : dernier message du mouvement du 20 février. Non aux accusations de traitrise » où il explique ses revendications et répond aux accusations formulées à son égard[14].

---

[9]   [en ligne] http://www.hespress.com/politique/27736.html, 6 février 2011.
[10]   [en ligne] http://www.hespress.com/politique/27946.html, 11 février 2011.
[11]   Al Massae, [en ligne] http://www.almassaepress.com, 3 février 2011.
[12]   Médiateur pour la Démocratie et les Droits de l'Homme, *Mouvement…*, annexe, p. 18.
[13]   *Ibid.*, p. 19 ; Cf. également : [en ligne] http://www.hespress.com/politique/27901.html, 5 octobre 2015.
[14]   Médiateur pour la Démocratie et les Droits de l'Homme, *Mouvement…*, p. 20.

L'action socioéconomique :

Les mesures socioéconomiques ont pris principalement les trois directions suivantes :

• L'emploi à travers la mise en place d'un plan d'emploi direct pour les chômeurs titulaires de diplômes de 3ᵉ cycle (doctorat et master). Ce plan est soutenu par la création de 18.000 postes budgétaires dans la fonction publique dans le cadre de la loi de finance de 2011.

• Le soutien des produits de première nécessité à travers l'injection d'une dotation supplémentaire de 1,5 MM d'euros dans la caisse de compensation. Cette mesure est accompagnée par une campagne publicitaire autour des subventions de l'État.

• L'augmentation des salaires.

Il est à noter que ces mesures appuient d'autres entamées depuis une décennie, et qui sont dirigées vers les classes moyennes (augmentation de salaires, réduction des impôts, etc.) et les milieux défavorisés (l'Initiative nationale du développement humain, INDH).

Un semblant retrait du Palais de l'économie :

Les manifestations du 20 février dénonçaient la mainmise du Palais sur l'économie. Cette orientation dans les revendications du mouvement n'a rien de nouveau dans l'espace contestataire marocain. Car, de nombreuses organisations politiques et syndicales ainsi que des organes de presse ne cessent depuis quelques années de mettre en garde contre les tendances affairistes du nouveau pouvoir.

Comme pour répondre à ces accusations, le holding royal SNI (ex. ONA) annonce son retrait de l'agroalimentaire (sucre, lait et huile) et dévoile en même temps un projet de vente de 15% de ses actions dans le secteur bancaire (Tijari Wafa Bank où la SNI détient 49% du capital). Cette tendance va continuer après 2011.

L'on assiste également dans ce cadre à des gestes symboliques initiés par des organismes publics au sujet de marchés passés à des personnalités de l'entourage du roi. C'est le cas par exemple du Conseil de la ville de Rabat qui nomme une commission pour revoir des accords passés en 2008 avec une société du secrétaire particulier du roi, et qui seraient selon le Conseil de la ville établis sous pression.

Une neutralité « bienveillante » envers les mobilisations sectorielles :

L'année 2011 a connu une amplification sans précédent de mobilisations secto-rielles qui vont meubler l'espace de la contestation à côté du M20F[15]. Certains services publics, les établissements scolaires et les collectivités territoriales notam-ment, vont être quasiment paralysés en raison de grèves et sit-in répétés. Face à ces mobilisations, l'État se contentait d'une neutralité curieuse. Il observait ces mobi-lisations, les laissait s'étendre tout en veillant à ce qu'il n y ait pas de jonction avec le M20F.

La multiplication de ces mouvements, en plus des manifestations du M20F, avec toutes les difficultés que cela pose pour la population au niveau de l'utilisa-tion des services publics (école, santé, etc.) et même de la voie publique (occupée par les manifestants et les marchands ambulants), se solde par l'avènement d'un contre mouvement qui a pris des formes associatives comme « *Matahdarch bis-miyetti* » (Ne parle en mon nom), créée à Nador le 30 mai 2011[16], ou informelles à travers l'organisation des habitants et des commerçants dans les quartiers et les places commerçantes pour empêcher les manifestants à s'introduire.

Les mouvements anti-M20F et les contres manifestations :

Dès que la feuille de route de la réforme constitutionnelle est lancée par le roi dans son discours du 9 mars 2011, les mouvements anti-20F vont se multiplier. Nous pouvons citer à cet égard : les « Jeunes contre le M20F », le « Mouvement des jeunes du 9 mars »[17] ou la « Jeunesse royale » qui appellent à une mobilisation générale pour « réussir le chantier constitutionnel ».

Le Ministère de l'Intérieur serait selon la presse l'initiateur de ces mouvements dans la perspective de contrecarrer à travers des contre manifestations le M20F. Des centaines d'associations « collaboratrices » sont mobilisées partout dans le pays dans le cadre de cette nouvelle stratégie.

---

[15] Ces mobilisations ont touché les secteurs du transport, la poste, la culture, la santé, l'éduca-tion nationale et les médias (1ère chaîne de télévision publique par exemple). S'adjoint à cela les manifestations de chômeurs diplômés de 3e cycle et de licence, les mobilisations sur des objets locaux (développement, accès aux richesses locales, etc.), les manifestations des lycéens pour un enseignement égalitaire, la grève générale des étudiants dans l'ensemble du pays (le 23 mars 2011), etc.

[16] L'association dénonce la main mise d'une extrême gauche « résiduelle » et des islamistes « anti-démocratiques » du Adl ainsi que les gênes que les manifestations causent pour la population.

[17] Facebook, Mouvement Jeunes 9 Mars – حركة شباب 9 مارس, [en ligne] https://www.facebook.com/MJ9Mars, 5 octobre 2015.

Les riverains s'organisent à leur tour contre les manifestants et les « voisins » activistes. C'est ainsi que le Parti socialiste unifié de Casablanca a fait l'objet d'une plainte déposée par ses voisins à propos de « nuisances jour et nuit » dans son siège qui était le lieu des réunions du M20F.

La concertation sociale :

Une action de consultation qui vise à contenir le M20F est officiellement lancée depuis les hautes sphères de l'état (cabinet royal et gouvernement). Ainsi, le 4 mars 2011, le Premier ministre, qui dirige une coalition de partis de gauche et de droite, entame des consultations avec les partis politiques. Les grands partis, PJD islamiste compris, participent à ces pourparlers. Mais l'alliance des partis de gauche, composée de petits partis, boycotte ces consultations et demandent un dialogue sur les grandes réformes à entreprendre[18]. Et à la veille du discours royal du 9 mars 2011, le conseiller du roi Mouatassim, qui a supervisé la révision constitutionnelle, rencontre les syndicats pour leur demander une position d'apaisement et les informer des réformes préparées.

L'instrumentalisation des divergences au sein du M20F :

Le M20F était une unification d'identités et d'obédiences politiques et idéologiques disparates où l'on trouve : les altermondialistes (Attac), l'association nationale des diplômés chômeurs marocains (ANDCM) – qui ne compte pas la composante, mieux organisée et active, des diplômés de 3e cycle – la jeunesse partisane de la gauche et de l'extrême gauche ; les acteurs de la lutte contre le régime de Hassan II pendant les années 1960/70, les mouvements amazighs, les jeunes du parti islamiste PJD et enfin les militants de Justice et Bienfaisance (Al Adl wa Ihssane), principal force d'opposition à référentiel islamique au Maroc[19].

Malgré l'unité créée au sein du M20F, des lignes de fractures l'envahissent. A travers des acteurs loyaux ayant la possibilité d'influencer le cours du M20F (comme certains militants de l'Union Socialiste des Forces Populaires – USFP, du Parti socialiste unifié – PSU et le Parti islamiste Justice et Développement – PJD), l'État a pu utiliser les oppositions dans les intérêts des différentes composantes pour désamorcer le conflit et précipiter le M20F dans le déclin.

---

[18]   [en ligne] http://www.hespress.com/politique/28744.html, 5 octobre 2015.
[19]   S. Smaoui, M. Wazif, « Etendard de lutte ou pavillon de complaisance ? S'engager sous la bannière du « mouvement du 20 février » à Casablanca », [à:] *Au cœur des révoltes arabes. Devenir révolutionnaires*, A. Allal, T. Pierret (éd.), Paris 2013, pp. 68-94 ([en ligne] https://www.academia.edu/4291007/Etendard_de_lutte_ou_pavillon_de_complaisance_Sengager_sous_la_banniere_du_mouvement_du_20_fevrier_a_Casablanca_Avec_Mohamed_Wazif_, 5 octobre 2015).

L'instrumentalisation des divergences idéologiques et politiques par l'État daterait de la veille de la première manifestation du 20 février 2011 lorsque trois leaders du mouvement « Liberté et démocratie maintenant » annoncent leur retrait de la manifestation en accusant, dans un communiqué, l'extrême gauche (la Voie démocratique) et les islamistes de Justice et Bienfaisance de vouloir « exploiter les événements internationaux pour orienter les marches vers des luttes idéologiques au lieu de s'unir autour de ce dont aspire la société marocaine comme réforme dans le cadre de la stabilité et la cohabitation ». Les militants de la gauche radicale ripostent en dénonçant un arrangement entre les autorités publiques et les trois leaders du mouvement.

Ces dissonances portant particulièrement sur la barre des revendications par rapport au pouvoir politique vont réapparaître à plusieurs étapes de la mobilisation. Alors que dans les plateforme officielle du M20F, la barre était une monarchie parlementaire, la position des militants du parti de l'extrême gauche « Annahj, la Voie démocratique » et du groupe islamiste « Justice et Bienfaisance » est de laisser le peuple définir la barre des revendications, c'est-à-dire laisser la dynamique contestataire en cours faire émerger le type du régime politique adéquat pour le pays. Et dans beaucoup de manifestations, les militants de la Voie démocratique brandissaient des slogans demandant le départ du roi, accentuant de la sorte les clivages au sein du mouvement.

Cette hétérogénéité idéologique et sociale du mouvement va fournir à l'État un élément précieux d'adoucissement des contestations. Les militants laïcs du M20F vont réussir à imposer le dimanche comme journée de manifestation contre l'avis des islamistes qui optaient pour le vendredi, jour de la grande prière collective en Islam. Ceci a privé les manifestations du potentiel humain de la prière du vendredi. Ainsi, contrairement au cas égyptien, la jonction entre la mosquée et la rue lors des mobilisations restait minime en ne concernant que quelques situations isolées dont l'initiateur fut une composante du M20F, le groupe islamiste Justice et Bienfaisance. Mais, comme nous allons le voir plus loin, le pouvoir ne va pas hésiter à impliquer la mosquée via la grande prière du vendredi à l'occasion de la campagne référendaire.

Les clivages au sein du M20F vont devenir insurmontables lors de la campagne référendaire qui a connu une accélération des contre-manifestations, puis le début des marches séparées entre les alliés d'hier. Le rôle de la première formation politique de gauche, l'USFP qui a conduit la transition de Hassan II à Mohamed VI, était déterminant dans cette phase des mobilisations[20]. L'USFP, présent à titre « individuel » à travers sa jeunesse, a profité du désaccord sur la participation à la campagne référendaire pour renforcer les manifestations séparées qui ont scindé le M20F en approbateurs et opposants à la nouvelle constitution.

---

[20]   *Ibid.*

La disjonction entre le M20F et les mobilisations sectorielles :

L'action de l'État visait à isoler le M20F des autres contestations en œuvre dans le pays, dont la plupart sont animées par des considérations socio-économiques, et d'empêcher toute unification des différentes mobilisations. Le cas des chômeurs diplômés de troisième cycle illustre cette forme de gestion étatique des mobilisations de 2011.

Les diplômés du troisième cycle avaient réussi depuis le règne de Hassan II à obtenir une reconnaissance des pouvoirs publics. Dès l'émergence de ce mouvement dans les années 1990, l'État a veillé et empêché toute unification des diplômés chômeurs en les maintenant dans une action collective opportuniste qui s'effectue dans le cadre de groupes constitués en fonction de l'année d'obtention du diplôme.

Les groupes des diplômés chômeurs considèrent qu'ils ont instauré avec l'État un rapport de force qui s'incline en leur faveur. Les négociateurs étatiques ont fixé cette conviction chez leurs représentants, pour qui ce rapport de force exige une démarcation des revendications du M20F. Cette stratégie du pouvoir a privé le M20F de se renforcer par un activisme commandé par des impératifs d'insertion professionnelle.

L'État a ainsi réussi à mettre en échec la conjonction entre deux sortes de revendications centrales : l'une réclamée par les diplômés chômeurs qui veulent une amélioration des conditions de vie à travers le droit au travail sans mettre en question la légitimité du régime, et l'autre réclamée par le M20F qui demandent la démocratisation massive du régime en remettant en cause directement ce dernier, et en le rendant le seul responsable de la situation sociale du Maroc[21].

La gestion sécuritaire :

L'action sécuritaire de l'État s'est effectuée au moyen de contacts réguliers avec les principaux acteurs du M20F, officiellement pour assurer un déroulement pacifique des manifestations. Ces contacts ont pris la forme de réunions formelles tenues depuis la veille de la manifestation inauguratrice du 20 février entre le Ministre de l'Intérieur et les organisations impliquées dans le M20F (l'Association marocaine des droits de l'Homme, le Forum pour la vérité et la Justice, le Conseil national pour le soutien du M20F et les partis de l'alliance de gauche).

Sur le terrain, l'attitude des forces de sécurité oscillait entre le retrait, la présence discrète, l'encerclement des manifestations et l'usage de la force. Et pour se doter d'une couverture juridique en cas d'intervention contre les manifestants, les autorités locales tenaient à signifier, lors de chaque appel à manifestation, aux

---

[21]   Emperador Badimon Montserrat, « Où sont les diplômés chômeurs ? », *Confluences Méditerranée*, 2011, n° 78, p. 77-91, [en ligne] http://dx.doi.org/10.3917/come.078.0077.

organisateurs des notifications d'interdiction. Et puis les services de l'ordre tolèrent la manifestation interdite ou interviennent pour faire respecter la décision préfectorale d'interdiction.

Globalement, la ligne suivie par les services de sécurité était d'éviter tout affrontement avec les manifestants. Ainsi lors de la première manifestation du 20 février, sur les 53 localités, seuls sept ont connu des affrontements avec les services de l'ordre (Tanger, Hoceima, Larache, Sefrou, Marrakech, Ksar Lakbir et Goulimime)[22]. La presse parle d'interventions policières contre des pilleurs. Cette expérience va inciter les militant du M20F à mettre des cordons de sécurité autour des banques, des commerces et de certains édifices publics qui se situent sur le trajet des manifestations.

L'autre fait intéressant par rapport à la gestion sécuritaire de la crise concerne le volet judiciaire. Suivant une logique de dissuasion, les personnes traduites devant la justice sont rapidement jugées. Les peines prononcées sont lourdes. A Tanger, lors des affrontements qui ont suivis la manifestation du 20 février, des peines allant jusqu'à 10 ans de prison sont prononcés par le tribunal de la ville, à moins d'une semaine des actes reprochés.

Après le discours du 9 mars, où le monarque va annoncer la feuille de route de la nouvelle constitution, le gouvernement demande aux forces de l'ordre de recourir systématiquement à la force contre les manifestants. Mais les interventions répressives sont restées très sélectives. Elles ciblaient particulièrement les manifestations qui tentent de se transformer en sit-in notamment dans les grandes villes, comme à Casablanca lorsque les forces de l'ordre vont disperser violemment la manifestation du 13 mars 2011 et arrêtent une centaine de manifestants, craignant un sit-in ouvert sur la place de la Poste, à l'instar de la Place Tahrir du Caire. Une première tentative de sit-in dans une place centrale de Rabat dans la perspective de marquer des mobilisations journalières a été réprimée le 21 février 2011 par les services de police. La reproduction de l'expérience de la fameuse place du Caire était une ligne rouge dans cette gestion sécuritaire.

Le recours aux ressources religieuses :

On notera ici deux faits majeurs :
• La manifestation du 26 juin à Casablanca qui a réuni plusieurs dizaines de milliers de personnes à l'appel de la puissante confrérie religieuse Boutchichiya, proche du Palais, en faveur de la nouvelle constitution. Il s'agissait d'un message adressé au groupe Justice et Bienfaisance, dont le guide Cheikh Yassine faisait parti, avant de fonder son propre mouvement.
• L'utilisation des mosquées lors du serment de la prière du vendredi pour inciter au vote en faveur de la nouvelle constitution.

---

[22] Le ministre de l'Intérieur annonce dans une conférence de presse un bilan de 6 morts, 50 blessés, et plus de 200 arrestations.

Les réformes :

Beaucoup d'analyses disponibles aujourd'hui insistent sur l'existence d'un processus de réforme antérieur aux mobilisations. Ce processus fournit l'explication du caractère non violent des contestations, le peu d'ampleur et d'ancrage populaire qu'ont pris ces contestations et leur déclin. Paradoxalement, ce même processus expliquerait l'émergence même de ces contestations, en permettant une réorganisation en profondeur de la société civile autour des chantiers et thèmes des réformes engagées.

Alors que les manifestations battent leur plein partout dans le pays, et quelques jours avant le discours royal du 9 mars 2011, le roi procède à la restructuration de l'Instance public des Droits de Homme. Celle-ci n'est plus un conseil consultatif mais un Conseil national des droits de l'Homme (CNDH). Ce changement est salué par la presse comme une conséquence du « Printemps marocain ». Un ancien de la Ligue internationale des droits de l'Homme est nommé président de ce conseil. Et pour le Secrétariat général, le roi récupère un symbole de la gauche radicale, un militant de l'Association marocaine des droits de l'Homme – qui parraine le M20F – et président d'honneur du Forum Justice et Réconciliation. Cette nomination a été interprétée comme un message adressé à la gauche radicale selon lequel l'État n'a aucun problème pour intégrer cette gauche dans la gestion des affaires publiques[23].

Il faut dire que cette intégration de militants de la gauche radicale est antérieure aux mobilisations de 2011. Elle reflète les capacités d'anticipation du pouvoir d'une part, et d'autre, un processus de renouvellement des élites politiques caractérisé par l'intégration de nouveaux acteurs comme les militants de l'extrême-gauche au service de la monarchie[24].

D'autres mesures ont été prises dans cette perspective de réforme comme la libération de détenus politiques islamistes et sahraouis ainsi que la mise en place de deux autres organismes publics dans le domaine des droits de l'Homme (le Médiateur du royaume, Al Ouassite, ex Diwan al Madalimes, et la délégation ministérielle des droits de l'Homme).

Mais la mesure phare demeure la feuille de route annoncée par le roi au sujet de la révision de la constitution. La méthodologie proposée par le roi consiste à mettre en place une commission chargée de conduire les consultations pour rédiger la nouvelle constitution. Cette feuille de route royale est saluée par les forces politiques traditionnelles. Seuls les petits partis de l'alliance de gauche, les islamistes

---

[23]   [en ligne] http://www.hespress.com/politique/28731.html, 5 octobre 2015.
[24]   Anciens membres de l'Instance Équité et Réconciliation, de la Commission consultative de révision du code du statut personnel en 2003, du Conseil consultatif des droits de l'Homme, du Conseil consultatif de la communauté marocaine à l'étranger ou encore de la Commission consultative sur la régionalisation. Cf. F. Vairel, « 'Qu'avez-vous fait de vos vingt ans ?' Militantismes marocains du 23-mars (1965) au 20 février (2011) », L'Année du Maghreb 2012, n° 8, pp. 219-238.

de Justice et Bienfaisance et le M20F rejettent la méthodologie royale et réclament une assemblée constituante.

La nouvelle constitution est élaborée, suivant une démarche qui se veut participative. Elle consacre un certain nombre de principes et de règles pour assurer une bonne gouvernance. Mais elle fait du pouvoir royal, un pouvoir suprême auquel les autres autorités sont subordonnées au point que le gouvernement auquel le nouveau texte accorde des prérogatives considérables, n'est pas capable de gérer le pays en toute indépendance du roi[25].

Ainsi, l'État marocain a usé d'une série de mesures et de stratégies politiques, socioéconomique et sécuritaire tout au long des mobilisations de 2011. Cette action a permis de stopper les manifestations, et d'entamer une nouvelle alternance politique conduite par les islamistes du PJD, suite aux élections anticipées de novembre 2011. A notre sens, ce succès est rendu possible grâce à deux grands atouts dont disposait le pouvoir dans sa gestion de la crise.

Les atouts du pouvoir face à la contestation :

Dans sa gestion des mobilisations du 20 février, l'État marocain a bénéficié de deux grands atouts qui vont permettre au système non seulement de se maintenir mais de sortir renforcé de la crise.

Le premier est l'existence d'un espace public organisé. Cet espace ne cesse de s'affiner depuis plus de 50 ans en garantissant un large pluralisme politique et syndical qui a permis une existence légale de la majorité des courants politiques, et qui a beaucoup réglé la question de la représentativité politique des courants de l'Islam politique et de la gauche radicale antimonarchiste.

Cet espace a permis un pluralisme politique même dans les années dites de plomb (entre 1960 et 1980). Il va se développer davantage depuis les années 1990 avec la formation d'une société civile dense constituée d'organisations spécialisées dans la défense des droits de l'Homme, des femmes, des enfants, dans l'environnement, la lutte contre la corruption, le soutien aux migrants, les détenus politiques, les victimes de la répression de l'État sous le règne de Hassan II, le père de l'actuel monarque, les droits culturels (mouvement berbère), etc.

L'existence de cet espace a surtout permis aux acteurs (Palais, et différentes forces politiques) de se connaître et d'entretenir des relations continues et même interpersonnelles, ce qui rend possible des arrangements, des rapports de connivence et de coopération.

Cette ressource dont dispose le pouvoir politique va être d'une grande utilité dans la gestion de la crise, à trois niveaux :
• La neutralisation des grandes formations politiques où les militants exerçaient des pressions pour que leurs partis intègrent ouvertement le M20F. Il s'agit ici

---

[25]   *Ibid.*

particulièrement du parti islamiste, à l'opposition à l'époque, le PJD et la première formation de gauche au pouvoir pendant ces événements, l'USFP. Ces formations commencent par boycotter le mouvement, puis pour des raisons tactiques « poussent » leurs membres à le rejoindre à titre « individuel » ;

- L'utilisation du potentiel politique et social de ces partis pour « casser » le M20F surtout après le lancement de la campagne référendaire ;
- Le maintien des lignes rouges (la monarchie et l'intégrité territoriale) comme barres à ne pas franchir dans les revendications du M20F. La présence des militants de ces partis, notamment ceux de l'USFP dont les manœuvres furent efficaces face à l'activisme des militants de la gauche radicale dans les assemblées du M20F, va permettre un respect de ces lignes rouges dans les communiqués et slogans négociés. Le consensus national forgé sous le règne de Hassan (autour de l'Islam, l'intégrité territoriale et la monarchie) fût épargné.

Ces formations politiques dotées de bases sociales importantes vont affirmer tout au long de la crise leur loyauté envers la monarchie. Ainsi, le secrétaire général du PJD lors d'un meeting à Casablanca le 25 mars 11, en pleine mobilisation de la rue, affirme que le parti est monarchiste, et que « la monarchie doit évoluer et nous devons évoluer avec elle ». L'USFP dans son Conseil national du 27 mars 11 réitère son attachement à la monarchie. Et devant la Commission chargé de rédiger la constitution, les grands partis (communistes, socialistes, libéraux et islamistes) plaident tous pour une conservation de la « Commanderie des croyants » par le roi. Même les salafistes qui ne sont pas organisés dans un parti affirment leur attachement au roi, Commandeur des croyants. Seul les petits partis de la gauche radicale demandent l'abolition des privilèges « religieux » du roi, et la séparation entre le politique et le religieux.

Le second atout de l'État marocain dans la gestion de la crise réside dans le fait que le M20F était une continuité d'une dynamique ancienne amorcée bien avant le Printemps arabe[26]. Si l'on se fie aux mobilisations les plus récentes, celle datant de la décennie 1990 à nos jours, on peut citer à titre d'exemple :

- Soulèvement populaire à Fès violemment réprimé suite à une grève générale en décembre 1991 ;
- Mobilisations pour les droits de l'Homme (AMDH, Forum Justice et Vérité, etc.) ;
- Mobilisations des coordinations de lutte contre la cherté de la vie ;
- Mouvements des chômeurs (licenciés, diplômés de 3e cycle, chômeurs titulaires de recommandations royales, etc.) ;
- Mobilisations du rural et certaines villes pour l'amélioration des conditions de vie (Sefrou, Khemisset, Nador, Targuiste, Sidi Ifni, Anfkou, etc.) ;
- Mouvements des marchands ambulants pour le droit de pratiquer sur la voie publique ;

---

[26]   Entre autres : *Ibid.*

- Mouvements de protestation contre l'exploitation des carrières (Agadir, Benslimane, Beni Mellal, Ait Baha, Safi, Kenitra, etc.) ;
- Mouvements des victimes du tremblement de terre d'Al-Hoceima ;
- Mouvements des prisonniers islamistes de la Salafiya Djihadiste et leurs familles ;
- Mouvements à caractère moralisant conduit par les islamistes contre certains films et festivals ;
- Mouvements altermondialistes ;
- Mouvements des droits des femmes ;
- Mouvements culturels (amazigh).

Ces mobilisations restent généralement marquées par la non violence alors que celles des années 1960 à 1980 étaient teintées d'affrontements parfois sanglants avec l'État (les soulèvements du Rif à la fin des années 1950 et en 1984, et ceux de Casablanca en 1965 et 1981, etc.). Ces affrontements avec l'État ont débouché sur des pratiques d'autolimitation dans l'action collective. Il s'agit ici d'un élément qui va permettre une gestion moins répressive des mobilisations de 2011.

Le caractère pacifique des manifestations est dû à trois facteurs :

- La nette transition du régime politique dès le début des années 1990 d'un système dominé par la fermeture et la rigidité à un système ouvert et souple sous l'effet de changements internationaux (chute du camp socialiste) ;
  Avènement des organisations de lutte pour les droits de l'Homme et autres associations de la société civile. Ce phénomène a modifié la psychologie du régime marocain qui commence dès lors à autoriser ou accepter des marges de liberté et d'expression plus étendues qu'auparavant.
- Prise de conscience chez l'opposition traditionnelle du régime (les partis de gauche et certains syndicats) des difficultés de maîtrise de la rue et du coût de certains mouvements de contestation lancés par l'opposition (grèves de décembre 1991 par exemple). Il y a ainsi un changement dans les comportements de contestation des partis qui encadrait la mobilisation sociale au Maroc[27].

L'ancienneté des mobilisations a permis à l'État d'accumuler une expérience considérable en matière de gestion de la contestation sociale, et d'instaurer des mécanismes et des espaces de négociation. Cet ancrage des mobilisations a permis à son tour aux mouvements sociaux d'apprendre à se développer à la seule condition de ne pas remettre en cause la légitimité du pouvoir politique.

La position réformatrice du M20F à l'égard du système politique, la barre de la monarchie parlementaire que partage la majeure partie de ses composantes, peut être lue comme relevant de cette autolimitation qui caractérise les mobilisations depuis au moins la fin des années 1980. Epargner le monarque dans l'action collective est aussi le fait de ces relations de connivence entre les différents acteurs politiques qu'a permis l'existence d'un espace public organisé.

---

[27] M. Slimi, « Les mouvements de contestation au Maroc », [à :] *Les mouvements de contestation dans le monde arabe (Égypte, Maroc, Liban, Bahreïn)*, D. Choubki (éd.), Beyrouth 2011, pp. 117-148.

Ainsi, dans un contexte marqué par la loyauté des principales formations politiques, syndicales et de la quasi-totalité des structures de la société civile, l'État a réussi à sortir de la crise déclenchée par le Printemps arabe par la mise en œuvre de nouvelles institutions et de stratégie pour neutraliser et marginaliser les opposants et légitimer ses réformes[28]. Les mobilisations de 2011 constituent un indicateur pertinent de la continuité du processus de verrouillage du champ politique. Les mémorandums présentés par les partis lors de l'élaboration de la nouvelle constitution et les réticences de ces acteurs politiques (l'Istiqlal, le Parti Justice et Développement, le Parti du progrès et du socialisme, l'Union socialiste des forces populaires) à l'égard du M20F témoignent de l'efficacité de ce verrouillage[29]. La monarchie continue comme avant à régner et à gouverner[30].

Bibliographie

Al Massae, [en ligne] http://www.almassaepress.com.

Bendourou O., « La consécration de la monarchie gouvernante », *L'Année du Maghreb* 2012, n° 8.

Emperador Badimon Montserrat, « Où sont les diplômés chômeurs ? », *Confluences Méditerranée*, 2011, n° 78, p. 77-91, [en ligne] http://dx.doi.org/10.3917/come.078.0077.

Facebook, Mouvement Jeunes 9 Mars – حركة شباب 9 مارس, [en ligne] https://www.facebook.com/MJ9Mars.

Ferrié J.-N., Dupret B., « Maroc : réformer sans bouleverser », [à :] *Afrique du Nord – Moyen-Orient 2012-2013. Printemps arabes : trajectoires variées, incertitudes persistantes*, F. Charillon, A. Dieckhoff (éd.), Paris 2012.

http://www.hespress.com/politique/27736.html.

http://www.hespress.com/politique/27901.html.

http://www.hespress.com/politique/27946.html.

http://www.hespress.com/politique/28731.html.

http://www.hespress.com/politique/28744.html.

Médiateur pour la Démocratie et les Droits de l'Homme, *Mouvement du 20 février*, Rabat 2015.

Slimi M., « Les mouvements de contestation au Maroc », [à :] *Les mouvements de contestation dans le monde arabe (Égypte, Maroc, Liban, Bahreïn)*, O. Choubki (éd.), Beyrouth 2011.

Smaoui S., Wazif M., « Etendard de lutte ou pavillon de complaisance ? S'engager sous la bannière du « mouvement du 20 février » à Casablanca », [à:] *Au cœur des révoltes arabes. Devenir révolutionnaires*, A. Allal, T. Pierret (éd.), Paris 2013, ([en ligne] https://www.academia.edu/4291007/Etendard_de_lutte_ou_pavillon_de_complaisance_Sengager_

---

[28]   J.-N. Ferrié, B. Dupret, « Maroc : réformer sans bouleverser », [à :] *Afrique du Nord – Moyen-Orient 2012-2013. Printemps arabes : trajectoires variées, incertitudes persistantes*, F. Charillon, A. Dieckhoff (éd.), Paris 2012, pp. 15-27.

[29]   F. Vairel, op. cit., p. 45.

[30]   O. Bendourou, « La consécration de la monarchie gouvernante », *L'Année du Maghreb* 2012, n° 8, pp. 391-404.

sous_la_banniere_du_mouvement_du_20_fevrier_a_Casablanca_Avec_Mohamed_
Wazif_).

Vairel F., « 'Qu'avez-vous fait de vos vingt ans ?' Militantismes marocains du 23-mars (1965) au 20 février (2011) », *L'Année du Maghreb* 2012, n° 8.

DOI: 10.12797.9788376386553.15

Smail Debeche[*]

University of Algiers 3

ALGERIA IN THE FACE OF REGIONAL CHANGES AND CHALLENGES

Abstract:

The rapid changes at the top of the political leadership in some Arab countries since 2011 because of the 'Arab Spring' affected the society in Algeria. Serious protests took place in different places in the country, especially in Algiers, the capital (29 December 2010 – 4 January 2011). But unlike in other Arab countries Algerians went to streets for social demands rather than for political changes .The paper examines the factors behind 'Arab Spring' failing expand to Algeria the same as it happened in Tunisia, Egypt, Libya, Syria, Yemen… and how the Algerian political leadership could avoid the negative effects or consequences of regional changes.

Key words: Algerian exception, Arab spring

The rapid changes at the top of the political leadership in some Arab states since 2011 because of 'Arab Spring' (Tunisia: 14 January 2011; Egypt: 25 January and 12 February 2011; Yemen: 12 February 2012…; Libya: 17-20 October 2012) or social protests and political crisis in some other Arab countries (Bahrain and Morocco: January 2011…, the bloody crisis in Syria since January 2011) right from the beginning affected the social and political scenery in Algeria, initially, emanating from the neighboring Tunisia. The latter which witnessed (18 December 2010 – 14 January 2011) protests a few days before those occurred in Algeria (29 December 2010 – 4 January 2011).Serious protests took place in different places in the country, especially in Algiers, the capital (early January 2011).

---

[*] Professor, Faculty of Political Sciences and International Relations, University of Algiers 3, email adrerss: debeche_sml@hotmail.com.

But unlike in other Arab countries mentioned above Algerians went to streets for social demands rather than for political changes. Their social demands included especially protests against unemployment, lack of housing, corruption, bureaucracy, poor living conditions, food-inflation, injustice in the distribution of social apartments and housing, deterioration in health services. The immediate reasons behind protests were related to the sudden increase in commodity food prices such as the government decision to raise prices of sugar and oil as well as to ban street vendors. The latter played the greater role in provoking the protests[1].

The healthy financial situation (2010-2013) on one hand and the experience in dealing with situations as those of 'Arab Spring' on the other played an important role in enabling Algerian political leadership to deal with the effects emanating from the changes and facing the challenges of 'Arab Spring'. The protests or riots of 5 October 1988 as well as the 1990's crisis in Algeria though were seriously destructive, they became an experience for finding solutions to sudden and unexpected similar issues[2].

In response to the protests of 18 December 2010 – 14 January 2011, the Algerian government, socially, quickly took steps to quell them, including lowering food prices and accelerating realization of social programs especially social housings.

Politically, the Algerian government rapidly reacted to the new challenges by taking more flexible democratic measures and new political steps[3]. The Algerian political leadership fastened or pushed farther political reforms including opening the political scenery to the establishment of more political parties, putting into action the new constitutional system of quota (31%) for women political participation in local and national elected bodies, and opening the audiovisual communication to the private sector...[4]

However, the effect of 'Arab Spring' in Algeria ever since has been minor, not to the extent of reaching a change the same as those took place in Tunisia, Egypt,

---

[1]   The author's analysis and assessments (Prof. Smail Debeche) of the situation including the exploitation of questionnaires and public surveys on the subject coupled with his discussions, debates and interviews with students, professors, intellectuals, politicians and authorities interested in or concerned by events and changes as well as his readings of documents and press writings in and outside Algeria before and after 'Arab Spring'. For different interpretations and analysis see for example F. Volpi "Algeria versus the Arab Spring", *Journal of Democracy* Vol. 24, no. 3, July 2013, pp. 104-115, [on-line] http://dx.doi.org/10.1353/jod.2013.0040; A. Hauari, "Dynamique et Contradictions du System Politique Algérien", *Revue Algérienne des SJEP* 1988, no 2.

[2]   For similar or different views see for example: M. J. Willis, *Politics and Power in the Maghreb Algeria, Tunisia and Morocco from Independence to the Arab Spring*, Oxford 2014 and L. Achy, *Algeria avoids the Arab Spring*", CARNEGIE, Middle East Center MAY 31, 2012, [on-line] http://carnegie-mec.org/publications/?fa=48277.

[3]   For different views and details see for example: M. J. Willis *Politics* and Yahia H. Zoubir, *The Arab Spring: Is Algeria the Exeption?*, IE Med (European Institute of the Mediterrane), BRIEF no. 17, 20 October 2011.

[4]   See: the Algerian Constitution, chapter 4, [on-line] http://corpus.learningpartnership.org/constitution-of-algeria-4-concerning-the-rights-and-liberties, 15 October 2015.

Libya or Yemen. Its advocators such as the political parties which and political personalities who formed the National Coordination for Change and Democracy (January 2011) or the National Coordination for Liberties and Democratic Transition (CNLTD: April 2014) failed to find a political appeal even within their circles let alone finding popular mobilization.

In addition to reasons mentioned above, other factors behind failures of mobilization is that the major political leading forces placing themselves in the opposition have already been for years at the top leadership of the Algerian political system including being heads of governments such as Ahmed Benbitour and Ali Benflis who served under the leadership of the actual President Bouteflika or political parties such as Harakat Moujtamaa Assilm (HAMS: the Movement of Society for Peace: MSP) which served under the political system, at the top political power of the leadership of Algeria, before and right from the beginning of the mandate (1999) of President Bouteflika. HAMS went even further with President Bouteflika by aligning itself with his leadership (Presidential Alliance) along with the leading loyalist political parties of the National Liberation Front (FNLA) and the party of the National Rally for Democracy (RND) for almost 15 years (3 mandates: 1999-2013) including standing for constitutional amendments (2008) to change the article which limited president's mandate to twice only, standing, instead, for an open mandate, a subject constitutes now the main reason of HAMS opposition to President Bouteflika. Political opposition, whether political parties or political personalities in Algeria seem to behave as revenge because they have been removed from political power or did not get enough political advantages in the government or other executive state powers.

The other main reason is that the political opposition has a limited impact on the political scenery at people's level especially since the beginning of the 'Arab Spring'. It has failed to infiltrate within the society in a wider manner for political gains and achievements. The political opposition has, for the last 5 years, increasingly lost in local and national elections, mainly because their political activities have mostly been at the media level (TV channels and newspapers...). It seems they fear to face the people, including their militants who promised them solutions to their concerns and social problems, but once becoming elected members in local and national councils failed to fulfill their commitments to those who voted for them. For the Algerian people they are no different from those already in elected bodies or in the government.

Internal differences and rivals within the leadership of political parties are other factors behind failing to gain a strong hold or a wide presence in the people's basis. Because of such rivalries most of the parties of the political opposition have been divided into two or three political parties including the parties considered as Islamists such HAMS (MSP) divided into three political parties.

Also the political opposition at the level of political parties presents their political speeches and programs on the basis of the mistakes and failures of the political power and the government rather extending their political convictions to the society and the people's arena[5].

In a comparison, political parties in the executive political power (government), mainly the Party of the FNLA and the RND have been more active with intensive contacts with both their militants and with a large proportion of the people by expanding their political activities and presence throughout the country.

Because of its historical legacy and its advocacy of social policies coupled with its nationalist attitudes, the FLNA can be founded by its militants and sympathizers almost in every corner of all villages, towns and cities all over the country. Since the introduction of multi-party party system in 1989, the FNLA has been the leading political force with the exception of the period of the 1990s (the black decade: terrorism). Especially since 2000, the FNLA has been on the top of state elected institutions and organs beginning with the Presidency (President Bouteflika is at the same time the President of the FNLA), local municipalities, the People's Councils in local districts named Wilayas as well as the Parliament...[6]

In the same manner as the political opposition, the civil society can be evaluated. Legal, local and national associations and non-organizations have been authorized on the bases to operate within the social fields and for liberty, freedom, human rights, common welfare, but in practice most of them, directly or indirectly, behave in a political manner. Their leading elements are mostly active members in political parties using their organizations or associations to serve the political activities and goals of their political parties. In addition, most of their leading elements generally work for preserving their own status and search for their own personnel interests and privileges, especially maintaining their position at the top leadership of the association or the civil society organization. Within this content and atmosphere it is difficult to promote real associative and non-governmental missions and actions[7].

Taking into consideration the above assessment, a number of factors contained or prevented the impact of changes of 'Arab Spring' in Algeria:

1. Unlike most Arab countries such as Libya, led by Maammar Kaddafi, or Egypt under the leadership of Hosni Mubarak in dealing with the political opposition or protests, the Algerian political system, traditionally, has been known of avoiding tough policies or open repressive exercises unless the situation openly hit the national security or the existence of the political status of the political power[8].

---

[5]   See: note 1 above and note 25 below.

[6]   *Ibid.*

[7]   *The civil Society and the Political Development in the Maghreb Zone*, the Laboratory of Researches and Studies in International Relations, University of Algiers 3, a Seminar: 7-8 December 2011 (363 pages, in Arabic).

[8]   The author himself lived the situation. See also the writings of Dr. Mahieddine Amimour well known as an author, journalist and consultant who worked closely with the two Algerian Presidents: Haouari Boumedienne (1965-1978) and Chadli Bendjedid (1978-1992), see for example his book 'Days with President Houari Boumedienne' (Beirut 1995). For shared or different views see for example. Abdenasser Djebi, Democratic Practices within the Political

During the socialist-political system and process (1962-1989) which was character-ized by tight as well as firm policies, one sided in nature, the Algerian political lead-ership showed flexibility with those who had different views, attitudes and political stances, especially among intellectuals or Islamic elements[9].

This may have its explanation, related, especially, to the revolutionary char-acter of the Algerian people deriving from anti-colonial liberation struggle. The leading Algerian forces of the political system have been aware of it. In fact, the ex-istence of the Algerian political system, ideologically and politically, has been based on historical-revolutionary legacy. Indeed the impact of the revolutionary factor on the decision-makers plays an important role in driving the Algerian political leader-ship to have appeasing policies toward protests and riots[10].

Within this content, the Algerian government adopted flexible and social poli-cies including dialogue in dealing with the protests such as those of January 2011, or with the protests which have taken place in Ghardaya (2014-2015) or in Ain Amenas (southern Algeria) against the exploitation of shale gas (2015) or protests in other parts of the country for the last 5 years[11].

2. Unlike most Arab states, especially royal ones, the revolutionary character of the Algerian state leadership coupled with the republican notion of the state al-lowed the organic and legal existence of democratic bases (republic-constitutional organs, institutions, laws, regulations etc.)[12].

When indications of political reforms began in the early 1980s, during the first years of the mandate of President Chadli Bendjedid (liberal politics, market economy…) they found the field for practices in the already existent republic con-stitutional organs though linked with one party system. President Bendjedid (1979-

---

Parties between the Past and Future Challenges (in Arabic), the Arab Journal of Political Science of the Center of Arab Union in Beirut, no. 30 (Spring 2011); M.J. Willis, *ibid.*; B.Cheriet,"The Arab Spring exception: Algeria's political ambiguities and citizenship rights", *The Journal of North American* Studies Vol. 19, 2014, no. 2, pp. 143-156, [on-line] http://dx.doi.org/10.1080/13629387.2014.882257.

9   *Ibid.*, see note 5 above. For comparing views see for example: H. Roberts "Algeria's National «Protesta»", *Foreign Policy*, 10 January 2011, [on-line] http://foreignpolicy.com/2011/01/10/ algerias-national-protesta, 3 November 2015; B. Cheriet, *op. cit.*

10   See note 5 above. For details and a comparison see the Algerian newspapers in Arabic: *El Khabar, El Chaab, El Nahar and, el Bilad*, in French see: *El Watan, Liberte, Le Soir* from 26 December 2010 to 15 December 2011. See also other press coverage outside Algeria during the same period.

11   The same manner for decades the Algerian government dealt with the protests and riots, see notes 5 and 6 above. See also the Algerian press coverage of anti-shale gas protests since 2014.

12   From the beginning of the Algerian liberation war (Proclamation of 1st November 1954), FNLA made it clear in its first Proclamation that Algeria will be based on republic-democra-tic foundations and basis beginning from the constitution. See the text of the Proclamation in [on-line] https://teachwar.wordpress.com/resources/war-justifications-archive/algerian-re volution-1954, 16 October 2015.

1992) showed desires of political and economic reforms liberal in content, however, not to the extent that the change would affect the very existence of the political system. His attempts for reforms were not strictly liberal. They were rather a compromise between socialism and liberalism within a wide socialist content[13].

Algerian approach or at least intentions or attempts for economic and political reforms started in the early 1980s, well before the political and economic changes that took place after the disintegration of the socialist bloc and the Soviet Union (1989-1991). As early as June 1980, President Bendjedid summoned an extraordinary FLN Party Congress (with the slogan of: 'for the sake of a better life' a liberal content) to advance a five-year development plan (1980-1984) aiming at liberalizing the economy and braking up unwieldy state corporations[14].

Among Bendjedid's new economic steps and measures were his policies of independent management to state corporations with the aim of reaching the stage of market economy[15]. Towards this end and as a symbol of liberalism President Bendjedid ordered the construction of the complex of Riadh Al Fateh in Algiers with liberal economic and cultural activities (1982). President Bendjedid began reforms within the content of the market economy or liberal economy despite continuous socialist regulations and content. His policies included:

A. The process of advancing the policy of independent management to public economic enterprises aiming to reach liberal and private economy or the economy of market in the long term.

B. The move of departing from the strict policies of direct management and financing production activities.

C. Right from the beginning of his mandate, President Bendjedid moved towards decentralizing decisions, local in character and nature.

Politically too, President Bendjedid allowed non-governmental associations and organizations to have liberal and flexible activities within one party system, ending by introducing a reform in the constitution (constitutional reforms in 1989, article 140) stating that an association can have a political character within the system of one political party[16]. Bendjedid's economic and political approach In the 1980s did not get much support from within the FLN Party. In the end President Bendjedid won the political battle despite the opposition of the FLN leading forces led by the Responsible of the General Secretariat of the FLN party Mr. Mohamed Cherif Messaadia.

---

[13]   See: A. Benbitour, *L'Expérience Algérienne de développement. 1962-1992*, Alger, Edition Technique de l'Entreprise: 1992. See also the writings of Dr. Mehieddinne Amimour, op. cit.

[14]   See: A. Benbitour, *op. cit.* See also N. Benakcha "The Algerian Regime: An Arab Spring Survivor", *Journal of International Affairs*, 7 March 2012, [on-line] http://jia.sipa.columbia.edu/online-articles/algerian-regime-arab-spring-survivo, 15 October 2015.

[15]   *Ibid.* See also: R. Ghezali, "Why Has the Arab Spring Not Spread to Algeria?", *The Journal of Sophia Asian Studies* 2007, no. 25.

[16]   See: Algerian Constitutional reforms of 1988-1989, [on-line] http://www.villedoran.com/p43.html, 15 October 2015.

In the late 1980s, the Algerian economy faced a difficult situation due to the collapse of oil and gas revenue. As a result President Bendjedid introduced austerity economic policies in consuming goods affecting seriously and negatively his early policy of welfare and for the sake of a 'better life'. People found themselves in long queues for scarce and expensive food supplies[17]. A situation ended with serious protests in different parts in the country, especially Algiers, the capital. The anti-FNLA leadership elements found the opportunity to exploit the event in their favor. A situation provoked the well-known protests and riots of 5 October 1988, setting up deep and fundamental changes at constitution level (1989) including the introduction of multiparty-system; non-governmental organizations and associations; opening to press multimedia and the adoption of the politics of market economy (free-market and liberal economy)[18].

As proved by the end of the 1980s, Bendjedid real politics was to change from one party to multi-party system and from socialist economy to liberal economy, gradually departing from his predecessor, President Houari Boumedienne (1965-1978)[19]. President Bendjedid tried to reduce the role of the state in the economy and introducing more political deals including freeing Ahmed Ben Bella(October 1980), the first president of Algeria(1962-1965), who had been under house arrest since his deposition in 1965[20].

Internationally, President Bendjedid showed positive attitude towards the West. He made compromising policies toward France, instead of continuing a negative attitude emanating from the bloody French colonialism. During his mandate in the years 1979-1992, President Bendjedid promoted friendly relations with the French President Francois Mitterrand[21] including his visit to France (December 1982). Similarly, President Mitterrand paid visits to Algeria (November 1981, March 1989...). At the same time President Bendjedid opened Algeria to good relations with the United States beginning by negotiating and mediating between USA and Iran (2 November 1980 – 19 January 1981) to help securing the freedom

---

[17]   R.R. Larémont, *Revolution, Revolt and Reform in North Africa. The Arab Spring and Beyond*, New York 2014. See also: R.J. Heydarian, "Arab Democracy", *The Economist*, 19 April 2014.

[18]   See A. Benbitour, *op. cit.*; F. Volpi, *op. cit.*; S.A. Cook, "Ruling But Not Governing, the Military and Political Development in Egypt, Algeria, and Turkey", *Middle Eastern Studies*, May 2007, [on-line] http://dx.doi.org/ 10.1177/0095327X10379728.

[19]   B. Saada, M. Tahar, *Le Régime Politique Algérienne*, Alger 1992; M. Al Arbi Oueld Khalifa, *The Development and Democracy in Algeria and the Arab Zone*, Algiers 1991. For different or shared arguments see for example: G. Del Panta, "Why did not authoritarian regime fall in Algeria?", paper presented at the ECPR Graduate Conference 3-5 July 2014.

[20]   Details see: A. Boddy-Evans, "Ahmed Ben Bella. The Algerian War and Independence", *About Education*, [on-line] http://africanhistory.about.com/od/panafricanists/a/AhmedBen Bella_2.htm, 20 October 2015; see also: A. Benbitour, *op. cit.*

[21]   See for example common declarations of the two Presidents (Bendjedid and Mitterrand) in Algeria 1 December 1981, [on-line] http://discours.vie-publique.fr/notices/817160400.html, 20 October 2016.

of the 52 American hostages held in Iran. A few years later, Bendjedid made an official visit to the USA (April 1985)[22].

3. Unlike most Arab countries, Algeria continues to have social politics and social policies originated from the socialist system. Education is compulsory and free for all at all levels. Students at the universities are given a grant which is enough to cover symbolic charges for education, accommodation, transport, in addition to health care free of charges as wells many other social services and subsidies to students' needs. Similar services and financial aid to pupils and other students in other levels and fields of education and formation.

Healthcare is almost free in public medical centers and hospitals. The essential food products are subsidized by the government. The right for a house or an apartment is provided socially to the people in need. Different forms of employment are offered to youth under the politics of employing the youth including encouraging and financing youth small enterprises in agricultural projects, services such as transport, a policy played an important role in containing internal provocations that took place in other Arab countries affected by the 'Arab Spring' such Tunisia or Egypt[23].

4. Algeria had already experienced protests in the 1980s similar to those of 'Arab Spring', especially in 1988 which were the direct reasons for political and constitutional changes in 1989, including the change from one party to multi-party system[24]. The revolutionary spirit of the Algerian people originated from the Algerian liberation war (1954-1962) gave a special characterization or manner to the 'Algerians' revolutionary reactions, at least not to the extent to be influenced or guided by other protest and events such as those of 'Arab Spring'. Algerians have their own way of protests or revolutions originating from their own liberation war to the extent they are too proud to adopt other model of revolution, disregarding to satisfaction or non-satisfaction with their political leadership[25]. This is the Algerian way of expressing their nationalism or what may be called 'Algerianity'.

5. The timing of 'Arab Spring' coincided with the fresh memory of the dangerous and destructive situation the Algerian people lived in during 1990s (for almost 10 years) including the loss of over 100.000 people and the cost of over 40 billion $, not to mention the most important serious social, health and psychological effects.

---

[22]   See the speeches of US President Ronald Reagan and the Algerian President Chadli Bendjedid, [on-line] http://www.reagan.utexas.edu/archives/speeches/1985/41785a.htm, 20 October 2015.

[23]   More analysis or different arguments see for example S.A. Cook, *op. cit.*; B. Mikaïl, "Algeria's deceptive quiet", *Policy Brief* 2012, no. 117.

[24]   See: the Algeria Constitution of 1989, [on-line] https://www.constituteproject.org/constitution/Algeria_2008.pdf, 20 October 2015.

[25]   See: Yahia H. Zoubir, *op. cit.*; J. Hubert-Rodier, "Will the Arab Spring ever reach Algeria?", 22 December 2012, *World Crunch*, [on-line] http://www.worldcrunch.com/world-affairs/will-the-arab-spring-ever-reach-algeria-/algiers-revolution-bouteflika-unrest-algeria/cls10467, 20 October 2015.

What countries of 'Arab Spring' such Libya are facing now (terrorism under the name of Islam), the Algerian people lived it for a decade "what prevents [Algerians] from going en masse to the streets and demanding the fall of the regime is the tragedy of the 1990s, a tragedy too recent to make people consider repeating it"[26].

6. By the time 'Arab Spring' started (the end of 2010 onwards), Algerian people had just began to live the policies and fruit of the National Reconciliation[27] after a period of bloodshed (1991-2000) that hit or touched, directly or indirectly, almost every Algerian. Concerns and priorities for Algerians were peace and stability; any other alternatives did not find their way.

7. Algerian people are very sensitive to any change by military force from outside, especially if supported by Western powers, disregarding to their convictions or non-convictions of political changes and reforms in relations to multi-democracy and freedom of expression in Algeria. NATO military intervention in Libya or Western military intervention in other places (such as in the case of Iraq) though formally under UN auspices, were rejected by Algerians. The latter themselves were victims of such acts by NATO during the Algerian liberation war. Algerians, ordinary people or politicians including those in opposition, have a common attitude and position against foreign aggression or military intervention in their country. The war between Morocco and Algeria over borders in 1963 united all Algerians including those who were in dispute with the political leadership such the nationalist historical leaders (during the Algerian Liberation war) Ait Ahmed and Chaabani. The latter demanded their followers to go to the battle along with the Algerian Army, postponing their internal political differences with the political power. The same reaction of the Algerian people and the media level against terrorist attacks in Ain Amenas at the Gas station of Tiguentourine(16-19 January 2013).The Algeria people considered the terrorist action as being caused by NATO intervention in Libya and the fled of over 30 million of army pieces including land missile[28].

---

[26] Quoted from: A. Hannoum, "Are Algeria and Morocco Exceptions to the Arab Revolution?", *The Maghreb Center Blog*, November 2011, [on-line] http://www.themaghrebcenterblog.com/the-maghreb-center-blog/index.html, 20 October 2015.

[27] See: S. Debeche, *The Crisis in the African Sahel between the Regional and International impact*, Algiers 2015, being published by Dar Houma, two main chapters have been already published in an Algerian Magazine STRTEGIA 2014, no. 2. See also for example M. Robbins, "Algerians vote for stability", *Washington Post*, 17 April 2014, [on-line] http://www.washingtonpost.com/blogs/monkey-cage/wp/2014/04/17/algerians-vote-for-stability, 20 October 2015; R. Javad Heydarian, "Algerian Elections: the End of the Arab Spring?", *The World Post*, 18 April 2014, [on-line] http://www.huffingtonpost.com/richard-javad-heydarian/algerian-elections-the-en_b_5174754.html, 20 October 2015; E. Byrne, "Algerians to go to polls in nation left behind by Arab spring", *The Guardian*, 9 May 2012, [on-line] http://www.theguardian.com/world/2012/may/09/algeria-votes-arab-spring, 20 October 2015.

[28] For different arguments see for example: D. Ottaway, "Algeria's Islamists crushed in first Arab Spring elections", *View Points* 2012, no. 3; M. Khan, K. Mezran, "No Arab Spring for Algeria", *Atlantic Council*, 29 May 2014, [on-line] http://www.atlanticcouncil.org/publications/issue-briefs/no-arab-spring-for-algeria, 20 October 2015.

Foreign military intervention raises the popularity and reinforces justifications of some Arab political regimes enhancing their political credibility for the sake of the nation unity and sovereignty of the state such as in the case of Algeria.

In addition, Western withdrawal of their most diplomatic representatives from Algeria during Algerian struggle against terrorism in the 1990s was seen by Algerians[29] as a negative decision and irresponsible behavior in a terrorist situation and a threat which concern the entire world as proven later: terrorist attacks in the USA (New York: 11 September 2001) and in Europe since 2000.

8. It is hard to believe that royal systems in the Arab World such as Qatar or Saudi Arabia believe in republic and democratic institutions. The latter are based on anti-republic and democratic exercises. Women are not allowed to drive in Saudi Arabia or sit next to men in schools and universities, the list of anti-democratic actions in these countries is too long to mention.

9. The instability that happened in the countries concerned by changes because of 'Arab Spring' and the non-democratic actions undertaken by the participants of the 'Arab Spring', as in the case of Libya, gave a political relief for Algerian political leadership in dealing with the impact of changes in the regional neighboring countries. The Islamists and Islamic extremists got the upper hand during the early stages of 'Arab Spring' in the countries of Tunisia, Egypt and Libya.

Algeria itself was negatively and dangerously affected by the insecure situation in Libya, especially the flow of millions of pieces of arms, including missiles, in the region[30]. Terrorists attack against Algeria in Tiguentourine (January 2013) was an obvious case. Most of terrorists came from Libya with Libyan arms. The Algerian military action against terrorism in Tiguentourine marked a decisive challenge to attempts for political changes in Algeria. The Algerian people highly praised the Algerian army for ending the Tiguentourine terrorist aggression[31].

10. The Algerian political leadership has been able to deal, positively, with cultural differences including the integration in the constitution the three verities[32] and dimensions of the Algerian entity: Islam, Arabism and Tamazight as well as recognizing Tamazight in the constitution as a national language, along Arabic, the

---

[29]   See reactions of Algerians in different press newspapers, TV channels, debates. For academic writings. See: S. Debeche, *op. cit.* Different views see for example: J. Keenan, "Algerian gas plant terror: the real story", *New Internationalist Magazine*, April 2013, [on--line] http://newint.org/features/2013/04/01/real-story-terrorist-attack-algerian-gas-plant, 20 October 2015.

[30]   See: press coverage and writings during this period, see for example: T. Pairault, *China's economic presence in Algeria, HAL archieves-ouvertes*, February 2015, [on-line] https://halshs.archivesouvertes.fr/UMR-CCJ. See also: The Middle East and North Africa 2003, Regional Survey of the World (among the editors: J. Alan, D. Seddon); "On the secret war in Algeria and French machinations", *Algeria-Watch*, July 2004, [on-line] http://www.algeria-watch.org/en/aw/francalgerie.htm.

[31]   *Ibid.*, see also: note 1 above.

[32]   *Ibid.*

official national language. Ignorance or denying cultural verities and differences caused serious damages, destructing in many cases the very existent of the state unity and the spirit of nationhood as it happened in the countries lived or living directly the impact of 'Arab Spring'[33]. In addition denying cultural differences, it gave excuses for foreign intervention under the banner of defending human rights and promoting democracy.

11. Within two years of 'Arab Spring', as a result of the use of arms, the world began to question the aim of so called Arab revolutions starting in Libya when the situation became dangerous in the hands of the religious extremists with terrorist exercises. Western countries which supported them became victims as in the case of the terrorist action in Benghazi killing four Americans, including Ambassador Chris Stevens (11 September 2012) or in Syria when those recruited by the Western countries in alliance with their regional allies (Gulf states and Turkey) against the political leadership of Bachar Al Assad returned from Syria to exercise their terrorist actions in Europe and the West in general. The Algerian Foreign Minister Ramdhane Lamamra (3 June 2014) described the situation by stating that "The popular protests which rocked the Arab world known as the 'Arab Spring' have helped to strengthen the ideological influence of terrorist groups" such as what has been happening in Iraq, Syria, Mali and Tunisia[34].

The terrorist actions which have been taking place since 2011 in the Arab World and the African Sahel and other places are heavily related to the effect and consequences of 'Arab Spring' especially in countries such as Tunisia and Libya. The latter they hardly experienced terrorism under the name of Islam before 5 years ago. Libya now is in the hands of extremists and terrorists. Tunisia, too, has, since 2011, seriously been suffering from terrorism, hitting the very economic life of Tunisia. It is heavily dependent on tourism. The terrorist attack in Tunis on 19 March 2015 at the Bardo National Museum which had over 100 foreign tourists, left the killing and death of over 23 including 18 foreign tourists (five Tunisians were killed, including the terrorist two attackers), with almost 50 people wounded, not to count those being injured or psychologically disturbed[35], and it has not stopped at these terrorist actions in Tunis as well as in other Arab countries.

12. Political consequences in the countries of 'Arab Spring' resulting in the Islamists being at the top of the political leadership (in Tunisia, Egypt, etc.) have already had earlier (1990-1991) impact and experience in Algeria with the Islamic

---

[33] See for example: G. Tanzarella, *Culture in the Mediterranean and the Arab Spring*, Fondation René Seydoux, no. 293 Med, Paris 2012.

[34] "Algeria: Arab Spring has boosted terror groups", *Yahoo News*, 3 June 2014, [on-line] http://news.yahoo.com/algeria-arab-spring-boosted-terror-groups-161812655.html, 20 October 2015; more arguments. See for example: *La face cachée des "révolutions"arabes*, E. Dénèce (ed.), Paris 2012; M. Collon, G. Lalieu, *La Stratégie de chaos. Impérialisme et Islam*, Paris 2011; H.R. Clinton, *Le temps des décisions 2008-2013*, Paris 2014; S. Debeche, *op. cit.*

[35] C. Stephen, "More protests planned over Bardo national museum killings", *The Guardian*, 19 March 2015.

Front of Salvation (FIS) failing to rule the country at the level of state and local institutions. The FIS militants and the FIS local ruling elements were judged by the people as those who looked for their own interests and privileges with advanced judgments, running away from solving problems, keeping the status quo, accusing previous administrators and elected forces for not being able to meet peoples' demands and needs. Above all, the Islamists did not have a clear economic program for meeting the goals and demands of the youth or introducing a promising an economic project for the country[36].

13. The Algerian political system and the Islamic religion: Unlike most other Arab political regimes, the Algerian political leadership could well absorb Islamic slogans and activities politically motivated by introducing policies and taking actions Islamic in content and nature[37]. Islamic religion as a reference and a content is well rooted in the historical and political foundations of the Algerian state notion.

The original political reference of the current Algerian political system is much guided and influenced by its revolutionary background based on the struggle against colonialism before liberation (1962). The political-nationalist convictions based on the society's values and exercises (especially the Islamic religion) coupled with the social (or socialist) economic policies of the Algerian political system found their strong appeal in the vast majority of the Algerian people since Algeria regained its independence (1962)[38].

Recent history of Algeria's national independence and liberation movements against colonialism has been much determined by the Islamic content and assumption. The FNLA (founded in 1954) both as an organ and a leadership claimed and believed in the Islamic values in theory and practice. The people's appeal was strongly motivated by the republican concepts and the Islamic foundation of the Algerian state clearly declared in the Proclamation of the National Liberation Front, 1st November 1954[39], stressing:

A. The restoration of the sovereign, democratic and social Algerian state within the framework of the Islamic principles.

B. The respect of all fundamental liberties without distinction of race or religion.

During the Algerian liberation war against French colonialism (1954-1962) the spirit, slogans and means were Islamic in nature including the great appeal of Al Jihad (fighting for the sake of God), the liberation war fighters named Al Mujahidin, calls for mobilization by the FNLA to Al Jihad which could be seen on banners

---

[36]   See for example: *La face cachée des "révolutions" arabes, op. cit.*; M. Collon, G. Lalieu, *op. cit.*; H.R. Clinton, *op. cit.*; S. Debeche, *op. cit.*

[37]   See notes 12 and 44 of this paper.

[38]   S. Debeche, *op. cit.*

[39]   See: Proclamation of 1st November 1954, "Algerian Revolution, 1954", [on-line] https://teachwar.wordpress.com/resources/war-justifications-archive/algerian-revolution-1954, 20 October 2015.

and in slogans: Allah-Akbar (God the greatest), the Mujahidin killed were named Al chouhada (martyrs) in the sake of God.

The political (ideological) attitudes, views, social behaviors and leadership speeches in Algeria at official (state, governmental) and non-official (non-govern-mental) level have been affected or guided by the Islamic religion. Their content and an approach were deeply rooted in the Algerian society to the extent that any social project or political practices out of the Islamic values have been rejected by the people. Attempts by movements or individuals against such a direction failed to reach the Algerian society or to mobilize Algerian people. Failure of the Algerian communists to have a meaningful impact on the political process during struggle against French colonialism (1954-1962) and from the political scenery after the liberation was a clear example[40].

The Islamic stance of the FLNA during the liberation war was also seen in its refusal to be guided by or sided with international communist and socialist move-ments or the socialist bloc led by the Soviet Union, despite the FLNA's desperate need to align itself with the anti-imperialist front, especially during the 1950s when most liberation and independence movements were affected by communism or influenced by the socialist countries led by the Soviet Union[41].

When Algeria regained or restored its independence (1962), Islamic values, principles and references continued to influence the state laws and politics of the Algerian governing leadership. The Islamic religion was put in the founding first articles in the constitution as the religion of the state (article 2 in the Algerian con-stitution). It has been as such since then, despite the fact that Algerian ideology became socialist right from 1962 and some elements in the leadership (there were differences within the leading forces of state governing institutions and the FLNA Party: then one party system) tried to drive Algerian politics towards communism or the Socialist bloc led by the Soviet Union[42]. The political (ideological) attitudes, views, social behaviors and speeches of the political scenery in Algeria at the of-ficial (state, governmental) and non-official (non-governmental) level have been affected or guided by the Islamic values of the society.

Attempts by movements or Individuals different from the Islamic nature failed to reach the Algerian society[43]. Islamic values are deeply rooted in the behavior and attitudes of the Algerian people to the extent that any social project or political

---

[40] See the text of the Proclamation, [on-line] https://teachwar.wordpress.com/resources/war-justifications-archive/algerian-revolution-1954, 20 October 2015.

[41] S. Debeche, *La nation Arabe et la communauté internationale face à la révolution Algé-rienne 1954-1962*, Alger 2001. See also: D. F., *The National Liberation Front (FLN) and Islam Concerning the Relationship between the Political and Religious in Contemporary Alge-ria*, 2007.

[42] *Ibid.*

[43] See text of the Proclamation of 1st November 1954, [on-line] https://teachwar.wordpress.com/resources/war-justifications-archive/algerian-revolution-1954, 20 October 2015. See also: S. Debeche, *The Crisis in the African Sahel...*

practices out of Islam are rejected by Algerians. The last (March 2015) decision by the Minister of commerce to sell alcohol without the need for the governmental permission faced strong criticism coupled with a nationwide campaign against such a decision even by Imams (the responsible for and leading prayers in mosques) although they are nominated by and work under the government authority. In less than a month (in April), before the starting to implement the decision, the Prime Minister of the Algerian government Abdelmalek Sellal cancelled such a decision.

All Algerian state Presidents (Ben Bella: 1962-1965, Haouari Boumedienne [real name Boukharouba]: 1965-1978, Chadli Bendjedid: 1979-1992, Mohammed Boudiaf: 1992, Ali Kafi: 1992-1994, Al Yamin Zaroual: 1994-1999, Abdelaziz Bouteflika: from 1999) committed themselves to the Islamic principle based on the Proclamation of the 1st November. Islamic education in schools, Islamic education institutions (secondary schools: lycees) under the direction of the Ministry of Religion, education of Quran, Islamic (sharia) universities and faculties, Islamic cultural centers, national and international Islamic conferences every year in Algeria, encouraging and financing teaching Islamic values in Quran schools, the Islamic nature of the family law, realization of the Project of 1000 villages with 1000 mosques, the handling of the 1990s crisis (national reconciliation), the political reforms of the last 5 years etc. all affirm the effect of the society values guided by Islamic principles on the Algerian state and decision-makers. Socialism for Algerian political leaders was based on Islamic education and goals[44].

After the constitutional changes of 1989, which included the main change from one party to multi-party system, new political parties established with Islamic speeches, promises and symbols such as the Islamic Salvation Front (the FIS). The FIS could influence the political process of a large number of the Algerian people ending by gaining major seats in local and national elected bodies. An achievement that made the FIS Islamists move towards overthrowing the very existence of the Algerian republic. Some FIS leading militants immediately after the Parliamentary election (December 1991) made open declarations threatening Algerian state civilian and military cadres including the top leadership in the government and the army.

It must be stressed that it was the Algerian electoral system which enabled the FIS to take the lead in the election results. The electoral system was not made on an electoral balanced basis. There were a lot of debate and doubts about it[45].The FIS in reality did not gain the majority in the Parliament considering the votes it obtained. The FIS won 3 million and 200.000 votes gaining 188 seats, whereas the FNLA gained half of the votes of the FIS but it won only 16 seats. Also In a comparison the FNLA Party with other political parties of HAMAS (Harakat Al Moujtmaa Al Islami: Movement of the Islamic Society, changed later to HAMS) had only 500.000 votes, but it gained 25 seats in the Parliament. Similarly the FFS

---

[44] S. Debeche, *La Nation Arabe...* See also for example: S. Lucas, "Egypt (and Beyond), EA"; D. Djerbal writings in different places and references and G. Tanzarella, *op. cit.*
[45] *Ibid.*

(the Front of the Socialist Forces) obtained only 500.000 votes but it gained 26 seats. The outcome of such controversial elections created a situation resulting in a bloody crisis lasted for almost a decade (1991-2000).

What Algeria faced during the 1990s was similar to what has happened in the countries affected by the 'Arab spring' later: Egypt, Syria, Libya, Yemen and to some extent Tunisia, with a big difference that Algeria paid higher human price (over 100.000 killed) and material price (the equivalent of over 40 billion dollars destroyed), loss of peace and security the Algerian people enjoyed after the liberation from France (1962), human and social suffering which will live for years or decades to come and almost a total absence of political life, let alone finding ways for democratic activities especially during the 1992-1995 period[46].

The leadership of the Algerian political system could get out of the situation due to both security (fighting those refused to give up arms) and political solutions(the law of forgiveness: 1996, the law of the civil concord: 1999 and the charter for peace and national reconciliation: 2005). The Nationalists, the Islamists, and the governing forces could live and work together at the top of the state leadership[47]. A common approach found its appeal within the majority of the people, following the black decade of terrorism of the 1990s – people just wanted to live in peace[48].

It should be argued the Islamists (the FIS) who did not have serious and meaningful considerations, if not at all, to other religious or convictions in their political approach, speeches and behaviors. In a comparison, the Algerian State and political leadership whether during the one party system led by the FNLA before 1990 or after the introduction of multi-party system(in all Algerian constitutions since 1962), affirmed the tolerance of and freedom to other religions respecting their sacred practices, giving them a main priority in its politics, legislations, and practices[49].

With the recent regional events of the 'Arab Spring', Algerian Islamists saw themselves again the alternative to the existing political system. Unlike the political systems of Tunisia, Egypt, Libya and to a lesser extent Yemen in which the Islamists could exploit the situation reaching, at the beginning, the political power because they were more organized mainly in Egypt and Tunisia, the Algerian political system gained from time (more than 5 years: since the end 2010) during which the Islamists failed to continue in the political power, hence failing to be a promising model for other Islamists[50]. In addition, the Algerian people have just come

---

[46]   See for example: J.-E. Lane, H. Redissi, *Religion and Politics. Islam and Muslim Civilization*, London 2013.

[47]   More analysis or different arguments see for example: S.A. Cook, *op. cit.*; B. Mikaïl, *op. cit.*

[48]   See: R. Takeyh, "Islamism in Algeria. A struggle between hope and agony", *Middle East Policy* Vol. 57, No. 3, summer 2003), [on-line] http://www.cfr.org/world/islamism-algeria-struggle-between-hope-agony/p7335, 20 October 2015.

[49]   *Algeria and the Sahel in the Arab Spring Aftermath*, a TV debate, New America, 19 January 2015.

[50]   By law and actions Churches are open for religious practices to Algerian and foreign Christians. Terrorism aimed and hit mostly Algerian Muslims during the terrorist period of the

out from the catastrophic situation which lasted for almost a decade (1991-2000). They did not want and do not want the situation of the 1990 to happen again.

Conclusion:

Within less than 2 years the so called 'Arab Spring' lost most of its declared contents and objectives, falling into a complete disuse. Bloody crisis, civil wars, exercises, behaviors and actions in the complete opposite of democracy, destruction of the nation state are all the outcome of 'Arab Spring' in most Arab countries affected by the wave of 'Arab Spring'. Algeria so far has been able to avoid the impact of the changes of 'Arab Spring' that would have led to the changes of the political system. Continuities or changes of the Algerian political system and the actual political scenery depend realizing the widely democratic reforms, officially adopted[51], and applauded by the major Western democratic countries. The followings considerations and measures in Algeria may contain the regional challenges undermined state nations and the unity of some countries in the region:

A. Putting into action, widely and more meaningfully, the political, social, democratic and economic reforms in the state laws, regulations, executive policies, institutions and organs based on the larger content of multi-party system, liberal policies, freedom, liberty and human rights[52].

B. Real and meaningful changes in the leading forces at the top of the political leadership by seriously and practically introducing new generations scientifically and intellectually capable of fulfilling the requirements of a modern state.

C. Dealing with social policies must comply with the scientific and more objective norms applied in successful and developing economic models, especially when considering the terms of objective economic and financial management. At the same time, Algeria must seriously adopt serious and practical steps of obtaining economic alternatives outside of energy revenue. Depending on oil and gas revenue is a fragile policy for an economic and social stability, let alone considering the real

---

1990s in Algeria. Critics and different views do not deny freedom to other religions, see for example US report (2012), Algeria International Religious Freedom Report, United States Department of State, Bureau of Democracy, Human Rights and Labor, [on-line] http://www.state.gov/documents/organization/208594.pdf, Freedom Report for 2012, United States. See also for example: D. Djerbal, op. cit.

[51] See for example: D. Ottaway, op. cit. For a different view see: M. Collon, G. Lalieu, op. cit.

[52] Algerian political and economic reforms at constitutional level, laws and regulations are well advanced for a meaningful democracy, freedom and liberty. They need to be put in to action in a wider manner. See the Algerian Constitution, [on-line] http://corpus.learningpartnership.org/constitution-of-algeria-4-concerning-the-rights-and-liberties, 20 October 2015. See also: H. Roberts, "The Struggle for Constitutional Rule in Algeria", Journal of Algerian Studies 1998, no. 3.

basis for a healthy and objective economic management. The recent falling down of oil prices has seriously affected Algeria's economic plans and social policies.

D. At the regional level, Algeria must be more determined to reach political solutions for the crisis and the problems in the region more than any country in or outside of the region especially in Libya and the African Sahel. Algeria has borders of 4682 km with the neighboring countries in the south and the eastern borders (Western Sahara: 42 km, Mauritania: 463 km, Mali: 1376 km, Niger: 856 km, Libya 980 km and Tunisia: 965 km). Escalations of conflicts and the rising of terrorism in the region have already seriously affected Algeria for the last 5 years. Terrorist aggression in Tiguentourine in the south of the country (2013) and terrorism that has been taking place in Libya affecting the neighboring Tunisia and Tunisian-Algerian borders and the security situation in the north of Mali, are clear examples how vulnerable Algeria is to the unstable situation in the region.

Bibliography

Achy L., *Algeria avoids the Arab Spring*", CARNEGIE, Middle East Center, 31 May 2012, [on-line] http://carnegie-mec.org/publications/?fa=48277.

"Algeria: Arab Spring has boosted terror groups", *Yahoo News*, 3 June 2014, [on-line] http://news.yahoo.com/algeria-arab-spring-boosted-terror-groups-161812655.html.

Algeria and the Sahel in the Arab Spring Aftermath, a TV debate, New America, 19 January 2015.

Algeria Constitution of 1989, [on-line] https://www.constituteproject.org/constitution/Algeria_2008.pdf.

Algeria International Religious Freedom Report, United States Department of State, Bureau of Democracy, Human Rights and Labor, [on-line] http://www.state.gov/documents/organization/208594.pdf.

Algerian Constitution, [on-line] http://corpus.learningpartnership.org/constitution-of-algeria-4-concerning-the-rights-and-liberties.

Algerian Constitutional reforms of 1988-1989, [on-line] http://www.villedoran.com/p43.html.

"Algerian Revolution, 1954", [on-line] https://teachwar.wordpress.com/resources/war-justifications-archive/algerian-revolution-1954.

Al Arbi Oueld Khalifa M., *The Development and Democracy in Algeria and the Arab Zone*, Algiers 1991.

Benakcha N., "The Algerian Regime: An Arab Spring Survivor", *Journal of International Affairs*, 7 March 2012, [on-line] http://jia.sipa.columbia.edu/online-articles/algerian-regime-arab-spring-survivo.

Benbitour A., *L'Expérience Algérienne de développement. 1962-1992*, Alger, Edition Technique de l'Entreprise: 1992.

Boddy-Evans A., "Ahmed Ben Bella. The Algerian War and Independence", *About Education*, [on-line] http://africanhistory.about.com/od/panafricanists/a/AhmedBenBella_2.htm.

Byrne E., "Algerians to go to polls in nation left behind by Arab spring", *The Guardian*, 9 May 2012, [on-line] http://www.theguardian.com/world/2012/may/09/algeria-votes-arab-spring.

Cheriet B., "The Arab Spring exception: Algeria's political ambiguities and citizenship rights", *The Journal of North American* Studies Vol. 19, 2014, no. 2, [on-line] http://dx.doi.org/10.1080/13629387.2014.882257.

The civil Society and the Political Development in the Maghreb Zone, the Laboratory of Researches and Studies in International Relations, University of Algiers 3, a Seminar: 7-8 December 2011 (363 pages, in Arabic).

Clinton H.R., *Le temps des décisions 2008-2013*, Paris 2014.

Collon M., Lalieu G., *La Stratégie de chaos. Impérialisme et Islam*, Paris 2011.

Cook S.A., "Ruling But Not Governing, the Military and Political Development in Egypt, Algeria, and Turkey", *Middle Eastern Studies*, May 2007, [on-line] http://dx.doi.org/10.1177/0095327X10379728.

D.F., *The National Liberation Front (FLN) and Islam Concerning the Relationship between the Political and Religious in Contemporary Algeria*, 2007.

Debeche S., *The Crisis in the African Sahel between the Regional and International impact*, Algiers 2015.

Debeche S., *La nation Arabe et la communauté internationale face à la révolution Algérienne 1954-1962*, Alger 2001.

Déclaration commune de M. François Mitterrand, Président de la République française et de M. Chadli Bendjedid, Président de la République algérienne démocratique et populaire, Alger, mardi 1er décembre 1981, [on-line] http://discours.vie-publique.fr/notices/817160400.html.

Del Panta G., "Why did not authoritarian regime fall in Algeria?", paper presented at the ECPR Graduate Conference 3-5 July 2014.

Djerbal D., writings in different places and references.

La face cachée des "révolutions" arabes, E. Dénèce (ed.), Paris 2012.

Ghezali R., "Why Has the Arab Spring Not Spread to Algeria?", *The Journal of Sophia Asian Studies* 2007, no. 25.

Hannoum A., "Are Algeria and Morocco Exceptions to the Arab Revolution?", *The Maghreb Center Blog*, November 2011, [on-line] http://www.themaghrebcenterblog.com/the-maghreb-center-blog/index.html.

Hauari A., "Dynamique et Contradictions du System Politique Algérien", *Revue Algérienne des SJEP* 1988, no 2.

Heydarian R.J., "Arab Democracy", *The Economist*, 19 April 2014.

Hubert-Rodier J., "Will the Arab Spring ever reach Algeria?", 22 December 2012, *World Crunch*, [on-line] http://www.worldcrunch.com/world-affairs/will-the-arab-spring-ever-reach-algeria-/algiers-revolution-bouteflika-unrest-algeria/c1s10467.

Javad Heydarian R., "Algerian Elections: the End of the Arab Spring?", *The World Post*, 18 April 2014, [on-line] http://www.huffingtonpost.com/richard-javad-heydarian/algerian-elections-the-en_b_5174754.html.

Keenan J., "Algerian gas plant terror: the real story", *New Internationalist Magazine*, April 2013, [on-line] http://newint.org/features/2013/04/01/real-story-terrorist-attack-algerian-gas-plant.

Khan M., Mezran K., "No Arab Spring for Algeria", *Atlantic Council*, 29 May 2014, [on-line] http://www.atlanticcouncil.org/publications/issue-briefs/no-arab-spring-for-algeria.

Lane J.-E., Redissi H., *Religion and Politics. Islam and Muslim Civilization*, London 2013.

Larémont R.R., *Revolution, Revolt and Reform in North Africa. The Arab Spring and Beyond*, New York 2014.

Lucas S., "Egypt (and Beyond), EA".

Mikaïl B., "Algeria's deceptive quiet", *Policy Brief* 2012, no. 117.

The Middle East and North Africa 2003, Regional Survey of the World (among the editors: J. Alan, D. Seddon).

"On the secret war in Algeria and French machinations", *Algeria-Watch*, July 2004, [on-line] http://www.algeria-watch.org/en/aw/francalgerie.htm.

Ottaway D., "Algeria's Islamists crushed in first Arab Spring elections", *View Points* 2012, no. 3.

Pairault T., *China's economic presence in Algeria*, HAL *archieves-ouvertes*, February 2015, [on-line] https://halshs.archivesouvertes.fr/UMR-CCJ.

Remarks at the Welcoming Ceremony for President Chadli Bendjedid of Algeria, April 17, 1985, [on-line] http://www.reagan.utexas.edu/archives/speeches/1985/41785a.htm.

Robbins M., "Algerians vote for stability", *Washington Post*, 17 April 2014, [on-line] http://www.washingtonpost.com/blogs/monkey-cage/wp/2014/04/17/algerians-vote-for-sta bility.

Roberts H., "Algeria's National «Protesta»", *Foreign Policy*, 10 January 2011, [on-line] http://foreignpolicy.com/2011/01/10/algerias-national-protesta.

Roberts H., "The Struggle for Constitutional Rule in Algeria", *Journal of Algerian Studies* 1998, no. 3.

Saada B., Tahar M., *Le Régime Politique Algérienne*, Alger 1992.

Stephen C., "More protests planned over Bardo national museum killings", *The Guardian*, 19 March 2015.

Takeyh R., "Islamism in Algeria. A struggle between hope and agony", *Middle East Policy* Vol. 57, No. 3, summer 2003, [on-line] http://www.cfr.org/world/islamism-algeria-strug gle-between-hope-agony/p7335.

Tanzarella G., *Culture in the Mediterranean and the Arab Spring*, Fondation René Seydoux, no. 293 Med, Paris 2012.

https://teachwar.wordpress.com/resources/war-justifications-archive/algerian-revolution-1954.

Volpi F., "Algeria versus the Arab Spring", *Journal of Democracy* Vol. 24, no. 3, July 2013, [on-line] http://dx.doi.org/10.1353/jod.2013.0040.

Willis M.J., *Politics and Power in the Maghreb Algeria, Tunisia and Morocco from Independence to the Arab Spring*, Oxford 2014.

Zoubir Y.H., *The Arab Spring: Is Algeria the Exeption?*, IE Med (European Institute of the Mediterrane), BRIEF no. 17, 20 October 2011.

DOI: 10.12797/9788376386553.16

Rachid Tlemçani[*]

Universite Alger 3

PRINTEMPS ARABE À L'ALGÉRIENNE
Réforme politique et consolidation autoritaire

Abstract :

Face à un mouvement de protestations, massif mais sans leadership le gouvernement algérien a préféré tout simplement mettre en place « des réformes politiques profondes » tout en maintenant le système de prédation. Ces mesures de types *oukases* sont présentées comme la réponse au Printemps arabe. Ces réformes se sont finalement limitées à la promulgation d'une dizaine de lois organiques, notamment la loi relative au régime électoral, les lois régissant les partis politiques, l'information, les associations caritatives et la loi relative aux quotas des femmes au sein des assemblées élues. Cette analyse examine rigoureusement les enjeux de ces nouveaux textes dans le contexte de crise de l'État sécuritaire.

Mots-clés : lois, liberté, espace public, sécurité

Les mouvements sociaux qui secouent le monde arabe ces dernières années sont les révélateurs dans la longue durée de profondes crises historiques et sociales. Ce processus révolutionnaire est parvenu pacifiquement à ébranler profondément l'État sécuritaire, un État fortement répressif et corrompu. Les révoltes populaires revendiquant dignité, liberté et justice sociale, ont fait voler en éclats la « mentalité du tabou » qui a perverti le débat public avec son double corollaire, la censure des décideurs et l'autocensure des gouvernés[1].

---

[*]   Docteur en Sciences Politiques à l'Université d'Alger 3, email adresse : drtlemcani@gmail.com.

[1]   R. Tlemçani, « La dynamique de la transition au Maghreb. Défis et enjeux 4 ans après le Printemps arabe », *Les Cles du Moyen Orient*, 8 août 2015, [en ligne] http://www.lesclesdu moyenorient.com/La-dynamique-de-la-transition-au.html, 15 septembre 2015.

Une des grandes particularités de ce processus révolutionnaire c'est qu' il a surpris tout le monde notamment les adeptes du « tout sécuritaire » qui ont investi les médias, *think tanks* et institutions multilatérales internationales. Une contre-révolution inédite dans les annales des révolutions modernes a été scellée rapidement, l'Algérie y a pris part d'une certaine manière[2]. Cette coalition internationale a réussi à instrumentaliser la violence pour attiser les conflits latents en guerres civiles et en conflits armés communautaristes dans plusieurs pays, notamment en Syrie, Lybie, Irak, Yemen et Égypte. Quatre ans après le Printemps arabe, plusieurs pays de la région sont encore plongés dans des conflits armés inextricables. Le phénomène de Daech a encore rendu la lisibilité de la situation encore plus complexe et compliquée. En bref, l'État-nation, tel qu' il a été construit durant plus d'un demi-siècle de modernisation forcenée s'est avéré être un géant aux pieds d'argile.

Les pouvoirs prétoriens ont depuis organisé des réponses sur plusieurs fronts pour contenir un mouvement social unique dans l'histoire des révolutions modernes : répression policière, chantage, brouillage des réseaux téléphoniques, intimidation, coupures d'Internet, violence symbolique, arrestations, corruption politique, manipulation de la fibre nationale et instrumentalisation des intégrismes et de l'islamisme (modéré, radical, messianique et djihadiste). Des mesures administratives dans les secteurs politique, économique, social et médiatique sont également prises à contribution. Les moyens changent souvent, l'objectif ultime demeure le même : l'obstruction à l'émergence d'un contre-pouvoir. Il faut dépolitiser et déradicaliser par tous les moyens le conflit entre pouvoir prétorien et peuple et entre élites et masses populaires. L'enjeu crucial, c'est de garantir, non pas la paix sociale comme prétendu, mais la durabilité et la pérennité d'un pouvoir politique appartenant à une époque révolue. Le mouvement social doit être détourné par tous les moyens de sa trajectoire historique pour qu'il ne remette pas en cause les fondements de l'État profond.

Face à un mouvement de protestations, massif mais sans leadership, le gouvernement algérien a préféré tout simplement annoncer la mise en place « des réformes politiques profondes » tout en maintenant le système économique reposant

---

[2]   Rappelons que le gouvernement algérien a soutenu tous les chefs d'État déchus alors que la vague révolutionnaire a atteint son apogée. Il a soutenu le président Ben Ali, le rais Moubarak, le président Salah ainsi que le colonel Kadhafi. Une semaine après la prise de Tripoli par les révolutionnaires, une partie de la famille Kadhafi a trouvé refuge en Algérie. L'épouse de Mouammar Kadhafi, Safia, sa fille Aïcha, ses fils Hannibal et Mohamed, accompagnés de leurs enfants, sont entrés par la frontière algéro-libyenne. Hannibal était très impliqué dans les exactions associées au régime de Kadhafi. Si « la Mecque des révolutionnaires », des années 1960 et 1970, avait vigoureusement soutenu le Printemps arabe en mettant en œuvre sa diplomatie silencieuse et ses moyens de puissance régionale, le Printemps arabe n'aurait pas subi le sort que l'on lui connait aujourd'hui. Il aurait fait un saut qualitatif dans la modernité politique. Quant à l'Arabie Saoudite, comme un autre cas significatif, cet État a dirigé une coalition du Conseil de coopération du Golfe pour mener tout simplement une guerre contre le peuple yéménite, l'un des plus démunis dans le monde.

sur l'exportation des hydrocarbures[3]. Lors de son discours du 15 avril 2011, le président de la République s'est engagé à « *renforcer la démocratie* » en adoptant une série d'*oukases*. Ces réformes sont saluées immédiatement par les gouvernements de la communauté européenne ainsi que les autres partenaires commerciaux.

Les réformes politiques, combinées à la levée de l'état d'urgence[4] quelques mois plus tôt, sont présentées comme la réponse au Printemps arabe. Ces réformes se sont finalement limitées à la promulgation d'une dizaine de lois organiques, notamment la loi relative au régime électoral, les lois régissant les partis politiques, l'information, les associations caritatives et la loi relative aux quotas des femmes au sein des assemblées élues ainsi que la promesse de réviser la constitution qui fut déjà amendée en 2008.

Une analyse rigoureuse de ces nouveaux textes dans le contexte des transformations en cours nous permettra de mieux comprendre la mise en place de nouveaux mécanismes tendant à consolider le systeme autoritaire en place. Ces mesures ont tendance à raffermir le fait du prince au détriment de l'alternance politique devant rétablir la confiance entre gouvernement et gouvernés, un préalable pour sortir de la crise de légitimité. Les réformes annoncées au lieu de faire sauter les derniers verrous d'un régime en fin de parcours, ont, bien au contraire, consolidé le système de verrouillage de l'espace public-politique, médiatique, associatif et économique – mis en place depuis le début des années 2000.

La nouvelle loi électorale

Quelques nouveautés introduites dans la nouvelle loi sont beaucoup plus techniques que politiques. Par exemples, l'âge minimum d'un candidat pour se présenter à l'assemblée populaire communale ou de *wilaya* (province) est passé de 25 ans

---

[3]   Pour sortir du syndrome hollandais, les gouvernements qui se sont succédé ont promis de diversifier l'économie. L'Algérie n'a pas exporté pour une valeur supérieure à un milliard de dollars, la dépendance alimentaire s'est entre temps élevée pour atteindre 60 milliards de dollars en 2014. Le choc pétrolier de 2014 a dévoilé au grand jour, une fois encore, la dépendance de l'économie nationale aux hydrocarbures. A titre comparatif, la Pologne, sans pétrole, a réussi sa transition en si peu de temps. Elle a exporté en 2014 pour 21,3 milliards d'euros en produits agricoles avec une balance positive de 6,6 milliards d'euros. Voire entretien du ministre polonais de l'agriculture à *El Watan*, 25 avril 2015, [en ligne] www.elwatan. com, 15 septembre 2015.

[4]   L'état d'urgence proclamé en février 1992 pour lutter contre les groupes islamiques armés ne fut levé qu' en février 2012 alors que le terrorisme islamique fut entre-temps considérablement diminué à travers le territoire national. Sous Bouteflika, l'état d'urgence a plus servi à réprimer les syndicats et les citoyens contestataires qu'à tenter d'éradiquer définitivement le « terrorisme résiduel ». En juin 2001 le gouvernement Benflis décide, par réaction aux dérapages de la marche du 14 juin, de renforcer le dispositif sécuritaire en interdisant les manifestations à Alger. Jusqu'aujourd'hui, les manifestations ne sont toujours pas autorisées à Alger.

à 23 ans (art. 78, 2ème alinéa). L'utilisation des lieux de culte ainsi que les autres institutions publiques (écoles et administrations) pour la collecte des signatures de soutien aux candidats ou pour faire campagne est interdite (art. 197). Même si la campagne électorale est interdite dans les mosquées, cela n'empêche pas le ministre des Affaires Religieuses déclarer publiquement que le rôle des imams consiste aussi à sensibiliser les citoyens à l'importance du devoir électoral.

Le nombre de signatures individuelles exigées pour valider une candidature à l'élection présidentielle est réduit de 75.000 à 60.000 (art. 139, 2e alinéa). Tous les aménagements techniques n'ont pas apporté de garanties suffisantes pour que les élections se déroulent de manière libre et transparente.

Comme une nouveauté importante, les électeurs, les candidats indépendants et les représentants des partis politiques sont autorisés « à prendre connaissance de la liste électorale les concernant ». Mais cette nouveauté ne résout pas pour autant la question cruciale de l'assainissement du fichier électoral national. Une des premières mesures que les autorités algériennes auraient dû prendre pour rétablir la confiance des citoyens dans les élections aurait été l'assainissement de ce fichier. Cet assainissement est revendiqué par les lecteurs et partis politiques. L'augmentation du nombre d'électeurs d'une élection à l'autre ne semble pas correspondre à l'évolution démographique de la population algérienne. En décembre 2011, le ministre de l'Intérieur a annoncé 4 millions de nouveaux électeurs pour les élections législatives de mai 2012. La croissance démographique de la population conteste le bien fondé de ce chiffre.

A la veille des élections de 2012, l'adoption d'une nouvelle loi électorale dans un environnement en pleine ébullition du Printemps arabe aurait pu marquer un tournant décisif dans la conception et l'organisation des scrutins. Dans cette perspective, une instance indépendante des institutions et des partis politiques avec de larges compétences aurait contribué à assurer la transparence des élections. Un texte « propre » aurait pu mettre en branle une dynamique électorale susceptible, à son tour, de permettre l'alternance politique conduisant le pays de l'autoritarisme à la démocratie, du pré-politique au politique de l'exercice du pouvoir, comme ce fut le cas dans les pays de l'Europe de l'Est et de l'Europe Centrale.

La loi sur les partis politiques

La nouvelle loi sur les partis politiques comme celle sur les ONG n'ont pas apporté de changements majeurs par rapport aux précédents textes si ce n'est un verrouillage supplémentaire du champ politique et de la vie associative. Comme nouveauté importante, notons toutefois l'obligation pour le ministre de l'Intérieur de délivrer un récépissé de dépôt de dossier.

Remarquons que cette question n'est gérée pas par le ministère de la Justice comme c'est le cas dans la plupart des pays mais par le ministère de l'Intérieur. Les Algériens estiment que le multipartisme ou la vie associative n'est pas une question de démocratie mais une question d'ordre public et de sécurité nationale. En plus clair le pouvoir estime qu' il a le monopole du patriotisme et que toute critique à son encontre est perçue comme une atteinte à la sécurité nationale. Une banale manifestation de chômeurs, d'étudiants ou autres groupes sociaux, fait mobiliser plus d'agents sécuritaires suréquipés que de manifestants !

Comme autre aménagement technique, il y a la possibilité de recours devant le Conseil d'État dans le cas d'un refus opposé par l'administration. Mais dans la pratique, le ministre de l'Intérieur dispose de très larges prérogatives lui permettant de contrôler tout le processus de mise en place d'un parti politique et d'organisations caritatives. La tenue des activités sont soumises à une autorisation administrative préalable. Tout compte fait, l'assouplissement du régime de mise en place des partis politiques n'a pas vu le jour. Le législateur semble avoir définitivement tourner le dos au système déclaratif que la loi du 5 juillet 1989 a instauré en consacrant le multipartisme du système autoritaire. La loi de 2012 reconduit donc le régime d'autorisation préalable en matière de création des partis politiques et d'ONG. Le régime qui est introduit par l'ancienne loi organique du 6 mars 1997 relative aux partis politiques, conditionne l'exercice de cette liberté à une autorisation préalable délivrée par le ministère de l'Intérieur.

Le ministre de l'Intérieur ainsi que les autres administrateurs (walis et président d'APC) disposent d'un puissant pouvoir discrétionnaire d'accepter ou de refuser l'agrément des partis et des associations. L'arbitraire est enchâssé dans le pouvoir discrétionnaire gérant les institutions de la citée. Tant que l'administrateur est investi de ce pouvoir, il serait très difficile de se référer à une transition démocratique.

L'article 8 interdit la création de tout parti politique dont l'objectif est contraire aux « valeurs et aux composantes fondamentales de l'identité nationale » ainsi qu'à « l'éthique de l'islam ». Ces critères sont extrêmement vagues et imprécis et font craindre à des interprétations arbitraires que l'administration pourrait en faire. L'article 36 stipule que tout changement dans les statuts, l'organisation ou la composition des dirigeants doivent faire l'objet d'une notification au ministère de l'Intérieur. Ces changements doivent être valider alors que la précédente loi stipulait seulement une simple déclaration à titre d'information[5]. Il s'agit tout simplement d'une pénible ingérence dans la vie interne du champ politique et du champ associatif.

L'article 70 prévoit que la dissolution peut être engagée par le ministère de l'Intérieur si le parti n'a pas présenté de candidats à quatre élections législatives et locales consécutives. Cet article a pour objectif en réalité de décourager les partis qui pourraient faire le choix de boycotter les élections ou de mener des campagnes

---

[5]   « Tout changement survenu dans la direction ou dans l'administration régulièrement désignées par le parti politique ainsi que toute modification des statuts ou création de nouvelles structures locales, doivent, dans le mois qui suit le changement intervenu, faire l'objet d'une déclaration au ministère chargé de l'intérieur », article 20 de la loi organique du 6 mars 1997.

pour l'abstention. Les actions de boycott ou d'abstention reconnues pourtant dans le code électoral ne sont pas perçues comme « politiquement correct ».

L'article 64 autorise clairement le ministre de l'Intérieur « en cas d'urgence » ou « de troubles imminents à l'ordre public » de suspendre les activités des partis et ordonner la fermeture des locaux utilisés. Une simple décision administrative est suffisante.

L'article 21 de cette loi impose que les fondateurs du parti doivent même disposer d'un siège du parti, avant d'obtenir l'agrément de leur parti. Le siège permet au parti d'acquérir la personnalité juridique, semble-t-il. On n'encourage pas ainsi les jeunes militants dont leurs moyens financiers et logistiques sont très limités à se lancer dans l'aventure politique dans un pays où la crise du logement est atterrante. Par contre, les Algériens qui ont fait fortunes dans l'économie de bazar et la corruption sont encouragés à se regrouper en partis politiques pour légitimer les biens mal acquis.

La loi sur les associations

Certes la loi de 1990 relative aux associations a permis un développement sans précédent de ONG dans plusieurs secteurs (culturel, religieux, sportif, professionnel…). On a assisté à la naissance du jour au lendemain d'un mouvement associatif dynamique. Ce mouvement connaitra rapidement un refroidissement durant la campagne de lutte anti-terroriste pour s'éteindre dans les années 2000. La loi du 12 janvier 2012 vient de donner un coup de massue à ce mouvement, elle est très restrictive. Elle est en plus en contradiction avec les Conventions internationales ratifiées par l'Algérie en 1989. Les conventions internationales ont pourtant, selon la Constitution algérienne, valeur supérieure aux lois nationales.

Comme nouveauté importante, le nouveau texte remet en cause le régime déclaratif en cours dans tous les pays démocratiques. L'association est conditionnée par l'accord préalable des autorités. Cette loi était attendue depuis l'amendement de la Constitution en 2008 répondant, à son tour aux exigences des conventions internationales[6]. Le Printemps arabe a précipité les événements en contraignant le gouvernement à l'adopter en vue du prochain échéancier électoral dont ses enjeux sont considérables pour la consolidation du régime en place[7]. Une participation massive des femmes aux législatives pourrait réduire le déficit de légitimité internationale.

---

[6]   Cette loi répond également aux exigences des conventions internationales, notamment la « Convention pour l'élimination de toutes les formes de discrimination à l'égard des femmes », ratifiée en 1996 par l'Algérie et le suivi et l'application de la déclaration et du Programme d'action de Beijing.

[7]   Il convient de noter qu'avant la loi organique sur les quotas des femmes dans les assemblées élues, la question de la place des femmes dans la vie politique n'avait jamais été discutée par les parlementaires.

L'article 39 stipule clairement que les autorités peuvent refuser l'enregistrement dont elles considèrent l'objet ou les buts « contraires aux constantes et aux valeurs nationales ainsi qu'à l'ordre public, aux bonnes mœurs et aux dispositions des lois et règlements en vigueur ».

Le nombre de personnes exigées pour fonder une association a été revu à la hausse. Pour une association à caractère national, il est exigé pas moins de 25 membres issus de 12 *wilayas* (provinces), 21 pour une association *inter-wilaya* (issus de 3 wilayas au moins), 15 personnes pour les associations de *wilaya* (issus de 3 communes au moins) et 10 pour une association communale.

L'article 45 de la loi 90-31 qui prévoyait des peines d'emprisonnement aux représentants qui n'avaient pu obtenir des autorités le récépissé légal, est conservé dans la nouvelle loi dans son article 46. Notons qu'il est très difficile pour une association de fonctionner dans un système sécurito-bureaucratique sans la possession de ce récépissé. Ce document est exigé pour ouvrir un compte bancaire, louer un local pour se domicilier ou louer une salle publique. Il est même arrivé que l'administration interdit le jour même des activités qu'elle a autorisées au préalable. L'ordre est venu « d'en haut », tel quel est le motif évoqué oralement !

Plusieurs associations dont leurs fondateurs sont perçus comme des « trouble fêtes » n'ont pas reçu ce document. C'est le cas des organisations indépendantes de défense de droits humains ou de lutte contre la corruption.

En matière de ressources financières, les paris politiques comme les ONG ne sont pas autorisés « de recevoir directement ou indirectement un soutien financier ou matériel d'une quelconque partie étrangère à quelque titre ou forme que ce soit ».

Le Code national sur l'information (CNI)

Avec la Libye, l'Algérie était le seul pays au Maghreb qui n'avait pas entrepris une libéralisation du secteur de l'audio-visuel. Annoncée au lendemain de l'intronisation de Abdelaziz Bouteflika à la magistrature suprême du pays, cette ouverture a été maintes fois reportée sans avoir donner d'explication. Ce secteur est considéré très sensible et hautement stratégique. L'image de marque du régime dépend largement des médias particulièrement depuis particulièrement que les nouvelles technologies de l'information ont bouleversé le monde. L'image à l'extérieur que le régime se préoccupe le plus en dépend considérablement.

Le gouvernement a commencé par créer quatre chaines publiques et plusieurs dizaines de chaines de radio FM. Le Printemps arabe, qui a vu l'apparition des chaines satellitaires concurrentes aux chaines publiques, a visiblement précipité la promulgation d'une nouvelle loi sur information, le 15 janvier 2012.

Cette nouvelle loi a pour objectif ultime de restreindre les rares espaces de liberté de la presse en changeant le mode opératoire. Elle obéit à la logique de consolidation sécuritaire dans un contexte marqué par l'ouverture du paysage audio-

-visuel régional. Au lieu de conforter la liberté de ton de la presse écrite qui a fait la fierté du pays dans la région, le pouvoir algérien tente, bien au contraire, de resserrer l'étau sur ces médias en distribuant à dose homéopathique la manne publicitaire. L'enjeu crucial est d'amplifier le discours officiel face aux « agents de la désinformation » et au danger extérieur. L 'accès aux sources d'information n'est pas également totalement libre.

L'article 84 interdit l'accès à certaines informations relevant des secteurs perçus comme stratégiques. L'accès aux sources d'information n'est pas également totalement libre. L'information concerne le secret de défense nationale, à la sûreté de l'État, à la souveraineté nationale, le secret économique stratégique et à la politique étrangère. Ces notions vagues et floues offrent aux institutions de l'État l'argument derrière lequel elles se réfugieront pour justifier leurs refus de communiquer des données.Un droit de regard à la structure du budget du secteur de défense et de sécuritémême à l'heure des restrictions budgétaires est perçue comme une atteinte à la sécurité de l'État et à l'intégrité territoriale. Toutes ces restrictions et autres n'encouragent pas le journalisme d'investigation, espace public permettant de mettre en œuvre une véritable liberté de presse et une communication politique fiable.

Contrairement au code de 1990, la loi organique de 2012 consacre la dépénalisation du délit de presse en matière d'infractions commises par voie de presse. L'ancien code, ouvrait la voie à l'emprisonnement des journalistes, en plus des amendes. Certes les journalistes ne sont plus désormais convoqués par les services de sécurité ou par la justice pour répondre de leurs écrits. Le délit de presse n'est plus dépenalisé. Le régime entend donner l'image d'un pouvoir qui ne réprime pas la liberté d'expression. L'ensemble des journalistes a vu dans la suppression des peines d'emprisonnement comme une avancée considérable en matière de liberté de la presse. En réalité la nouvelle loi n'a pas vraiment réglé la problématique de la dépénalisation du délit de presse. La règle de l'« *exceptio veritatis* » (l'exception de vérité), l'un des fondements de la liberté de la presse est absente dans cette loi. Cette règle permet au journaliste d'échapper à la répression en apportant la preuve de la véracité du fait diffamatoire.

En plus, le montant des amendes a considérablement augmenté, l'argent est bien le de la guerre comme dit l'aphorisme célèbre. Le journaliste peut être emprisonner en cas de non paiement de l'amende. Cette condamnation est inscrite au casier judiciaire en cas de récidive. Le journaliste est toujours passible d'une peine correctionnelle. Le terme de dépénalisation n'est pas vraiment approprié dans ce cas de figure.

C'est le directeur du journal qui impose désormais des lignes rouges aux journalistes. Il sera autrement contraint à payer de lourdes amendes sur le budget de fonctionnement de l'entreprise qui est par ailleurs très limité pour l'ensemble des quotidiens. Les atteintes à la liberté de presse, très nombreuses, ont pris une autre tournure de la promulgation du CNI. Récemment, le directeur d'un journal a déposé une plainte contre un des ses journalistes après l'avoir licencier sans préavis.

Ce dernier est accusé d'« atteinte au Prophète ». Il n'a fait pourtant que reprendre dans sa chronique des expressions coraniques d'un chercheur européen. Le procureur de la République près du tribunal d'Oran l'a condamné par défaut à 3 ans de prison ferme et 200 000 DA d'amende.

Pour compléter l'édifice du CNI, un projet de loi sur le marché du livre, adopté par le Conseil des ministres, le 29 octobre 2013, vient d'être discuté à l'Assemblée nationale. Le texte renferme des dispositions attentatoires aux libertés individuelles. Pour rappel, des dizaines de maisons d'édition sont mises en place au lendemain de la révolte d'octobre 1988, elles ont publié de nombreux ouvrages, parfois polémiques. Un livre comme celui du Dr Said Sadi, sur le colonel Amirouche, ne verrait pas certainement le jour au regard de l'application de cette loi. Dans l'exposé des motifs, il est mentionné la mise en place d'un cadre normatif à caractère législatif destiné à encadrer toutes les activités de la chaîne du livre. Sur les 62 articles que renferme le projet, 17 d'entre eux sont, selon l'éditeur Boussad Ouadi, conçus pour compromettre le paysage éditorial algérien. L'article 7 stipule que « sont soumises à autorisation préalable les activités d'édition et d'impression, les importateurs de livres, les bibliothèques privées, les dons de livres étrangers, les livres religieux, les livres scolaires, les achats hors *wilaya*, l'organisation de salons et foires du livre ». *Le simple fait de vendre et dédicacer un livre en librairie sera soumis à une autorisation du ministère de la Culture.* Autre aberration, ce projet de loi stipule l'obligation des entreprises et institutions publiques de se fournir en livres auprès des libraires des localités où elles se situent. Le syndicat national des éditeurs du livre (SNEL) voit en ce projet « une entrave à l'instauration d'une industrie nationale du livre », tandis que l'organisation nationale des éditeurs du livre (ONEL), le qualifie « d'acquis à valoriser ».

Système des quotas et Cooptation des femmes

La loi de 2012 relative à l'accès de la femme à la représentation dans les assemblées élues instaure un système de quotas sur les listes électorales. Cette loi est perçue par des groupes féministes comme une avancée politique considérable. Pour rappel, cette décision, très attendue au lendemain de la « décennie rouge » coincidant avec la cooptation de Abdelaziz Bouteflika à la magistrature suprême du pays, n' a pas été prise. Il faut attendre la veille de la tenue de l'élection présidentielle pour le quatrième mandat pour qu' une telle décision matérialisant la participation de la femme à la lutte contre le terrorisme islamique soit prise.

L' élargissement de la base sociale du régime au moment même où la contestation populaire a atteint une nouvelle ampleur dans un contexte régional en pleine ébullition est perçue comme cruciale pour sa survie et pérennité. Cette décision vise ainsi à augmenter le taux de participation qui a été faible lors des précédents scrutins. La désaffection électorale de la gente féminine, comme dans les autres pays musulmans, est plus élevée que dans les autres catégories de populations.

La discrimination positive n'est pas toutefois présentée comme la consécration des luttes des femmes contre les différents intégrismes. Selon the discours officiel, cette discrimination fait partie de la générosité du chef d'État, elle relève tout simplement de ses attributs constitutionnels.

Le texte de 2012 ne vise pas à favoriser l'accès des femmes à l'ensemble de la vie politique. Il se limite aux assemblées élues qui sont beaucoup plus des courroies de transmission que des instances décisionnelles. Tout compte fait le 10 mai 2012 marque en effet une date historique dans le mouvement des femmes en Algérie. Les élections législatives ont permis à 146 femmes d'accéder à l'APN, soit un taux de 31,6%, alors qu'il n'était que de 7,7% auparavant. A titre indicatif, en Europe y compris les pays nordiques, la moyenne de la représentativité est de 22,4%, aux USA, elle est de 16%, et de 11,7% dans les pays arabes. Toutefois elle cache en réalité les résistances d'un pouvoir islamo-conservateur lorsqu'il s'agit de s'attaquer aux questions de fond qui entretiennent les discriminations à l'égard des femmes, notamment un Code de la famille maintenant la femme dans une « infériorité infamante ».

En mars 2015 le gouvernement algérien a promulgué une loi criminalisant la violence contre les femmes. Ce projet de loi a soulevé une vive polémique au sein du parlement composé de plus d'un tiers de femmes. Les groupes salafistes bien qu'ils ne soient pas reconnus en tant que tels ainsi que d'autres groupes conservateurs se sont opposés énergiquement à ce projet. Une année après, le Conseil d'État n' a pas jugé encore de ratifier cette loi. Si la lutte anti-terroriste a vaincu militairement l'islam radical et *djihadiste*, ce ne fut pas le cas pour l'islam modéré. Un pouvoir conservateur rempant a réussi à maintenir un Code de la famille reposant sur la *sharia*.

Last but not least la restructuration en cours de l'appareil sécuritaire, le DRS, vient d'encader solidement la mise en place du nouveau édifice institutionnel. La fonction de police politique du DRS tend à être substituée par l'administration[8]. Le président de la République est parvenu ainsi à détenir tout le pouvoir, pouvoir institutionnel et pouvoir occulte, au détriment de la promotion d'une société civile forte et vibrante. Dans un tel contexte de verrouillage systématique de l'espace public à quoi bon servirait de triturer la constitution de 2008, tant attendue par les groupes politiques et les prédateurs de l'économie de bazar ? La restructuration organique de la crise de l'État sécuritaire en attisant la lutte des clans sera-t-elle en mesure de contenir un mouvement social pacifique devenu très menaçant avec la chute brutale de la rente énergétique ?

---

[8]   R. Tlemçani, « The end of an era in Algeria », *The Arab Weekly* 2015, n° 25, p. 14.

Bibliographie

Tlemçani R., « La dynamique de la transition au Maghreb. Défis et enjeux 4 ans après le Printemps arabe », *Les Cles du Moyen Orient*, 8 août 2015, [en ligne] http://www.lesclesdumoyenorient.com/La-dynamique-de-la-transition-au.html.

Tlemçani R., « The end of an era in Algeria », *The Arab Weekly* 2015, n° 25.

El Watan, 25 avril 2015, [en ligne] www.elwatan.com.

DOI: 10.12797.9788376386553.17

Ewa Szczepankiewicz-Rudzka[*]

Jagiellonian University

WHY DID "THE DOMINO EFFECT" NOT REACH ALGERIA?
Limitations and prospects of socio-political transformation

Abstract:

The year 2011 will be one of the most memorable in the modern Arab history because of the wave of revolutions which led to the overthrow of long ruling autocrats in Egypt, Tunisia, Yemen and Libya. Algeria is so far the only country in North Africa that has not experienced sustained mass protests calling for a political change. This paper intends to explain why the Arab Spring has not spread to Algeria? This question becomes apparent bearing in mind that Algeria shares the same explosive factors that have provoked mass revolutions in the neighbouring countries: corruption, disproportion in the regional development, pauperization of society and the lack of civil and political rights. There are several explanations for this "immunity to revolution". First – the fragmentation of Algerian opposition. Second – the fear of the return to the violence which Algerians have lived in for 50 years owing to two brutal conflicts – the war of independence and the civil war of the 90s. Third – the announcement of a raft of political and constitutional reforms by the present regime. Finally, the social peace was bought by the promise to resolve Algeria's long-lasting economic problems starting with unemployment, the promise of implementation of the structural reforms and especially the direct and indirect transfers of public money (rise of salaries, subvention of basic commodities etc.).

Key words: Algeria, transformation, limits of democratisation

---

[*] PhD, assistant professor at the chair of Strategy of International Relations in the Institute of Political Science and International Relations, email address: ewa.szczepankiewicz@uj.edu.pl.

"The domino effect" is a phrase often repeated to describe the phenomena of contestation of power undertaken by the societies of North Africa and Middle East, which in recent years have led to the collapse of multiannual regimes. The trigger was the protests, which began in Sidi Bouzid in December 2010 in Tunisia, and which then spread across the country, forcing the authoritarian president Zine-el Abidine Ben Ali, in power for over 23 years, to leave the country. The fervour of revolutionary uprising swept through most of the country's regions taking more or less drastic form. Algeria is an exception in the constellation of declining regimes. The question arises: why did the scenario of events that took place in the neighbouring countries (Libya, Tunisia) did not repeat itself in Algeria, even though the factors that led to the revolutions in those countries also appear here: corruption and nepotism in the government administration structures, strong socio-economic inequalities, limiting the fundamental rights and civic freedoms?

On the other hand, stating that the Arab Spring passed unnoticed in Algeria is untrue. The "bread protests" took place in bigger cities of Algeria in January 2011, shortly before Tunisian and Egyptian revolution. None of these regular forms of protest turned into factors that would undermine the *status quo*, established over twenty years ago. The reasons for such state of affairs can be sought in the political weakness of Algerian opposition or a skilful simulation of political reforms by the regime, guaranteeing its continuity. The factor impacting the stability of the system is, undoubtedly, the fear of a repetition of the civil war scenario from the years 1990-1999 or, not so unrealistic in the context of events in Egypt and Tunisia – the prospect of Islamisation of the country. The unequivocal factor allowing the survival of the regime of Abdelaziz Bouteflika is the position of Algeria in the American strategy of *Global War on Terror* (GWOT). Finally, Algeria's significant oil resources are also of great importance, allowing the rulers the temporary alleviation of social tensions. The strategy of "buying the social peace" is an efficient tool in the hands of the ruling party, which Egypt and Tunisia do not have.

Conditions of political and social transformation in Algeria

The Arab Spring did not touch Algeria to such extent as it did Egypt, Tunisia, Libya or Syria; however, it is worth noting that this country experienced an upward revolt, which started the systemic changes. Protests of October 1998 that engulfed almost entire country and began the process of implementation of political reforms, aiming to end the single-party system and *de facto* the ruling of the National Liberation Front, holding the reign of power continuously since 1962.

The reasons for contestation in the 1980s Algeria are almost identical to those that led to the fall of regimes in the countries of MENA region in the years 2010-2011. In that period the conflict between the society and government accelerated. The latter was not only accused of inept economic policy, but also of lack of democracy, as well as corruption and clientelism. The protests against the government's policies and opposition to the "appropriation of state" by narrow ruling elite took the form of mass street protests in Algiers in the autumn 1988. Huge crowds of protesters came out on the streets, demanding the withdrawal of the increase of prices on the necessary articles, improvement of supply, elimination of the ruling elite's privileges, implementation of the fundamental political reforms, and the guarantee of civil liberties[1].

Constitution introduced on 23rd February 1989 ended the quarter-century era of the National Liberation Front's (NLF) monopoly of power and opened the way to the multi-party system. The plans for changes in that period were related to ensuring the freedom to nominate the candidates in the municipal and national elections and independence of social and political organisations. Between 1989 and 1990 almost 44 parties were registered. Former opposition groups, including the Socialist Forces Front, were legalised. In September 1989 also the Islamic Salvation Front (FIS) returns to the political game, campaigning for an immediate introduction of Islamic republic in Algeria[2].

First multi-party municipal elections from 12th September 1990 modified the political scene of Algeria, until then monopolised by the NLF. The Islamic group (FIS) gained a significant advantage over the ruling party[3].

The result of the municipal elections, devastating for the ruling party, brought closer the vision of losing the parliamentary elections. As expected, legislative authorities elections confirmed the discrediting of the presidential party and support for the Islamic group. In the first round of elections which took place in December 1991, the Islamic Salvation Front gained 188 seats. The second place was also won by the opposition of the regime – the Socialist Forces Front, gaining 25 seats. The third position (18 seats in the parliament) fell in the hands of the National Liberation Front[4].

As a consequence of the results of parliamentary and local elections, the Algerian regime faced the alternate choice between systemic solution, providing for the end of social unrest and integration of opposition parties, including Islamic ones, within the political scene, or maintaining the political relationships in the current state. The second option prevailed, which was directly connected to closing the process of democratisation and using force. Fearing the loss of own position and facing the threat of Islamic integralism, in the autumn 1992 the ruling regime chose the "way of the force"[5]. Afraid of the FIS' victory in the second round of

---

[1] Most research confirms that the *number* of *victims* was up to 500 killed. Thousands suspected of being involved in organisation of the riots have been arrested, E. Szczepankiewicz, *Region Maghrebu w polityce Unii Europejskiej*, Kraków 2010, p. 108.

[2] F. Frederic, "Algérie. La fin du monopole du FLN. Les députés votent la loi autorisant le multipartisme", *Le Monde*, 4 August 1989, p. 47.

[3] FIS gained 54,3% votes ant FLN 33,7%. B. Stora, *L'histoire de l'Algérie depuis l'Indépendance*, Paris 1994, p. 95.

[4] *Ibid.*

[5] A. Lahouari, "Les partis politiques en Algérie et la crise du régime des grands électeurs", *Le Quotidien d'Oran*, 12-13 October 2003.

elections, the High Council of State decided to suspend the electoral process. Islamic Salvation Front was dissolved. The country plunged into the long-term civil war between the army, subordinate to the authoritarian regime, and the Islamic militias[6].

Since 1992 the power in Algeria has effectively been in the hands of the army. Keeping up the appearances of democracy, the superficial political reforms are introduced, and the regular elections to the representative bodies are carried out. The real executive power rests in the hands of presidents, "anointed" by the generals, successively since 1992: Ali Kafi, Liamine Zéroual, Abdelaziz Bouteflika. The parliament is controlled by the so-called coalition of the president, the parties that are friendly towards the regime: National Liberation Front, National Rally for Democracy and the Movement for the Society of Peace – not very socially representative group of moderate Islam. Islamic Salvation Front remains deprived of the possibility of having the parliamentary representation, and some of the opposition groups, including the Socialist Forces Front, decided to boycott the elections to the legislative authorities, which in the view of its leaders are deprived of any ability to make an impact, and are only serving the current regime. The state of emergency introduced in 1992 has allowed controlling the society, as well as unpunished use of repressive measures, including behaviours against the system. An important element of the regime remains highly developed apparatus of coercion and the position of army in the system[7].

The authoritarian nature of the system is strengthened by the actions aimed to concentrate the executive power in the hands of one man. In 2007 the amendment to the constitution was introduced, abolishing the limiting of the presidential terms to two, opening the way for Abdelaziz Bouteflika's presidency for life.

Other elements of procedural democracy and assemblies are not guaranteed. All association and media activity is controlled. Between December 1999 and January 2012 no new political party was registered. Despite the liberalisation of the Code of Press in 1990, abolishing the monopoly of the state in the field of information, the journalistic activity is subject to restrictions. The provisions of the Code of media guarantee the freedom of speech, except cases of questioning "the dignity of individual, the imperatives of foreign policy and national defence". The Code of Criminal Procedure provides for a wide range of punishment, including prison, for slander or insult of state institutions[8].

---

[6]   About situation in Algeria between 1900-1992 see more in: A. Kasznik-Christian, *Algieria*, Warszawa 2006, pp. 449-457.

[7]   See more about the results of parliamentary election in 2002 in. Inter-Parliamentary Union, Report, Algeria, [on-line] http://www.ipu.org/parline-f/reports/1003_arc.htm, 30 April 2013; see more about parliamentary election in 2007: [on-line] http://193.194.78.233/ma_fr/stories.php?topic=07/04/09/8619480, 30 April 2014.

[8]   A. Aghrout, Y.H. Zoubir, „Algérie: des reformes politiques pour eluder le Printemps arabe", *Alternatives Sud (Le Printemps arabe: un premier bilan)* Vol. 19, 2012, no. 2, p. 139; E. Szczepankiewicz, *op. cit.*, pp. 295-296.

The indicated factors are the reason why the traditional sources of legitimacy of power based on the affiliation with the independence movement and political base of NLF, are weakened. The phenomenon of lack of identification of society with the ruling power is becoming more and more visible, as evidenced by the low election attendance, around 30-40% in the last decade (35.6% in the parliamentary elections in 2007)[9]. A survey of the independent Algerian journal, El Watan, conducted in 2011, showed that 75% of respondents do not trust the parliament, seeing in it an institution with little political influence, in which the MPs defend their own or their supporters' interests[10]. Clientelism and nepotism in the administration and business are not the only conflict-inflicting factors in the Algerian society. The lines of social divide occur between the francophone and arabophone elites, between the Arab and Berber communities, and finally between the politically and economically privileged higher class and the pauperised residents of provinces located further away from the metropolis.

The analysis of conditions which may lead to the societal contestation of power cannot be short of economic factors. Algerian model of economy is characterised by similar elements that caused overthrowing the political regimes in neighbouring countries. In Algeria, similarly as in other Arab countries, from the moment of gaining independence, the economic model of the so-called patrimonial capitalism has been developed, in which the loyalty of the citizens was maintained in exchange for the guarantee of economic and social stability. In other words, the subordination of the society ensured the provision of certain services by the state, such as education, health services and benefits, employment in the public sector, economic privileges, guarantee of supply of the basic articles, subsidisation of food, etc.[11]

In the system of patrimonial capitalism in the longer-term perspective there are phenomena negative from the point of view of the economy. First of all, the state is over-represented in the economy, which is reflected in the significant size of the public sector, bureaucracy, and high level of employment in the public sector[12]. In fact, the public sector is the biggest employer. The unemployment among the young people remains problematic, equal to approx. 21% in the age group of 18-25 years, as well as the size of the informal market, evaluated at the end of the first decade of the 21st century as approx. 40% of the annual GDP. The weakest link remains the dependency on the energy sector. Compared to other countries of

---

[9] „L'Algérie à contre-courant du Printemps arabe", *Le Monde*, 12 May 2012, [on-line] http://www.lemonde.fr/afrique/article/2012/05/12/l-algerie-a-contre-courant-du-printemps-arabe_1700317_3212.html, 20 October 2014.

[10] A. Aghrout, Y.H. Zoubir, *op. cit.*, p. 132.

[11] O. Schlumberger, "Structural reform, economic order and development: patrimonial capitalism", *Review of International Political Economy* Vol. 15, 2008, no. 4, p. 17, [on-line] http://dx.doi.org/10.1080/09692290802260670.

[12] S. Ben Néfissa, "Les révolutions arabes: les angles morts de l'analyse politique des sociétés de la région", *Confluences Méditerranée* Vol. 77, 2011, no. 2, p. 78, [on-line] http://dx.doi.org/ 10.3917/come.077.0075.

MENA region, rich in oil and gas, Algeria has the least diversified production – 97% of its export is oil and its derivatives. Moreover, in recent years the share of the energy sector in GDP increased from 30% to 50% in 2008 and to almost 70% in 2011[13]. In accordance with the indicators of the World Bank in 2011 *Doing Business*, Algeria took the 136th place amongst the 183 researched countries[14]. Unfavourable investment climate is the reason why the country is not able to attract foreign investors. Furthermore, 40% of direct foreign investments are made in the energy industry, sector generating less than 5% jobs per year.

Arab Spring in Algeria

The beginning of 2011, when the protests in the countries of North Africa and Middle East took place, was not peaceful also in Algeria. Between 3rd and 7th January 2011 mass strikes swept through Algeria, caused by the increase of prices of the staple food products[15]. Caused by the price increase of mainly two products: oil and sugar, they were named "oil strikes" by the media, referring to "bread protests" that rocked the political scene of Algeria in 1980s. The media discourse highlighted purely economic character of the social claims, although this was more often accompanied by the hopes for political change. Their embodiment became the National Coordination for Democratic Change (CNCD), established on 21st January 2011. The initiative was formed with the participation of Algerian League for Human Rights, a number of autonomous trade unions and political parties. This informal platform uniting various opposition groups had specific goals: abolition of the state of emergency, liberalisation of media, wider political participation of the citizens and release of prisoners detained during the January demonstrations. Despite the attempts to mobilise the society through organising a series of protests, the opposition movement did not grow to such extend like in the other countries of the region. The culminating moment was to be the demonstration planned for 12th February 2011 in the capital city. The intentions of the organisers, however, were torpedoed by the preventive measures of the local authorities and the police. The City Council's decision of 7th February banned the organisation of the march, citing the regulation issued in June 2001, prohibiting the organisation of public gatherings in the capital and the necessity to preserve the public order[16]. Nevertheless, CNCD

---

[13]   H. Darbouche, *Algeria's failed transition to a sustainable polity*, MEDPRO technical Report no. 8, October 2011, [on-line] http://www.isn.ethz.ch/isn/Digital-Library/Publications/Detail/?ots591=0c54e3b3-1e9c-be1e-2c24-a6a8c7060233&lng=en&id=134566, 30 April 2013.

[14]   *Ibid.*

[15]   According to the statement of Ministry of Interior in Algeria, five persons have died and eight hundreds have been injured (majority among the policemen) during the riots (A. Aghrout, Y.H. Zoubir, *op. cit.*, p. 140).

[16]   *Ibid.*

upheld the earlier decision to organise the protesting march. The demonstrators were dispersed by police forces, sent to the place where the march began, in the number of 20 thousand policemen.

In addition to the effective preventive activities, the regime also took action to calm the social tension through a number of concessions and proposals for socio-political reforms. First one was to satisfy the postulate of protesters to abolish the state of emergency, in force since 1992. The Cabinet Council's decision of 22nd February 2011 was supported by the words of president Bouteflika, who said that "the abolition of the state of emergency after nineteen years will open a new page in the history of the country, which must be accompanied by the political reforms"[17]. Following these statements, the National Commission for Consultation on Political Reforms was appointed, which was to serve the purpose of a special communication tool in the relations between the ruling party and opposition, and a field for discussion on the subject of the proposed by both parties changes.

In result of the consultations, the president was provided with the report which contained the projects for electoral reform, guarantees of a wider representation of women in the parliament, and the reform of media law. The report was adopted by both houses of parliament in the autumn 2011.

While it is still too early to assess the attempts of "political thaw" made by the authorities, a few comments can be made here. Some controversy may be induced by the very members of the Commission for Consultation. Its appointed chairman was Abdelkader Bensalah, the president of National Council. Two close advisors of president Bouteflika, Mohamed Touati and Mohamed Ali Boughazi, were appointed as vice-presidents. During the two-months' long operation, the Council's consultation included nearly two hundred parties, associations and civic organisations. Majority of them refused the dialogue, demanding the appointment of a wider platform of international debate. Remarkable is the fact that the former presidents (Chadli Bendjedid, Ali Kafi, Liamine Zéroual) and Prime Ministers (Mokdad Safi, Mouloud Mamrouche, Ali Benflis) refused to participate in the presidential initiative.

The superficial character of activities is additionally confirmed by the reform to increase the representation of women in the parliament. In the originally assumed version, the parity envisaged for women was to equal minimum 33% of the total seats in the National Assembly. As a result of the parliamentary majority of votes (a coalition of presidential parties – RND and FLN), the solution was adapted where the number of female MPs was dependent on the number of seats allocated to the individual electoral districts[18]. Another step serving the "refreshing" of the political scene was issuing the authorisation in October 2011 for the formation of new political parties[19]. Additionally, the increase of the number of seats in the

---

[17] Ibid., p. 145.
[18] Ibid., p. 142.
[19] Various mainstream parties (national, Islamic ones) took part in the election of 1997, 2002, 2007 and 2012. However their possibility of action was limited. The majority in chosen parliaments has always belonged to the regime supported parties.

National Assembly from 389 to 462 was intended to widen the participation of political formations in the parliament. As a result of legalising the new parties, their number rose to 43 in 2011. Such large atomisation of the political scene is *de facto* a beneficial situation for the tight presidential parties' coalition. It was not weakened even by the exit from the coalition of the party of moderate Islam: Movement for the Society of Peace. The new act on political parties raised criticism for one more reason[20]. In accordance with its terms, the consent for the so-called "political nomadism" was introduced, i.e. the transfer of members from one group to another during the same terms of the assembly, which to a large extend favoured the large parties (National Rally for Democracy, National Liberation Front) at the expense of smaller, newer parties. Secondly, the amendment left in force the ban of forming new political parties on the members of Islamic Salvation Front, thereby leaving the largest opposition party outside of the political scene.

Another action taken by the regime, aiming to neutralise the social contestation, is making governmental money transfers. The redistribution policy of income from oil sales is an indisputable tool in the hands of the rentier state regimes. Its effectiveness cannot be overestimated, and in the perspective of regimes' stability it counteracts popularisation and politicisation of the social and economic needs of citizens. In accordance with the Budget Act estimated for the year 2012, 1500 billion Algerian Dinars (approx. 15 billion Euros) were programmed. Additionally, the increase in spending is expected of approx. 10% in relation to 2011, of which 2 8850 billion DA for clerical salaries, 1 300 billion for social services, and 200 billion DA for the subsidy of food products (sugar, oils, cereals, milk)[21]. Another category of people benefiting from the direct distribution are pensioners. Starting from January 2012 all provisions increased on overage by 15 00 DA (150 Euros), which on average costs the budget 630 million Euros annually[22]. The fact of undertaking the number of activities for young people affected by unemployment, who are – as shown by the events in neighbouring countries – the major force behind the revolution, is also not surprising (the system of preferential investment loans, financial incentives for young entrepreneurs, and support for the creation of new jobs).

The proposed reforms, which were included in the agenda of changes, such as the guarantee of women's equality, freedom of media, free election campaigning, did not introduce a new quality on the Algerian political scene. The parliamentary elections of 12th May 2012 seem to confirm the above thesis. An absolute majority in the National Assembly remained with the coalition of two presidential parties: National Liberation Front and National Rally for Democracy, winning 288 seats out of 462. Bouteflika's party's strength remained, even despite the exit from the

---

[20] "Ce que dit la nouvelle loi sur les partis politiques", *Le Quotidien d'Oran*, 18 January 2012, [on-line] http://www.algeria-watch.org/fr/article/just/loi_partis.htm, 30 April 2013.

[21] A. Aghrout, Y.H. Zoubir, *op. cit.*, pp. 62-63.

[22] Budget project for 2012, Ministry of Finance of Algeria, [on-line] http://www.mf.gov.dz/article_pdf/upl-90dc5e0e14f92b300a7cf779bf579efe.pdf, 30 April 2013.

coalition of the party of moderate Islam – Movement for the Society of Peace. On the similar level, in relation to the previous elections, the voter turnout was maintained: approx. 42.9%, and in the region of Kabylie, one of the most opposing to the current rulers, below 30%[23]. The regime adopted the strategy of half-measures and superficial reforms, clearly indicating that it is not intending to share the power with the society. As rightly noted by the expert on the Algerian political scene, Charef:

> "(…) *planned reforms and undertaken actions as a result amounted to absurd activities, involving the replacement of laws which remained a dead letter – by the others, which also will not be followed (…)*"[24].

The factors neutralising the processes of transformation in Algeria

The actions undertaken by the regime in response to the social protests effectively eliminated the insurrectionary fervour in Algeria. "The strategy of neutralisation" of the Arab spring consisted mainly of combined use of two elements – mobilisation of significant police forces in order to break up the demonstrations, and considered strategy of political concessions and economic reforms, even short-term, aiming to alleviate the arising social discontent[25].

Trying to determine the nature of the opposition movement in Algeria, in that specific for the region period of 2011-2012, one should pay attention to the frequently emerging term: "Algerian syndrome", which to some extent explains the country being less prone to the phenomenon of the Arab Spring. Two events should be mentioned here, which recorded themselves tragically on the pages of history of Algeria in the 20th century. First was the independence war in a period 1954-1962, one of the bloodiest wars of the colony with the metropolis, in this case – France. The second are the events of the civil war of 1992-1999, which set on the opposite sides of the barricade the government forces and Islamic militia. The memory of the bloody events of the period in 1990s is an element blocking all actions aiming to overthrow the current system. Ahmad Aghrout writes of Algeria as of the country, which "(…) has not yet recovered from the events of the civil war, and in which

---

[23]   "L'Algérie à contre-courant du Printemps arabe", *Le Monde*, 12 May 2012, [on-line] http://www.lemonde.fr/afrique/article/2012/05/12/l-algerie-a-contre-courant-du-printemps-arabe_1700317_3212.html, 30 April 2013.

[24]   A. Charef, "Par où commencer la réforme", *Le Quotidien d'Oran*, 28 April 2011, [on-line] http://www.lequotidien-oran.com/index.php?text=%22commencer+la+reforme%22&category_id=0, 30 April 2013.

[25]   S. Chena, "L'Algérie dans le Printemps arabe. Entre espoirs, tentatives et blocages", *Confluences Méditerranée* Vol. 2, 2011, no. 77, p. 106, [on-line] http://dx.doi.org/10.3917/come.077.0105.

the society is affected by the syndrome of the post-traumatic stress"[26]. The course of revolutions in Syria or Libya seems to mute all revolutionary movements and explain the indolence of society.

"The Algerian exception" can also be explained by a weak coordination of activities of opposition groups, which were unable to create one front of opposition joining various segments and social interests. "The great absentee" of the National Coordination for Democratic Change was the Socialist Forces Front. This one of the largest opposition parties of Algeria refused to participate in the collective marches of those dissatisfied, opting for more pacifist and interactive form of pressure[27]. The propagandist tone of the media that presented it as an initiative inspired by the Berber activists and the Rally for Culture and Democracy or the formation connected to the radical Islam also worked to the disadvantage of the Coordination[28].

Moreover, the weakness of the opposition and its internal divides decided that in lieu of the movement of general social contestation, smaller sector or industry demonstrations were organised. Scattered protests were easier for the government to control than the social revolt.

Additional factor in silencing all actions undertaken towards the political change is the support of the US administration for the country of Bouteflika as a key element in the American strategy in the fight against international terrorism. On the territory of the city of Tamanrasset a joint military headquarters and intelligence centre are located. Algiers plays an important role in the Trans-Sahara Counter Terrorism Partnership, the American initiative from 2004[29]. The threat of Islamic radicalism within individual countries (Salafists, the Muslim Brotherhood, En-Nahda) and internationally (MUJAO – Unity Movement for Jihad in West Africa, the Al-Qaida of the Islamic Maghreb), exacerbated by the events of the Arab Spring, allows the Algerian regime to persist, from time to time playing the "card of the terrorist threat" and enjoying the support of the West. It is worth noting that this "terrorist annuity" (French: rente du terrorisme) is used by the Algerian regime not for the first time. Even before the events of 11th September 2011 and the announcement of the American strategy of fighting international terrorism (GWOT), A. Bouteflika manipulated the threat of Islamic integrism in the region of Sahel, in order to ensure the backing of the US and, what follows, the supply of weapons and support for the program of modernisation of the army[30].

---

[26] A. Aghrout, Y.H. Zoubir, op. cit., p. 63. Similar argumentation is proposed by Mansouria Mokhefi in: M. Mokhefi, "Maghreb: révolutions inachevées?", La politique étrangère 2012, no. 1, p. 78, [on-line] http://dx.doi.org/10.3917/pe.121.0071.

[27] L. Addi, "Le régime algérien après les révoltes arabes", La Découverte Vol. 2, 2011, no. 66, p. 95, [on-line] http://dx.doi.org/10.3917/mouv.066.0089.

[28] A. Baghzouz, "L'Algérie et les révoltes arabes: ni exception ni domino", Outre-terre Vol. 3, 2011, no. 29, p. 168, [on-line] http://dx.doi.org/10.3917/oute.029.0159.

[29] "Trans Sahara Counterterrorism Partnership (TSCTP)", GlobalSecurity.org, [on-line] http://www.globalsecurity.org/military/ops/tscti.htm, 30 April 2013.

[30] In foreign scientific literature, especially the French one, there are many theories suggesting that Algerian Secret intelligence Service have cooperated with the members of Isla-

The Summary

In case of Algeria the term "Arab Spring" takes a special meaning. If we understand it as an uprising of the society for democratisation of the system, then it should be assumed that the revolution in this largest African country took place in the end of 1980s. A short chapter of democratisation, started by the social disorder, whose reasons we find in analogous uprisings in Tunisia or Egypt over twenty years later, was quickly closed by the regime, which was not willing to share the power. The period of 1988-1992, which can be called the "opening of the system", and the subsequent decade of the civil war, determined the directions and dynamics of further changes. In other words, the events of the end of the 20th century made Algeria resistant to the syndrome of Arab Spring of 2011.

The factors that contributed to the "Algerian exception" can be synthetically summarised in seven sections:

1. Fear of return of violence known from the times of civil war in 1990s. The sense of relative stability, provided by the regime, with the constant terrorist threat inside Algeria and from neighbouring countries.

2. Negative turn of events in the neighbouring countries experiencing the "Arab Spring". The examples of Egypt and Libya, which succumbed into chaos, or Tunisia, which entered uncertain and arduous path of democratic changes, do not support the positive image of the revolution's aftermath.

3. Pretend democratisation from above by the military regime through functioning of the institutions of parliamentary and presidential common and secret elections, introducing reforms increasing the scope of civil liberties, independence of media, and the possibility to form associations and political parties.

4. The weakness of civil society movements in Algeria and no possibility to mobilise both from the side of the democratic front and the radical Islam.

5. Developing the rentier state type of economy, in which the income from selling the energy resources allows maintaining the clientelist system of dependencies supporting the regime, and also easing the social tensions with the financial transfers.

6. The frequency of outbreaks of discontent and strikes, which preceded the mobilisation in Algiers at the beginning of 2011, led to their trivialisation. The regime leaves a margin of freedom for gatherings, allowing the organisation of sector demonstrations, mainly of economic nature, at the same time weakening the possibility to organise the general social occurrences, carrying with them the demands for political change.

7. The stability of the system shaped in 1962 was built based on the balance maintained between several clans, who, remaining in the net of close relationships,

---

mic Combat Group (Gia) and Al Qaeda in the Islamic Maghreb, J.H. Kennan, "Politique étrangère et GWOT dans la reproduction du pouvoir algérien", *Revue du Tiers Monde* 2012, no. 2, pp. 31-50, [on-line] http://dx.doi.org/10.3917/rtm.210.0031.

stand behind the most important political and economic decisions. *De facto*, the Algeria's regime is hard to personalise, identify with one person or even one family, in order to blame them for the dysfunctions in the country, as it happened, for instance, in Tunisia, identified with the Ben Ali-Trabelsi family, or in the case of the family of Husni Mubarak in Egypt.

The Algerian regime emerged victorious from the confrontation with Arab Spring. This does not mean that its position is not threatened. The structural economic problems have not been resolved, and only temporarily drowned. The political crises and legitimacy of government combine with the economic problems of the country. The main force of demonstrations in 2010 and 2011, but also in the earlier ones of 1988, was youth, born long after 1954, not remembering the times of independence war. As Albert Bourgi notes: "The outbreak of discontent, which has struck Algeria, revealed many divisions within the society (…) and sharpened the conflict between the ruling team, which has held the reins of power since the independence, and the generation of people who did not take part in that fight and have not got the same political memory as the political leaders of NLF[31]". In the eyes of majority of the society the political leaders are hermetic caste, whose members share the positions, privileges, wealth. The expression of current system rejection were further anti-system demonstrations, organised at the time of the presidential campaign in March and April 2014, when the citizens, as an act of protest against the fourth term of Bouteflika, carried the banners with the slogan: *Barakat* ("it's enough")[32].

According to the observers of the Algerian political scene the election of Bouteflika for the fourth term is the compromise choice, with lack of agreement between the real centres of power (Intelligence and Security Agency, DRS, the leaders of the NLF, the Supreme Command of the Armed Forces) as to the person that would be a successor. *De facto* the selection of ill politician for the head of the country is a move preceding bigger manoeuvres on the political scene of Algeria. The post-Bouteflika era has already been opened during the election campaign, when Abdelmalek Sellal, the prime minister responsible for the campaign of the general, indicated that "the transfer of power to the younger generation will take place in 2015 at the latest"[33].

Two scenarios await Algeria. According to the first, the so-called transformation, or rather transferring power before the elections, will take place. The current president, unable to fulfil this function due to health reasons, will delegate its prerogatives to the indicated by the triangle of power candidate, who will be,

---

[31]   J.-J. Lavenue, *Algerie. La démocratie interdite*, Paris 2000, p. 24.

[32]   A. Boubekeur, "L'Algérie. L'après-Bouteflika a commencé", *Le Monde*, 15 April 2014, [on-line] http://www.lemonde.fr/idees/article/2014/04/15/algerie-l-apres-bouteflika-a-commence_4400889_3232.html, 30 September 2014.

[33]   "Algérie « Un simulacre de transition ne réglera rien »", interview with Muhammad Hachemaoui, 28 April 2014, *Algeria-Watch*, [on-line] http://www.algeria-watch.org/fr/article/pol/anp_presidence/hachemaoui_simulacre_transition.htm, 30 September 2014.

similarly as his predecessor, the emanation of the "hyper-presidential" system, and in reality – the executor of the decisions made on the backstage of the political scene. According to the second, more positive scenario, the power will come to the representative of the younger generation of militaries, e.g. Ali Benflis, whose name was already mentioned in the presidential campaign of 2014; he, on the other hand, will undertake the coordination of the process of political transformation, opening the way to the consultations with the widely understood civil society. There is no doubt, however, that any political change in Algeria will not take place without the involvement of the army.

Bibliography

http://193.194.78.233/ma_fr/stories.php?topic=07/04/09/8619480.

Addi L., "Le régime algérien après les révoltes arabes", *La Découverte* Vol. 2, 2011, no. 66, [on-line] http://dx.doi.org/10.3917/mouv.066.0089.

Aghrout A., Zoubir Y.H., "Algérie: des reformes politiques pour eluder le Printemps arabe", *Alternatives Sud* (*Le Printemps arabe: un premier bilan*) Vol. 19, 2012, no. 2.

"L'Algérie à contre-courant du Printemps arabe", *Le Monde*, 12 May 2012, [on-line] http://www.lemonde.fr/afrique/article/2012/05/12/l-algerie-a-contre-courant-du-printemps-arabe_1700317_3212.html.

"Algérie « Un simulacre de transition ne réglera rien »", interview with Muhammad Hachemaoui, 28 April 2014, *Algeria-Watch*, [on-line] http://www.algeria-watch.org/fr/article/pol/anp_presidence/hachemaoui_simulacre_transition.htm.

Baghzouz A., "L'Algérie et les révoltes arabes: ni exception ni domino", *Outre-terre* Vol. 3, 2011, no. 29, [on-line] http://dx.doi.org/10.3917/oute.029.0159.

Ben Néfissa S., "Les révolutions arabes: les angles morts de l'analyse politique des sociétés de la région", *Confluences Méditerranée* Vol. 77, 2011, no. 2, [on-line] http://dx.doi.org/10.3917/come.077.0075.

Boubekeur A., "L'Algérie. L'après-Bouteflika a commencé", *Le Monde*, 15 April 2014, [on-line] http://www.lemonde.fr/idees/article/2014/04/15/algerie-l-apres-bouteflika-a-commence_4400889_3232.html.

"Ce que dit la nouvelle loi sur les partis politiques", *Le Quotidien d'Oran*, 18 January 2012, [on-line] http://www.algeria-watch.org/fr/article/just/loi_partis.htm.

Charef A., "Par où commencer la réforme", *Le Quotidien d'Oran*, 28 April 2011, [on-line] http://www.lequotidien-oran.com/index.php?text=%22commencer+la+reforme%22&category_id=0.

Chena S., "L'Algérie dans le Printemps arabe. Entre espoirs, tentatives et blocages", *Confluences Méditerranée* Vol. 2, 2011, no. 77, [on-line] http://dx.doi.org/10.3917/come.077.0105.

Darbouche H., *Algeria's failed transition to a sustainable polity*, MEDPRO technical Report no. 8, October 2011, [on-line] http://www.isn.ethz.ch/isn/Digital-Library/Publications/Detail/?ots591=0c54e3b3-1e9c-be1e-2c24-a6a8c7060233&lng=en&id=134566.

Frederic F., "Algérie. La fin du monopole du FLN. Les députés votent la loi autorisant le multipartisme", *Le Monde*, 4 August 1989.

Inter-Parliamentary Union, Report, Algeria, [on-line] http://www.ipu.org/parline-f/reports /1003_arc.htm.

Kasznik-Christian A., *Algieria*, Warszawa 2006.

Kennan J.H., "Politique étrangère et GWOT dans la reproduction du pouvoir algérien", *Revue du Tiers Monde* 2012, no. 2, [on-line] http://dx.doi.org/10.3917/rtm.210.0031.

Lahouari A., „Les partis politiques en Algérie et la crise du régime des grands électeurs", *Le Quotidien d'Oran*, 12-13 October 2003.

Lavenue J.-J., *Algerie. La démocratie interdite*, Paris 2000.

Ministry of Finance of Algeria, [on-line] http://www.mf.gov.dz/article_pdf/upl-90dc5e0e14 f92b300a7cf779bf579efe.pdf.

Mokhefi M., "Maghreb: révolutions inachevées?", *La politique étrangère* 2012, no. 1, [on--line] http://dx.doi.org/10.3917/pe.121.0071.

Schlumberger O., "Structural reform, economic order and development: patrimonial capi-talism", *Review of International Political Economy* Vol. 15, 2008, no. 4, [on-line] http://dx.doi.org/10.1080/09692290802260670.

Stora B., *L'histoire de l'Algérie depuis l'Indépendance*, Paris 1994.

Szczepankiewicz E., *Region Maghrebu w polityce Unii Europejskiej*, Kraków 2010.

"Trans Sahara Counterterrorism Partnership (TSCTP)", *GlobalSecurity.org*, [on-line] http://www.globalsecurity.org/military/ops/tscti.htm.

DOI: 10.12797/9788376386553.18

Lala Muradova Huseynova*

Universitat Rovira I Virgili, Tarragona

THE VULNERABILITIES OF THE "OIL STABILITY" IN ALGERIA IN POST-ARAB SPRING

Abstract:

A growing literature on the "Immunity of Algeria from the Arab Spring" posits a strong relationship between the Algeria's hydrocarbon wealth and its failed revolution in 2011. There is no doubt that Algerian regime succeeded to survive the tumultuous revolts, inter alia, by buying off the social stability with its hydrocarbon reserves at the time when the Arab revolutions were spreading across several North African and Middle Eastern countries, toppling several governments and transforming others. Nevertheless, against the backdrop of the dwindling oil prices the paper examines the vulnerability of Algerian "oil stability" and its exposure to potential wide-spread civil uprisings. Algerian government is facing a difficult dilemma: to choose between the financial stability and the social peace.

Key words: Algeria, Arab Spring, oil wealth, hydrocarbon industry, stability

Introduction

Algerian government could efficiently weather the civil uprisings during the Arab Spring with its status quo intact while other countries of the region saw themselves shaken by the shockwaves of the Arab revolutions of 2011. The combination of a set of factors contributed to the failure of the revolution in this country;

---

* PhD candidate at UNESCO Chair of Intercultural Dialogue in the Mediterranean at the Universitat Rovira I Virgili, Tarragona, Spain, email address: muradova_lala@yahoo.com.

Citizens' fresh memory of the tragic bloodshed of 1990s which took hundreds of thousands of lives, and the capability of the incumbent government to buy off the social stability and peace with the help of patronage system by redistributing the country's hydrocarbon revenues are perhaps two decisive factors in putting the citizens off from converting the sporadic demonstrations into wide-spread violence. By 2011, the Algerian state finances had flourished and its foreign exchange funds had been enlarged due to the high prices of the oil; therefore the government was confident to increase the public expenses by "buying the social quiet with financial rewards"[1]. However with the current oil crisis soaring and the Algerian government losing money at dramatic speed, one may ask if the superficial and bought stability will continue for the years to come. How sustainable then is this oil stability? In spite of the pledges of the government at the onset of the social unrests in 2011 in Algeria to implement a wide range of political and economic reforms, substantial changes have not taken place, limiting the reforms to generous cash hand-outs to the angry population. Now that the budget is suffering from plunging oil prices, and the hydrocarbon resources depleting, the regime's stability might be under dramatic threat.

Arab Spring and Algeria: an odd-one-out?

At the onset of the Arab mass upheavals, many speculated that Algerian leader would be the next one to be ousted. The assumptions on the contagious nature of the revolutions "stem partly from the perceived existence of a common cultural space with similar socio-economic indicators and similarly authoritarian political systems across the region"[2]. Therefore some analysts feverishly argued that "endemic socio-economic difficulties made Algeria a candidate par excellence for the domino effect of the so-called "Arab Spring"[3]. When the Arab revolts started, Algeria harboured similar social, economic and political problems that its neighbours. Like its neighbours, especially Tunisia and Egypt, Algeria had also been suffering from high unemployment, endemic corruption and opaque government system, authoritarianism and social and political inequality during the last decade. The unemployment among the people aged fifteen to twenty-four constituted 25% in the first quarter of 2011 in Algeria[4]. The demographic growth has contributed to the

---

[1]   F. Volpi, "Algeria versus the Arab Spring", *Journal of Democracy* Vol. 24, 2013, no. 3, pp. 104-115.

[2]   E. McAllister, "Immunity to the Arab Spring? Fear, Fatigue and Fragmentation in Algeria", New Middle Eastern Studies 2013, no. 3, pp. 1-19.

[3]   M. Barkaoui, J.-P. Séréni, H. Hamouchene, S. Bensassi, "Algeria and the Arab Spring: a roundtable", *Open Democracy*, 25 May 2012, [on-line] https://www.opendemocracy.net/miloud-barkaoui-jean-pierre-séréni-hamza-hamouchene-sami-bensassi/algeria-and-arab-spring-roundtable, 4 April 2015.

[4]   OECD Employment Outlook 2011. Paris: OECD.

"youth bulge"[5], young people constituting a major share of the total population. Moreover, the population in Algeria is expected to exceed 40 million by 2020, with less than thirty-four years of age representing 68 per cent of the total population[6].

Therefore, when the shockwaves of the Arab revolts spread from Tunisia, across Egypt, Libya, Syria, Yemen, Bahrain, Jordan, and Morocco to Oman the whole world assumed that the time came for Boutiflika as well. Indeed, the civil protests did break out at the same time with other civil risings in neighbouring Tunisia and Egypt. However, the development of following events and appeasement of the civil risings by the incumbent government policies debunked the widely-held supposition.

The first signs of civil uprising were triggered by the increase of the price of major staple food commodities and shortages in Algeria as a consequence of the "deregulation of the state-subsidized economy"[7]. The government had introduced new fiscal measures in 2011, as a corollary of which the prices of the food staples especially the sugar and the olive oil, had been augmented: for instance, the price increase of the sugar accounted for 30%[8]. Some, therefore, call the uprisings which broke out in Algeria the "olive oil and sugar revolution"[9].

The crackdown of the Algerian government on young street vendors is also commented as a contributing factor for January riots[10].

Civil discontent initially took place in the poorer suburbs of Algiers and Oran on January 3rd. In Algiers the social unrest began in the centre and later spread to other towns such as M'Sila, Boumerdes, Tizi-Ouzou, Annaba, Tipaza and Tlemcen[11]. The media reported the riots spreading to 20 regions of the country. Although initially triggered over the price increase of the staple goods, encouraged by the protests of the neighbouring countries the protests soon became the place to express other socioeconomic problems and political shortages, especially expressing their discontent over corruption and nepotism in the country[12].

---

[5]   L. Achy, "The price of stability in Algeria", *The Carnegie Papers. Carnegie Middle East Centre. April 2013*, [on-line] http://carnegieendowment.org/files/price_stability_algeria.pdf, 3 November 2015.

[6]   *Ibid.*

[7]   F. Volpi, *op. cit.*

[8]   H. Hamouchene, "Algeria and Arab Spring", *Open Democracy*, 25 May 2012, [on-line] https://www.opendemocracy.net/miloud-barkaoui-jean-pierre-séréni-hamza-hamouchene-sami-bensassi/algeria-and-arab-spring-roundtable#Hamouchene, 1 April 2015.

[9]   See for instance: J.-P. Séréni, "Contrasted overtures to the Arab Spring in Algeria and Tunisia", *Open Democracy*, 25 May 2012, [on-line] https://www.opendemocracy.net/miloud-barkaoui-jean-pierre-séréni-hamza-hamouchene-sami-bensassi/algeria-and-arab-spring-roundtable#Sereni, 1 April 2015.

[10]   B. Faucon, "Algeria leader vows to 'reinforce' democracy", *The Wall Street Journal*, April 16 2011.

[11]   J.-P. Séréni, *op. cit.*

[12]   Personal communication with a dozen of young people from Algiers and Orani who participated in the 2011 civil unrests, April 2015.

In January 2011, a national coordination for change and democracy – CNCD, a national ad hoc coalition was established. The coalition intended to ask for change via peaceful protests. However once more, disagreements within the coalition determined the dynamics of its activities. As a consequence, "labour unions, such as associations of petroleum workers, public health employees, telecommunications professionals, fire fighters and municipal civil servants as well as religious leaders and the unemployed protested separately to defend their own interests"[13].

In spite of all the speculations and suppositions, Algeria did not see the fragmented and separated civil uprisings to gain larger ground and did not spread like in its neighbouring countries.

Bouteflika's government responded straightaway to the demonstrations and could ward off the larger wave of uprisings. Appearing on the state television, the President pledged the new set of reforms. The 19-year old state of emergency law was repealed and the president solemnly promised to adopt a range of political reforms. A consultation process, with the participation of 200 statesmen, political party members, and civil society leaders was held which nevertheless was boycotted by some of the political leaders from Islamist, secular and leftist opposition parties[14].

A country of constant protests

Although the Arab Spring of 2011 is being applied to Algeria as well, in reality in comparison to its neighbours the civil demonstrations and social unrest were not a new phenomenon for Algerian socio-political life[15]. As McAllister (2013) puts forward "the localised protests that have become a familiar feature of Algerian life for over half a decade respond to Algerian dynamics and have continued to do so in the wake of the Arab Spring"[16]. "In fact, the periods of quiet are considered an exception rather than 'the norm' in the country"[17].

Demands, ranging from the social rights involving the employment, housing, supports, and subsidies to more political ones, like ending the endemic corruption and nepotism within the government, have been present in protesters' agendas since many years now. According to the official figures, 112.878 interventions by riot police in 2010 and 18 interventions per day in the first half of 2011 were recorded in Algeria[18].

---

[13]   L. Achy, op. cit.
[14]   See for instance: L. Achy, op. cit.; F. Volpi, op. cit.
[15]   See for instance: B. Mikaïl, "El engañoso silencio de Argelia", FRIDE, [on-line] http://fri de.org/download/PB_75_Enganoso_silencio_de_Argelia.pdf, 3 November 2015; E. McAllister, op. cit.
[16]   Ibid.
[17]   Author's own translation, B. Mikaïl, op. cit.
[18]   Quoted in Liberté, 5 December 2010; El Watan, 9 June 2011 and also cited in McAllister, op. cit.

Nonetheless, contrary to the common suppositions amid the wide-spread Arab revolts, in Algeria the iconic slogan of "*al-sha'ab yurid isqat al-nizam*" – "the people want to topple the regime" was remarkably absent from the protests[19].

So what went wrong? The reason behind the "immunity of the Algeria from the Arab Spring" is being attributed to a combination of factors.

To start with, some local analysts consider the irrelevance of the Algerian Spring of 2011 for Algeria[20]. The foremost argument is that Algeria had already had its Arab Spring in October 1988, when the civil disturbances and demonstrations contributed to the downfall of the Algerian single-party system and to the reform of political pluralism.

Some analysts rightfully posit the collective memory of Algerians and the legacy of the civil strife of the 1990s resulting in the death of hundreds of thousands of citizens bringing traumatic memories to Algerians as an important factor in their reticence in experiencing another tide of violence. The fresh memory of the tragic events of the Civil War of 1990s put the citizens off from using violence and continuing the demonstrations.

Some also interpret the lack of the Arab "Spring-ization" of Algeria as the consequence of the "disjointed nature of Algerian civil society"[21]. By the time the civil unrests started in Algeria, there were 90.000 registered associations, and only 1000 of them were active, which, according to Mikaïl (2012) denoted the degree of disconnection between the citizens and the trade unions"[22].

Some also attribute the reticence of Algerian citizens to join their neighbouring citizens and oust their dictator as the sign of the unwillingness to go back to insecurity and instability. The role of the incumbent government in "co-opting and dividing the opposition while generating a modicum of international recognition"[23] is mentioned as an important factor in helping the authoritarian government of Algeria to survive the mass civil uprisings.

Algeria's strong security system and its support for incumbent regime and large and well-equipped Algerian police and its efficacy and preparedness in repressing the civil revolts, are also being attributed as essential factors of the failure of Algerian Arab Spring[24]. As Hamouche (2012) figuratively explains it, during the civil unrest in Algeria, the country converted from "Algiers the White" to the "Algiers the Blue" apropos of the colour of the uniform of estimated 140.000 policemen sent to stifle the demonstrations.

---

[19] M. Barkaoui, "Winds of change. Arab Spring and the Algerian exception", *Open Democracy*, 25 May 2012, [on-line] https://www.opendemocracy.net/miloud-barkaoui-jean-pierre-séréni-hamza-hamouchene-sami-bensassi/algeria-and-arab-spring-roundtable#Barkaoui, 1 April 2015.

[20] During informal conversations with some academics from Algiers, April 2015.

[21] See for instance: M. Barkaoui, *op. cit.*; B. Mikaïl, *op. cit.*

[22] Author's own translation, *ibid.*

[23] F. Volpi, *op. cit.*

[24] See for instance: E. McAllister, *op. cit.*; F. Volpi, *op. cit.*

All the mentioned factors might have contributed to the general reserve of the Algerian population to take the unrest to higher level; however perhaps the biggest silencing fact that worked well for discontent populations was Algerian government's decision to make financial concessions to the large part of population: to buy off the social peace.

Following the January discontent, in February 2011 the Algerian government announced a series of laws that increased subsidies to staple food commodities, and expanded social programmes for youth access to credit and housing. New reform of wealth redistribution translated into robust increase in public sector salaries, increased subsidies and interest-free loans for young unemployed entrepreneurs.

The government abolished VAT on a series of primary products: the affected commodities were wheat, sugar and milk. The subsidy for milk for example rose to 50 per cent.

Amid the social unrest, the Bouteflika's government also decided to relax the regulations controlling the street vending in order to keep unwaged youth away from the protests[25]. In sum, according to estimations Algerian government offered to its citizens more than $23 billion in public grants and retroactive salary and benefit increases[26]. Following the new reforms on "cash hand-outs", Algerian spending increased by 50 per cent, while civil servant salaries increased by 46 per cent[27].

Redistributing the oil wealth among various segments of the population was not a new phenomenon for Algerian government. As Achy (2013) states, over the last three years, Bouteflika allocated "the equivalent of one-third of GDP to various segments of the population via different redistribution channels"[28]. Among the key areas of oil revenue redistribution, civil servant wages constituted 37%, being followed by fuel subsidies, which constituted 20% of the whole amount[29].

The total government expenditure in GDP, which accounted for 40,8 per cent during the period of 2009-2012, was much higher in Algeria in comparison to other countries of the region.

Thus, hydrocarbon-rich Algeria succeeded in buying a social peace and achieved that its status quo stay intact by the end of the Arab Revolts of 2011, buttressing once more the legacy of Bouteflika's patronage strategy.

Nevertheless, Algerian government's fiscal richness could not stop the following social discontent from happening, which questions its sustainability in the mid- to long-term.

---

[25]   M. Barkaoui, op. cit.

[26]   H. Salhi, "Is Algeria immune from the Arab Spring". BBC. 27 July 2011, [on-line] http://www.bbc.com/news/world-africa-14167481, 8 December 2015.

[27]   H. Saleh, "Algeria puts stability ahead of economic reform", Financial Times. 20 April 2014, [on-line] http://www.ft.com/intl/cms/s/0/9b4051dc-c86b-11e3-a7a1-00144feabdc0.html#axzz3svDEZYjU, 8 December 2015.

[28]   L. Achy, op. cit.

[29]   Ibid. The calculation based on the data from IMF Algeria 2011, Consultation from 2012.

Algeria's high reliance on hydrocarbon revenues

It is no secret that the hydrocarbon industry is the backbone of Algeria's economy. Currently, the country is the leading natural gas producer in Africa and the second-largest natural gas supplier to Europe outside the region. Its prominence is set to rise due to recent developments of geopolitical issues, affecting the European energy sector and most importantly the regions' energy security. Moreover, the country boasts of being in the top list of the oil producers in Africa. It holds the third-largest amount of proved crude oil reserves in the continent of Africa[30]. Furthermore, Algeria holds the third largest amount of global shale gas resources.

In spite of the promulgated efforts of Algerian government to develop non-hydrocarbon industries, the country is struggling to decrease its heavy dependence on the income generated from the oil and natural gas sector. According to International Monetary Fund (IMF) country report[31], the hydrocarbon sector roughly accounts for 30% of the country's GDP, more than 95% export earnings, and 60% of budget revenue. Thus the question is: whether and how badly the fall in oil and gas prices in the global hydrocarbon market directly affects the macroeconomic stability of the country.

Approximately two-third of petroleum-export revenue, or an equivalent of a quarter of GDP, accumulates directly to the national treasury. According to World Bank's data foreign currency reserves of Algeria are estimated to be $201 billion[32].

Where is the hydrocarbon money being spent?

As many economists and analysts estimate, Algerian government's redistribution system on which the government depends on everything including the civil servants salaries and high subsidies on commodities for the citizens is unsustainable in the long-run.

The domestic consumption is heavily reliant on domestic oil and natural gas production of Algeria. Moreover, the petroleum products are heavily subsidized. For instance, the price of regular gasoline in Algeria is twice cheaper than in other oil-exporting countries, 28% of the price of this commodity in developing countries and almost 15% of the average price on international markets[33]. Thus, Algeria is

---

[30] US Energy Information Administration, "Country Analysis Brief: Algeria", [on-line] http://www.eia.gov/countries/analysisbriefs/Algeria/algeria.pdf, 8 April 2015.

[31] IMF data cited in US Energy Information Administration, "Country analysis: Algeria", [on--line] http://www.eia.gov/countries/analysisbriefs/Algeria/algeria.pdf, 12 April 2015.

[32] "Total reserves (including gold, current US $)", The World Bank, [on-line] http://data.world bank.org/indicator/FI.RES.TOTL.CD, 1 April 2015.

[33] L. Achy, op. cit.

considered to be the place of the second-cheapest domestic price for natural gas in the whole Africa continent, only for Libya[34].

But if the subsidies covered the necessities of the poor and needed people that would be to some degree acceptable given the social part of the move. However, as a recent World Bank report[35] concludes that subsidies "disproportionally benefit the well-off segments of the population, while adding to both fiscal and current account pressures".

The government also boasts of spending the oil wealth in micro-credits to young Algerians who want to set up a new business. In comparison to young entrepreneurs from neighbouring countries Algeria seems to offer more opportunities for youth to start a business; however the sustainability and real benefits of these opportunities are doubtful, as the country still suffers from cronyism[36].

Vulnerabilities of the oil patronage system

The hydrocarbon wealth of the Algerian government has played an important role in appeasing the wider spread of the initial civil uprisings. However, for how long can it provide for stability and weather social discontent? What will happen when the money is not enough to cover all the social subsidies?

The major challenges that Algeria is faced in the energy field are the increasing domestic consumption of oil and gas, decreasing prices of oil and the risk of depletion of hydrocarbon resources.

Surging domestic energy consumption

For its domestic energy consumption, Algeria is almost 100% reliant on its oil and gas production. Moreover, its domestic energy consumption has been augmenting during the recent years. It raised from 26 per cent of production in 2005 to 40 per cent of production in 2010[37]. The energy demand is expected to augment from approximately 30.9 bcm in 2012 to 47.5 bcm in 2020, and 70 bcm in 2030[38].

The main factors triggering this increase are the growing population of Algeria and ineffective usage of heavily subsidies energy.

---

[34]   IMF data cited in EIA Algeria country analysis, 2014, [on-line] http://www.eia.gov/countries/cab.cfm?fips=ag, 3 November 2015.

[35]   "Global economic prospects: Middle East and North Africa", *The World Bank*, [on-line] http://www.worldbank.org/content/dam/Worldbank/GEP/GEP2015a/pdfs/GEP2015a_chapter2_regionaloutlook_MENA.pdf, 3 November 2015.

[36]   *Ibid.*

[37]   *Ibid.*

[38]   "Algeria's Gas Reserves Close to Exhaustion", *Natural Gas Asia*, 3 July 2013, [on-line] http://www.naturalgasasia.com/algerias-gas-reserves-close-to-exhaustion, 15 April 2015.

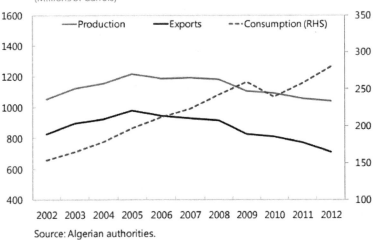

Source: Algerian authorities.

Decline in domestic production

The hydrocarbon production in Algeria has been declining by 20 per cent[39] over the last five years. The decline has been explained mainly due to repeated project delays resulting from slow government approval, technical problems, infrastructure gaps and difficulties in attracting investment partners[40]. The 2013 Ain-Amenas terrorist attack also played a role in discouraging the foreign investors, creating in-security threats. On seeing that the foreign investment was turning into a difficult task, Algerian government made important contractual and fiscal terms in 2013, with the aim of stimulating the interest of foreign investors to Algeria's hydrocarbon industry, especially on unconventional one.

The augmenting domestic consumption of hydrocarbons is squeezing the oil and gas export.

For instance, according to the 2014 BP Statistical Review Algeria's natural gas exports declined to 1,5 Tcf in 2013, more than 10% lower than the previous year[41]. According to EIA, Algeria's LNG exports have also decreased over the past few years[42].

---

[39]   L. Achy, *op. cit.*

[40]   US Energy Information Agency, Country Brief, Algeria 2015.

[41]   Cited in US Energy Information Administration, Country Analysis Brief, Algeria 2015, [on-line] http://www.eia.gov/countries/analysisbriefs/Algeria/algeria.pdf, 8 April 2015.

[42]   *Ibid.*

Depletion of the hydrocarbon reserves

Some reports predict that Algeria would have no conventional oil to export after 2023[43]. Other report also forecasts that "Algeria will likely run out of oil to export between 2018 and 2020"[44].

The domestic energy consumption increase together with the declining domestic production is contributing to the decrease of the Algeria's current account surplus, which, according to Achy (2013), has already decreased by 50 per cent in the past five years.

Algeria is estimated to be one of the countries that hold large volumes of unconventional hydrocarbon reserves. The government uses this fact to appease the fears within the country that one day the hydrocarbon resources will deplete. However the geographical availability of the unconventional reserves does not guarantee their short- to medium-term commercial availability, as there are many challenging factors which hinder their development, the most important ones being environmental risks and citizens opposition and the lack of technology and experience and know-hows in the development of shale gas and oil reserves. Moreover, the price of the development of the shale gas is estimated to be high, which questions its commercial viability.

The current oil crisis

The oil surplus triggered by the oil surplus due to the production of large volumes of unconventional oil in the US, coupled with the decreasing global consumption caused by weakening economies and efficiency energy policies in the main oil consuming countries resulted in the dramatic decrease of the global oil prices. Algeria, as a hydrocarbon producing country, has been one of the suffering countries whose economy heavily depends on hydrocarbon export revenues.

The plummeting oil prices and uncertainty of the financial future pose an important question on the vulnerability of Algerian economic and social stability.

As the most direct impact of the plummeting oil prices, the net oil revenue of Algeria substantially decreased. According to US Energy Information Agency, the net oil revenue reduced from $56 billion in 2013 to $48 billion, resulting in the loss of $8 billion dollars[45]. That meant the decrease in the per capita net oil export revenues from $1565 in 2013 to $1326. If we compare the annual average price of

---

[43]   J. Mitchell et al., *Resource Depletion, Dependence and Development: Algeria*, London 2008.

[44]   A. Kefaifi, "Algérie 2015. Le spectre lancinant du début de la fin des exportations pétrolières", *La Nation*, December 27, 2011.

[45]   US Energy Information Administration, "OPEC revenues fact sheet. OPEC (excluding Iran) net oil export revenues", [on-line] http https://www.eia.gov/beta/international/regions-topics.cfm?RegionTopicID=OPEC; also cited in *El Watan*, [on-line] http://www.elwatan.

the Sahara Blend, the Algerian oil, of 2014, which cost $109,8 with the one of 2015 which stands at $54,32[46], we can presume the huge revenue loss of the country.

"Algeria needs the country's main crude grade to be traded at $121 a barrel in order to avoid a budget deficit"[47]. Therefore since the oil prices plunged, Algeria's deficit increased, reaching 18 per cent of the GDP for the first time in 15 years[48] in 2014. A budget deficit officially forecast at 22 per cent of GDP in 2015 based on oil at $90 a barrel[49].

As a corollary, according to the World Economic Outlook of the IMF, the estimated GDP growth of 4 per cent for 2015 was decreased to 2,6% forecast for the year of 2015[50].

The social ramifications of the plummeting global oil prices for Algerian citizens was started to be observed with the intensifying civil unrest against the delays in their cash hand-outs, which resulted in the demonstration of hundreds of protesters in December 2014 in a Saharan city, Touggourt, resulting in the death of three citizens[51].

In the face of the diminishing revenues, Algerian government started 10 "save-money measures" which included the freeze on public-sector hiring (covering most areas except energy, health and education), and postponing the public funding in some of the megaprojects, such as railways, tramway projects etc. The move set off another wave of demonstrations.

Analysts compare the currently low oil prices with 1986 when the prices of oil also plunged dramatically. The fact also creates a dangerous question if the same situation might repeat itself if the oil of the price does not rise. Then, with the then president Bendjedid's austerity policies the country saw itself covered with riots in October 1988, leading eventually to the horrific civil war of 1990s.

Nonetheless, the financial situation of the country was far from the similar then. As Algerian government touts, Algeria currently has large foreign currency

com/economie/exportation-de-petrole-les-recettes-ont-chute-de-8-milliards-de-dollars-en-2014-08-04-2015-291850_111.php, 17 April 2015.

[46]   R. Melissa, "Le pétrole algérien a perdu 1,25 dollar en mars", *El Watan*, 18 avril 2015.

[47]   *Ibid.*

[48]   *Ibid.*

[49]   P. Markey, H. Ould Hamid, "Algeria walks economic tightrope as oil prices fall", *Reuters*, 26 January 2015, [on-line] http://www.reuters.com/article/2015/01/26/algeria-economy-idUSL6N0V03OR20150126, 26 January 2015.

[50]   International Monetary Fund (IMF), "World Economic Outlook", April 2015, [on-line] http://www.realinstitutoelcano.org/wps/wcm/connect/5d8816004805e3589adb9aa97cb72b9 a/IMF_WEO_April_2015.pdf?MOD=AJPERES&CACHEID=5d8816004805e3589adb9a a97cb72b9a, 17 April 2015, cited in G. Escribano, "La economía argelina acusa el golpe", *Real Institute Elcano*, 16 April 2015, [on-line] http://www.blog.rielcano.org/la-economia-argelina-acusa-el-golpe, 17 April 2015.

[51]   D. Ould Khettab, "Oil prices slump threatens to erode Algeria's status quo", *Aljazeera*, 3 February 2015, [on-line] http://www.aljazeera.com/news/2015/02/oil-price-slump-threatens-erode-algeria-status-quo-150203102439772.html, 3 November 2015.

reserves which according to the leading argument could reduce the shock substantially from the plummeting oil prices.

Despite of the positive forecast, it is evident that the spending on subsidies – on everything from milk and cooking gas to electricity and housing – represents 30 per cent of GDP in the country, which cannot be sustainable in the long run.

Furthermore, Algeria still imports most of the goods it needs. The main ones are the foodstuffs, machinery and transport equipment, chemicals and some metals.

The ramifications of the plummeting global oil prices may also play a discouraging role in drawing foreign investors to invest in hydrocarbon industry, which was already difficult due to domestic bureaucracy and discouraging terms for foreign investment. According to Reuters (2015), in 2014 Algeria could award only 4 out of 31 oil and gas field blocks on offer to foreign consortia.

Some also state the indirect effect of the North American shale boom on the gas future of Algeria. Algeria itself holds important volumes of shale gas, and the government encourages it to be exploited and developed in the face of the imminent depletion of conventional resources. However, the local population in the affected areas are not happy with the development of unconventional gas reserves. The protests of December 2014 in a Saharan city of Ain Salah against the exploitation of the shale reserves, and the February 2015 violent clash between the anti-shale gas protesters and police forces, which left 40 policemen injured[52] are the clear signs of the internal dynamics of protests against the shale gas in Algeria. Another example is the manifestation of anti-shale gas protesters coupled with the government opposition in Ouargla[53].

Conclusion

In sum, the Algerian government might have been successful in warding off the imminent waves of Arab revolts in Algeria, avoiding the toppling of the regime or spreading the social discontent to wider Algeria, in 2011. Buying the social peace with the help of its hydrocarbon wealth at the time seemed a wise decision for Algerian government. Nonetheless, against the backdrop of the current global oil crisis which has had important financial ramifications for the state budget, Algeria is faced with a difficult task of choosing between the social peace and the financial stability. On one hand, it needs to balance the treasury and has started adopting saving measures. Scrapping the subsidies or decreasing them substantially would be a wise decision, which could balance the suffering state treasury, and could be

---

[52]　"Algeria: 40 police injured in gas protest", News24, 2 March 2015, [on-line] http://www.news24.com/Africa/News/Algeria-40-police-injured-in-gas-protest-20150302, 15 April 2015.

[53]　Y. Alilat, "Gaz de schiste. Nouvelle démonstration de force à Ouargla", Algeria Watch, 15 March 2015, [on-line] http://www.algeria-watch.org/fr/article/eco/gaz_schiste/ouargla_demonstration_force.htm, 15 April 2015.

a feasible solution to Algeria's grievances, creating concurrently the real necessity of working towards a common diversified economy. The excessive expenditure on public subsidies limits the money necessary to implement the policies targeted at the economic diversification. In fact, this aim has been on the agenda of the Algerian government for the last few years. The national economic diversification has been converted into an important national priority, especially following the collapse of the global oil prices. Bouteflika's government has adopted a set of measures in order to encourage the priority sectors of agriculture, tourism, industry and information and communication technologies. Algeria plans to increase 15 per cent the agricultural production in 2015 in order to be able to cover the 75-80 per cent of local needs[54].

However, things are not as easy as they might seem. Disaccustoming the discontent population to fewer subsidies would cost it its political stability.

Thus, although Algerian government is in need of implementing austerity policies in order to save money for its economic transformation, it might be cautious of the peril that it might trigger the public angry resulting in dangerous social instability.

Some Algerian academia posits that the economic transformation should firstly occur in people's minds, in their way of seeing the life in Algeria[55]. The government has already started encouraging young entrepreneurs to start their own business, this way stimulating the private companies in Algeria. According to a German researcher specialised in private business in Algeria[56], with the help of the Algerian government's interest-free loans, recently some valuable and interesting private SMEs were set up. However the speed and efficiency of these companies and their contribution to the national economy is still under doubt and can only be evaluated in the years to come.

Moreover, putting more efforts on developing renewable energy could relieve the burden of covering the surging domestic energy consumption.

The main doubt that rests unanswered is whether Algerian government is ready to take the risk of implementing austerity measures even if it might mean increased social instability?

---

[54] "Algerie: la diversification de l'économie est la priorité du gouvernement", *Algerie Press Service*, 22 January 2015, [on-line] http://www.maghrebemergent.com/actualite/breves/fil-maghreb/44666-algerie-la-diversification-de-l-economie-est-la-priorite-du-gouvernement-sellal.html, 15 April 2015.

[55] During the informal talks with University professors, April 2015.

[56] During the informal talks with a unanimous researcher from German University in Algeria, April 2015.

Bibliography

Achy L., "The price of stability in Algeria", *The Carnegie Papers. Carnegie Middle East Centre. April 2013*, [on-line] http://carnegieendowment.org/files/price_stability_alge ria.pdf.

"Algeria: 40 police injured in gas protest", *News24*, 2 March 2015, [on-line] http://www.news24.com/Africa/News/Algeria-40-police-injured-in-gas-protest-20150302.

"Algeria's Gas Reserves Close to Exhaustion", *Natural Gas Asia*, 3 July 2013, [on-line] http://www.naturalgasasia.com/algerias-gas-reserves-close-to-exhaustion.

"Algerie: la diversification de l'économie est la priorité du gouvernement", *Algerie Press Service*, 22 January 2015, [on-line] http://www.maghrebemergent.com/actualite/breves/fil-maghreb/44666-algerie-la-diversification-de-l-economie-est-la-priorite-du-gouverne ment-sellal.html.

Alilat Y., "Gaz de schiste. Nouvelle démonstration de force à Ouargla", *Algeria Watch*, 15 March 2015, [on-line] http://www.algeria-watch.org/fr/article/eco/gaz_schiste/ouar gla_demonstration_force.htm.

Barkaoui M., "Winds of change. Arab Spring and the Algerian exception", *Open Democracy*, 25 May 2012, [on-line] https://www.opendemocracy.net/miloud-barkaoui-jean -pierre-séréni-hamza-hamouchene-sami-bensassi/algeria-and-arab-spring-roundtable# Barkaoui.

Barkaoui M., Séreni J.-P., Hamouchene H., Bensassi S., "Algeria and the Arab Spring: a roundtable", *Open Democracy*, 25 May 2012, [on-line] https://www.opendemoc racy.net/miloud-barkaoui-jean-pierre-séréni-hamza-hamouchene-sami-bensassi/algeria -and-arab-spring-roundtable.

EIA Algeria country analysis, 2014, [on-line] http://www.eia.gov/countries/cab.cfm?fips=ag.

Escribano G., "La economía argelina acusa el golpe", *Real Institute Elcano*, 16 April 2015, [on-line] http://www.blog.rielcano.org/la-economia-argelina-acusa-el-golpe.

Faucon B., "Algeria leader vows to 'reinforce' democracy", *The Wall Street Journal*, April 16 2011.

"Global economic prospects: Middle East and North Africa", *The World Bank*, [on-line] http://www.worldbank.org/content/dam/Worldbank/GEP/GEP2015a/pdfs/GEP2015a_ chapter2_regionaloutlook_MENA.pdf.

Hamouchene H., "Algeria and Arab Spring", *Open Democracy*, 25 May 2012, [on-line] https: //www.opendemocracy.net/miloud-barkaoui-jean-pierre-séréni-hamza-hamouchene-sa mi-bensassi/algeria-and-arab-spring-roundtable#Hamouchene.

International Monetary Fund (IMF), "World Economic Outlook", April 2015, [on-line] http://www.realinstitutoelcano.org/wps/wcm/connect/5d8816004805e3589adb9aa97cb 72b9a/IMF_WEO_April_2015.pdf?MOD=AJPERES&CACHEID=5d8816004805e3 589adb9aa97cb72b9a.

Kefaifi A., "Algérie 2015. Le spectre lancinant du début de la fin des exportations pé-trolières", *La Nation*, December 27, 2011.

Liberté, 5 December 2010.

Markey P., H. Ould Hamid, "Algeria walks economic tightrope as oil prices fall", *Reuters*, 26 January 2015, [on-line] http://www.reuters.com/article/2015/01/26/algeria-economy -idUSL6N0V03OR20150126.

McAllister E., "Immunity to the Arab Spring? Fear, Fatigue and Fragmentation in Algeria", *New Middle Eastern Studies* 2013, no. 3.

Melissa R., "Le pétrole algérien a perdu 1,25 dollar en mars", *El Watan*, 18 avril 2015.

Mikaïl B., "El engañoso silencio de Argelia", *FRIDE*, [on-line] http://fride.org/download/PB_75_Enganoso_silencio_de_Argelia.pdf.

Mitchell J. et al., *Resource Depletion, Dependence and Development: Algeria*, London 2008.

Ould Khettab D., "Oil prices slump threatens to erode Algeria's status quo", *Aljazeera*, 3 February 2015, [on-line] http://www.aljazeera.com/news/2015/02/oil-price-slump-threatens-erode-algeria-status-quo-150203102439772.html.

Saleh H., "Algeria puts stability ahead of economic reform", Financial Times. 20 April 2014, [on-line] http://www.ft.com/intl/cms/s/0/9b4051dc-c86b-11e3-a7a1-00144feabdc0.html#axzz3svDEZYjU.

Salhi H., "Is Algeria immune from the Arab Spring". *BBC*. 27 July 2011, [on-line] http://www.bbc.com/news/world-africa-14167481.

Séréni J.-P., "Contrasted overtures to the Arab Spring in Algeria and Tunisia", *Open Democracy*, 25 May 2012, [on-line] https://www.opendemocracy.net/miloud-barkaoui-jean-pierre-séréni-hamza-hamouchene-sami-bensassi/algeria-and-arab-spring-roundtable#Sereni.

"Total reserves (including gold, current US $)", *The World Bank*, [on-line] http://data.worldbank.org/indicator/FI.RES.TOTL.CD.

US Energy Information Administration, "Country Analysis Brief: Algeria", [on-line] http://www.eia.gov/countries/analysisbriefs/Algeria/algeria.pdf.

US Energy Information Administration, "OPEC revenues fact sheet. OPEC (excluding Iran) net oil export revenues", [on-line] https://www.eia.gov/beta/international/regions-topics.cfm?RegionTopicID=OPEC.

Volpi F., "Algeria versus the Arab Spring", *Journal of Democracy* Vol. 24, 2013, no. 3.

El Watan, 9 June 2011.

El Watan, [on-line] http://www.elwatan.com/economie/exportation-de-petrole-les-recettes-ont-chute-de-8-milliards-de-dollars-en-2014-08-04-2015-291850_111.php.

V.
DEFIS SOCIO-POLITIQUES
ET TRANSFORMATIONS DES SOCIÉTÉS/
SOCIAL AND POLITICAL CHALLENGES,
SOCIETIES AND THEIR TRANSFORMATIONS

DOI: 10.12797/9788376386553.19

Giovanna Campani*
Afef Hagi**

Università degli Studi di Firenze

Aux bords de la Forteresse Europe :
la Tunisie et la construction de la frontière

Abstract :

Le nombre de morts dans la mer, aux frontières sud de l'Europe ne cesse d'augmenter démontrant l'échec des politiques de contrôle des flux migratoires mis en place depuis presque 30 ans par les pays européens et leur partenaires au sud du bassin de la Méditerranée. Dans cet article, nous prenons en examen le cas des relations Italo-tunisiennes et le processus de construction de « la frontière » entre les deux pays, depuis les accords bilatéraux de 1998 jusqu'au *mobility partnership* de 2014. En outre, le statut de pays de transit place la Tunisie au centre des politiques d'externalisation de la gestion des frontières européennes, une approche qui pourraient avoir d'importantes répercussions sur le respect des droits fondamentaux des réfugiés et des migrants.

Mots-clés : Migration illégale, accords bilatéraux, Italie, Tunisie, externalisation, frontières

*   Professeure au département de Scienze della Formazione e Psicologia, email adress : giovanna.campani@unifi.it.
**   Doctorante au département de Scienze della Formazione e Psicologia, email address : afef.hagi@unifi.it.

Introduction

Au cours du mois d'avril 2015, 1 200 personnes sont mortes dans la Méditerranée en essayant de rejoindre les côtes italiennes. Le sommet de l'Union Européenne (UE), réuni quelques jours après un naufrage qui a coûté la vie à 700 personnes, n'a rien changé à ses politiques migratoires et d'asile. Après avoir fait porter toute la responsabilité du désastre aux trafiquants, les dirigeants de l'UE ont pris une seule décision: mettre un peu plus d'argent dans le programme du Frontex[1], « Triton » dont l'objectif principal est la protection des frontières. Ce programme, lancé le 1er novembre 2014, qui a remplacé le précédent programme italien « Mare Nostrum » (financé uniquement par l'Italie – du 15 octobre 2013 au 31 octobre 2014 – pour un montant beaucoup plus important que celui engagé par « Triton ») a été fortement critiqué depuis l'automne dernier par les ONG et par les organisations internationales traitant des questions des réfugiés et de l'asile, y compris l'Organisation des Nations unies – le UNHCR. Alors que « Mare Nostrum » avait comme objectif principal de sauver des vies, « Triton » n'a décidemment pas cette priorité.

Le drame des naufragés de la Méditerranée a suscité l'émoi et l'indignation. Il a également placé l'Union européenne sous le feu des critiques qui se sont accrues après que le sommet de UE a confirmé l'inertie européenne. La présidente de Amnesty International en France, Geneviève Garrigos a déclaré : « Il aura fallu attendre les 3 400 morts de l'année dernière, les 1 000 morts de cette semaine pour qu'enfin, un véritable sommet soit convoqué à Bruxelles »[2]. Les critiques ne sont pas venues seulement des ONG ou de la presse de gauche, comme le *New York Times* qui depuis plusieurs mois dénonce la politique migratoire et d'asile européenne en des termes tranchants. Cette fois-ci les organisations internationales ont abandonné la diplomatie et ont prononcé des mots particulièrement durs: le Haut Commissaire de l'ONU aux droits de l'Homme, Zeid Ra'ad Al Hussein, a fustigé les politiques migratoires « cyniques » qui transforment la Méditerranée en un immense cimetière maritime. La presse modérée européenne s'est montrée tout aussi dure, en commençant par *The Economist*, qui n'a pas hésité à parler de « moral and political failure » ainsi que de « *shame* » (honte)[3], alors que dans la *Suddeutsche Zeitung*[4],

---

[1]   Créée en 2004 Frontex (Frontières extérieures) est une agence de l'UE qui centralise et coordonne les activités des garde-frontières nationaux dans le but de sécuriser les frontières extérieures de l'Union avec les États non membres. Son action contraste notamment les phénomènes de l'immigration illégale, la traite d'êtres humains et les infiltrations terroristes.

[2]   « L'Europe face à la tragédie migratoire en Méditerranée », *Le Monde en ligne*, 23 avril 2015, [en ligne] http://www.lemonde.fr/europe/article/2015/04/23/l-europe-face-a-la-tragedie-migratoire-en-mediterranee_4620915_3214.html, 28 mai 2015.

[3]   « The EU's policy on maritime refugees has gone disastrously wrong », *The Economist Online*, 25 avril 2015, [en ligne] http://www.economist.com/news/leaders/21649465-eus-policy-maritime-refugees-has-gone-disastrously-wrong-europes-boat-people, 28 mai 2015.

[4]   « Wie die EU Flüchtlinge tötet », *Sueddeutsche Zeitung*, 18 avril 2015, [en ligne] http://www.sueddeutsche.de/politik/fluechtlingspolitik-du-sollst-nicht-toeten-1.2439653, 28 mai 2015.

Heribert Prantl est encore plus dur, en demandant que l'UE rende le prix Nobel de la paix qui lui a été discerné en 2012. Parmi les leaders européens, c'est le premier ministre maltais du Parti des travailleurs, Joseph Muscat, à dénoncer le fait que seuls la Malte et l'Italie répondent à la crise de l'immigration et que les gestes de compréhension de l'Union européenne ne sont autre que du « bavardage » politique[5].

Face à cette vague de critiques, le président de la Commission européenne, Jean-Claude Juncker, dans une audition prononcée devant le Parlement européen le 29 avril, a pris ses distances des décisions prises par les chefs d'États et de gouvernements, le jeudi 23 avril, après le dernier naufrage en Méditerranée, qui avait fait plus de 800 morts le dimanche précédent, ce dernier a déclaré que « La réponse a été immédiate mais pas suffisante. Il ne suffit pas de combattre les symptômes de la crise. J'en ai assez des poètes, c'est bien de se montrer ému, mais il faut aller bien au-delà ».

A l'heure où nous écrivons, la Commission européenne a finalement présenté un plan qui prévoit la « réinstallation » (resettlement) de 20 000 réfugiés actuellement hors de l'UE ayant, selon le Haut Commissariat aux Réfugiés (HCR) un besoin évident de protection internationale, ainsi que la « relocalisation » des demandeurs d'asile entre les pays européens. Cette proposition a toutefois suscité le rejet de la part des plusieurs gouvernements et son acceptation est loin d'être sûre.

Une lecture superficielle, mais assez répandue, attribue le comportement des gouvernements européens à la directe conséquence de la peur face à la montée de la droite populiste qui met la migration au cœur des problèmes sociaux[6]. Cette lecture ne résiste pas à une analyse poussée du contexte qui mettrait en évidence une construction complexe d'un rapport ambivalent aux frontières.

La Frontière Européenne une vieille construction

La construction de la frontière européenne est un très long processus qui date de trente années et qui a bien précédé l'essor des partis de la droite « populistes » dans plusieurs pays européens. La transformation de frontières relativement « ouvertes » – entre l'Italie et la Tunisie – et entre l'Espagne et le Maroc à des « frontières fermées » comme aujourd'hui, et qui donne matérialité aux expressions d'« Europe forteresse », d'« Europe sanctuaire », est une conséquence des logiques sécuritaires impulsées dans l'espace Schengen, par les accords sur la gestion des frontières

---

[5]   « Tragedie del mare, il premier maltese attacca l'Ue: 'piu' interssata ai soldi che ai salvataggi. Italia e Malta lasciate sole'. Vertice a Palazzo Chigi », *Il Sole 24*, 13 octobre 2013, [en ligne] http://www.ilsole24ore.com/art/notizie/2013-10-13/tragedie-mare-premier-maltese-attacca-ue-piu--interssata-soldi-che-salvataggi--italia-e-malta-lasciate-sole-184653.shtml?uuid=ABUQR7V, 28 mai 2015.

[6]   J.-P. Cassarino, « Accordo Italia-Tunisia, per che fare ? », *AffarInternazionali*, 7 avril 2011, [en ligne] http://www.affarinternazionali.it/articolo.asp?ID=1722, 28 mai 2015.

internes de l'UE[7]. L'ouverture des frontières à l'intérieur de cet espace européen s'est accompagnée du dressement de frontières voulues comme imperméables aux migrations venues du Sud. Du coup, les asymétries économiques entre les pays du Nord et du Sud de la Méditerranée, sont devenue une ligne de fracture entre le « Nord » et le « Sud », l'Europe et «les autres », les « non-européens », les « non--communautaires », terme d'ailleurs utilisé en Italie pour désigner les immigrés. Or, les asymétries économiques entre l'Italie et la Tunisie n'étaient pas plus importantes que celles entre la Pologne et l'Allemagne, voire les deux Allemagnes. Il s'est procédé bel et bien de choix politiques voire même de marquages identitaires. La « sanctuarisation » de l'espace européen a été poursuivie avec une série de politiques qui ont progressivement lié toute coopération avec les pays du Sud à leur volonté de contrôler la frontière et d'accepter la réadmission des migrants expulsés. Tout cela a eu de lourdes conséquences pour les pays du Sud de l'Europe et du Maghreb, dans lesquelles se sont formés des espaces frontaliers qui ne divisent pas seulement des pays, mais où toute la tension de l'asymétrie entre le Nord et le Sud du monde se concentre. La formation de ses espaces a de multiples conséquences politiques, économiques, sociales, culturelles voire même écologiques et environnementales. Or, alors que la frontière entre les États-Unis et le Mexique est étudiée de tous les points de vue, ceci n'est pas le cas pour la frontière méditerranéenne. Il est certain que le morcellement de la frontière qui implique plusieurs relations bilatérales ne facilite pas la tâche.

Un exemple intéressant est l'impact que la construction de la frontière a eu sur les relations italo-tunisiennes. Entre les deux pays, des multitudes d'échanges datant du XIXe siècle ont porté à une présence italienne et surtout sicilienne et livournaise, avant, durant et même après la fin de la colonisation française. La création de Schengen et l'introduction des visas a poussé les relations bilatérales italo-tunisiennes dans un marchandage continu où migrants et réfugiés représentent une monnaie d'échange, et où se multiplient les violations des droits de l'homme sans compter les coûts humains et économiques exorbitants. Cette redéfinition des relations – obligée par la position de « frontière » des deux pays – s'inscrit dans trente ans de mise en place de politiques européennes, puisque l'Italie suit les directives de l'UE et les successives décisions du Conseil, notamment en matière de coopération conditionnée par la lutte contre l'immigration clandestine.

---

[7]   En 1985, la coopération intergouvernementale a conduit à la signature, à Schengen (un petit village au Luxembourg), d'un accord sur la suppression graduelle des contrôles aux frontières communes. Cette convention sera appliquée à partir de 1995 et elle est actuellement incorporée dans les normatives qui régissent l'UE.

L'Italie et la Tunisie après Schengen : des relations marquées par la lutte contre l'immigration

Le 4 mars 2014, le premier ministre italien Matteo Renzi fit sa première visite à l'étranger depuis sa prise de fonction, à Tunis : cela n'a rien de surprenant, étant donné la centralité des rapports économiques entre les deux pays qui placent l'Italie comme second partenaire économique de la Tunisie après la France, avec 750 entreprises italiennes délocalisées sur le territoire tunisien. Renzi toutefois insista aussi sur le fait que sa visite avait l'objectif de redonner de l'importance au Bassin méditerranéen. « La Méditerranée doit être le coeur et non la frontière de l'Europe »[8] déclara-t-il lors de cette rencontre. Considérant que, dans les faits, la Méditerranée est devenu un immense cimetière, ces mots s'apparentent à de l'ironie macabre...

En arrivant à Tunis, Matteo Renzi était certainement au courant du fait que l'histoire des migrations croisées entre l'Italie et la Tunisie remonte au début du XIXe siècle avec l'arrivée des premières vagues de migrations italiennes composées de réfugiés politiques, et de travailleurs qui ont investi essentiellement les secteur de l'agriculture, de la pêche et la construction. Les premiers groupes de travailleurs tunisiens en revanche ont commencé à se déplacer vers l'Italie et plus précisément vers Mazarra del Vallo en Sicile dès la fin des années 1960. Bien évidemment, les migrants tunisiens n'avaient pas besoin de visas pour accéder au sol italien. A l'époque, la politique migratoire de l'Italie était encore centrée sur la gestion de l'émigration italienne vers les autres pays européens, en l'occurrence la France et l'Allemagne, et il n'existait pas de système de visa ou de permis de séjour[9]. Comme le rappelle Sciortino[10] durant ces années « d'ouverture » les frontières n'étaient pas particulièrement contrôlées et pour entrer en Italie, il suffisait de démontrer d'être capables de subvenir à ses propres besoins lors du séjour. Après l'obtention d'un contrat de travail, les tunisiens ont pu s'installer sans trop d'encombres dans leurs nouvelles vies, sans la contrainte de se voir expulsés vers la Tunisie.

Cette vague de migration a été bénéfique pour les deux pays, en effet, les départs de 1968 coïncidaient avec l'exode rural consécutif au tremblement de terre qui a frappé la zone de la vallée « *Belice* »[11], donc à un réel besoin de peuplement et de travailleurs pour relancer l'économie rurale. D'ailleurs, le besoin de main d'œuvre ne se limitait pas aux besoins du secteur agricole, mais concernait

---

[8]   « La Méditerranée doit être le coeur et non la frontière de l'Europe », *Tunis Tribune*, 4 mars 2014, [en ligne] http://news.tunistribune.com/?q=node/3249, 28 mai 2015.

[9]   C. Asher, G. Sciortino, « Italian immigration: the origins, nature and evolution of Italy's migratory systems », [à :] *Journal of Modern Italian Studies* Vol. 9, 2004, n° 1, pp. 49-70, [en ligne] http://dx.doi.org/10.1080/1354571042000179182.

[10]   G. Sciortino, *L'ambizione della frontiera. Le politiche di controllo migratorio in Europa*, Milano 2001, p. 176.

[11]   Une zone de la Sicilie Occidentale comprise entre la province de Agrigente, Trapani et Palerme.

aussi le domaine de la pêche, délaissé par les locaux au profit d'autres activités
essentiellement industrielles et plus lucratives dans le nord de l'Italie. Ainsi, des
communautés de pêcheurs provenant des zones côtières de Mahdia, Chebba et
Sfax, se sont déplacées vers la Sicile pour fuir un marché du travail tunisien assez
limité et profiter d'une consistante demande de main d'oeuvre de l'autre côté de
la méditerranée. La distance minime qui sépare les deux pays et le coup bas du
voyage a fait que cette vague de migration s'est intensifiée dans les deux décennies
successives. Cette migration, initialement temporaire et saisonnière a évolué vers
une migration de peuplement, les regroupements familiaux ont participé à renforcer la présence de familles tunisiennes[12].

Avant la fermeture des frontières externes de l'Europe et l'instauration de l'espace clos « Schengen », la circulation de main d'œuvre et de commerçants était
intense entre la rive Nord et Sud de la méditerranée. Des villes italiennes dont
Palerme et Naples, dans les années 80, étaient d'importantes places marchandes
au cœur d'un circuit de commerce entre l'Europe et le Maghreb. Dans les années
1990, des chercheurs tels que Alain Tarrius et Lamia Missaoui[13] ont pris en examen
le phénomène du commerce transfrontalier entrepris par les migrants maghrébins.
Dans ces espaces d'achat et de revente, des pratiques circulatoires ont vu le jour
ayant comme protagonistes des migrants commerçants, des migrants « nomades »,
mais aussi des collectifs féminins de commerçantes[14]. Ces acteurs sillonnaient, essentiellement par voie maritime les « territoires circulatoires », mettant en œuvre
d'authentiques pratiques de « mondialisation par le bas ». Ces phénomènes qui
se vérifient le long des confins, tels que les espaces frontaliers entre l'Espagne et
la France et sur les rives Sud de l'Europe, ne fait que confirmer qu'à travers les
époques et au grès des conjonctures économiques, sociales et politiques l'aire méditerranéenne demeure un haut lieu de circulation commerciales et à un pôle de
mobilité humaine. Dans cette géographie méditerranéenne, le savoir-circuler est
inscrit dans l'histoire et dans les pratiques des peuples, une manière d'habiter et de
vivre les espaces complètement antagonistes aux politiques de clôture et de criminalisation des mobilités qu'a entrepris l'UE depuis les années 90.

Ce bref aperçu historique des migrations dans le sud du bassin méditerranéen, met en exergue l'intensité des relations, sociales et commerciales existantes
entre la Tunisie et l'Italie. D'ailleurs, la mobilité du Sud vers le Nord s'est main-
tenue en dépit de l'arrêt officiel de l'immigration de travail vers l'Europe et la

[12] A. Cusumano, *Cittadini senza cittadinanza. Rapporto duemila sulla presenza degli stranieri a Mazzara del Vallo*, Gibellina : CRESM 2002, p. 82.
[13] A. Tarrius, *Les Fourmis d'Europe. Migrants riches, migrants pauvres et nouvelles villes internationales*, Paris 1992 ; L. Missaoui, « La généralisation du commerce transfrontalier :
petit ici, notable là-bas », *Revue Européenne des Migrations Internationales* Vol. 11, 1995, n°
1, pp. 53-75.
[14] C. Schmoll, « Pratiques spatiales transnationales et stratégies de mobilité des commerçantes tunisiennes », *Revue Européenne des Migrations Internationales* Vol. 21, 2005, n° 1,
pp. 131-154.

successive fermeture des frontières[15]. Toutefois, l'instauration systématique du visa, a profondément muté la nature des mobilités en provenance de la rive sud. Tout d'abord, les routes commerçantes ont été tout naturellement déviées vers les pays en libre accès, devenus lieux d'approvisionnement privilégiés (essentiellement Malte avant son adhésion à l'UE, la Turquie et la Syrie). Ensuite, l'émigration familiale s'est intensifiée, étant essentiellement l'unique voie légale d'accès à l'Europe et enfin, l'espace méditerranéen a vu une recrudescence de l'émigration illégale transformant les voies de la mobilité en voie de la mort. Ce changement en particulier a profondément transformé le statut et la perception qu'ont les européens des migrants maghrébins, de la figure du travailleurs ou pêcheur à celui de « clandestin ».

Les relations italo-tunisiennes à l'épreuve de l'espace Schengen

Le contrôle de la migration étant devenu l'une des plus hautes priorités de l'Union européenne, les relations italo-tunisiennes ont désormais eu au centre le contrôle des frontières et la lutte contre la migration clandestine. Les accords de réadmission sont un des instruments adopté par l'UE pour contraster les phénomènes d'immigration illégale. Cette démarche comprend un ensemble de normatives qui régulent les expulsions, le refoulement aux frontières et les détentions administratives. Cette ligne politique européenne a donné lieu à des accords bilatéraux entre l'Italie et les pays de transit et de migrations du Sud. Dans ce cadre, les accords en l'Italie et la Tunisie ont été parmi les premiers établis dans la zone euro-méditerranéene. En effet, le 6 août 1998 un premier accord tunisien-italien est atteint entre le ministre italien des affaires étrangère Lamberto Dini et l'ambassadeur tunisien à Rome dans le but de lutter conjointement contre la migration irrégulière et pour favoriser les entrées légales des citoyens tunisiens. A partir des années 2000 et avec la victoire électorale de Berlusconi et l'alliance avec la Ligue du Nord, l'immigration clandestine est devenue presque une obsession des relations italo-tunisiennes et deux autres accords vont être stipulé entre les deux pays dans le but de réguler et contrôler les flux migratoires et la mobilité des migrants entre les deux rives. Ces accords[16] ont mis en place :

* La coopération entre les forces de l'ordre des deux pays : Ce programme comporte des formations spécifiques pour le contrôle des côtes, une assistance technique et une aide logistique à la police tunisienne ainsi qu'une aide financière qui s'élevait à 5 milliards de lire par an. La coordination des garde-frontières

---

[15]   J. Cesari, « Les réseaux transnationaux entre l'Europe et le Maghreb : l'international sans territoire », *Revue Européenne de Migrations Internationales* Vol. 13, 1997, n° 2, pp. 81-94.

[16]   M. Tazzioli, « Cronologia degli accordi Italia-Tunisia », *Storie Migranti*, décembre 2011, [en ligne] http://www.storiemigranti.org/spip.php?article1004, 28 mai 2015.

italiens et tunisiens a mis en place des patrouilles conjointes dans les eaux territoriales tunisiennes[17] et la présence permanente d'un officier de liaison italien en Tunisie. Le 15 octobre 2008, cette coopération s'est étendue au camp militaire pour sécuriser les eaux tunisiennes et faire la « guerre » à l'immigration « clandestine ».

- L'institution de centres de détentions administratives[18] sur le territoire tunisien et italien afin d'intercepter les migrants en situation irrégulières et les rapatrier vers les pays de provenance.
- Une procédure de réadmission des migrants dépourvus d'un permis de séjour régulier. Le 28 janvier 2009, un ultérieur accord prévoit des procédures accélérées d'identification et d'expulsion des clandestins tunisiens, ainsi que la mise en place de programmes de « retours volontaires assistés » financés par le Fond Européen pour le retour.

En contrepartie, la Tunisie qui s'est engagée dans la lutte contre l'émigration illégale, bénéficie d'un traitement préférentiel[19] dans l'établissement des quotas d'entrées légales en Europe de travailleurs migrants[20]. En outre, les pays du Sud qui s'engagent dans ces partenariats bilatéraux aurait le droit d'être favorisé par des relations économiques privilégiées. C'est dans ce cadre qu'en avril 2010, le Ministère des affaires étrangères ont activé une table de coopération décentralisée qui renforce les activités de coopération économique entre les deux pays et la Tunisie a eu droit à une aide qui s'élève à 200 millions d'euro.

L'octroi d'un traitement préférentiel aux pays maghrébins et la restauration d'une forte compétitivité de ces pays ne saurait éclipser la dimension la plus prégnante de ces dix années de coopération Nord-Sud dans la lutte contre la migration, qui n'est autre que le progressif déplacement de la gestion des frontières européennes hors de l'Europe et l'externalisation de la détention des migrants irréguliers dans les pays de Transit. Les accords avec la Tunisie pourraient être considéré comme une expérience pilote en la matière. En effet, une subvention de 500 millions de lire a été accordée à la Tunisie pour financer la construction de centres d'accueil pour les migrants irréguliers interceptés. A ce jour, 13 centres de détention ont été construits en Tunisie dont un se situe dans le quartier de Wardia dans la banlieue de Tunis, un deuxième dans la région de Gabès et un troisième à la

---

[17]   Les modalités de coopération des forces de l'ordre italo-tunisiennes semblent être un modèle précurseur de l'agence Frontex qui sera instituée en 2004.

[18]   La loi Turco-Napolitano promulgué le 06 mars 1998 a institué pour la première fois en Italie les Centres de Permanence temporaire (CPT), actuellement dénommés Centre d'Identification et d'expulsion (CIE), afin d'accueillir les étrangers dépourvus d'un titre de séjour valide et soumis à une procédure d'expulsion.

[19]   La Tunisie a ainsi obtenu un quota « privilégié » d'entrées légales en Italie dans le cadre du décret des Flux : 3 milles en 2000 et en 2001, 2 milles en 2002 et 600 en 2003.

[20]   J.-P. Cassarino, « Accordo Italia-Tunisia, per che fare ? », *AffarInternazionali*, 7 avril 2011, [en ligne] http://www.affarinternazionali.it/articolo.asp?ID=1722, 28 mai 2015.

frontière libyenne. Tandis que le lieu des 11 centres restants a toujours été maintenu secret par les autorités tunisiennes[21].

Révolutions arabes et déstabilisation de la région MENA : impact sur la gestion des frontières

Le 12 février 2011, le Conseil des Ministres italiens a déclaré l'état d'Urgence Humanitaire sur le territoire national, à la suite de l'afflux de nombreux citoyens nord-africains sur le territoire méridional. En effet, le 11 du même mois, environ 1400 tunisiens arrivent à Lampedusa, élevant ainsi le nombre de tunisiens arrivés depuis la fin janvier à 5258, dont 343 ont été rapatriés alors que 2644 ont été transférés dans les centres de détention du territoire italien.

L'éventuelle présence de criminels et de terroristes parmi les migrants accentue le caractère alarmant des messages lancés par le Ministère de l'intérieur italien Roberto Maroni, mais surtout, c'est le désarroi qui gagne la classe politique qui se trouve démunie face au non respect des accords bilatéraux en vigueur entre les deux pays, un manquement imputé à la crise politique que traverse la Tunisie. Les relations entre les deux pays sont temporairement perturbées. La mort est malheureusement au rendez-vous et certains migrants périssent aux larges des côtes italiennes, alors qu'un millier parmi ceux qui ont survécu à la traversée sont disparus[22].

Incapable de soutenir les révolutions dans le monde arabe, les efforts de l'Union européenne se mobilisent pour redoubler le contrôle des frontières et le 20 février 2011, pour affronter l'urgence immigration sur le territoire italien, l'UE donne le coup d'envoi à l'opération « Hermes »[23] menée par l'agence Frontex. La mission prévoit l'envoi d'experts provenant des États membres avec des moyens aériens et maritimes pour assister les autorités italiennes à la gestion des flux migratoires provenant de l'Afrique du Nord ainsi que l'organisation des rapatriements en collaboration avec les autorités tunisiennes. Parallèlement, la Tunisie devient un pays d'accueil pour les civils en fuite de la guerre en Libye et un camp de réfugiés est installé dans le sud de la Tunisie dans la zone frontalière de Ras Jedir pour affronter une situation humanitaire critique. Dans le mois suivant le déclenchement des combats entre les forces de Gheddafi et les rebelles, le 15 février 2011, la Tunisie

---

[21]　C. Cordaro, « Relazione su accordi di riammissione Italia-Tunisia », *Migreurop observatoire des frontières*, 27 novembre 2009, [en ligne] http://www.migreurop.org/article1481.html?lang=fr#documents, 28 mai 2015.

[22]　N. Haeringer, « Les migrants tunisiens disparus – entretien avec Alaa Talbi », *Mouvements* Vol. 2, 2012, n° 70, pp. 149-151, [en ligne] http://dx.doi.org/10.3917/mouv.070.0149.

[23]　« Hermes 2011 Starts Tomorrow in Lampedusa », *Frontex*, 19 février 2011, [en ligne] http://frontex.europa.eu/news/hermes-2011-starts-tomorrow-in-lampedusa-X4XZcr, 28 mai 2015.

accueillera environ 150 000 réfugiés, en grande majorité originaires d'Afrique sub-
saharienne[24].

Le 5 avril 2011, un accord est atteint entre le Ministre des affaires internes italien et son homologue tunisien Habib Essid, qui stipule l'engagement du gouvernement tunisien à accepter le rapatriement des immigrés en situation irrégulière
qui débarquent en Italie à partir du 6 avril[25]. La coopération entre les forces militaires et de police est également réactivée pour oeuvrer de concert dans les eaux
internationales et appréhender les embarcations illégales[26]. Le gouvernement italien s'est également engagé à régulariser la situation des 22 000 immigrés tunisiens
arrivés en Italie avant le 5 avril et un décret a été promulgué afin de reconnaître
à ces migrants le droit à un permis de séjour de 6 mois pour raisons humanitaires[27].

Muni d'un titre de séjour temporaire les migrants tunisiens étaient désormais
libres de se déplacer dans l'Espace Schengen, remettant le débat épineux de la
régularisation des mobilités des non-nationaux dans l'espace européen à l'ordre du
jour. Le 6 avril, le gouvernement français a limité les possibilités d'accès au sol
français aux Tunisiens munis d'un titre de séjour temporaire relâché par l'Italie en
exigeant que les migrants démontrent aussi d'être en mesure de subvenir à leurs
besoins durant leur séjour en France. Le ministre de l'intérieur français Claude
Guéant s'est montré très ferme dans sa décision de bloquer la circulation des Tunisiens, allant jusqu'à annuler les trains qui lient la Côte d'Azur à Vintimille. Cette
réaction n'a pas manqué de provoquer le mécontentement des migrants et soutenus par des militants associatifs pour le droit à la libre circulation, ils ont organisé
des manifestations dans la gare italienne[28].

En ce qui concerne les réadmissions convenues selon les accords du 5 avril
2011, et après quelques désaccords (plusieurs fois les avions n'ont pas reçu l'autorisation d'atterrir sur le sol tunisien) la Tunisie a honoré l'accord stipulé entre les
deux pays. Le 25 octobre 2011, les dernières expulsions ont conclu le processus de
rapatriement, le nombre définitif des Tunisiens qui ont migré vers l'Italie depuis

[24]   H. Sallon, « Le long périple des réfugiés de Ras Jdir », *Le Monde online*, 7 mars 2011, [en
        ligne] http://www.lemonde.fr/afrique/article/2011/03/07/le-long-periple-des-refugies-de-ras-
        jdir_1489251_3212.html, 28 mai 2015.
[25]   R. Ben Khalifa, « L'émigration irrégulière en Tunisie après le 14 janvier 2011. Le problème
        des disparus : pouvoirs publics et société civile », *Hommes & Migrations* Vol. 3, 2013, no
        1303, pp. 182-188.
[26]   M. Tazzioli, « Cronologia degli accordi Italia-Tunisia », *Storie Migranti*, décembre 2011,
        [en ligne] http://www.storiemigranti.org/spip.php?article1004, 28 mai 2015.
[27]   J.-P. Cassarino, « Immigration irrégulière. Un (autre) accord entre la Tunisie et l'Italie »,
        Nawaat, 8 avril 2011, [en ligne] http://nawaat.org/portail/2011/04/08/immigration-irregu
        liere-un-autre-accord-entre-la-tunisie-et-italie, 28 mai 2015.
[28]   J.-B. Chastand, « Nice-Ville, terminus forcé pour les migrants tunisiens », *Le Monde
        online*, 21 avril 2011, [en ligne] http://www.lemonde.fr/societe/article/2011/04/21/de-vinti
        mille-a-nice-l-epopee-des-tunisiens-echoue-sur-la-police-francaise_1510686_3224.html#,
        28 mai 2015.

janvier 2011 s'élevait à 24 769 et d'après les statistiques du Ministère de l'intérieur tunisien, 4 453 Tunisiens ont été rapatriés en 2011.

Cette reprise des activités de contrôle des mouvements de personnes dans l'espace méditerranéen et l'état d'Urgence qui a marqué toute l'année 2011 et partie de l'année 2012 a donné lieu à des violations multiples des droits de l'homme. Ainsi le 21 août 2011, le refoulement collectif de la part de la marine italienne et tunisienne d'une embarcation avec à bord 130 citoyens tunisiens viole-t-elle le principe de non refoulement préconisé par la Charte des droits fondamentaux de l'Union européenne, de la Sauvegarde des droits de l'Homme et de la Convention de Genève. La société civile tunisienne a exercé une pression médiatique pour que les droits fondamentaux des migrants soient respectés et a dénoncé la politique de clôture poursuivie par l'UE « Il est inacceptable que l'Italie et la France poursuivent cette position de fermeture totale, eux qui ont profité des maghrébins durant la période coloniale et qui ont soutenu les récentes dictatures »[29]". La presse tunisienne dénonce aussi la violence dans le traitement des migrants qui auraient engendré des actes de rébellion dans les centres de détention italiens[30].

En Italie en revanche, certains dépassements sont également dénoncés par la société civile, notamment le fait que les modalités d'expulsion accélérées- grâce à la collaboration avec les représentations consulaires tunisiennes-seront maintenues et même adoptées comme procédures courantes pour la gestion ordinaire des migrants en situation irrégulière. Les abus qu'une telle procédure peut engendrer, ne peuvent pas ne pas éveiller la méfiance quant aux risques de non respects des droits des migrants. En effet, les procédures d'expulsion accélérées, sans certes applicables aux migrants « clandestins », en d'autres termes ceux qui ont atteint le sol italien par voie illégale, mais sont également applicables aux travailleurs migrants, nombreux en cette conjoncture de crise économique, au chômage et donc incapable de rénover leur permis de séjour, en l'absence d'un contrat de travail. Ce basculement quasi immédiat dans la condition d'immigrés « clandestin » passibles d'expulsion, même immédiate, laisse planter un doute profond sur les différences que les accords bilatéraux dressent entre migration illégale et migration de travail.

Bien évidemment, cet alignement sur les politiques européennes de limitation de la migration se poursuit avec de multiples rencontres, conventions, promesses qui rétablissent progressivement les rapports entre la Tunisie et l'Union européenne, et poursuivent dans la même logique les politiques appliquées depuis plus de 20 ans. Tout comme les accords stipulés depuis 1998, les nouveaux accords bilatéraux entre l'Italie et la Tunisie, comportent tout naturellement un volet économique et de développement. En d'autres termes la Tunisie essaye de rétablir son image de pays « fiable » et son statut de partenaire privilégié de l'UE profitant ainsi du soutien économique et des programmes de développement socio-économique.

---

[29]   M. Tazzioli, « Cronologia degli accordi Italia-Tunisia », *Storie Migranti*, décembre 2011, [en ligne] http://www.storiemigranti.org/spip.php?article1004, 28 mai 2015.

[30]   R. Ben Khalifa, *op. cit.*

Ainsi, le 16 mai 2012 lors de la visite du président de la République Italienne un accord bilatéral de « Partenariat stratégique dans le champ de l'économie, mobilité et recherche scientifique » a été signé par les deux chefs d'État. Tout au long de l'année 2012 et 2013 les forces de l'ordre tunisiennes ont reçu un soutien consistant en termes de matériel pour renforcer les activités de contrôle et d'interception des migrants illégaux par voie terrestre et maritime mais aussi pour la gestion de l'urgence humanitaire conséquente à la situation libyenne.

La *Mobility Parternship* : sur la voie de l'externalisation des frontières européennes

Au delà des accords bilatéraux entre les pays frontaliers comme peuvent l'être la Tunisie et l'Italie, et après le passage de la première phase de déstabilisation politiques qu'a connu la région MENA, l'année 2014 signe aussi le retour sur la scène géopolitique des accords multinationaux pour le contrôle des frontières européennes. Ainsi le 3 mars 2014, la Tunisie signe la *Mobility Parternship* avec l'Union européenne, dans la continuité des objectifs proclamés deux ans auparavant, le 19 novembre 2012, lors de la signature du partenariat privilégié[31] avec l'UE. Dix États membres de l'UE prennent part à ce partenariat : Belgique, Danemark, Allemagne, France, Italie, Pologne, Portugal, Suède, et le Royaume Uni. Si l'objectif déclaré de ce partenariat est la création d'un système de gestion mixte des flux migratoires existants et des procédures simplifiées de visa pour les ressortissants tunisiens. Le deuxième point essentiel sur lequel se concentre l'accord concerne en revanche le support de la part de l'UE pour la création de centres d'accueil qui fournissent l'accès au droit d'Asile sur le territoire tunisien. Ceci confirme en effet, la propension à « externaliser » la gestion des réfugiés vers les pays de transit, dans ce sens, la situation tunisienne rejoint celle de son voisin marocain. Le statut de pays de transit engage les deux pays dans des processus de négociation d'un traitement favorable pour la délivrance de visas aux étudiants et aux migrants hautement qualifiés en échange de leur collaboration au contrôle des flux migratoires. Cette approche cristallise la distinction entre la mobilité « sélectionnée », « favorisée » des migrants « désirés » et la croissante criminalisation des mobilités « illégales et clandestines », souvent caractérisées par l'amalgame entre migrants économiques « irréguliers » et réfugiés et demandeurs d'asile politique.

Mme Federica Mogherini, haute représentante de l'Union pour les affaires étrangères et la politique de sécurité a récemment déclaré que l'immigration ne peut plus être pensé seulement du points de vue des frontières européennes mais

---

[31] Le statut de partenaire privilégié de l'UE implique la collaboration entre la Tunisie et l'UE sur deux volets principaux. Le premier est économique et fait référence à l'Accord de libre-échange complet et approfondi (ALECA) ; le deuxième en revanche porte sur la gestion commune des flux migratoires dans le cadre d'un partenariat de mobilité.

a besoin d'une collaboration avec les pays de transit et d'origine[32]. Cette approche, a priori constructive, est pourtant critiquée par les militants pour les droits fondamentaux des réfugiés qui dénoncent la volonté de l'UE de construire un espace de « pré-frontières »[33] vers lequel sera délocalisée la gestion de l'excédant de migrants que l'Europe refuse d'accueillir. C'est dans cette optique que le processus de Rabat de 2006[34], le processus de Khartoum de 2014[35] ainsi que le *mobility partnership* avec le Maroc et la Tunisie ont soulevée des perplexités dans les milieux militants, notamment quant au fait que l'UE ait consenti de s'accorder et de collaborer avec des « états gouvernés par des dictateurs » tels que l'Erythrée pour intercepter et contrôler les migrants illégaux[36].

Objectivement, le risque majeur de cette politique européenne d'externalisation de la gestion des flux de migrants est de déléguer le sort des réfugiés et demandeurs d'asile politique à des pays dépourvus de systèmes fiables d'accueil et d'insertion des étrangers dans le respect des droits de l'Homme et de la convention de Genève de 1967. L'expérience tunisienne lors de la gestion de la crise libyenne démontre en effet les déficits structurels, normatifs et juridiques en matière d'accueil des réfugiés et de protection des migrants. Après les départs volontaires et le « *resettlement* » par l'intermédiaire de L'UNHCR, quelques 500 migrants sont littéralement abandonnés à des conditions de vie indignes. Ces réfugiés indésirables sont vulnérables face à un État tunisien sans une réelle politique d'asile. Ainsi, certains reprennent la route de la Libye pour tenter la voie de la mer vers l'Europe, alimentant le flux des « clandestins »[37]. L'expérience tunisienne du camp de Choucha, nous démontre qu'un système improvisé crée de l'illégalité, qui a son tour maintient en vie les réseaux de passeurs et alimente le trafique des personnes.

---

[32] « Remarks by Frederica Mogherini, EU High Representative on Foreign and Security Policy, and Dimitris Avramopoulos, Commissioner for Migration, Home Affairs and Citizenship on the conferences for the Rabat Process and the Khartoum Process », *European Commission Press Release Database*, 28 novembre 2014, [en ligne] http://europa.eu/rapid/press-release_STATEMENT-14-2251_en.htm, 28 mai 2015.

[33] D. Del Pistoia, « Migrazione e asilo ai tempi dell'esternalizzazione », *Osservatorio Iraq*, 26 avril 2015, [en ligne] http://osservatorioiraq.it/analisi/migrazione-e-asilo-ai-tempi-dell%E2%80%99esternalizzazione, 28 mai 2015.

[34] La Première Conférence Euro-Africaine sur la Migration et le Développement, qui s'est tenue à Rabat les 10 et 11 juillet 2006, a jeté les bases d'un partenariat étroit entre les pays concernés par la « route migratoire ouest-africaine » comprenant les flux migratoires vers l'Europe en provenance du nord, du centre et de l'ouest de l'Afrique.

[35] Les 28 pays de l'Union, Djibouti, Égypte, Erythrée, Ethiopie, Kenya, Somalie, Sud Soudan, Soudan, Tunisie, rejoints par la Norvège et la Suisse, le 28 novembre 2014, se sont engagés dans un dialogue pour s'adresser de manière conjointe au phénomène migratoire sur la route qui part du Corne de l'Afrique vers l'Europe.

[36] F. Materozzi, « Processo di Khartoum, sapete cos'è ? », *Corriere delle migrazioni*, 24 mars 2015, [en ligne] http://www.corrieredellemigrazioni.it/2015/03/24/processo-di-khartoum-sapete-cose, 28 mai 2015.

[37] H. Nicanor, « Tunisie : pas de printemps pour les migrants », *Plein droit* Vol. 3, 2012, n° 94, pp. 31-35.

Conclusion

Une élection après l'autre, de l'Angleterre à la Pologne, de la Grèce à l'Espagne, la victoire de parties eurosceptiques montre que le rejet des citoyens face à l'Union européenne ne fait qu'augmenter. Cela s'explique par l'échec patent des politiques européennes dans plusieurs domaines, à partir de la gestion de la crise économique. Accuser de populisme des parties – d'ailleurs très différents entre eux – qui n'acceptent pas le modèle imposé actuellement par les politiques économiques de l'UE ne sert pas à masquer des faits réels – l'échec d'un modèle économique qui produit des millions de jeunes chômeurs en Europe de Sud et ne favorise que certains pays du Nord (en premier l'Allemagne).

Un autre domaine où l'échec des politiques européennes est évident ce sont dans les politiques d'immigration. La construction de la frontière, la fermeture d'espaces de circulation entre les pays du Sud et du Nord de la Méditerranée, comme cela a été le cas entre l'Italie et la Tunisie comme conséquence de Schengen a eu des coûts économiques, humains et sociaux énormes pour les deux pays, sans par ailleurs atteindre l'objectif de bloquer les flux migratoires. Alors qu'on prospecte l'association à des membres à l'Est (comme l'Ukraine) on érige des murs vers les pays du Sud de la Méditerranée.

L'externalisation de la frontière est une autre politique suicidaire, qui présente déjà un coût énorme en matière de violations des droits de l'homme.

Repenser Schengen développant une politique pour la Méditerranée, où les pays aient de l'espace bilatéral et ne détruisent pas des relations séculaires comme entre l'Italie et la Tunisie, serait un devoir à la mémoire outre que du bon sens.

Cela est certes plus difficile aujourd'hui, après des années de politiques catastrophiques et des milliers et des milliers de cadavres dans une mer qui fut jadis le berceau de la civilisation européenne.

Bibliographie

Asher C., Sciortino G., « Italian immigration: the origins, nature and evolution of Italy's migratory systems », [à :] *Journal of Modern Italian Studies* Vol. 9, 2004, n° 1, pp. 49-70, [en ligne] http://dx.doi.org/10.1080/1354571042000179182.

Ben Khalifa R., « L'émigration irrégulière en Tunisie après le 14 janvier 2011. Le problème des disparus : pouvoirs publics et société civile », *Hommes & Migrations* Vol. 3, 2013, n° 1303.

Cassarino J.-P., « Accordo Italia-Tunisia, per che fare? », *AffarInternazionali*, 7 avril 2011, [en ligne] http://www.affarinternazionali.it/articolo.asp?ID=1722.

Cassarino J.-P., « Immigration irrégulière. Un (autre) accord entre la Tunisie et l'Italie », *Nawaat*, 8 avril 2011, [en ligne] http://nawaat.org/portail/2011/04/08/immigration-irreguliere-un-autre-accord-entre-la-tunisie-et-italie.

Cesari J., « Les réseaux transnationaux entre l'Europe et le Maghreb : l'international sans territoire », *Revue Européenne de Migrations Internationales* Vol. 13, 1997, n° 2.

Chastand J.-B., « Nice-Ville, terminus forcé pour les migrants tunisiens », *Le Monde online*, 21 avril 2011, [en ligne] http://www.lemonde.fr/societe/article/2011/04/21/de-vintimille-a-nice-l-epopee-des-tunisiens-echoue-sur-la-police-francaise_1510686_3224.html#.

Cordaro C., « Relazione su accordi di riammissione Italia-Tunisia », *Migreurop observatoire des frontières*, 27 novembre 2009, [en ligne] http://www.migreurop.org/article1481.html?lang=fr#documents.

Cusumano A., *Cittadini senza cittadinanza. Rapporto duemila sulla presenza degli stranieri a Mazzara del Vallo*, Gibellina : CRESM 2002.

Del Pistoia D., « Migrazione e asilo ai tempi dell'esternalizzazione », *Osservatorio Iraq*, 26 avril 2015, [en ligne] http://osservatorioiraq.it/analisi/migrazione-e-asilo-ai-tempi-dell%E2%80%99esternalizzazione.

« L'Europe face à la tragédie migratoire en Méditerranée », *Le Monde en ligne*, 23 avril 2015, [en ligne] http://www.lemonde.fr/europe/article/2015/04/23/l-europe-face-a-la-tragedie-migratoire-en-mediterranee_4620915_3214.html.

« The EU's policy on maritime refugees has gone disastrously wrong », *The Economist Online*, 25 avril 2015, [en ligne] http://www.economist.com/news/leaders/21649465-eus-policy-maritime-refugees-has-gone-disastrously-wrong-europes-boat-people.

Haeringer N., « Les migrants tunisiens disparus – entretien avec Alaa Talbi », *Mouvements* Vol. 2, 2012, n° 70, [en ligne] http://dx.doi.org/10.3917/mouv.070.0149.

« Hermes 2011 Starts Tomorrow in Lampedusa", *Frontex*, 19 février 2011, [en ligne] http://frontex.europa.eu/news/hermes-2011-starts-tomorrow-in-lampedusa-X4XZcr.

« La Méditerranée doit être le coeur et non la frontière de l'Europe », *Tunis Tribune*, 4 mars 2014, [en ligne] http://news.tunistribune.com/?q=node/3249.

Materozzi F., « Processo di Khartoum, sapete cos'è ? », *Corriere delle migrazioni*, 24 mars 2015, [en ligne] http://www.corrieredellemigrazioni.it/2015/03/24/processo-di-khartoum-sapete-cose.

Missaoui L., « La généralisation du commerce transfrontalier : petit ici, notable là-bas », *Revue Européenne des Migrations Internationales* Vol. 11, 1995, n° 1.

Nicanor H., « Tunisie : pas de printemps pour les migrants », *Plein droit* Vol. 3, 2012, n° 94.

« Remarks by Frederica Mogherini, EU High Representative on Foreign and Security Policy, and Dimitris Avramopoulos, Commissioner for Migration, Home Affairs and Citizenship on the conferences for the Rabat Process and the Khartoum Process », *European Commission Press Release Database*, 28 novembre 2014, [en ligne] http://europa.eu/rapid/press-release_STATEMENT-14-2251_en.htm.

Sallon H., « Le long périple des réfugiés de Ras Jdir », *Le Monde online*, 7 mars 2011, [en ligne] http://www.lemonde.fr/afrique/article/2011/03/07/le-long-periple-des-refugies-de-ras-jdir_1489251_3212.html.

Schmoll C., « Pratiques spatiales transnationales et stratégies de mobilité des commerçantes tunisiennes », *Revue Européenne des Migrations Internationales* Vol. 21, 2005, n° 1.

Sciortino G., *L'ambizione della frontiera. Le politiche di controllo migratorio in Europa*, Milano 2001.

Tarrius A., *Les Fourmis d'Europe. Migrants riches, migrants pauvres et nouvelles villes internationales*, Paris 1992.

Tazzioli M., « Cronologia degli accordi Italia-Tunisia », *Storie Migranti*, décembre 2011, [en ligne] http://www.storiemigranti.org/spip.php?article1004.

« Tragedie del mare, il premier maltese attacca l'Ue : 'piu' interssata ai soldi che ai salvataggi. Italia e Malta lasciate sole'. Vertice a Palazzo Chigi », *Il Sole 24*, 13 octobre 2013, [en ligne] http://www.ilsole24ore.com/art/notizie/2013-10-13/tragedie-mare-premier-maltese-attacca-ue-piu--interssata-soldi-che-salvataggi--italia-e-malta-lasciate-sole-184653.shtml?uuid=ABUQR7V.

« Wie die EU Flüchtlinge tötet », *Sueddeutsche Zeitung*, 18 avril 2015, [en ligne] http://www.sueddeutsche.de/politik/fluechtlingspolitik-du-sollst-nicht-toeten-1.2439653.

DOI: 10.12797/9788376386553.20

Noureddine Kridis*

Université de Tunis

LE TRAVAIL PENDANT LA RÉVOLUTION
Le travail de la révolution, le travail dans la révolution

Abstract :

Dans cette étude, nous analyserons à travers le cas d'une intervention dans une entreprise, ce qui a changé en Tunisie, pendant la période post-révolutionnaire (2011-2014) dans la perception du travail, dans les valeurs attribuées au travail, dans le vécu des tunisiens, avec son lot de stress, de burnout, d'attaque de l'autorité et de l'outil de travail, mais aussi de stratégies de régulation psycho-sociales qui ont rendu possible un « fonctionnement minimal » du système.

Mots-clés : style de direction, communication, groupe de parole, conditions de travail

Introduction

Tout a commencé avec l'auto-immolation de Bouazizi le 17 décembre 2010, mais en fait, les événements précurseurs du bassin minier (sud ouest de la Tunisie) ont été déjà des indices de ce qui allait secouer le pays. Comme lors d'une secousse tellurique à forte intensité, nous assistons aujourd'hui (2015) au déroulement de répliques, symptômes de mouvements dans la durée et de réorganisations socio-tectoniques. Le contexte du travail, les conditions des travailleurs, le chômage des jeunes, étaient le vrai terreau de la révolution. Le chômage des jeunes diplômés, conjugué avec des politiques migratoires répressives (fermeture des frontières

---

* Professeur de Psychologie. Université de Tunis (Tunisie), email adresse : nourkridis@hotmail.fr.

et impossibilité de circulation, un arsenal répressif de lois contre les immigrants clandestins) tout cela a joué un rôle dans le déclenchement du Printemps arabe. Dans la mesure où l'État avant 2011 était engagé dans la répression contre cette immigration clandestine, soutenu et encouragé par les politiques européennes, lesquelles en contre partie, toléraient ses excès tyranniques et dictatoriaux et la perte de tout espoir de partir, alimentaient ce terreau révolutionnaire. Jusqu'aujourd'hui, les vagues d'embarcations clandestines continuent à échouer en pleine mer, avec des centaines de victimes (avril 2015). D'autant plus, que lorsque la société ne change pas de manière souple, les changements radicaux deviennent incontournables, même si ces changement avaient apparu aux yeux de plusieurs observateurs, soudains et imprévisibles.

1 – Journal d'une intervention

Quelques mois après l'avènement de la révolution, la machine économique a sensiblement ralenti avec la fermeture de plusieurs entreprises, dont celles qui étaient destinées à l'exportation. Une des ces entreprises aux prises de difficultés multiples a fait appel à moi pour une intervention en tant que psychologue du travail. C'est le directeur lui-même de nationalité allemande qui nous reçoit dans son bureau.

Première réunion Le 11 février 2011 – Tazarka, avec la direction Monsieur W. et Madame S.

T.A.P.I est usine qui emploie autour de 250 personnes, 50 femmes et 200 hommes, installée depuis 20 ans dans la région du cap bon tunisien. Pour décrire le problème actuel de l'usine, le Gérant Monsieur W. remonte jusqu'au mois d'aout-septembre 2010, quelques mois avant la révolution. Il décrit une grève sévère le 7 septembre 2010 : un sit-in de 40 personnes pendant 15 jours, « *sans aucune raison réelle et sérieuse* », dit-il, « *les salaires ont été payés* ». Depuis, un **climat de méfiance** envers la direction s'est installé, le 7 novembre 2010, les responsables politiques ont fait dégager les occupants de l'usine et 18 travailleurs ont été licenciés.

Certains employés sont à l'usine depuis 17/18 ans, mais une **crise de confiance** entre la direction et les salariés s'est installée, pourtant, ajoute-il sur les grilles tarifaires et les salaires « *nous sommes en règle par rapport à la réglementation en vigueur, jamais rien de non conforme* ». Madame S. est ici depuis 19 ans, elle est directrice depuis 4 ans, elle commente le malaise actuel par l'introduction de **changements qui ne plaisent pas** à l'ancienne troupe, ce qui explique les conflits…

Aujourd'hui, suite à la révolution, la revendication d'une semaine de 48 heures, est sortie, mais ajoute le Directeur « *nous sommes déjà en règle par rapport à ça* ». Pour lui, le plus grand problème, c'est le **respect, le manque de dialogue et d'écoute**. Il demande à revenir à la loi, par exemple pour les primes de productivité qui viennent d'être supprimées à cause de l'absence d'une évaluation précise.

Une rencontre direction-ouvriers était programmée avec 30 personnes, mais, **chaque ouvrier revient à son cas**, dit-il. Un ouvrier qui parle des 17 ans passés dans le même poste, il sort avec la conclusion qu'ils « *ne comprennent pas* », ils ne veulent pas « *le croire* », les gens « *ne veulent pas comprendre* », et observe un mouvement de fond de certaines personnes qui poussent pour mettre en place ce climat de méfiance. Il leur fait observer que la rentabilité « *baisse* » et que si on continue dans cette optique, on se verrait retirer les commandes et la confiance du client allemand (Mercedes) et il y a un gros risque de rapatriement, mais les gens ne prennent pas au sérieux ce risque, remarque-t-il. Une commission consultative se réunit et transmet aux employés les accords, une prime du lait de 10 dinars, par exemple. La direction déclare être prête pour faire un geste, mais « *vous ne pouvez pas tout satisfaire* » rétorque le Directeur.

Pour analyser la situation et les causes profondes, le Directeur décrit l'usine comme étant composée de personnes appartenant à des familles de la région, qui se regroupent autour de clans. Avant, il y avait une gestion non rigoureuse, avec une usine qui s'étend sur trois hectares, beaucoup d'informel, et de relationnel « *les employés passent beaucoup de temps à discuter, à sortir et entrer de l'usine et non à travailler* ». Il est conscient du **sentiment d'injustice et de frustration** des employés, qui disent passer leur vie à l'usine sans rien en contre partie. Même un investissement de la part de la direction dans un nouveau bâtiment pour travailler dans de meilleures conditions est mal interprété, « *cet argent nous revient* », disent les employés. Il finit sa description par la dégradation de la communication, en pointant de nouveaux comportements : indiscipline et gros mots.

2ème réunion (Avec un premier groupe d'ouvriers – *Le 14 février 2011 – Tazarka*)

Les personnes présentes me demandaient qui je suis et étaient inquiètes sur mon identité, et une fois tout le monde était là, j'ai introduit la séance en disant que j'étais là pour **les écouter et proposer des solutions d'amélioration pour l'entreprise**. Je leur ai demandé de faire un tour de parole, en se présentant et en formulant leurs **attentes** et leurs objectifs.

La séance s'est déroulée dans de bonnes conditions durant presque deux heures, tout le monde a dit ce qu'il avait à dire. La majorité, travaillant à l'usine presque dès le commencement, depuis 20 ans, insistent sur le fait qu'ils ont passé et donné leur jeunesse à l'entreprise, et qu'il n'y a pas eu beaucoup de retour, un **sentiment d'injustice, mélangé avec de l'amertume et de la colère** en découle. On peut résumer leurs interventions autour de plusieurs points par ordre de priorité :

1. Avec ce qu'ils gagnent, ils n'arrivent plus à joindre les deux bouts, ils demandent une **augmentation de leurs salaires**.
2. Ils observent que les nouveaux gagnent plus que les anciens, ils parlent d'une **discrimination** au sein de l'entreprise.

3. Ils remarquent que la **communication** n'est pas bonne entre eux et la direction, la direction les méprise, ne les écoute pas, leur complique les procédures, par exemple pour l'octroi de crédits.

4. Ils ne sont pas suivis concernant **la pénibilité** de leur travail, les odeurs, le contact de matières dangereuses, la répétition des tâches, l'épisode de la négociation sur la prime du lait était pour eux un indicateur de l'éloignement de la position de l'administration.

5. Ils pensent qu'avant c'était meilleur, surtout avec **l'ancienne direction** où il y avait plus de **confiance,** une personne dit qu'elle ramenait la valise des salaires tous les mois de Tunis, c'était mieux avant.

6. Une partie pense partir en préretraite par exemple si la direction leur offre une proposition financière intéressante.

7. Certains parlent d'un **contrôle accru** (peu de pauses, sanctions sur les retards) sur leur tâches, mais avec çà ils disent qu'ils résistent par des moyens détournés en n'exécutant pas convenablement leurs tâches, ils parlent de taux d'absentéisme en augmentation, de qualité bâclée parfois des produits ou même de vol…

8. Certains disent qu'ils **supportent mal** la cadence de travail (travail même le samedi après midi), ils parlent de **stress**, de répercussions sur leur vie familiale (irritabilité, peu de soin accordé à leurs enfants, à leurs conjoints…), ils évoquent des problèmes de fatigue, d'épuisement, d'insomnie, de maladies de la peau, et d'autres problèmes plus intimes…), ils réclament le retour du médecin de travail.

On observe dans ce groupe un **faible sentiment d'appartenance** à l'entreprise, un niveau de **satisfaction** au travail très bas, une **motivation** au travail très diminuée, un **climat** au travail détérioré (sentiment d'inégalité, de traitement différentiel, de non respect), une absence d'une **culture** et de valeurs de l'entreprise (en dehors de la culture des rapporteurs, solidarité entre les ouvriers pour se faire prêter l'argent, celui qui travaille n'a pas sa juste récompense, les autres usines traitent mieux leurs ouvriers…).

En comparant les perceptions de la direction avec ce premier groupe de personnes, il en ressort que les **attentes** réciproques des uns vis-à-vis des autres sont différentes, en décalage, en déphasage, et qu'un vrai problème de **communication** existe, qui empêche les uns et les autres de se comprendre, d'avoir une perception plus au moins proche de la réalité, qui leur permet de parler de la même chose. **Il est nécessaire par conséquent de trouver les moyens pour accorder leurs points de vue, ne serait-ce que sur une plate forme commune minimale.**

3ère réunion (Avec les chefs et les cadres – *Le 23 février 2011* – *8h30 – Tazarka*)

Les personnes présentes prennent la parole sans tarder : on peut classer ce qu'elles disent dans **quatre catégories** :
1. Leurs positions entre la direction et les ouvriers.

Les chefs disent qu'ils sont « *entre le marteau et l'enclume* », entre le patron et l'ouvrier. Ils disent qu'ils sont sous une double contrainte : faire passer les messages du patron auprès des ouvriers lesquels messages sont parfois difficiles à faire accepter (travailler le samedi jusqu'à 16h30 sans avoir été prévenu d'avance), et les employés qui refusent car cela n'a pas été prévu par eux…Ils doivent user d'influence personnelle pour les convaincre, quand ils promettent des choses (qui ont été promises par le patron), les ouvriers ne les croient pas sur parole. Parce que la promesse n'est pas exécutée immédiatement. Ils ont de la difficulté à se faire obéir, de diriger et de motiver les employés. Ils disent que le directeur contrôle tout et passe après eux. Ils sont suspectés, et l'information qu'ils donnent est déformée, les chefs pensent qu'ils n'ont pas l'assurance de leurs supérieurs et la méfiance est dans tous les sens.
2. Les conditions de travail.

Les chefs parlent de « *pénibilité* », d'absence de plaisir au travail, de *stress* (surtout concernant le dernier maillon de la chaîne de la production, délai de livraison, mais aussi au niveau des responsables qualité qui doivent finir à la main le travail mal fait). D'autres insistent sur le fait que personne ne sait exactement sa tâche, et qu'il n'y a pas de clarté. Le fait que c'est un travail avec le contact de matières dangereuses, les employés ont besoin de souffler un peu (les pauses cigarettes, changement d'air, changement de postures, ne pas travailler à la file…). Pour la direction, il arrive que les journées finissent à 22h et pour les employés, il arrive qu'ils travaillent samedi après-midi tard, peut-on faire autrement ?
3. Le climat de travail dans l'entreprise.

Les chefs parlent de « frustration » au travail, l'arbitraire et le manque d'information, aucune transparence, un problème de *confiance* et manque de *communication*, peu de visibilité, peu d'informations, les informations sont parachutées, peu de respect pour les employés, décision unilatérale, tout se joue sur fond de « primes » et « d'argent ». La discrimination entre les employés est mal vécue, certains pensent qu'elle est juste, d'autres disent que tout le monde fait le même travail. Certains disent qu'ils ont été des fondateurs de l'usine, il y a comme une légitimité non reconnue, une demande d'un meilleur traitement, peut-on les traiter comme des nouveaux ? Les employés comme les chefs ont besoin d'être compris et soutenus dans leurs besoins (sortir de l'usine pour être payé avant la fermeture des guichets des banques, autorisation de sortie pour régler des petits problèmes quotidiens…)
4. Les revendications.

Les chefs ont besoin d'un champ d'action plus large, d'une meilleure crédibilité auprès des employés, d'avoir les moyens de leur politique, pétition pour le retour du médecin de travail, souplesse pour les pauses et les autorisations de sortie.

4ᵉʳᵉ réunion (Avec les employés en présence de la direction, Monsieur G. *Le 02 mars 2011 – Tazarka*)

Tout de suite, les personnes invitées prennent la parole (ce qui pourrait être interprété comme un signe de coopération).

S. parle des avantages (1996-2007) consistant dans des primes qui n'existent plus, alors que l'entreprise réalise des bénéfices, la preuve c'est l'investissement dans le matériel. Le moral est au plus bas. Il demande une explication.

A. parle des salaires qui étaient bien avant 2007. Depuis, les salaires baissent avec l'annulation ou la diminution sensible des primes de rendement, de présence, de lait. Le salaire tourne autour de 300-320 dinars.

T. travaille depuis 1996, dit que c'était plus confortable de travailler avant 2007, aujourd'hui, il est tendu, baisse de son salaire, il parle d'absentéisme, de mauvaise relation avec le chef, avant 2007, le chef vous parlait, plus maintenant, la prime de lait était de 15dinars, aujourd'hui, c'est 10 dinars.

N. travaille depuis 2009, dit que son travail est pénible, et qu'ils sont seulement trois sur le poste, c'est peu, l'idéal c'est de doubler le nombre. Son salaire est 280dinars, il entend parler de la prime.

H. dit que l'ouvrier est un humain ; qu'il a en charge une famille, qu'il a besoin de se reposer, il comprend les conditions de l'entreprise, mais il demande la sincérité et le soutien, il est prêt à faire des sacrifices.

J. travaille depuis 2000. Il n'est pas bien, il pense à sa famille, et s'interroge sur sa relation avec les chefs ? Ceux-ci rapportent tout au patron, et il se pose la question de la relation avec les camarades ? Incident du vol.

L. dit qu'il ne sait plus ce que c'est un dimanche ! et les sorties à 18h !
Salaire = 300+50+20+30= 400. La vérité sort obligatoirement !

M. travaille depuis 1992, les augmentations officielles il ne les a pas eues, il est dans la peinture et le matériel est ancien.

M2. Travaille depuis 1990, bien que le salaire est toujours bas, il y avait un patron qui te comprenait, il y avait des facilités par exemple dans l'octroi des prêts (aider une personne dans le besoin, écouter), problème de confiance, le travail est confus, moi, j'ai ma vie et mes intérêts, nécessité de planifier le temps.

A. dit qu'il respire la poussière, qu'il boit de la poussière, qu'il mange de la poussière, le travail est difficile, et non planifié à l'avance, le salaire ? Il propose les 15 minutes de pause, et les missions dans le travail

Les conclusions qu'on peut esquisser à partir de ce groupe de parole mettent l'accent sur la différence des attentes de la direction, et des employés. Les tensions sont de part et d'autre, également réparties, pour la direction et les employés. Mais, le fait que la direction fasse appel à une personne étrangère au service pour écouter et que les employés se mettent à parler immédiatement est un élément positif pour la recherche d'une solution.

La direction (en aparté) relève la difficulté de la situation (50% de production, ce qui est très insuffisant, risque de rapatriement éventuel, manipulation

politique qui continue de l'ex-parti au pouvoir (RCD), dans la période de l'après-
-révolution.

5ème réunion, (Avec les employés, *Le 09 mars 2011 – Tazarka*)

A. demande l'amélioration de la condition du travailleur, il est là depuis 12 ans, il
souhaite que le regard vis-à-vis du travailleur change (respect et considération, accueil positif et sourire le matin) il dit que ceux qui sont arrivés il y a un an gagnent
mieux que lui !

S. sa demande est claire, il dit que les ouvriers travaillent après l'horaire, mais
ces heures ne sont pas toujours comptées des heures supplémentaires (parce que
l'administration fait le décompte à base des 208h dues).

A. se rappelle qu'une fois il a dit « non », alors il a été mis à pieds pendant un
mois. Il est là depuis 9 ans.

AB. À l'usine depuis 13 ans, et toujours dans la même catégorie, (catégorie
2 depuis 10 ans), je travaille sans rien dire, le tout réside dans les chefs qui doivent
parler pour nous.

F. parle de « mépris » vis-à-vis du travailleur, de la part des ressources humaines
(cas de l'exigence du certificat médical), il est là depuis 9 ans.

J. est là depuis 11 ans, père de dix enfants, est devenu allergique à cause du
travail, alors qu'il s'attendait à des améliorations, il est entrain de reculer.

L. est mouleur, depuis 10 ans, stress du travail à cause des contraintes du temps,
le plaisir de travailler est parti, (venir contraint comme dit le proverbe, un pas en
avant, dix en arrière). Il raconte qu'à l'occasion de vol d'outils, tout le monde a été
pénalisé (9 personnes à qui on a enlevé une partie du salaire pour couvrir les frais
de la machine volée). Quand vous demandez un crédit, on vous demande de signer
un contrat, quand ma femme a accouché, je n'ai pas été aidé, personne n'a de
sentiment pour vous, vous êtes contrôlé sur tout, mais tout n'est pas qu'argent et
temps ! Il y a la confiance et la parole d'une personne.

ABD. Pourquoi un contrat pour le prêt alors que je suis titulaire, signer un
contrat veut dire absence de confiance. On est dans le respect réciproque.

Z. Ici depuis 11ans, il est sous anxiolytiques, sentiment d'injustice, je suis payé
1d768 alors que le nouveau est payé 1d677. Celui qui « rapporte » gagne bien, celui
qui traîne gagne bien.

M. est ici depuis un an. Contrôleur de qualité, parle d'un carré idéal divisé en
trois cases : la zone publique occupe la moitié alors que la zone sacrée et la zone
d'ombre se partagent le reste. Le gérant actuel renvoie un carré où la zone sacrée
occupe la moitié et la zone publique et la zone personnelle occupent le reste. La
communication gérant-chef-ouvrier, est court-circuitée par gérant-ouvrier. Crédibilité et changement de consignes, non-consistance, le gérant doit être non-in-
fluençable. Le gérant ne doit pas prêter attention à ce qui se dit.

La. C'est l'augmentation qui l'intéresse.

LS. C'est l'amélioration des salaires qu'il demande, il est ici depuis 8 ans, et gagne 300 dinars, il aimerait gagner 500 dinars et confirme le fait qu'il est capable de produire 25% par rapport à ce qu'il fait actuellement si les conditions deviennent favorables.

Pour conclure, si l'on prête attention à ce qui se dit tout au long de ses groupes de parole, c'est bien d'un **déficit au niveau de la communication** qu'il s'agit :

- Absence de **transparence** des informations, des consignes, des objectifs, des informations sur les contraintes subies de l'extérieur, sur l'organisation du temps de travail, des missions, de la gestion des employés.
- Absence de **sentiment** d'être pris en compte, de compter pour quelque chose dans l'usine en dehors d'être une force de travail, d'être considéré pour soi-même d'abord.

6ème réunion : observation des ateliers (Avec les employés, la direction, la GRH, *Le 25 mars 2011 – Tazarka*)

Suite à la demande répétée des employés à les visiter sur les lieux du travail pour ne pas se contenter des paroles énoncées lors des réunions et avec l'accord de la direction qui a favorisé ce travail d'observation, nous nous sommes rendus aux ateliers lors d'un fonctionnement normal d'une journée ordinaire.

Visite des lieux de la Société

Ont été concernés par la visite les ateliers : Découpe ; finition ; peinture ; montage ; laminage ; entretien du moule ; magasin.

L'atelier de découpe

Au sein de cet atelier, les opérateurs effectuent des opérations de découpe du plastique. Ces opérations sont réalisées à l'aide de machines bruyantes (trois au sein de cet atelier). Le niveau sonore doit être mesuré et l'activité de travail davantage observée afin de pouvoir identifier des propositions efficaces d'amélioration (l'achat de casque ou de bouchons d'oreille doit être fait en fonction du niveau sonore dans l'atelier et du travail des opérateurs). Il nous faut souligner que le bruit d'une machine peut affecter des opérateurs dans l'atelier mais qui n'effectuent pas d'opérations sur celle-ci. Le capotage des machines pourrait être une solution envisagée pour éviter la pollution sonore. Réduire le bruit à la source (protection collective) est une mesure plus efficace que l'utilisation d'équipements de protection individuelle (EPI). Par ailleurs, il importe de vérifier si les masques de protection utilisés contre les poussières dégagées sont conformes, de même que les gants et les extracteurs.

Atelier de finition

Les divers postes de finition comportent dans l'ensemble malgré leur diversité des activités manuelles exigeant une certaine précision. Les personnes sont en position debout prolongées avec parfois des postures le dos courbé. Une analyse de leur activité de travail permettrait de quantifier les différents gestes et postures au cours d'une journée de travail et d'identifier les risques de troubles musculosquelettiques (TMS) comme les dorsalgies par exemple. Il importe également que les postes de travail soient à hauteur variable afin que les caractéristiques anthropométriques des opérateurs soient intégrées. L'atelier est également bruyant. Une étude du bruit serait utile pour penser un réaménagement des espaces et des moyens de protection collectifs et/ou individuels.

Atelier peinture

Deux cabines de peintures sont présentes. Concernant l'activité de peinture en cabine, le cahier des charges doit être respecté, notamment en ce qui concerne la ventilation. Il est important d'effectuer des vérifications périodiques et de réaliser une maintenance régulière avec une traçabilité écrite. Les EPI doivent correspondre aux caractéristiques de l'activité de travail, aux types de produits utilisés et à la performance demandée. En particulier, le masque de peinture nécessite une attention concernant sa maintenance (état général, changement des filtres, etc.). Le médecin du travail doit également évaluer l'aptitude des opérateurs au port des EPI.

Atelier montage

Dans cet atelier le bruit et une odeur très prononcée (*a priori* celle de résine) sont remarquables. Là aussi, il est important d'avoir les fiches techniques des produits employés et de réaliser une étude du bruit pour identifier les risques et les solutions envisageables.

Atelier laminage

Une forte odeur est également présente dans cet atelier et semble incommoder le personnel. Il faut ici aussi confronter le travail du personnel avec les fiches techniques des produits utilisés pour identifier les risques et les améliorations possibles. L'activité des opératrices semble comporter pour nombre d'entre elles des postures dos courbé. Il apparaît que les postes de travail sont parfois trop bas. Des postes de travail à hauteur variable peuvent être envisagés pour réduire les postures pénibles.

Entretien du moule

Cet atelier comporte cinq opérateurs. L'atelier n'était pas en activité lors de la visite mais les opérateurs se sont exprimés sur leur travail. En plus du besoin d'être informé sur les substances utilisées, ils rapportent les bas salaires, les charges notamment de transport, ou encore des notes de service contradictoires et transmises trop tardivement. Cependant, ils sembleraient que la communication reste ouverte avec la direction, les opérateurs rapportant que si la direction fait un petit geste ils sont prêts à en faire un grand. Les conditions de négociation doivent donc être définies afin qu'un consensus puisse être trouvé.

Magasin

Le magasin stocke des pièces diverses ainsi que des produits notamment irritants et inflammables. S'il est à vérifier la compatibilité de stockage de ses produits, il faut souligner l'absence de détecteurs de fumée et l'emplacement de l'extincteur peu accessible lors de la visite (au sol avec d'autres objets autour). Les caractéristiques de l'entrepôt doivent répondre également aux normes : éléments de construction (murs, plafonds, sols, matériaux d'isolation) incombustibles ; murs de séparation interne résistants au feu ; voies de circulation aménagées ; issues de secours ; etc.

2 – Le travail comme un enjeu existentiel

La question de l'intervention psychosociologique en milieu de travail s'est posée d'une façon brulante pendant la période post-révolutionnaire. Les directeurs et gérants d'entreprises ne peuvent, semble-t-il, plus utiliser les moyens et les stratégies *directives* classiques pour gérer : le bâton et la carotte, le recours à la communication informelle, la manipulation et les alliances avec le pouvoir politique en place et le pouvoir local (RCD, police, délégation…) Ils sont aujourd'hui depuis le 14 janvier 2011 face aux ouvriers, seuls, « attaqués », désarçonnés, incapables de comprendre ce qui se passe dans l'autre camp « *et pourtant les salaires sont payés !*». La direction de l'entreprise dans laquelle s'est déroulée l'intervention, fonctionne sur une logique « plus de la même chose », à demander plus de la même chose : production, qualité, dévouement… Alors que les employés, dans l'interstice révolutionnaire, ont changé de logique.

La révolution tunisienne, bien qu'elle ne soit pas préparée, ni précédée par une théorie politique ou une pensée socio-politique et économique claire, avec une lutte de groupes sociaux, a provoqué par sa soudaineté une série de **prises de consciences.** Ces prises de consciences sont à l'œuvre dans les paroles émises lors des séances avec les employés.

1. Tout d'abord, au niveau des employés, la prise de conscience du **temps passé** au travail, sur le plan individuel. Nous avons émis l'hypothèse lors d'une étude précédente (Kridis, 2011, p11-16) que la révolution a été le fruit du croisement de l'axe du *temps* et de *l'espace*. Les tunisiens, pendant les années qui précédaient le 14 janvier, n'avaient plus le sens d'appartenir à une histoire dans laquelle ils sont acteurs, car l'avenir était pour eux verrouillé avec la probable et certaine élection de Ben Ali pour un autre mandat, et l'espace était confisqué car même un petit marchand ambulant n'avait plus d'espace pour pouvoir survivre. Ces axes ont été alors réappropriés par les tunisiens au cours des semaines et mois qui ont suivis le 14 janvier 2011.

Ainsi, la *conscience du temps passé*, engage-t-elle les employés de cette entreprise dans une sorte de *crise existentielle*, par le fait de réaliser que des vies entières étaient écoulées dans le travail au sein de l'usine. Tout le monde se rend compte du temps passé. Aux origines, ils étaient là, jeunes et volontaires, la plupart parlent de ce qu'ils ont donné à l'usine, leur jeunesse, leur santé, leur temps. Aujourd'hui, ils font le bilan de ce qu'ils ont reçu. Une employée nous montre sa photo quand elle est entrée il y a vingt ans à l'usine. Aujourd'hui, elle a quarante ans et elle est presque vieille, d'après elle. Un autre employé souhaite partir en préretraite. Un autre arrive le matin au travail en traînant les pieds…

2. Ensuite, la prise de conscience du **style de direction** avec lequel ils étaient dirigés. Les employés à travers les groupes de parole ont pu comparer les styles des différents gérants de l'usine et ont mis l'accent sur ce qui constitue la crise actuelle en la nommant : *la crise de confiance*. Ce qu'ils demandent c'est le respect, la reconnaissance, l'estime, la prise en compte de leur besoins, de leurs vies, par la direction. Ils demandent qu'on les consulte, qu'on leur demande leur point de vue, qu'on n'empiète pas sur leurs sphères privées (temps de repos, congé, famille), qu'on n'utilise pas des moyens détournés pour les faire travailler (communication informelle, pressions).

3. En troisième lieu, la prise de conscience des **conditions du travail**, la plupart parlent de rythmes insupportables, de cadences difficiles dictées par les normes de la production. Le contact de matières dangereuses est souligné. « *Ils respirent poussière, ils mangent poussière* ». Les équipes ne sont pas équilibrées et suffisantes, tout repose sur les mêmes personnes. De même, un climat de suspicion vient intoxiquer le climat général de travail. « *Ceux qui ne travaillent pas gagnent plus que ceux qui travaillent* », « *les nouveaux gagnent plus que les anciens* » et alimente un sentiment d'injustice et de frustration.

Conclusion

Jusqu'au bout, les malentendus et les incompréhensions entre la direction de l'usine et les employés ont nourri cette tension extrême. Le directeur finit par quitter son poste. Deux logiques s'opposent : la logique de la production (normes, qualité, marché…) et la logique de la vie (sens, reconnaissance, respect…). Certains employés ne voulaient pas d'augmentations salariales, mais trouvaient insensée la suppression du poste de médecin de travail ou la discussion sur la prime du plastic ou la punition collective des ouvriers à l'occasion de vol de matériel. Face aux plaintes formulées par la direction : travail non fait selon les normes, baisse de production de 50%, travail mal fait, vol et destruction de matériel, intoxication du climat…), les employés continuent à envoyer des certificats de maladie, à s'absenter, à souffrir de toutes sortes de maladies, à vouloir partir et se sentir mal traité. Le temps de l'intervention a été l'occasion d'accueillir la parole des uns et des autres et de mettre l'accent sur ces deux logiques opposées, source d'incompréhensions et de tensions au sein de l'entreprise. Comment faire dans ce contexte, avec les « *illusions* » générées naturellement par le *travail de la révolution*, illusions concernant une humanisation du travail, une meilleure justice distributive, une meilleure reconnaissance, sans une revalorisation réelle du travail, autour d'un projet social générateur de sens pour tous les citoyens ?

Bibliographie

Kridis N., *Communication et systémique*, Tunis 1999.

Communication et entreprise, (codirection avec C. Lemoine), Paris 2003.

Vingt-quatre leçons en communication, (français-arabe), Tunis 2006.

Communication et Innovation (sous la direction), Paris 2008.

Psychologie du travail et développement des personnes et des organisations, (sous la direction), Lille 2008.

Penser la révolution, Tunis 2011.

L'imposture, 23 octobre 2011- 6 février 2013, Tunis 2014.

DOI: 10.12797/9788376386553.21

Djamel Zaaboub[*]
Khaled Haddadi[**]

Université Alger 3

VIOLENCE DANS LES STADES
La part des raisons juridiques

Abstract :

Plusieurs approches peuvent être développées pour expliquer le phénomène de la violence dans nos stades. Celles inhérentes au droit régissant le sport prennent une place importante. Les dépassements individuels n'expliquent pas à eux seules la violence dans les stades. Cette violence s'explique aussi par la triste réalité en ce que le droit n'assure plus convenablement la régulation adéquate des activités sportives. Là où le droit ne joue plus son rôle, l'anarchie s'installe et la loi du talion impose son diktat.

Mots-clés : Violence, Stades, lois, Sport, Précarité

1 – Introduction :

Cette recherche s'insère essentiellement sur les lois qui régissent l'organisation et le développement du système national de culture physique et sportive en Algérie. Depuis le premier code de l'éducation physique et sportive édité par l'ordonnance n° 76/81 du 23 octobre 1976[1] jusqu'à la loi n° 13/05 relative à l'organisation et au développement des activités physiques du 23 juillet 2013[2], aucun texte relatif à ces

---

[*]   Docteur à l'Université Alger 3, email adresse : Zaaboub_d@yahoo.fr.
[**]   Docteur à l'Université Alger 3.
[1]   Ordonnance n° 76-81 du 23 octobre 1976. Journal Officiel, n° 87.
[2]   Ministère de la jeunesse et du sport. Loi n° 13-05 du 31 juillet 2013 relative à l'organisation et au développement des activités physiques et sportives. Journal Officiel, n° 39, 31 juillet 2013.

lois n'a modifié ou complété le texte qui l'a précédé. Cette situation a généré une forme de précarité quant aux questions relatives au droit régissant le sport. La violence dans les stades prend des proportions graves, l'ambiguïté de la loi n° 13/05 ne désigne pas clairement la responsabilité des différentes instances lorsqu'il s'agit de la prévention de la violence dans les infrastructures sportives « dans les stades ».

2 – Un droit précaire :

Le droit sportif dans notre pays est un droit précaire. Sa précarité est le fruit de plusieurs facteurs. D'abord, ce droit a toujours été en constante et interminable transformation et ce pour qu'il puisse être à chaque fois au diapason avec les multiples mutations politico-financières traversées par le pays depuis l'accession à l'indépendance.

La loi actuellement en vigueur portant n°13/05 relative à l'organisation et au développement des activités physiques et sportives date du 23 juillet 2013. Cette loi est venue abroger les dispositions de la loi n° 04/10 du 14 aout 2004 relative à l'éducation physique et sportive et des sports[3]. A son tour, la loi n° 04/10 avait abrogé l'ordonnance n° 95/09 du 25 février 1995 relative à l'organisation et au développement du système national de culture physique et sportive[4]. L'ordonnance 95/09 est venue elle-même remplacer la loi n° 89/03 du 12 février 1989 portant le même intitulé[5]. Cette dernière avait abrogé le premier code de l'éducation physique et sportive édité par l'ordonnance n° 76/81 du 23 octobre 1976.

Aucun de ces textes n'est venu modifier ou compléter le texte qui lui a précédé. Au contraire, l'abrogation de ces textes précédents avait été prévue dans tous les textes qui leurs succédaient. Cette remise en cause incessante est source de précarité, car la loi est faite pour instaurer et régir des comportements qui ne valent que s'ils sont projetés dans le temps.

En outre la loi en vigueur est une loi surdimensionnée. Elle remplit la lourde tâche confiée sous d'autres cieux aux lois dites fondamentales du fait qu'elle représente le cadre juridique globale régissant le secteur d'activité légiféré. En conséquence, la loi n° 13/05 est contrainte de contenir un nombre d'articles dépassant de loin la moyenne des dispositions contenues dans les lois en vigueur. Pas moins de 253 articles sont repartis sur 15 titres contenant 23 chapitres ayant pour tâche selon l'article premier de définir les principes, les objectifs et les règles générales

---

[3]   Ministère de la jeunesse et du sport. Loi n° 04-10 du 18 août 2004 relative à l'éducation physique et au sport. Journal Officiel, n° 52, 18 août 2004, chapitre I.

[4]   Ordonnance n° 95-09 du 25 février 1995 relative à l'orientation, à l'organisation et au développement du système national de culture physique et sportive. Journal Officiel n° 31, 25 février 1995.

[5]   Ministère de la jeunesse et du sport. Loi n° 89-03 du 15 février 1989 relative à l'organisation et au développement des activités physiques et sportives. Journal Officiel, n° 7, chapitre I et II.

organisant et régissant le développement des activités physiques et sportives ainsi que les moyens de leur promotion.

Par ailleurs cette loi est extrêmement diffuse, elle compote des thèmes aussi variés que divers, partant de la définition de l'ensemble des activités physiques et sportives en passant par le volet des sportifs et l'encadrement sportif, le sujet des structures d'organisation et d'animation sportives les équipements et les infrastructures sportives, le problème des financements, et enfin la question épineuse de la prévention et la lutte contre la violence dans les infrastructures sportives. Plusieurs textes de loi pouvaient prendre lieu et place de la loi n° 13/05.

L'aspect surdimensionné de cette loi se traduit également par le nombre élevé des renvois à la réglementation. Pas moins de 42 cas de renvois sont recensés, ce qui représente un taux excessif de 17% des articles de cette loi qui ne peuvent pas recevoir application tant que les modalités de leur application ne sont pas encore fixées par les textes réglementaires auxquels il est fait renvoi. Pour éviter le vide juridique, l'article 252 a fixé un délai de douze mois à compter du 31 juillet 2013, date de publication de la loi, pour promulguer les textes réglementaires prévus. En attendant l'intervention des nouveaux textes réglementaires, l'article sus-indiqué prévoit de continuer provisoirement à appliquer les anciens textes d'application afférentes à la loi n° 04/10.

Le délai imparti étant résolu depuis le 1er août 2014, ces anciens textes d'application doivent cesser, par la force de la loi, de produire leurs effets sous l'empire de la loi actuellement en vigueur. Sauf continuer à appliquer illégalement les anciens textes réglementaires, les 17% des dispositions de la dite loi sont devenus immanquablement ineffectifs en raison de l'absence des textes d'application. Cette précarité influe incontestablement sur la valeur de la loi en question et entrave lourdement prévus concernent des dispositions-clés de la loi comme celles afférentes à la prévention et à la lutte contre la violence.

En effet, la loi en vigueur contient beaucoup d'articles importants qui intéressent la prévention et la lutte contre la violence dans les infrastructures sportives, mais qui sont malheureusement ineffectifs parce que les textes règlementaires contenants les modalités de leur application ne sont pas encore promulgués. A titre d'exemple :

L'article 200 consacre les obligations qui incombent aux institutions concernées par la prévention et la lutte de la violence, à savoir l'état, les collectivités locales, les fédérations, les ligues, club et associations sportives, les gestionnaires des infrastructures sportives et les organisateurs des manifestations sportives. Toutes ces institutions, chacune en son domaine de compétence, doivent selon cet article, faire « réunir les conditions et œuvrer à la sécurisation et au déroulement des manifestations scientifiques ; assurer ou participer à la formation des stadiers ». Un deuxième exemple d'article inféconds est celui de l'article 205 qui a créé une commission nationale exécutive de prévention et de lutte contre la violence dotées de comités de *wilaya*, tous chargés « d'étudier, de proposer et de veiller à la mise en œuvre de toutes les mesures concourant à la prévention et la lutte contre la violence dans les infrastructures sportives et d'œuvrer à la concertation intersectorielle dans ce domaine ». Les attributions de ces structures sont déterminantes pour réaliser la sécurité dans les stades. Malheureusement, ces structures n'ont pas encore vu le jour et ne le verront sans doute pas, tant que « leur composition, leur organisation et leur fonctionnement » ne sont pas encore fixés par voie réglementaire, comme il est stipulé par l'article 206/2.

3 – Une responsabilité disperse et confuse :

La loi n° 13/05 n'apporte aucune réponse précise à la question de savoir qui est responsable de la prévention de la violence dans les infrastructures sportives ? La lecture attentive de la loi sportive en vigueur fait apparaitre que cette prévention est du ressort de toutes les structures concernés par le sport. Effectivement, selon l'article 199, « l'état, les collectivités locales, les fédérations sportives nationales, les ligues et autres clubs sportifs, les personnels d'encadrement sportifs, les dirigeants sportifs, les sportifs ou tout organisateur de manifestations sportives public ou privé, ainsi que la famille et les medias » sont tous chargés « d'œuvrer activement à la prévention et assurent la lutte contre la violence dans les infrastructures sportives ». A ce titre toutes les institutions « sont tenues de mobiliser et de combiner les moyens susceptibles de favoriser la prévention et l'élimination de la violence dans les infrastructures sportives ».

A cette liste, il faut ajouter les structures non encore opérationnelles prévues par l'article 205 que sont la commission nationale exécutive de prévention et de lutte contre la violence ainsi que ses ramifications les comités de *wilaya*. Les comités de supporters sont eux aussi chargés de la prévention, puisque l'article 201 leur confie les taches de promouvoir le *fair play*, de propager et sauvegarder l'éthique sportive et tout spécialement de « participer à la détermination et la mise en œuvre de toutes les mesures susceptibles de prévenir et lutter contre la violence dans les infrastructures sportives ». Egalement, l'article 209 oblige les organisateurs de manifestations de mettre en place un service d'ordre chargé notamment « de prévenir l'inobservation des mesures d'ordre et les actes de désordre susceptibles de mettre en péril la sécurité du public et des biens et d'entraver le bon déroulement de la manifestation sportive ». Il ressort donc que la loi n°13/05 ne responsabilise pas une structure bien précise et titre exclusif de la prévention de la violence. Celle-ci relève de la compétence plurielle de tous les intervenants dans la sphère sportive. En réalité aucune politique nationale relative à la prévention de la violence n'a fait l'objet de texte juridique connu, quel que soit son caractère législatif ou règlementaire. A supposer que le texte existe, la politique nationale de prévention de la violence ne peut combattre l'insécurité dans les stades que si les institutions chargées de la prévention créées par la loi 13/05 seront installées, à leur tête la commission nationale exécutive et l'agence nationale antidopage. Sans un politique nationale de prévention, la sensibilisation de la famille des établissements d'enseignement et de

formation, aussi bien que les institutions relevant du secteur des affaires religieuse
serait une tache sans repères et ardue.

4 – Lutte inefficace contre la violence :

17 articles sont consacrés aux dispositions pénales contenues dans le quatorzième
titre de la loi n° 13/05. Dix-neuf infractions au total sont réprimées, soit par des
peines de prison allant de deux mois à dix ans ,soit par des peines pécuniaires allant
d'une amande de dix mille dinars à un million de dinars, soit par les deux types de
sanctions à la fois. Evidemment, ces dispositions pénales n'excluent pas l'application des dispositions du code pénal en matière d'infractions autres que celles réprimées par la loi n° 13/05. La répression pénale telle qu'elle est instituée par la loi n°
13/05 est infructueuse et ne peut mettre fin à la violence dans les infrastructures
sportives, et ce, pour énormément de raisons parmi lesquelles à citer :
    a. Il n'existe pas de police spécialisée habilitée à rechercher et constater les
infractions commises. C'est toujours la police judiciaire de la sureté nationale
qui accomplit toutes les taches exigées par les enquêtes préliminaires nécessaires
pour la poursuite de toute personne physique ou morale qui enfreint les dispositions légales. Il faut une police judiciaire spécialisée pour les infractions sportives,
comme il est souhaitable d'avoir une section pénale spécialisée pour réprimer ce
type d'infractions.
    b. Les investigations ne peuvent pas être efficaces quand les moyens sont rudi-
mentaires et parfois inexistants. Les infrastructures sportives ne sont pas toutes
équipées de système de surveillance, tel que les caméras vidéo et scanners et autres
moyens de détection et de surveillance. A défaut d'enregistrements vidéos, l'identification des auteurs des infractions et presque impossible, alors que la loi n° 13/05
consacre l'utilisation de ces enregistrements au même titre que les feuilles de
match rédigées par les arbitres et rapports des délégués officiels des manifestations
sportives dans l'identification des auteurs des infractions. Il est temps de rendre
obligatoire l'équipement des stades en moyens de surveillance vidéo. Sans cela, la
lutte contre la violence dans les infrastructures sportives serait une tâche difficile
et presque impossible.
    c. L'article 248 permet d'appliquer à l'encontre des auteurs de certaines infrac-
tions l'interdiction d'accès eux infrastructures sportives pour une période n'excè-
dent pas cinq ans. Celui qui viole cette interdiction encourt une peine d'emprisonnement de trois à six mois selon l'article 249, alors que selon l'article 13 du code
pénal, l'interdit de séjour qui contrevient ou se soustrait à une mesure d'interdiction de séjour est puni d'un emprisonnement de trois mois à trois ans.
    La loi n° 13/05 serait-elle plus clémente au détriment du principe de l'égalité
devant la loi. Pour que cette peine accessoire puisse produire les effets escomptés
en matière de lutte contre la violence, la loi n° 13/05 a institué un fichier national
des personnes interdites d'accès aux infrastructures sportives. Ce fichier est encore

inexistant parce que l'alinéa 3 de l'article 207 prévoit que « les modalités d'établissement et de mise à jour de ce fichier sont fixées par voie réglementaire ». Si toutes les raisons juridiques explicitées ont permis indirectement à la violence de devenir un fléau endommageant les infrastructures sportives et lésant notre réputation internationale, il serait vain de croire que l' élimination de ces facteurs juridiques mettrait définitivement fin à la violence dans les infrastructures sportives. Loin de vouloir le justifier, ce fléau est un phénomène social. Il exprime une mal-vie et un rejet d'une répartition injuste du bien-être social. Le sport fait partie de la société, il ne peut se porter bien que si la société elle-même l'est aussi.

5 – Conclusion

Parmi les approches pour expliquer la violence dans les stades celles inhérentes au droit prennent une place importante.

Le droit sportif en Algérie est un droit précaire car toutes les lois qui existaient ont toutes été abrogées. Aucun texte n'est venu modifier ou compléter le texte qui l'a précédé, car la loi est faite pour instaurer et régir des comportements qui ne valent que s'ils sont projetés dans le temps.

La loi en vigueur ne responsabilise pas une structure bien précise et à titre exclusif, de la prévention de la violence, elle relève de la compétence plurielle de tous les intervenants de la sphère sportive.

De même que cette loi se traduit par le nombre élève des renvois à la réglementation, des articles qui ne peuvent recevoir application tant que les modalités de leur application ne sont pas encore fixées par les textes réglementaires auquel il est fait renvoi.

Les moyens appliqués sont rudimentaires ou inexistantes et sans ces moyens la lutte contre la violence dans les infrastructures sportives serait une tâche rude et généralement impraticable.

Bibliographie

Ministère de la jeunesse et du sport. Loi n° 04-10 du 18 août 2004 relative à l'éducation physique et au sport. Journal Officiel, n° 52, 18 août 2004, chapitre I.

Ministère de la jeunesse et du sport. Loi n° 13-05 du 31 juillet 2013 relative à l'organisation et au développement des activités physiques et sportives. Journal Officiel, n° 39, 31 juillet 2013.

Ministère de la jeunesse et du sport. Loi n° 89-03 du 15 février 1989 relative à l'organisation et au développement des activités physiques et sportives. Journal Officiel, n° 7, chapitre I et II.

Ordonnance n° 76-81 du 23 octobre 1976. Journal Officiel, n° 87.

Ordonnance n° 95-09 du 25 février 1995 relative à l'orientation, à l'organisation et au développement du système national de culture physique et sportive. Journal Officiel n° 31, 25 février 1995.

DOI: 10.12797.9788376386553.22

Alya El-Gueyed Kridis*

Université de Carthage

Bernard Gangloff**

Université de Rouen

VALEURS CULTURELLES ET STYLES ORGANISATIONNELS CHEZ LES MANAGERS DES MULTINATIONALES IMPLANTÉES EN TUNISIE PENDANT LA PÉRIODE DE LA RÉVOLUTION

Abstract :

Cette recherche a pour objectif d'étudier les effets des dynamiques interactionnelles entre systèmes de valeurs individuelles et organisationnelles sur le fonctionnement des organisations multinationales, dans un contexte de révolution.

Il s'agit d'identifier les valeurs culturelles des managers opérant dans des filiales de multinationales implantées en Tunisie et leur congruence avec les styles organisationnels.

Notre intérêt porte particulièrement sur les dimensions liées à la culture et au climat organisationnels.

Les résultats mettent en exergue un style organisationnel intégrateur reflétant une congruence entre les valeurs des managers et les valeurs de l'organisation.

Mots-clés : culture, valeurs, styles organisationnels, multinationale, manager

---

*   Assistante de psychologie, Université de Carthage, email adresse : alya_kridis@yahoo.fr.

**   Professeur de psychologie, Université de Rouen, email adresse : bernard.gangloff@univ-rouen.fr.

I – Introduction et enjeux de la recherche

L'intégration de l'économie Tunisienne dans l'économie mondiale par le biais des Investissements directs etrangers (IDE), entraîne de nouveaux projets et de nouvelles perspectives d'expansion économique pour la Tunisie. Or la conjoncture de la révolution du 14 Janvier 2011 a bouleversé le paysage politique, économique et social de la Tunisie[1].

Pour résister à cette crise et demeurer compétitive, des conditions et un environnement favorables sont nécessaires.

En effet, la collaboration dans un contexte international pose la question de la gestion de la diversité culturelle et suppose l'insertion de cette diversité dans un cadre cohérent et structuré qui permette la convergence des actions en vue d'atteindre les objectifs concurrentiels escomptés[2].

A ce niveau, l'objectif de cette étude est de faire l'état de la réalité et des conditions de travail dans les filiales de multinationales implantées en Tunisie telles que vécues par les managers pendant la période post-révolution. Dans un contexte économique et culturel marqué par des inconstances identitaires et des contingences sur le plan politique, économique et social dont il faut tenir compte, il est question pour nous de contribuer au développement des connaissances de l'environnement organisationnel dans un contexte interculturel, prenant en compte les variables culturelles et organisationnelles qui affectent la gestion des organisations, pour mieux comprendre et améliorer les relations entre l'acteur et l'environnement de son travail.

II – Problématique et hypothèses

Cette recherche s'inscrit dans le cadre des études menées sur l'analyse dynamique des environnements internationaux et des caractéristiques du management interculturel à travers l'examen des styles et des modes d'organisation. Il s'agit d'identifier les valeurs individuelles chez des managers tunisiens des entreprises multina-

---

[1]   Baisse de la production industrielle.
-    Soulèvements et sit-in des ouvriers qui sont entre autres à l'origine de la fermeture des entreprises et la régression des investissements étrangers (baisse de 65,6% des IDE soit de 1080.5 MTND lors des six premiers mois de 2013 à 371.8 MTND durant les six premiers mois de 2014). FIPA.
-    Le départ des investisseurs étrangers qui a contribué à l'augmentation du taux de chômage et de perte d'emploi (l'emploi total crée par les IDE en 2013 a baissé de 5.3% par rapport à 2012 et de 10.4% par rapport à 2011).
-    Dans le secteur des énergies et particulièrement celui du pétrole, l'activité affiche une diminution considérable depuis 2011 pour s'arrêter au cours de 2014, les permis de recherche ne sont plus attribués, situation que le pays n'a jamais connue depuis l'indépendance.
[2]   O. Meier, *Management interculturel*, Paris 2004.

tionales, d'en vérifier leur cohérence avec le profil organisationnel afin d'examiner leurs effets sur le climat. Notre démarche s'appuie sur des variables environnementales, organisationnelles et interactionnelles. Ainsi, nous orientons notre intérêt sur les dimensions suivantes :

• la culture nationale et les valeurs de travail afin d'analyser l'effet de la mixité culturelle sur les valeurs des managers tunisiens opérant dans des filiales de multinationales (valeurs individuelles).

• La culture organisationnelle afin de déterminer les styles organisationnels prédominants dans ces entreprises (valeurs organisationnelles).

• Le climat organisationnel pour analyser le degré de congruence entre les valeurs individuelles et les valeurs organisationnelles.

Il apparait à partir de la revue de la littérature du management international qu'il existe des pratiques de gestion « saines » et universelles, applicables dans tous les contextes indépendamment des particularités culturelles. Or, la réalité des environnements de travail interculturels (transferts des technologies, coexistence de deux systèmes de valeurs différents) exige la reconsidération de ces pratiques organisationnelles. A ce niveau, dans l'organisation considérée comme un système ouvert en interaction réciproque et continue avec l'environnement culturel, économique et social[3], la prise en compte du contexte culturel s'avère d'un intérêt capital dans la compréhension de son mode de fonctionnement. De même, les valeurs culturelles si stables soient-elles dans le temps[4], certains facteurs sont susceptibles d'opérer des changements dans ses valeurs, tels que de « nouvelles conditions écologiques », technologiques, économiques, hygiéniques[5].

Par ailleurs, la littérature relative à la psychologie du travail a montré le rôle central des valeurs dans le conditionnement et l'orientation des comportements des individus vers la performance la réalisation des objectifs. Si nous partons de l'idée que les valeurs de travail changent en fonction des contextes, de la culture et

---

[3] T. Burns, G.M. Stalker, *The Management of Innovation*, London 1961 ; Ph. d'Iiribarne, *La logique de l'honneur. Gestion des entreprises et traditions nationales*, Paris 1989 ; *Culture et mondialisation. Gérer par-delà les frontières*, éd. idem, Paris 1998 ; P.R Lawrence, J.W. Lorsch, *Organization and environment*, Cambridge 1967, trad. française : *Adapter les structures de l'entreprise*, Paris (1973, 1989) ; G. Hofstede, *Culture's Consequences. International Differences in work-related values*, Beverly Hills 1980 ; idem, *Culture and Organization*, Glasgow 1991 ; idem, « Cultural constraints in management theories », *The Executive: An Academy of Management Publication* Vol. 7, n° 1, 1993, pp. 81-94, [en ligne] http://dx.doi.org/10.5465/AME.1993.9409142061 ; idem, *Vivre dans un monde multiculturel*, Paris 1994; idem, *Culture's Consequences: Comparing Values, Behaviors, Institutions and Organizations Across Nations*, Thousand Oaks 2001 ; G. Hofstede, M. Minkov, *Cultures et Organisations. Nos progrmmations mentales*, Paris 2010 ; F. Trompenaars, *L'entreprise multiculturelle*, Paris 1993.

[4] D. Bollinger, G. Hofstede, *Les différences culturelles dans le management. Comment chaque pays gère-t-il ses hommes ?*, Paris 1987 ; C. Camilleri, M. Cohen-Emerique, *Choc de cultures*, Paris 1989 ; G. Vinsonnea, *Culture et comportement*, Paris 1987.

[5] D. Bollinger, G. Hofstede, *op. cit.*

des expériences individuelles[6], il devient important pour nous d'étudier les valeurs de travail chez des managers opérant dans un contexte comme celui des entreprises multinationales et de voir quelles sont les valeurs qu'ils cherchent à réaliser. Il serait également intéressant de comprendre dans quelle mesure ces valeurs se matérialisent-elles au niveau organisationnel et leur permettent de se réaliser dans leur milieu de travail. Autrement dit, les attentes des dirigeants par rapport à leur travail sont-elles congruentes avec les valeurs de l'entreprise dans laquelle ils travaillent ? Un des buts de cette recherche est de vérifier l'existence d'une telle congruence entre les valeurs de travail et les valeurs de l'entreprise. La congruence est conçue dans cette étude comme l'état psychologique qui résulte d'une adaptation réciproque avec les caractéristiques organisationnelles et qui explique la relation entre les styles organisationnels et les comportements des acteurs. Dans les recherches en sciences humaines, la congruence permet généralement de prédire des comportements individuels ou des résultats organisationnels[7].

Dans cette perspective, l'étude du climat nous parait intéressante pour appréhender la congruence entre les valeurs individuelles et organisationnelles qui vont se concrétiser au travers des styles d'organisation et qui sont probablement spécifiques à ce type d'entreprises. En référence au modèle théorique de Quinn et Rohrbaugh (1983)[8], nous pensons que le climat en tant que résultat de plusieurs facteurs tels que les normes et les valeurs sera le reflet de la congruence entre les valeurs individuelles et les valeurs organisationnelles[9]. Dans la mesure où le climat réfère « aux perceptions qu'ont les individus de leur emploi ou de leurs rôles en relation avec les autres et les rôles tenus par les autres dans l'organisation »[10], il constitue un indicateur efficace du vécu organisationnel des managers.

---

[6]   C. Lévy-Leboyer, J.C. Sperandio, *Traité de Psychologie du Travail*, Paris 1987.

[7]   J.E. McGrath, « Stress and behaviour in organizational », [in:] *Hand Book of industrial and organizational psychology*, M. Dunnette (ed.), Chicago 1976, pp. 1351-1395 ; J. R. P., Jr. French, R.D. Caplan. *The mechanism of job stress and strain*, London 1982 ; B.H. Kemelgor, « Job Satisfaction as mediated by the Value Congruity of Supervisors and their Subordinates », *Journal of Occupational Behavior* Vol. 2, n° 4, 1982, pp. 147-160 ; B.Z. Posner, J.M. Kouzes, W.H. Schmidt, « Shared values make a difference. An empirical test of corporate culture », *Human Resource Management Review* Vol. 24, 1985, n° 4, pp. 293-309, [en ligne] http://dx.doi.org/10.1002/hrm.3930240305 ; B.M. Meglino, E.C. Ravlin, C.L. Adkins, « A work value approach to corporate culture. A field test of the value congruence process and its relationship to individual outcomes », *Journal of Applied Psychology* Vol. 74, n° 5, 1989, pp. 424-434, [en ligne] http://dx.doi.org/10.1037/0021-9010.74.3.424 ; iidem, « Value congruence and satisfaction of a leader. An examination of the role of interaction », *Human Relations* Vol. 44, 1991, pp. 481-495.

[8]   R.E. Quinn, J. Rohrbaugh, « A spatial model of effectiveness criteria. Toward a competing value approach to organisational analysis », *Management Science* Vol. 29, 1983, n° 3, pp. 363-377.

[9]   D. Katz, R. Kahn, *The social psychology of organizations*, New York 1966 (2ᵉ éd. 1978).

[10] Cité dans A.R. Thomas, « The organizational climate of schools », *The journal of educational administration* Vol. 22, n° 4, 1976, p. 222.

Ainsi, le but de cette recherche est de montrer qu'il existe **une nouvelle configuration culturelle, hybride** et spécifique aux entreprises multinationales qui reflète **une congruence** entre les valeurs individuelles et organisationnelles.

III – Cadre théorique

III.1 – Le modèle culturaliste de Hofstede (G. Hofstede 1987[11], G. Hofstede, B. Neuijen, D. Ohayv & G. Sanders 1990)[12]

Les chercheurs qui se sont intéressés à l'étude des entreprises multiculturelles admettent que la différence culturelle joue un rôle important dans la détermination des pratiques organisationnelles[13]. Les travaux menés par G. Hofstede entre la fin des années 1960 et les années 1980 portant sur les valeurs personnelles liées à la situation de travail ont montré l'impact de la culture nationale sur la structure organisationnelle et les styles de management et ont également révélé des différences systématiques entre les nations.

Dans le modèle de Hofstede les valeurs culturelles portent sur des problématiques anthropologiques que les différentes sociétés traitent différemment et qui sont les dimensions principales de la culture nationale à savoir :

La distance hiérarchique (PDI) est la mesure dans laquelle les membres les moins puissants des organisations acceptent que le pouvoir soit inégalement réparti. Dans le milieu organisationnel une faible (PDI) est synonyme d'inégalité à des fins pratiques, une forte (PDI) reflète une inégalité « existentielle » entre les dirigeants et leurs subordonnés.

Le contrôle de l'incertitude (UAI) réfère à la manière dont les individus abordent le risque, l'imprévisible. Les cultures marquées par un fort (UAI) tentent d'éviter ces situations par le recours à des règles strictes. A l'opposé, les cultures qui ont un faible (UAI) sont plus tolérantes et essaient d'avoir le moins de règles possible.

Individualisme par rapport à son contraire **Collectivisme** (IND), est le degré auquel les individus sont intégrés dans des groupes. Le collectivisme au niveau des organisations se manifeste par la priorité des relations personnelles et par la loyauté et le sens du devoir, alors que l'individualisme marque la distinction nette entre relations professionnelles et relations personnelles et la valorisation de l'initiative et de l'intérêt personnel.

---

[11]　G. Hofstede, « Relativité culturelle des pratiques et théories de l'organisation », *Revue Française de gestion* 1987, n° 6, pp. 10-21.

[12]　G. Hofstede et al., « Measuring organizational cultures. A Qualitative and Quantitative Study Across Twenty Cases », *Administrative Science Quarterly* 1990, n° 35, pp. 286-316.

[13]　F. Trompenaars, *op. cit.* ; Ph. d'Iribarne, *La logique de l'honneur...* ; D. Bollinger, G. Hofstede. *op. cit.*

Masculinité par rapport à son opposé **Féminité** (MAS), fait référence à la répartition des rôles affectifs qui existent entre les sexes. Le pôle autoritaire est appelé masculin, il souligne une tendance à l'affirmation de soi, goût du pouvoir, valorisation du travail, la réussite et l'indépendance. La féminité, au contraire marque une orientation sur les personnes, une importance accordée à la qualité de vie dans le travail, à l'intuition et à l'émotion.

La dimension **Orientation à long terme vs Orientation à court terme** (LTO). Les sociétés orientées à « long terme » favorisent les vertus pragmatiques orientées vers les récompenses futures, à la persistance et l'adaptation aux circonstances changeantes. À l'opposé, les sociétés orientées à court terme favorisent les vertus liées au passé et au présent, comme la fierté nationale, le respect de la tradition et l'acquittement de leurs obligations sociales.

Indulgence vs sévérité (IVR) est une dimension qui est caractéristique d'une société qui permet une certaine liberté de satisfaire certains sentiments et désirs, en particulier ceux liés aux loisirs, aux plaisirs de la vie. A l'opposé, la sévérité caractérise une société qui contrôle l'accomplissement des désirs de ses membres et où les gens se sentent moins en mesure de profiter de la vie.

Monumentalisme vs Flexhumilité (MON) caractérise une société qui récompense ceux qui sont, au sens métaphorique du terme, considérés comme monuments, impénétrables : une tendance à l'autovalorisation, à la fierté. Les personnes « monumentales » se caractérisent par une forte religiosité et une grande fierté de leur appartenance nationale et tendent à faire honneur à leurs parents. A l'opposé fléxhumilté est typique d'une société où l'humilité, la flexibilité et l'adaptabilité aux circonstances sont récompensées.

Le modèle de Hofstede a l'intérêt de présenter une typologie universelle de la culture. Les dimensions de la culture soulignent la relativité culturelle et permettent de comparer différentes cultures nationales.

III.2 – Les valeurs de travail

Les valeurs de travail font référence à l'importance du travail dans la vie d'une personne, à ce qu'elle considère comme essentiel dans le travail, et apparaissent comme une manière qui contribue à l'affirmation de l'identité psychosociale de l'individu[14]. Elles varient en fonction de la culture, de l'environnement, des situations, de la technologie utilisée et des expériences vécues par l'individu[15]. Ainsi, les valeurs sont-elles conçues non plus comme des caractéristiques immuables de la personnalité mais comme des variables évolutives en fonctions des contextes rencontrés par la personne. A travers son modèle des valeurs, Spony

---

[14]   *Life roles, values and careers: International findings of the work importance study*, D. Super, B. Sverko (éd.), San Francisco 1995.

[15]   C. Lévy-Leboyer, J.C. Sperandio, *op. cit.*

(2003)[16] a pu montrer que la dimension culturelle a souvent un plus grand impact sur le système des valeurs des cadres que les valeurs individuelles. Certains facteurs tels que le niveau d'étude, l'âge, le genre et l'environnement peuvent avoir un effet sur la hiérarchie et la préférence des valeurs.

- **Le modèle des valeurs de travail de J. Perron (1986)**

Le modèle théorique de Perron met en évidence le caractère cognitif des valeurs qui se traduit par une transformation des représentations en attentes et besoins individuels. Lorsqu'un individu parle de ses valeurs, il exprime ses besoins, ses représentations, ce qui est désirable dans le travail. En se basant sur les travaux de Super (1970, 1973)[17], Perron et Dupont (1974)[18] ont tenté de réunir en des ensembles cohérents les valeurs auxquelles les gens accordent le plus d'importance dans le travail. Les éléments les plus dominants considérés comme des valeurs de travail se comptent en cinq : **le statut** souligne la reconnaissance, la réussite sociale et le pouvoir, l'occupation d'un poste élevé, du fait d'être influent et d'avoir un salaire élevé **la réalisation** est liée à la créativité, à l'innovation, à l'affirmation de soi et au fait de mettre au profit l'organisation de ses ressources personnelles ; **le climat** est relatif à l'atmosphère du travail, à l'acceptation et à la compréhension par les collègues et le supérieur hiérarchique ; **le risque** signe les défis à relever, la persévérance dans le travail, les imprévus, et les situation de compétition et **la liberté** est liée aux aspects concernant l'autonomie et l'indépendance au travail, à l'autodétermination et la liberté individuelle et au fait d'avoir une certaine marge de manœuvre dans le travail. Ces cinq valeurs constituent les cinq dimensions du questionnaire des valeurs de travail (QVT) élaboré par Perron.

III.3 – Culture et climat organisationnels

Les chercheurs qui se sont intéressés à l'étude de la culture d'organisation admettent que la culture organisationnelle renvoie à un système de valeurs, de croyances et de normes partagées par les membres, transmis aux nouveaux et dont l'effet principal réside dans l'atteinte des objectifs et dans la manière de traiter divers problèmes organisationnels[19]. Elle est de ce fait, un moyen de faire converger

---

[16] G. Spony, « The development of a Work-Value Model Assessing Cumulative Impact of Individual and Cultural Differences on Manager's Work-Value Systems. Empirical Evidence from French and British Managers », *International Journal of Human Resource Management* Vol. 4, 2003, n° 14, pp. 658-678.

[17] D.E. Super, *Work Values Inventor*, Boston 1970 ; D.E. Super, « The Work Values Inventory », *Contemporary Approaches to Interest Measurement*, D.G. Zytowski (éd.), Minneapolis 1973.

[18] J. Perron, R.M. Dupont, *Questionnaire des valeurs de travail. Manuel technique.* Document inédit, Université de Montréal 1974, pp. 189-205.

[19] E. Jacques, *The Changing Culture of a Factory*, London 1951, trad. fr.: *Intervention et changement dans l'entreprise*, Paris 1972 ; T.E. Deal, A.A. Kennedy, *Corporate cultures.*

des individus dans la même direction, en leur permettant de lutter efficacement contre l' ambiguïté de l'environnement.

Le climat organisationnel quant à lui, renvoie aux perceptions partagées, aux sentiments et aux attitudes des membres de l'organisation envers les caractéristiques fondamentales de l'organisation qui reflètent les normes établies et les valeurs de la culture de l'organisation[20]. Le climat est une caractéristique de l'organisation qui permet de décrire la relation entre les acteurs et leur organisation, telle qu'elle est mesurée par la perception de la majorité des acteurs quant à la façon dont ils sont gérés[21]. Gadbois (1974)[22] souligne l'aspect perceptif et subjectif du climat et son influence sur le comportement individuel et le rendement de l'organisation. En général, les recherches sur le climat organisationnel sont associées à d'autres objectifs d'une organisation en mesurant son impact. Comme par exemple, Anderson et West (1996, 1998)[23] qui ont étudié le climat afin de mieux comprendre ses relations avec les groupes d'innovation. En effet, le climat organisationnel s'avère un indicateur de la satisfaction au travail, de la motivation de l'engagement envers l'organisation, de la performance des individus, des équipes et de l'organisation, de la qualité des services et de l'innovation[24].

The rites and rituals of corporate life, Reading 1982 ; G. Hofstede, *Cultural constraints in management theories…* ; E.H. Schein, *Organizational Culture and Leadership*, San Francisco 1985 ; *Gaining control of the corporate culture*, R.H. Kilmann, M.J. Saxton, R. Serpa (éd.), San Francisco 1985 ; N. Lemaitre, « La culture d'entreprise, facteur de performance », *Gestion* 1985, n°1, pp. 19-25 ; S.M. Davis, *Managing Corporate Culture*, Cambridge 1984; M. Thévenet, *La culture d'entreprise*, Paris 1993.

[20]   C.E. Deer, « Measuring organizational climate in secondary schools », *The Australian Journal of Education* Vol. 24, n° 1, 1980, pp. 26-43, [en ligne] http://dx.doi.org/10.1177/000494418002400103 ; E.T. Moran, J.F. Volkwein, « The cultural approach to the formation of organizational climate », *Human Relations* Vol. 45, 1992, n° 1, pp. 19-47, [en ligne] http://dx.doi.org/10.1177/001872679204500102.

[21]   F. Roy, *Le climat de travail, conceptualisation et mesure*. Mémoire de maîtrise inédit. Département de psychologie, Université de Montréal 1989.

[22]   C. Gadbois, « L'analyse psychologique des organisations, le climat et ses dimensions », *Année psychologique* 1974, n° 74, pp. 264-294, [en ligne] http://dx.doi.org/10.3406/psy.1974.28039.

[23]   N.R. Anderson, M.A. West, « The Team Climate Inventory: 'The development of the TCI and its applications in teambuilding for innovativeness' », *European Journal of Work and Organizational Psychology* 1996, n° 5, pp. 53-66, [en ligne] http://dx.doi.org/10.1080/13594329608414840 ; « Measuring climate for work group innovation: development and validation of the team climate inventory », *Journal of Organizational Behavior* Vol. 19, n° 3, 1998, pp. 235-258 [version 1], [en ligne] http://dx.doi.org/10.1002/(SICI)1099-1379(199805)19:3<235::AID-JOB837>3.0.CO;2-C.

[24]   C.P. Parker et al., « Relationships between psychological climate perceptions and work outcomes. A meta-analytic review », *Journal of organizational behaviour* 2003, Vol. 24, pp. 289-409, [en ligne] http://dx.doi.org/10.1002/job.198.

– **Le modèle des valeurs concurrentes de Quinn et Rohrbaugh (1983)**[25]

Le modèle des valeurs concurrentes (Compétitive Values Framework) est une synthèse de plusieurs études[26] tournant autour de deux variables :

- les exigences de l'environnement externe en matière de flexibilité ou de stabilité
- l'orientation stratégique interne ou externe de l'entreprise.

Quinn et Rohrbaugh (1983)[27], ont évalué des critères liés à l'organisation parmi un ensemble de 39 indices de performance tiré de l'étude exhaustive de Campbell (1977)[28]. Les résultats de l'analyse multidimensionnelle indiquent la présence de deux dimensions essentielles liées à des valeurs et reposant sur deux axes :

- L'axe horizontal reflète l'intérêt organisationnel : il distingue les organisations à orientation interne et qui s'intéressent au développement de leurs membres (bien être, cohésion…), des organisations à orientation externe qui se concentrent sur le développement de l'organisation elle-même (ouverture sur l'environnement, compétitivité…)
- L'axe vertical renvoie à la structure organisationnelle qui distingue les organisations qui visent la stabilité et le contrôle, des organisations qui optent pour la flexibilité et le changement.

L'axe des contrôles reflète les tensions entre stabilité et changement et l'axe horizontal renvoie aux tensions entre l'organisation interne (procédures, communication interne) et l'environnement externe (centration sur les produits, les marchés). Le haut de l'axe (faible contrôle) est centré sur la flexibilité et la spontanéité adoptant comme valeurs la participation et l'initiative personnelle, le bas de l'axe (fort contrôle) met l'accent sur la stabilité, le contrôle et l'ordre représentant des valeurs comme l'autorité marquée, contrôle et coopération. L'extrémité de l'axe horizontal (orientation interne) met l'accent sur l'harmonie interne, l'intégration et un environnement de travail stable, alors que l'autre extrémité (orientation externe) repose sur l'adaptation, la compétition et l'interaction de l'organisation avec l'environnement. Cette dimension correspond dans la théorie des organisations de

---

[25] R.E. Quinn, P. Rohrbaugh, « A spatial model of effectiveness criteria… ».

[26] D.N. Den Hartog, J.J. Van Muijen, P.L. Koopman, « Linking Transformational Leadership and Organizational Culture », *The Journal of leadership Studies* Vol. 3, 1996, n° 4, pp. 68-83, [en ligne] http://dx.doi.org/10.1177/107179199600300407 ; D. Denison, A. Mishra, « Toward a theory of organizational culture and effectiveness », *Organisation Science* Vol. 6, 1995, n° 2, pp. 204-223, [en ligne] http://dx.doi.org/10.1287/orse.6.2.204 ; R. Hooijberg, F. Petrock, « On cultural change. Using the competing values framework to help leaders execute a transformational strategy », *Human Resource Management* Vol. 32, 1993, n° 1, pp. 29-50, http://dx.doi.org/10.1002/hrm.3930320103 ; P. McDonald, J. Gandz. « Getting value from shared values », *Organizational Dynamics* Vol. 21., 1992, n° 3, pp. 64-76, [en ligne] http://dx.doi.org/10.1016/0090-2616(92)90025-I ; J.P. Campbell, « On the nature of organizational effectiveness », [in:] P.S. Goodman, J.M. Pennings (éd.), *New Perspectives on Organizational Effectiveness*, San Francisco 1977.

[27] R.E. Quinn, P. Rohrbaugh, « A spatial model of effectiveness criteria… ».

[28] J.P. Campbell, « On the nature of organizational effectiveness… ».

Lawrence & Lorsch (1967)[29], au fait qu'à des environnements différents devraient correspondre des structures d'organisation différentes et que les entreprises les plus performantes étaient celles qui avaient instauré un équilibre entre différenciation et intégration, entre adaptation externe et intégration interne.

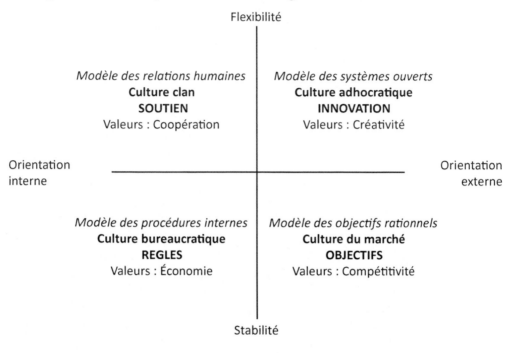

Figure 1 : Modèle des valeurs concurrentes – Quinn et Rohrbaugh (1983)[30]

Parce que les valeurs sont le fondement de toute culture, Cameron et Quinn (1998, 1999, 2006)[31] voient dans chaque cadran de ce modèle un type de culture correspondant à des valeurs organisationnelles. Ainsi, les valeurs du modèle des relations humaines correspondent à la culture clan (Soutien). De même, le modèle des systèmes ouverts correspond à une culture adhocratique (Innovation). Le modèle des procédures internes coïncide avec une culture bureaucratique (Règles) et la culture du marché (Objectifs) partage les mêmes valeurs que le modèle des objectifs rationnels. Le modèle des valeurs concurrente présente l'avantage de définir le style dominant de leadership, déterminer l'orientation stratégique de l'entreprise et de détecter les critères qui contribuent à l'efficacité organisationnelle.

---

[29]   P.R. Lawrence, J.W. Lorsch, *Organization and environment*, Cambridge 1967, trad. française : *Adapter les structures de l'entreprise*, Paris 1973, 1989.

[30]   R.E. Quinn, P. Rohrbaugh, « A spatial model of effectiveness criteria… ».

[31]   K.S. Cameron, R.E. Quinn, *Diagnosing and changing organizational culture*, New York 1998; iidem, *Diagnosing and changing organizational culture. Based on the competing values framework*, Reading 1999 ; iidem, *Diagnosing and changing organizational culture. Based on the Competing Values Framework* (éd. revue), San Francisco 2006.

III.4 – Méthodologie

Afin de recueillir des données approfondies, nous avons opté pour une méthodologie quantitative par questionnaire en ligne.

– **Instruments de mesure**

Le questionnaire se compose de quatre parties dont celle liée aux renseignements sociodémographiques, il comprend en tout 143 questions (127+16) dont la description ci-dessous :

• **Le questionnaire des valeurs culturelles (Value Survey Module – VSM 08)** de G. Hofstede et al. Ce questionnaire permet de dégager les spécificités culturelles nationales et se compose de 28 items qui se répartissent sur sept dimensions chacune comportant 4 énoncés (7x4=28) comme suit : Distance hiérarchique (grande vs faible) ; Individualisme vs Collectivisme ; Masculinité vs Féminité ; Contrôle de l'incertitude (fort vs faible) ; Orientation à long terme vs Orientation à court terme ; Indulgence vs Sévérité ; Monumentalisme vs Fléxhumilité.

• **Le questionnaire des valeurs de travail (QVT)** de J. Perron dans sa forme abrégée adaptée par C. Lemoine (1994) et réduit à 24 items, destiné à mesurer les valeurs privilégiées de travail à travers l'évaluation de l'importance accordée à différentes caractéristiques spécifiques du travail. Les 24 énoncés et se répartissent comme suit : **Statut** (5 énoncés) ; **Réalisation** (6 énoncés) ; **Climat** (5 énoncés) ; **Risque** (4 énoncés) : ce sont les aspects qui concernent les difficultés et les imprévus que l'on peut rencontrer dans le travail, aux situations compétitives ou dangereuses ; **Liberté** (4 énoncés). Les sujets répondent à l'aide d'une échelle de type Likert en six points de réponses qui va de 1 : presque pas d'importance à 6 : très grande importance.

• **Le questionnaire Focus-93 (First Organizational Climate / Culture Unified Search)** est un questionnaire élaboré à partir du modèle des valeurs concurrentes de Quinn (1988)[32] par un groupe international de chercheurs afin de déterminer le style dominant dans les organisations à savoir le climat et la culture organisationnels.

Le questionnaire Focus-93 comprend 75 questions divisées en deux sous-ensembles : le premier comprend 40 questions et contient des variables descriptives, il a pour objectif de décrire le les modèles comportementaux : climat (D), le second composé de 35 questions et contient des variables évaluatives, a pour objectif de ressortir les valeurs culturelles de l'entreprise (V). Les items sont répartis suivant quatre cadrans exprimant les différents : Soutien ; Innovation ; Objectifs ; Règles. Les répondants sont sollicités à répondre aux questions selon une échelle de type Likert à six points de réponses.

---

[32] R.E. Quinn, *Beyond Rational Management: Mastering the Paradoxes and Competing Demands of High Performance*, San Francisco, 1988.

– **Échantillon**

Il s'agit d'une population composée de 270 managers (121 dirigeants, 120 encadrement et 29 ingénieurs) qui ont entre 24 ans et 63 ans (âge moyen = 33.32 ans). 81.8% des participants ont un niveau d'étude de Bac + 5 et plus. 68% ont une ancienneté de moins de 5 ans et 5.6% ont une ancienneté de 16 ans et plus. 56.3% ont suivi des études technologiques (ingéniorat). Les autres types d'études se répartissent principalement entre les sciences humaines et sociales (19.6%) et la formation pour l'entreprise (12.6%).

– **Terrain de recherche**

On compte près de 80 entreprises multinationales participantes (Huawei, Samsung, LG, IBM, HP, Microsoft, British Gas, Shell, Heineken, Pfizer, Novartis, etc.). Elles présentent une même caractéristique à savoir un siège social situé dans un pays étranger et des filiales dans au moins deux pays. Le nombre des participants par entreprise est variable allant de 1 à 15. Les entreprises sont regroupées selon sept catégories de pays : Tunisie (16.7%), pays européens de culture latine (38.5%), pays de culture germanophone (8.5%), pays de culture anglophone (27.8%), Asie du sud-est (3%), Afrique (1.9%), pays scandinaves (3.7%). Les managers proviennent de cinq secteurs d'activité : l'Industrie (40.4%), Recherche et développement (31.5%), Commerce, Transport, Distribution (9.6%), de participants banques (5.6%).

III.5 – Résultats

• **La culture nationale**

L'analyse statistique permet de ressortir des indices de sept dimensions de la culture nationale. À la lecture du tableau 1, les indices montrent une distance hiérarchique courte, un esprit plutôt communautaire, une mentalité plutôt féminine, un faible contrôle de l'incertitude, une orientation sur le court terme, une mentalité plutôt indulgente et un esprit qui tend plutôt vers l'humilité.

Tableau 1 : Indices de la culture nationale des managers[33]

Valeurs culturelles	PDI	UAI	IND	MAS	LTO	IVR	MON
Indices	32	25	33	43	24	55	39

Plus précisément, cela se traduit par une décentralisation et une acceptation de l'égalité des pouvoirs (PDI), une tolérance à l'ambigüité et affrontement de situations à risques (UAI), une recherche de l'intérêt du groupe et utilisation des compétences au service de son travail (IND), un esprit de coopération et gestion

---

[33]   PDI : Distance hiérarchique ; UAI : Contrôle de l'incertitude ; IND : Individualisme / Collectivisme ; MAS : Masculinité / Féminité ; LTO : Orientation à long terme / Orientation à court terme ; IVR : Indulgence / Retenue ; MON : Monumentalisme / Flexhumilité.

des conflits par la discussion (MAS), une autonomie et liberté dans le travail et esprit analytique (LTO), une personnalité extravertie, optimisme et importance de la liberté d'expression (IVR)et des comportements liés à la liberté, la flexibilité et à la capacité d'adaptation à différentes circonstances (MON).

• **Les valeurs de travail**

Les analyses descriptives affichent que la moyenne la plus élevée est celle de la valeur **risque** (moyenne = 21,48; σ = 8,61). La deuxième dimension qui est apparue importante pour les managers est **liberté** avec une moyenne de (21,33 ; σ = 9,17). Le test t de Student pour groupes appariés montre qu'il n'existe pas de différence significative entre **Risque** et **Liberté** (p = .734).

L'analyse de variance (ANOVA) à 1 facteur révèle que les valeurs **Risque** et **Liberté** varient globalement en fonction du secteur d'activité (p<.01). Les managers travaillant dans le secteur du Commerce, Transport et distribution et dans des entreprises de culture germanophone privilégient davantage les valeurs de travail liées à l'aspect compétitif, aux défis à relever et à l'autonomie.

• **Profil structurel et styles organisationnels**

A l'issue de l'analyse statistique, la culture qui apparait dominante dans l'ensemble des organisations est la culture « **Règles** » dont l'indice est (A/N = 40.4). Le cadran « **Innovation** » (A/N = 30.9) et « **Soutien** » (A/N = 30) arrivent dans une position intermédiaire. Le cadran « **Objectif** » vient en dernière position (A/N = 20.8). Toutefois, en appliquant le test statistique du Khi-deux, nous avons obtenu une différence non significative entre les quatre cadrans. Ainsi, nous pouvons dire que le profil structurel est indifférencié et qu'il existe une orientation aussi bien vers l'interne que l'externe de l'organisation avec des degrés différents de contrôle et de flexibilité.

Sur la figure 2 on observe que globalement la culture **Règles** est plus ou moins dominante. Ce type de culture souligne une centration sur l'interne des organisations avec un niveau de contrôle moyen. Dans le même temps, nous remarquons que ce niveau de contrôle est équilibré par un certain niveau de flexibilité et une centration sur l'extérieur se traduisant un esprit d'initiative et une ouverture sur les marchés. Cet équilibre entre les différentes orientations est particulièrement remarquable chez les dirigeants et dans une moindre mesure chez les ingénieurs. En revanche, une plus grande orientation interne est à noter chez les cadres.

Alya El-Gueyed Kridis, Bernard Gangloff

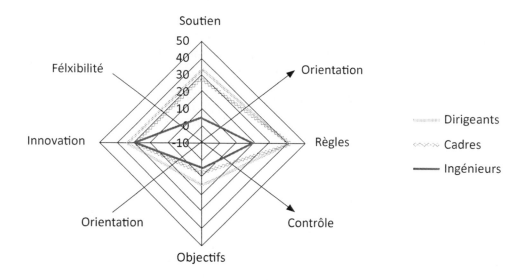

Figure 2 : Tendance générale des réponses chez les managers pour la culture organisationnelle

En résumé, les résultats montrent que certaines entreprises sont plus orientées vers l'interne alors que d'autres le sont plutôt vers l'externe. D'autres encore,
affichent un équilibre entre les quatre orientations. Ainsi, la configuration globale
de la culture organisationnelle dans ces entreprises montre un équilibre entre les
différents types d'orientations culturelles.

Concernant le climat, les résultats se voient à la baisse comparativement à la
partie des valeurs culturelles organisationnelles et ce pour « **Règles** », « **Soutien** » et
« **Innovation** ». Toutefois, ce qui apparait surprenant c'est que le cadran « **Objectif** » est remarquablement plus élevé pour le *Climat* par rapport à la *Culture*. Le
climat dominant de type **Objectifs** (A/N = 37) qui apparait de façon saillante chez
tous les membres des entreprises. Le climat « **Soutien** » arrive en dernier avec un
indice très bas (A/N = 4.4). Quant aux cadrans « **Règles** » et « **Innovation** », ils
viennent dans une position intermédiaire, respectivement (14.4) et (13.4).

Nous avons ainsi la classification suivante par ordre d'importance : O > I > R
>>S.

Nous avons également souligné des différences significatives entre les pays de
culture anglophone et les pays de culture latine au niveau du climat « **Objectif** » au
niveau de signification 5%. Concernant le climat « **Innovation** », nous avons relevé
des différences significatives au niveau de 5% entre les pays de culture anglophone
et la Tunisie (p = .033) d'une part, et les pays de culture latine (p = .043), d'autre
part. Cela veut dire que les managers travaillant dans des entreprises de culture
anglophone perçoivent plus un climat organisationnel de type « **Objectifs** ».

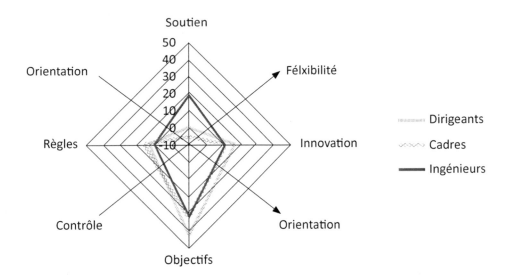

Figure 3 : Tendance générale des réponses chez les managers pour le climat

Ainsi, une vision synthétique à travers la figure 3 reflète un style organisationnel dominé par « **Objectifs** ». En nous référant au modèle des valeurs concurrentes de Quinn et Rohrbaugh (1983)[34], ce style organisationnel souligne une centration sur l'externe de l'organisation, la compétition et l'interaction de l'organisation avec l'environnement. Cette orientation est particulièrement marquée chez les dirigeants.

Par ailleurs, nous notons une orientation plus équilibrée et peu différenciée chez les ingénieurs.

IV – Discussion et conclusion

Les principaux résultats révèlent l'existence d'une nouvelle configuration culturelle spécifique aux managers des multinationales. Les valeurs *transformées* sont le résultat de l'interaction de deux systèmes de valeurs différents à travers l'échange réciproque en vue d'assurer l'adaptation à l'environnement organisationnel. Les valeurs **Risque** et **Liberté** sont concordantes avec les exigences du métier de manager. Cela donne à penser que le management interculturel est un management situationnel qui tient compte des valeurs, des compétences et de l'autonomie des managers mais aussi des exigences de l'environnement de travail.

La culture organisationnelle se distingue par son aspect composite réunissant un ensemble de valeurs qui permet à l'organisation d'asseoir à la fois, son intégration interne et son adaptation externe. Cette consistance dans les pratiques

---

[34]   R.E. Quinn, P. Rohrbaugh, « A spatial model of effectiveness criteria… ».

managériales reflète des contradictions et des paradoxes au niveau du fonctionnement de l'organisation qui traduisent un équilibre nécessaire à sa performance
et témoigne de la congruence entre les valeurs individuelles et organisationnelles.

Le style d'organisation des multinationales parvient à accommoder entre les
valeurs individuelles et les valeurs organisationnelles. Il apparait donc, que dans ce
type de structure, il n'y a pas d'hégémonie d'une culture sur une autre mais plutôt
une nouvelle culture, mixte, hybride et intégratrice qui se forme.

De même, il ressort que les styles d'organisation combinent différentes
orientations et certaines sont plus dominantes en fonction du niveau hiérarchique, des pays et du secteur d'activité. Cela montre que la complexité, la
contradiction et le dynamisme sont caractéristiques des organisations multinationales. Cela indique également qu'un équilibre entre les différentes orientations contradictoires est nécessaire pour expliquer la réussite et la performance
de ces organisations. La congruence entre les valeurs individuelles et les valeurs
organisationnelles est un facteur qui favoriserait l'apparition d'un climat propice
à l'atteinte des objectifs.

Les résultats de cette recherche mettent en avant une tension à travers les paradoxes que confrontent les managers des multinationales, ce constat nous amène
à adhérer aux propos d'Adler (1991)[35] selon laquelle « les gestionnaires internationaux efficaces doivent être comme des caméléons, capables d'agir de façon différente, et non pas des spécialistes approchant les problèmes superficiellement.
Donc, les questions organisationnelles (motivation, leadership, défis, etc.), sont
universelles, mais les solutions sont culturellement spécifiques ».

La mise en évidence des effets des variables culturelles et organisationnelles sur
les comportements des managers des multinationales a témoigné de la complexité
des environnements multinationaux. Le manager est en effet, appelé à disposer
de certaines compétences – telles que la mise en œuvre de nouveaux défis, faire
preuve de créativité dans les situations ambiguës et l'expérimentation de situations
innovatrices – pour créer les conditions nécessaires à la réalisation des objectifs
de l'organisation. Pour pouvoir répondre à ces exigences, l'univers organisationnel
doit être aussi en mesure de concorder aux attentes et aux aspirations du manager.
Les contraintes de l'environnement externe, la concurrence exigent une adaptation continue à un contexte en perpétuelle évolution. Mais peuvent dans le même
temps engendrer le stress et l'épuisement professionnel, en raison des exigences
contradictoires et croissantes de cet environnement. En gérant des paradoxes
liés aux aspects contradictoires du leadership, le manager est face à une « double
contrainte ».

Nonobstant, le caractère harmonieux et stable des styles organisationnels des
multinationales, il s'agit tout de même d'un équilibre instable dont les conséquences peuvent être lourdes en cette période de croissance de développement du
pays, depuis les évènements de Janvier 2011.

---

[35]   N.J. Adler, *International Dimensions of Organizational Behavior*, (2e éd.), Boston 1991.

Dans ces conditions, le départ des investisseurs étrangers a contribué à l'augmentation du taux de chômage et de perte d'emploi. Ce qui tend à créer un climat de tension non favorable à la réalisation des objectifs économiques et à l'épanouissement des acteurs dans leur travail.

Pour la survie des IDE, les investisseurs doivent constamment réviser leurs principes d'organisation en les remodelant, en les adaptant aux contraintes liées à la situation et se doter d'une certaine flexibilité dans la gestion, en allégeant certains principes d'organisation.

Cet état de fait dévoile le travail qui reste à faire et qui sera rendu possible par des formations, par une meilleure conscience des décideurs politiques des enjeux stratégiques de ce secteur économique. L'État tunisien a un grand rôle à jouer en élaborant des plans pour encourager les investisseurs déjà présents et attirer de nouveaux investisseurs. La créativité dont ont fait preuve les managers tunisiens, a besoin toutefois, de conditions macropolitiques pour qu'elle se développe.

Bibliographie

Adler N.J., *International Dimensions of Organizational Behavior*, (2ᵉ éd.), Boston 1991.

Anderson N.R., West M.A., « The Team Climate Inventory: 'The development of the TCI and its applications in teambuilding for innovativeness' », *European Journal of Work and Organizational Psychology* 1996, n° 5, [en ligne] http://dx.doi.org/10.1080/135943296 08414840.

Bollinger D., Hofstede G., *Les différences culturelles dans le management. Comment chaque pays gère-t-il ses hommes ?*, Paris 1987.

Burns T., Stalker G.M., *The Management of Innovation*, London 1961.

Cameron K.S., Quinn R.E., *Diagnosing and changing organizational culture*, New York 1998.

Cameron K.S., Quinn R.E., *Diagnosing and changing organizational culture. Based on the competing values framework*, Reading 1999.

Cameron K.S., Quinn R.E., *Diagnosing and changing organizational culture. Based on the Competing Values Framework* (éd. revue), San Francisco 2006.

Camilleri C., Cohen-Emerique M., *Choc de cultures*, Paris 1989.

Campbell J.P., « On the nature of organizational effectiveness », [in:] P.S. Goodman, J.M. Pennings (éd.), *New Perspectives on Organizational Effectiveness*, San Francisco 1977.

Culture et mondialisation. Gérer par-delà les frontières, éd. Ph. d'Iiribarne, Paris 1998.

Davis S.M., *Managing Corporate Culture*, Cambridge 1984.

Deal T.E., Kennedy A.A., *Corporate cultures. The rites and rituals of corporate life*, Reading 1982.

Deer C.E., « Measuring organizational climate in secondary schools », *The Australian Journal of Education* Vol. 24, n° 1, 1980, [en ligne] http://dx.doi.org/10.1177/00049441800 2400103.

Den Hartog D.N., Van Muijen J.J., Koopman P.L., « Linking Transformational Leadership and Organizational Culture », *The Journal of leadership Studies* Vol. 3, 1996, n° 4, [en ligne] http://dx.doi.org/10.1177/107179199600300407.

Denison D., Mishra A., « Toward a theory of organizational culture and effectiveness », *Organisation Science* Vol. 6, 1995, n° 2, [en ligne] http://dx.doi.org/10.1287/orse.6.2.204.

Gadbois C., « L'analyse psychologique des organisations, le climat et ses dimensions », *Année psychologique* 1974, n° 74, [en ligne] http://dx.doi.org/10.3406/psy.1974.28039.

Gaining control of the corporate culture, R.H. Kilmann, M.J. Saxton, R. Serpa (éd.), San Francisco 1985.

Hofstede G., « Cultural constraints in management theories », *The Executive: An Academy of Management Publication* Vol. 7, n° 1, 1993, [en ligne] http://dx.doi.org/10.5465/AME.1993.9409142061.

Hofstede G., *Culture and Organization*, Glasgow 1991.

Hofstede G., *Culture's Consequences. International Differences in work-related values*, Beverly Hills 1980.

Hofstede G., *Culture's Consequences: Comparing Values, Behaviors, Institutions and Organizations Across Nations*, Thousand Oaks 2001.

Hofstede G., « Relativité culturelle des pratiques et théories de l'organisation », *Revue Française de gestion* 1978, n° 6.

Hofstede G., *Vivre dans un monde multiculturel*, Paris 1994.

Hofstede G. et al., « Measuring organizational cultures. A Qualitative and Quantitative Study Across Twenty Cases », *Administrative Science Quarterly* 1990, n° 35.

Hofstede G., Minkov M., *Cultures et Organisations. Nos progrmmations mentales*, Paris 2010.

Hooijberg R., Petrock F., « On cultural change. Using the competing values framework to help leaders execute a transformational strategy », *Human Resource Management* Vol. 32, 1993, n° 1, [en ligne] http://dx.doi.org/10.1002/hrm.3930320103.

d'Iribarne Ph., *La logique de l'honneur. Gestion des entreprises et traditions nationales*, Paris 1989.

J. R. P., French Jr., Caplan R.D., *The mechanism of job stress and strain*, London 1982.

Jacques E., *The Changing Culture of a Factory*, London 1951, trad. fr.: *Intervention et changement dans l'entreprise*, Paris 1972.

Katz D., Kahn R., *The social psychology of organizations*, New York 1966 (2ᵉ éd. 1978).

Kemelgor B.H., « Job Satisfaction as mediated by the Value Congruity of Supervisors and their Subordinates », *Journal of Occupational Behavior* Vol. 2, n° 4, 1982.

Lawrence P.R., Lorsch J.W., *Organization and environment*, Cambridge 1967, trad. française : *Adapter les structures de l'entreprise*, Paris 1973, 1989.

Lemaitre N., « La culture d'entreprise, facteur de performance », *Gestion* 1985, n°1.

Lévy-Leboyer C., Sperandio J.C., *Traité de Psychologie du Travail*, Paris 1987.

Life roles, values and careers: International findings of the work importance study, D. Super, B. Sverko, (éd.), San Francisco 1995.

McDonald P., Gandz J., « Getting value from shared values », *Organizational Dynamics* Vol. 21., 1992, n° 3, [en ligne] http://dx.doi.org/10.1016/0090-2616(92)90025-I.

McGrath J.E., « Stress and behaviour in organizational », [a :] *Hand Book of industrial and organizational psychology*, M. Dunnette (éd.), Chicago 1976.

« Measuring climate for work group innovation: development and validation of the team climate inventory », *Journal of Organizational Behavior* Vol. 19, n° 3, 1998, [version 1], [en ligne] http://dx.doi.org/10.1002/(SICI)1099-1379(199805)19:3<235::AID-JOB837>3.0.CO;2-C.

Meglino B.M., Ravlin E.C., Adkins C.L., « Value congruence and satisfaction of a leader. An examination of the role of interaction », *Human Relations* Vol. 44, 1991.

Meglino B.M., Ravlin E.C., Adkins C.L., « A work value approach to corporate culture. A field test of the value congruence process and its relationship to individual outcomes », *Journal of Applied Psychology* Vol. 74, n° 5, 1989, [en ligne] http://dx.doi.org/10.1037/0021-9010.74.3.424.

Meier O., *Management interculturel*, Paris 2004.

Moran E.T., Volkwein J.F., « The cultural approach to the formation of organizational climate », *Human Relations* Vol. 45, 1992, n° 1, [en ligne] http://dx.doi.org/10.1177/0018 72679204500102.

Parker C.P. et al., « Relationships between psychological climate perceptions and work outcomes. A meta-analytic review », *Journal of organizational behaviour* 2003, 24, [en ligne] http://dx.doi.org/10.1002/job.198.

Perron J., Dupont R.M., *Questionnaire des valeurs de travail. Manuel technique.* Document inédit, Université de Montréal 1974.

Posner B.Z., Kouzes J.M., Schmidt W.H., « Shared values make a difference. An empirical test of corporate culture », *Human Resource Management Review* Vol. 24, 1985, n° 4, [en ligne] http://dx.doi.org/10.1002/hrm.3930240305.

Quinn R.E., *Beyond Rational Management: Mastering the Paradoxes and Competing Demands of High Performance*, San Francisco, 1988.

Quinn R.E., Rohrbaugh J., « A spatial model of effectiveness criteria. Toward a competing value approach to organisational analysis », *Management Science* Vol. 29, 1983, n° 3.

Roy F., *Le climat de travail, conceptualisation et mesure.* Mémoire de maîtrise inédit. Département de psychologie, Université de Montréal 1989.

Schein E.H., *Organizational Culture and Leadership*, San Francisco 1985.

Spony G., « The development of a Work-Value Model Assessing Cumulative Impact of Individual and Cultural Differences on Manager's Work-Value Systems. Empirical Evidence from French and British Managers », *International Journal of Human Resource Management* Vol. 4, 2003, n° 14.

Super D.E., *Work Values Inventor*, Boston 1970.

Super D.E., « The Work Values Inventory », *Contemporary Approaches to Interest Measurement*, D.G. Zytowski (ed.), Minneapolis 1973.

Thévenet M., *La culture d'entreprise*, Paris 1993.

Thomas A.R., « The organizational climate of schools », *The journal of educational administration* Vol. 22, n° 4, 1976.

Trompenaars F., *L'entreprise multiculturelle*, Paris 1993.

Vinsonnea G., *Culture et comportement*, Paris 1987.

DOI: 10.12797/9788376386553.23

Donia Remili[*]

Université de Tunis

Ecole et révolution tunisienne : « un sanctuaire de paix et de sciences ou un terreau de violences »

Abstract :

La violence a toujours été une partie prenante dans notre vie. Il se trouve que ce phénomène est susceptible de s'amplifier à la faveur de certains mouvements sociaux, suite à des mutations psychologiques et sociopolitiques, qui pourraient envahir une société entière et affecter tous les domaines, dont, notamment, le secteur de l'enseignement, qui fait l'objet de la présente étude. Nous assistons aujourd'hui, en post-révolution, à une exacerbation du phénomène de la violence à l'école, sous toutes ses formes, et essentiellement de l'hétéro-agressivité entre les différents acteurs dans les établissements scolaires en Tunisie. Nous allons essayer d'identifier les perceptions de la violence par les différents intervenants dans l'opération éducative, à savoir, l'enseignant, l'apprenant et les parents, à travers une approche psychosociale, via l'étude de trois cas, illustrant la relation triangulaire entre ces acteurs, de même que leurs explications des causes qui sous-tendent la violence à l'école, notamment dans cette conjoncture sociopolitique particulière.

Mots-clés : école, violence, enseignant, élève, parent de l'élève, révolution Tunisie

---

[*]   Doctorante-chercheure en psychologie et pédagogie à l'Université de Tunis, email adresse : doniaremili@hotmail.com.

« La question des violences scolaires, plus que d'autres, bouscule des représentations sociales qui ont valeur fondatrice : celle de l'enfance (innocente...), celle de l'école (havre de paix...), celle de la société elle-même (pacifiée en régime démocratique...).

Charlot Bernard[1]

Introduction

Il est un fait qu'aucune société n'est à l'abri du phénomène de violence. Cependant, ce fléau demeure sujet à des variations, en fonction des sociétés, des civilisations, des cultures, et même, à des variations au sein d'une même société, en rapport avec la conjoncture et les mutations sociopolitiques. Force est de constater que ce fléau est amplifié par les mouvements sociaux. Surtout quand il est question d'une révolution, comme c'est présentement le cas en Tunisie.

La violence étant un phénomène complexe, polymorphe, en fonction des milieux qu'il touche, nous allons nous focaliser, dans notre recherche, sur la violence en milieu scolaire. En effet, ce secteur aura été, de l'avis des observateurs, le plus touché par le phénomène violence dans la post-révolution tunisienne. La violence exercée à l'encontre du corps enseignant, a gagné une telle ampleur en Tunisie en post-révolution, qu'elle a fini par constituer un phénomène social notable. Il ne se passait pas un jour sans qu'un enseignant ne se fasse agresser sur son lieu de travail. S'en suivait alors, un mouvement de protestation de la part des collègues, engrangeant des *sit-ins*, des manifestations, et souvent, des grèves.

Du fait que, depuis toujours, il a été « convenu » que la violence ne peut être, sauf quelques exceptions, que l'apanage des hommes, et du fait que la majorité des études dans ce domaine se sont intéressées à la violence émanant des hommes, nous avons voulu vérifier l'hypothèse selon laquelle les femmes pourraient, aussi, ne plus être « que » les victimes des faits de violence, et qu'elles sont capables d'en produire et de l'exercer. Rejoignant, ainsi l'article de Molénat[2], qui avait essayé d'expliquer que, contrairement à ce que pourraient imaginer certaines sociétés et personnes, « les femmes peuvent, dans certaines circonstances, se montrer aussi violentes que les hommes... ». Et c'est dans cette logique que nous avons tenté, dans notre étude, de colliger des participantes, exclusivement, du genre féminin, pour estimer les perceptions de la femme du phénomène de la violence, et d'étudier si elle est, qu'elle soit enseignante, élève ou mère, capable de perpétrer des actes violents. Autre motivation de notre choix, le fait que plus de la moitié des enseignants, sont des femmes, et une majorité des élèves dans les écoles tunisiennes sont de la

---

[1]   B. Charlot, « Problèmes politiques et sociaux », [à :] *Ecole et violences*, C. Carra, D. Faggianelli, Paris 2002, p. 18.

[2]   X. Molénat, « Les femmes, des brutes comme les autres ? », *Sciences Humaines* Vol. 4, 2013, n° 247, pp. 48-49.

gente féminine, et malgré cela, le taux de violence, ne cesse d'augmenter… Autant de facteurs, qui nous ont interpellé, et incité à choisir, pour population de notre étude, des femmes.

Afin de donner une mesure approximative de l'ampleur prise par le fléau, nous nous sommes référés aux dernières statistiques concernant le phénomène de violence dans le milieu scolaire en Tunisie, telles que présentées par des responsables du Ministère de l'éducation[3] en 2014. Ainsi, durant l'année scolaire 2011-2012, près de 3000 agressions physiques et verbales ont été enregistrées contre les enseignants et le personnel des écoles, dont 1200 ayant fait l'objet de procès verbaux auprès des instances judiciaires. Par ailleurs, il a été enregistré, sur la même période, 5500 actes de vandalisme contre les institutions scolaires, occasionnant des dégâts estimés à 32 millions de DT (De quoi construire 16 écoles). Les responsables ont précisé que, le maximum d'actes de violence survenait en fin d'année scolaire.

Ce qui témoigne qu'une exacerbation significative de ce phénomène a, effectivement, été enregistrée à la faveur de la révolution tunisienne, puisqu'avant ces évènements, et, par exemple pour l'année 2004 et 2005, il n'avait été enregistré que 2063 actes de violence en milieu scolaire, et pas plus de 86 cas de vandalismes contre des institutions éducatives.

Cette recrudescence des actes de violence n'a pas cessé d'alimenter les premières pages de la presse tunisienne, qui ne cessaient de traiter de ce phénomène et d'énumérer les agressions envers le cadre éducatif et leurs conséquences comme les grèves, les suspensions de cours et autres[4].

I – Problématique

Pour mieux disséquer ce phénomène de violence scolaire, nous avons, donc, formulé les grands axes de notre problématique ainsi, à savoir :
- A quel degré, un mouvement social dans un pays pourrait contribuer à une mutation des phénomènes sociaux, tels que celui de la violence ?

---

[3]   M. Afi, « La violence dans le milieu scolaire », conférence de presse, par le commissariat régional de l'éducation, et l'Union régionale du Travail, à Palais des sciences de Monastir (le 21 mars 2014).

[4]   Voir articles sur la violence à l'égard des enseignants en Tunisie, *Tunisie numérique* : « Tunisie. Des universitaires protestent devant le ministère de l'enseignement supérieur », 6 octobre 2012, [en ligne] http://www.tunisienumerique.com/tunisie-des-universitaires-protestent-devant-le-ministere-superieur/148440, 16 mars 2015 ; « Tunisie. Suspension des cours dans deux établissements scolaires après l'agression d'un enseignant à Remada », le 20 avril 2012, [en ligne] http://www.tunisienumerique.com/tunisie-suspension-des-cours-dans-deux-eta blissements-scolaires-apres-lagression-dun-enseignant-a-remada/119317, 16 mars 2015 ; « Sfax. Suspension des cours dans les établissements scolaires », 24 février 2011, [en ligne] http://www.tunisienumerique.com/sfax-suspension-des-cours-dans-les-etablissements-edu catifs/8718, 10 mars 2015.

- Comment la violence s'est-elle manifestée dans le monde scolaire, avant et après la révolution tunisienne, et comment peut-on expliquer la multiplication des comportements violents, d'une part, et en particulier la transformation des perceptions sur le phénomène de la violence, et par conséquent un changement des acteurs de ces actes violents, avec des auteurs qui en deviennent, eux mêmes, les victimes en post-révolution ?
- La violence a-t-elle changé de camp, avec le bourreau qui se retrouve dans le rôle de la victime ?
- Y a-t-il eu un revirement dans le statut de l'enseignant et de l'élève ? et pourquoi, ce revirement s'est-il manifesté maintenant ?

II – Revue de la littérature

Certes, la violence est un phénomène qui dépasse le local pour toucher le global, un phénomène qui franchit les lieux, les cultures, les domaines… Comme en témoigne une rapide revue de la littérature internationale :

- **En Espagne** : Un quotidien titrait le 20/04/2015 : « Un professeur tué par un collégien ». Un fait d'hiver concernant un adolescent arrêté après avoir tué lundi 20 avril, à l'arme blanche, l'un des enseignants à l'Institut Joan Fuster à Barcelone. Selon El Pais, le collégien, âgé de 13 ans, était armé d'un couteau et d'une arbalète, et possédait dans son sac à dos des composants pouvant former un cocktail Molotov. Selon un communiqué de la police, deux professeurs et deux élèves ont été légèrement blessés. Le mineur a été transféré dans une unité psychiatrique d'un hôpital de la ville.
- **En France** : La violence à l'école est un fléau qui envahit le pays, selon Debarbieux, l'expert français de cette question, qui déclare que: « En ce qui concerne la montée de la violence, il faut souligner plutôt la stabilité : depuis 1993 en France on n'observe pas une progression globale. C'est ce que nous disent les enquêtes de victimation (…). La violence est ciblée sur quelques établissements en lien avec l'exclusion sociale. **4 à 10% des élèves**, selon les établissements, sont victimes de la violence scolaire. La dureté de celle-ci varie, aussi, selon les établissements ».

II.1 – Concepts-clés de la violence

La définition de la violence, selon l'OMS[5] : « Usage délibéré ou menace d'usage délibéré de la force physique, ou de la puissance, contre soi-même, contre une autre personne ou contre un groupe ou une communauté, qui entraîne, ou risque fort d'entraîner, un traumatisme, un décès, un dommage moral, un mal développement ou une carence ».

---

[5]   OMS : Organisation mondiale de la santé.

III.2 – Différentes approches de la violence

En se référant à la littérature internationale et nationale, nous avons pu constater une foultitude de points de vue et de théories qui traitent du sujet de la violence et ce, soit avec une approche faisant primer le déterminisme individuel et les souffrances psychologiques de l'apprenant et ou de l'enseignant, à l'école. A titre d'exemple, on peut citer l'étude de Ben Rejeb, (2011) : « souffrance à l'école »)[6], ou encore avec une approche sociologique, mettant en lumière, surtout, les notions de transgression des normes sociales et de déviance, suite à des sentiments d'insécurité, d'injustice, d'inégalité et de stigmatisation…

Toujours dans le même ordre d'idée, Durkheim, par exemple, perçoit que la socialisation des élèves et l'intériorisation des règles et des normes de scolarisation résident essentiellement dans l'accomplissement du maître de son rôle d'éducateur et de fournisseur du savoir, d'une part, et d'instaurer le sens de la discipline d'autre part. Et ce, au sein d'un climat social approprié consolidé par la motivation.

Nous pouvons donc déduire, que l'échec de la socialisation des élèves, est relatif à des problèmes de conformisme aux normes sociales d'une société donnée. De ce fait les élèves à un certains contexte temporel, spatial et culturel donné, peuvent manifester des comportements déviants, comme traduction de leur transgression des normes, non acceptées et/ou non intériorisées. Et ce sont ces comportements déviants qui pourraient exprimer une certaine forme de stigmatisation ou d'exclusion, aboutissant ainsi à des actes de violences à l'égard de la famille, la société, ou encore dans notre contexte, à l'égard du corps éducateur au sein de l'école. C'est dans cette logique, que Mucchielli (1999)[7], disait : « (…) ce qui est aujourd'hui regardé comme déviant, (…) ce sont des comportements condamnés par dar différentes normes sociales, reconnues ou pas par le droit, partagées à des degrés divers par les différents groupes sociaux qui composent une société à un moment donné de son histoire ».

II.3 – Violence: État des lieux en Tunisie

Il importe de noter, ici, que même si le phénomène de la violence existe un peu partout dans les différents pays, à des degrés divers, il convient d'évoquer que les formes et les causes de cette violence changent en fonction du contexte géographique, temporel, et culturel. On peut prendre par exemple, le cas de la France, où selon E. Débarbieux, la violence existe toujours, et peut être qu'elle tend à être stabilisée en termes de fréquence de comportements violents entre les élèves, mais

6   R. Ben Rejeb, « La souffrance à l'école. Point de vue de la psychologie clinique », *Les collectifs du Cirp* Vol. 2, 2011, pp. 19-27.

7   L. Mucchielli, « Les déviances, entre normes, transgression et stigmatisation », *Sciences humaines* 1999, n° 99, pp. 20-25.

elle augmente en intensité et surtout en forme. L'auteur décrit les nouvelles formes de violence, en France, suite à de nombreux travaux de victimation menés sur le thème[8] : «Il y a depuis la fin des années 1990, une évolution de la délinquance qui va vers la violence collective. (…), L'autre évolution sur laquelle il faut insister c'est la montée de la violence anti-scolaire. C'est une forme de délinquance d'exclusion très préoccupante. Quand on a des agressions d'enseignants, on est souvent dans cette forme de violence ».

Pour le contexte tunisien, il parait que l'évolution du phénomène, se déroule autrement. En effet, cette évolution est fortement liée à la mutation sociopolitique qu'a connue la Tunisie après la révolution de 2011.

Avant, la violence se manifestait par de simples bagarres entre élèves, à l'intérieur ou à l'extérieur de l'enceinte scolaire, ou plus rarement entre un élève et un représentant de l'administration, mais pratiquement jamais, de violence à l'encontre d'un enseignant, et encore moins entre des parents et des enseignants.

Actuellement, quatre ans après la révolution, on assiste à un chambardement total de ce phénomène. On dit chambardement et non pas évolution, car ce n'est pas un processus à caractère progressif… C'est un changement brusque, qui a chamboulé les perceptions, les valeurs, et transformé les pratiques chez les élèves, les enseignants et les parents.

Il convient de rappeler qu'auparavant, l'enseignant, quel que soit le niveau d'enseignement qu'il dispensait, bénéficiait d'une image « noble » mieux encore, une image « sacrée », puisqu'on dit « L'enseignant a failli être prophète ». Aujourd'hui, effectivement, on vit une forme de violence, où l'élève se permet d'insulter, d'agresser verbalement, voire physiquement, un enseignant, avec beaucoup de froideur, et d'insouciance… Mieux encore, le paradoxe de ces agressions, qui se multiplient, est le fait qu'elles soient perpétrées par les parents, des demandeurs de prestation, vis-à vis de la personne à la quelle ils sont censés, en connaissance de cause, faire appel pour aider leur enfant, et parfaire son éducation. Aussi étrange, que cela semble être, c'est bien réel et concret. Et ce, selon les observations empiriques et les données médiatiques, mais aussi les chiffres présentés par certains services du Ministère de l'éducation et quelques études qui ne sont, toutefois, pas exhaustives.

---

[8]   E. Débarbieux, « Violence scolaire. Je suis pessimiste », *Café pédagogique*, [en ligne] http://www.cafepedagogique.net/lemensuel/larecherche/Pages/2006/analyses_71_Violences colaireJesuispessimistenousditEricDebarbieux.aspx, 2 décembre 2014.

III – Méthodologie de la recherche

III.1 – Type de l'étude

Il s'agit d'une étude prospective, qualitative. Illustrée par des études de cas, exprimant les trois types de relations possibles, traduisant ainsi les différentes perceptions du phénomène, de même que sa manifestation chez un enseignant ayant subi la violence, un apprenant agresseur, et des parents agresseurs.

C'est, en effet, cette figure triangulaire qui caractérise le plus souvent le paysage conflictuel violent dans l'école tunisienne.

III.2 – Population et outils d'investigation de la recherche

Notre population, est constituée d'une enseignante, une élève, et une mère d'élève, relevant toutes du collège pilote Bourguiba de Tunis.

Elles sont toutes de la *gente* féminine. En fait, ce choix n'était nullement un hasard, mais nous les avons colligées, pour apprécier chez elles leurs perceptions de la violence, sachant que le sexe féminin est, d'ordinaire, réputé pour être la victime par excellence de la violence, notamment en ce qui concerne la violence « classique » envers les femmes et le harcèlement envers les filles. D'un autre côté, nous avons voulu apprécier la propension de ces femmes à la violence dans ce milieu particulier qu'est l'école, et le cas échéant, les motivations de cet élan.

Nous avons donc identifié ces personnes interviewées d'une manière très succincte comme suit :

III.2.1 – Identification de l'enseignante

Il s'agit de Mme « X », ayant quinze ans d'expérience dans l'enseignement, et dans un lycée pilote (Tunis). Elle enseigne la langue arabe.

III.2.2 – Identification de l'élève

Il s'agit d'une lycéenne « A », âgée de 18 ans, son père et sa mère sont des cadres dans deux ministères. Elle avait une bonne moyenne en 2014. L'élève, ne s'est pas retenue d'exprimer dès le début de l'entretien, sa fierté d'appartenir à ce lycée, malgré que le rythme y soit assez pénible selon ses dires.

III.2.3 – Identification du parent

Mme « S », âgée de 52 ans, mère de deux élèves étudiant au collège Pilote, elle travaille comme responsable dans une société. Son époux est cadre dans un ministère. Elle était fière que son fils et sa fille étudient au dit-lycée. Elle manifestait un empressement à faire l'entretien et à exprimer son point de vue à propos de ce sujet de violence.

III.3 – Outils d'investigation et principaux thèmes de l'entretien : Un entretien semi-directif, comportant six axes, administré aux trois participantes.

Thème 1 : Quel est le climat général à l'école et la nature de la relation entre l'enseignant et l'élève, surtout en post-révolution ?

Thème 2 : Comment appréciez-vous la relation entre enseignants et parents d'élèves ?

Thème 3 : Y'a-t-il une violence scolaire? De quel type? Quelles en sont les mécanismes et les causes ?

Thème 4 : Vécu d'une Scène de violence.

Thème 5 : La révolution a-t-elle un impact sur la violence scolaire ?

Thème 6 : Comment combattre cette violence ?

III.4 – Le choix du lieu du collège

Notre choix n'était, en réalité, pas aléatoire, et ce, pour plusieurs raisons. D'abord, parce que l'idée préconçue veut que les écoles les plus vulnérables au phénomène de la violence, sont celles des quartiers « populaires », chez des populations souffrant de conditions de vie précaires, d'injustice sociale, de pauvreté… Il est vrai que tous ces faits et tant d'autres sont susceptibles d'être parfois source de violence, mais dans notre étude, nous avons choisi un collège réputé « prestigieux », « d'une certaine gamme » de population, des élèves issus de familles assez aisées, et caractérisé d'une bonne image de marque. En effet nous avons voulu à travers ce choix, vérifier si la violence « ne déroge pas à la règle », et envahit aussi ce type de collège ou d'autres établissements scolaires du même « *standing* ».

III.5 – Objectifs de la recherche

Essayer d'identifier
- Les principaux mécanismes et causes des actes de violence.
- Les perceptions de cette violence par les victimes et par les agresseurs.
- Apprécier l'inversion du sens de la violence et la migration des protagonistes entre les statuts de bourreau et de victime, à la faveur de la révolution tunisienne.
- Evaluer le rôle de la révolution tunisienne dans l'exacerbation du phénomène de violence en milieu scolaire, et de l'inversion du sens de cette violence.

IV – Résultats

IV.1. Les différents points de vue de l'enseignante, l'élève et les parents sur la violence scolaire

Thème 1. Le climat général à l'école et la nature de la relation entre l'enseignant et l'élève, surtout en post révolution :

L'enseignante, qualifie la relation entre les enseignants et les apprenants, de « moyenne ». Mme « M » disait : « Elle dépend essentiellement du genre et du comportement de l'élève en classe. L'enseignant est en bons termes avec les bon élèves et ceux qui s'appliquent, et assez sévère avec les élèves indisciplinés et chahuteurs, et je suppose que c'est l'attitude adoptée par la majorité des enseignants… ».

Elle ajoute : « De même, les élèves ne se comportent pas de la même façon avec tous les enseignants; Ils sont plus attentifs et plus appliqués avec les professeurs des matières scientifiques, et s'absentent souvent et trainent dans les cours des matières littéraires. J'ai beaucoup de difficultés à maitriser ma classe. »

Elle poursuit son explication de ce rapport conflictuel entre l'enseignant et l'élève, en disant qu'il y a d'autres facteurs qui conditionnent la relation entre l'enseignant et l'élève… Ce sont les cours particuliers. C'est l'une des raisons qui rendent les élèves plus proches des enseignants des matières scientifiques puisqu'ils suivent des cours particuliers chez eux, en général. Et cette relation en dehors de l'école renforce le rapprochement, dans la salle de classe (…) On peut dire au final, que la relation entre l'enseignant et l'élève est tributaire de la matière enseignée entre autres…

Pour l'élève, Melle « A », juge cette relation très tendue, et dans la plupart des cas, conflictuelle. Elle répartit les enseignants en deux catégories; d'un côté, ceux qui sont aidants, compréhensifs, et souples, assurant un rôle d'encadreur, en plus de celui de transmetteur de savoir, et d'un autre côté, ceux qui sont sévères, rigides, distants voire autistes avec les élèves. Elle disait à ce propos : « …J'avoue qu'en réalité, la qualité de relation avec nos enseignants est tributaire de plusieurs facteurs… comme par exemple : la nature de la matière enseignée, en d'autres termes, pour les matières scientifiques, plus sollicitées, notamment pour faire des cours particuliers, de ce fait, les professeurs deviennent plus souples et plus tolérants, un autre facteur par exemple, les élèves qui appartiennent à une famille d'un niveau socio-économique élevé, çà rend l'enseignant, plus proche et plus empathique avec eux… ».

La mère d'élève étudiant au lycée pilote, exprimait, quant à elle, son point de vue en disant que : « Il y a des enseignants qui ne sont pas aimés par les élèves. Surtout à cause des absences régulières, mais aussi à cause de la masse des devoirs à la maison (les enfants ne respirent plus). Il y a aussi la façon de corriger les devoirs. Certains enseignants donnent des notes sans même avoir corrigé les devoirs ».

Thèmes 2. Comment appréciez-vous la relation entre enseignants et parents d'élèves ?

L'enseignante, constate que la relation avec les parents tend à se détériorer depuis quelques années. Auparavant le parent écoutait l'enseignant et suivait de près son enfant, et respectait l'enseignant. De nos jours, le parent a toujours un parti pris pour son enfant et ne croit pas ce que lui dit le professeur. Il rejette toute la faute sur l'enseignant et innocente toujours son enfant.

Elle explique : « Cette relation a fait naitre un climat de violence au sein de l'école. Certains parents ont agressé des enseignants, en les injuriant et en les accusant de ne rien comprendre aux enfants, et qu'ils sont en train de massacrer leurs enfants avec des notes insuffisantes pour les pousser à s'inscrire dans les cours particuliers. Cet état de choses est apparu les dernières années, après la révolution. Probablement parce que plus personne ne craint rien, et tous veulent protester et revendiquer ».

L'élève, quant à elle, suppose que les parents pensent que, la source de la violence c'est surtout l'insistance des enseignants pour prodiguer des cours particuliers qui deviennent trop chers, surtout avec la flambée des prix qui appauvrit les ménages. De même que le parent devient énervé à chaque fois qu'il est convoqué par l'administration et il en devient violent.

Pour la mère de l'élève, de par sa position, elle perçoit la relation avec les enseignants, comme assez critique et disharmonieuse. Elle explique cette mésentente, par plusieurs facteurs ; entre autres, le non respect par l'enseignant de l'élève, son absentéisme excessif, son comportement inéquitable à l'égard de tous les élèves, et elle insiste surtout sur l'exploitation par certains enseignants, en imposant les cours particuliers avec des prix exorbitants.

Thème 3. Y'a-t-il une violence scolaire ? De quel type ? Quelles en sont les mécanismes et les causes ?

L'enseignante affirmait : « Oui il y a trop de violence au sein de l'école, surtout après la révolution. Le phénomène a beaucoup augmenté, que ce soit la violence morale, physique, ou verbale de la part de tout le monde ».

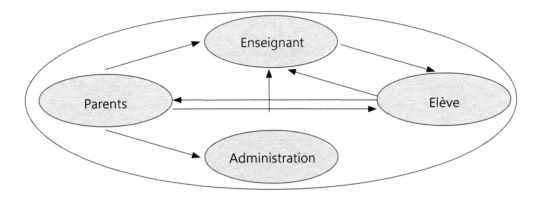

« La violence prend départ au niveau de l'administration qui agresse les enseignants, qui, à leur tour, agressent l'élève, même de façon inconsciente, et surtout
à cause du manque de conditions d'enseignement. Après c'est l'élève qui réagit
et la violence devient réciproque. L'élève transmet cette violence à ses parents. Le
parent renvoie cette violence sur l'enseignant et l'administration ».

Mme « M », considère que, les problèmes et la cherté de la vie font que l'élève
vit dans la violence à domicile, violence qu'il ramène à l'école, et qu'il déverse sur
l'enseignant ou sur l'administration, et parfois sur ses camarades.

L'élève, trouve, elle aussi, que : « Oui il y a trop de violence au sein de l'école,
surtout après la révolution. Il y avait de la violence avant la révolution, mais elle
a augmenté de façon notable après 2011. Cette année, elle tend à baisser. La violence la plus répandue est la violence physique, puis verbale et enfin morale ».
L'élève explique le mécanisme de cette violence scolaire, en disant : « La violence
prend départ au niveau de l'administration qui ignore l'élève et qui marginalise les
enseignants, et ne fournit ni les supports pédagogiques ni les salles de classe. Du
coup l'enseignant est sur ses nerfs et se « décharge » sur les élèves. Ceux-ci rentrent
à la maison pour transmettre cette violence sur les parents et les frères ».

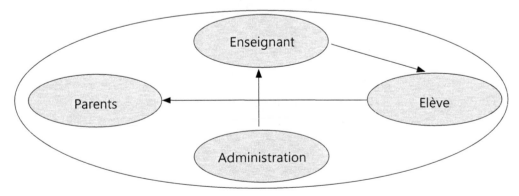

La mère de l'élève répond, de même, à cette question par l'affirmative, et elle
insiste même sur le fait que la violence en général et la violence dans les établisse-

ments scolaires entre autres, le lycée pilote, ne cesse d'augmenter. Selon ses dires, la violence est un phénomène où tout le monde est impliqué directement ou indirectement, elle le décrit : « La violence démarre à la rue, sinon c'est au niveau de l'administration et de l'enseignant qui agressent l'élève. Celui-ci agresse à son tour ses parents, sous forme de demandes, de revendications ou de querelles avec ses frères ».

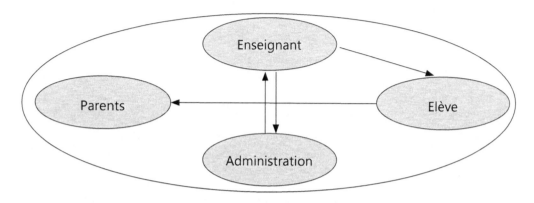

Thème 4. Vécu d'une scène de violence à l'école.

L'enseignante a raconté qu'elle a été victime de violence : « Il m'est arrivé de subir plusieurs scènes de violence au lycée, mais la plus récente, fut une violence physique quand un élève m'a jeté son cahier sur le visage en m'accusant de ne pas savoir enseigner. Je connais des collègues qui ont été bousculés par des élèves en colère ».

L'élève a décrit elle aussi, une scène de violence qu'elle a vécue: « (…) Il m'est arrivé de subir une violence morale par un professeur qui a refusé de m'expliquer un cours en me disant que j'étais bête, et que je ne devais pas être au lycée pilote. L'administration lui a donné raison, et mon père m'a soutenue et a adressé un rapport à l'administration ».

La mère d'élève déclare qu'elle n'a agressé personne, personnellement, mais qu'elle a été témoin d'une scène entre un parent et un responsable de l'administration, où il était question de punir l'élève, mais le père refusait cette sanction, et a eu un accrochage qui est arrivé à la prise de mains. Elle précise : « (…) Il a fallu l'intervention des présents pour séparer les deux hommes. Le responsable tenait absolument à convoquer la police pour emmener le parent, et celui-ci menaçait de dévoiler les manigances de l'administration et des enseignants, si jamais son enfant était puni, et qu'il allait se plaindre au ministère et allait faire des déclarations aux médias ».

Thème 5. L'impact de la révolution sur la hausse du phénomène de violence à l'école

L'enseignante a consenti : « C'est vrai que 'la révolution' a joué un rôle dans ce phénomène. Elle a été la goutte qui a fait déborder le vase. La vie pendant des décennies sous la peur, l'autocensure et la dictature a laissé, à l'occasion de la révolution, échapper cette tension et a généré la violence à tous les niveaux et dans tous les domaines ».

Et elle pense que, tout le monde a abandonné son rôle, tout le monde veut faire sa loi. Nous sommes passés de la non-verbalisation et de la peur, à l'insolence dans la verbalisation, le tout dans une mauvaise interprétation de la liberté. Tout le monde parle de ses droits, et personne n'aborde le sujet des devoirs.

L'élève, aussi, a fait le même constat, et considère que la violence a augmenté à l'école depuis la révolution. Selon ses dires : « ceci peut être, parce que nous avons conquis la liberté de revendiquer nos droits, ce qui déplait, forcément aux enseignants et à la direction de l'école, et qui réagissent avec violence. Même les élèves sont devenus plus violents, peut-être à cause de l'ambiance générale de violence qui imprègne le pays depuis la révolution, et qui génère de la tension chez tout le monde ».

La mère de l'élève, partage aussi l'avis que la révolution est largement responsable de la détérioration du climat général dans les écoles et l'aggravation de la violence. « Les gens ne comprennent pas le vrai sens de la liberté, certains enseignants l'expliquent par la liberté absolue de tout faire, y compris être injustes avec les élèves, s'absenter des cours, et exercer illégalement dans le cadre des cours particuliers »… « Le syndicat des enseignants est aussi responsable de cette situation, puisque depuis la révolution, il ne cesse de décréter des grèves et des manifestations pour demander des majorations, et défend les enseignants quels que soient les dépassements qu'ils font… ».

Thème 6. Comment combattre cette violence ?

L'enseignante nous a fait quelques propositions dans le sens de combattre cette violence :
- Le tout est d'instaurer une politique de communication efficace.
- L'enseignant doit mieux se contrôler, et ne pas ramener ses problèmes personnels en classe. Il doit aussi faire l'effort de se rapprocher, encore plus, de l'élève et consentir d'avantage d'effort pour apaiser les tensions, surtout en cette période de troubles sociaux.
- Il faut aussi changer les méthodes d'enseignement, et donner la parole encore plus aux élèves et les laisser construire le cours, pour ne pas les lasser.
- Il ne faut pas hésiter à promouvoir une tradition de dialogue, et parfois arrêter le cours pour « ouvrir une parenthèse » et discuter d'un autre sujet, d'ordre général et social, pour ensuite, reprendre le cours.

- Pour l'administration, la relation avec les élèves et les enseignants doit être revue dans le cadre de plus de respect, de compréhension et de dialogue. L'administration doit être restructurée de façon à pouvoir rendre les services demandés et répondre aux attentes des enseignants, des élèves et de leurs parents. Il faut aussi revoir les punitions et les rendre plus souples et aussi plus efficaces.
- Pour l'élève ; il doit apprendre à respecter l'école et les enseignants, et en cas de sensation d'injustice, il doit recourir au dialogue.
- Pour les parents, ils ont raison de contrôler de près leurs enfants et leur comportement en dehors de l'école, pour les risques qui augmentent en cette période. Mais ce contrôle ne doit pas virer à l'harcèlement, ce qui pousse l'élève à « exploser » en classe. Les parents doivent savoir contrôler leurs enfants à domicile, surtout sur l'internet, car il constitue une source d'enseignement de violence et même de délinquance.

L'élève, quant à elle, nous a donné des propositions, et aussi des revendications, qui semblent porter sur des axes différents de ceux avancés par l'enseignante, tels que par exemple :

- Le tout est dans le respect mutuel et le dialogue et la communication avec tout le monde.
- L'enseignant doit respecter l'élève et arrêter de le racketter pour les cours particuliers. Il doit remplir son devoir d'enseigner les cours comme il le faut.
- Pour l'élève il doit respecter l'administration et les enseignants et faire son travail comme il se doit.
- Pour l'administration, elle doit respecter l'élève, le parent et l'enseignant, et subvenir aux besoins des classes et fournir de bonnes conditions de cours. Elle doit aussi réviser le système de punitions, et l'assouplir.
- Pour les parents, ils ont raison de contrôler de près leurs enfants et leur comportement en dehors de l'école, pour les risques qui augmentent en cette période, surtout la prise de stupéfiants. Mais ce contrôle ne doit pas virer à l'harcèlement pour les bonnes notes.

La mère de l'élève, avance que pour minimiser le phénomène de la violence scolaire, il faudrait penser à améliorer la dimension relationnelle et communicationnelle, notamment par rapport à :

- L'enseignant : Il doit s'acquitter de ses devoirs comme il le faut. Il doit éviter les injustices envers les élèves et leur donner leurs droits. Il doit leur répéter la leçon s'il le faut, s'ils n'ont pas compris. Il doit respecter les droits des élèves et des parents avant de revendiquer les siens. Il doit respecter les parents, les recevoir et les écouter attentivement. Il doit aussi éviter de s'absenter des cours, et arrêter de harceler les parents avec les cours particuliers ».
- L'administration : « Il faut changer de discours, et de comportement avec les élèves, avec qui il faut parler de façon respectueuse, et sans humiliation. Elle doit lui donner raison quand il est victime de violence et ne pas prendre le parti de l'enseignant automatiquement ».

V – Discussion

Pour revenir à notre problématique de départ, nos questionnements étaient, essentiellement, centrés sur les perceptions des trois protagonistes de l'opération éducative en rapport avec la violence scolaire, et particulièrement, la spécificité de cette dernière après la révolution tunisienne.

V.1 – Principales caractéristiques de cette violence

Avant la révolution en Tunisie, le milieu scolaire était, certes, imprégné de différents niveaux de violence qui était masquée par un certain degré de tolérance et une certaine perception qui s'est métamorphosée en post révolution.

- Le paradoxe de ces agressions qui se multiplient, c'est le fait qu'elles soient perpétrées par les parents, donc, des demandeurs de la prestation, vis-à-vis de la personne à la quelle ils sont censés faire appel pour aider leur enfant, et parfaire son éducation.
- Autre caractéristique de cette violence, c'est qu'elle est perçue comme « légitime » de la part de l'agresseur, qui a toujours le mot pour l'expliquer voire la justifier, et qui la cadre même dans le registre des droits récemment acquis grâce à la « révolution », alors qu'elle est naturellement perçue comme « gratuite » sans aucune raison et source de souffrance et d'humiliation par la victime ; donc deux visions et deux explications opposées pour un même acte perpétré au même moment dans les mêmes conditions.
- Cette violence, enfin, a été la cause principale de la détérioration des conditions de travail dans ce domaine de profession supposé être « noble ». Elle a été la source de souffrance délétère ressentie par les professionnels, ce qui se traduit par un nombre extrêmement élevé, avec toujours une tendance à la hausse, des jours d'arrêt de travail pour cause de maladie, avec des plaintes essentiellement psychologiques, ou encore la multiplication de grèves, et de sit-ins organisés pour soutenir tel enseignant agressé…

V.2 – Le climat scolaire et victimisation

Débarbieux, a démontré qu'il existe une forte corrélation entre la qualité du climat scolaire et la victimisation. « Le climat scolaire c'est la qualité des relations entre adultes et élèves et entre adultes; la capacité à avoir un dialogue, et non un affrontement avec les élèves. C'est aussi la clarté des règles collectives ».

Selon le même auteur, le climat peut se dégrader, par exemple, quand les punitions diffèrent d'un enseignant à l'autre. Les sentiments d'appartenance collective et de justice sont deux composantes essentielles de ce climat. Ce constat a été également retrouvé dans notre étude et qui constituait le premier axe de notre recherche, qui a démontré que le climat général au sein de l'institution scolaire est assez dégradé, voire morcelé, et ceci à tous les niveaux.

V.3 – L'implication des parents est importante

Il faut noter, comme le souligne Débarbieux, que le climat délétère n'explique pas tout. La famille, et surtout les parents, ont le plus grand rôle à jouer. Débarbieux, fait remarquer que les pays où le fléau est le moins nocif, sont ceux où les parents ont une grande place dans l'école. Il cite l'exemple du Brésil, où dans les favelas de Rio, qui flambent de violence, celle-ci ne pénètre jamais dans les écoles, qui demeurent protégées par l'influence de la communauté. A contrario, en France, où l'école perçoit les parents comme un ennemi, la violence ne cesse de gagner du terrain.

Il est impératif, selon le chercheur, d'impliquer la famille et de travailler ensemble face à la violence car on reste toujours démunis dans de telles circonstances.

En Tunisie aussi, comme il ressort des entretiens de notre étude, le rapport des parents avec l'établissement scolaire a toujours été caractérisé par une tension et un écart, empêchant les parents d'être un acteur dans l'opération éducative.

A ce propos, nous pouvons citer l'étude de Ben Fradj[9], qui a démontré dans les années passées (2003 et 2005), qu'à cause de la bureaucratie qui domine nos écoles, les parents sont écartés du système, ce qui fait émerger une attitude hostile envers l'école et ses représentants, qui serait elle-même transmise aux élèves, traduite ainsi par leurs comportements agressifs au sein de l'école.

V.4 – L'impact de la révolution tunisienne sur la hausse de la violence scolaire

Le fait social maitre qui a surgi avec la révolution, a été, sans conteste, la « dés-inhibition », qui a libéré les tunisiens sur tous les plans, y compris en matière de riposte et de réponse à la violence par la violence. Et l'école ne déroge pas à cette règle, et au lieu d'être un sanctuaire de savoir et de sciences, elle se mua, pendant les dernières décennies, à la faveur de réformes malheureuses, en une machine d'oppression, et l'enseignant se transforma en oppresseur, pour se retrouver, à la faveur de la révolution, à son tour, dans le rôle de victime de la violence en milieu scolaire.

Il importe de noter que l'apprenant se trouve lui aussi dans une situation de victimation malgré lui, soit par défaillance du système éducatif, soit par manque de communication et de verbalisation, faisant de lui un « agresseur », exerçant une violence réactionnelle à l'encontre de l'enseignant, qui représente à ses yeux

---

[9]   S. Ben Fradj, « La violence à l'école: problème disciplinaire ou crise identitaire », [à :] *Jeunes dynamiques identitaire et frontières culturelles*, I. Melliti et al. (éd.), Tunis 2008, p. 299.

le symbole de l'autorité, de l'oppression, et de la violence subie durant des années d'études.

Cette perception de la violence est plus renforcée, d'une part par une attitude congruente de la part des parents mais aussi de la part de la société entière, qui revendique la démocratie, la liberté d'expression et la dignité dans tous les domaines.

V.5 – Stratégies et mesures de lutte contre la violence, en Tunisie et ailleurs

• **Dans le monde**

En France, par exemple, Débarbieux, préconise de renforcer le lien social. Ce qui reste insuffisant devant l'ampleur du problème. Il propose, donc, des stratégies plus conscientes pour provoquer un changement de comportement : « Pas dans une optique behaviouriste ou «médicale» (la Ritaline) : ça ne fonctionne pas. Ce qui fonctionne, par contre, c'est la réflexion avec les élèves ».

Aux États Unis, il y a un programme efficace contre la colère, qui vise à aider les élèves à comprendre leurs actes pour changer leur comportement (Projection de film sur des élèves en colère, puis on invite à juger ce comportement. Puis on débat sur les causes de la colère et sur les façons de l'éviter, et enfin, les élèves tournent un film sur les solutions qu'ils ont trouvé face à la colère).

Ces différents programmes doivent s'articuler sur la pédagogie en évitant au maximum une approche « policière ».

• **En Tunisie**

Le ministère de l'éducation[10] a annoncé le lancement d'un programme pour protéger les écoles et lycées contre la violence.

« Le ministère envisage de recruter un millier de gardiens pour protéger les établissements scolaires contre la violence et les agressions ».

« Le ministère se penche actuellement sur un projet de loi qui criminalise les agressions contre les établissements scolaires ».

La multiplication des patrouilles de surveillance sécuritaire devant les établissements scolaires. Le programme s'intéresse aussi à l'amélioration des conditions des élèves à travers le développement de la paix sociale et l'institution de l'accompagnateur scolaire ainsi que le recrutement de psychologues.

Une convention a été conclue avec l'UNICEF pour lutter contre les dangers qui menacent le milieu scolaire, dont le phénomène du suicide, la violence et la consommation de stupéfiants.

---

[10]   Voir article à *Direct info* : « Tunisie. L'éducation, lance un programme de protection des écoles et lycées contre la violence », 15 avril 2015, [en ligne] http://directinfo.webmanager center.com/2015/04/15/tunisie-le-ministere-de-leducation-lance-un-programme-pour-prote ger-les-ecoles-et-lycees-contre-la-violence, 16 avril 2015.

Conclusion

Partant du principe que l'école, est considérée comme une société dans la société, et admettant que le phénomène de la violence est un fait social complexe et compliqué, qui ne peut en aucun cas être expliqué par une seule approche, ceci rendrait, plus difficile notre problématique.

Par ailleurs pour affiner et préciser notre réflexion, nous avons, tenté à travers notre recherche de vérifier, les fondements de ces nouvelles perceptions, qui envahissaient les esprits des Tunisiens, et qui ont fait métamorphoser leurs comportements, dans le domaine de l'enseignement, au sein d'un contexte sociopolitique particulier, à savoir « la révolution ».

La perception phare que nous avons pu dégager de cette étude, est que la soit disant « liberté » et « liberté d'expression », qui est censée être un moyen et un moteur de verbalisation, voire de thérapie, devient à contrario une source d'anarchie, d'agressivité et de comportements violents. Un comportement violent, susceptible d'émaner du genre féminin, « censé être », selon les croyances sociales, objet de victimisation plutôt qu'un acteur de violence.

Ce qui trouble le climat scolaire qui se caractérise par un inversement des statuts et de la nature de la relation des acteurs intervenant dans l'opération éducative.

La meilleure façon de prévenir et de traiter ce phénomène reste, à notre avis:
* la mise en place d'un dispositif ou d'une structure formelle de contrôle et de recensement de ces actes.
* le rapprochement et la réconciliation entre les différents protagonistes.
* dans le cadre de structures dirigées par des modérateurs ou médiateurs professionnels, et surtout, impartiaux.

Au final, tout ce que nous venons de voir peut, hélas, se résumer en une phrase : Nous somme devant un cas d'école du « ce n'est pas moi... c'est lui ! ». Où chacun renvoie la responsabilité de cet état de choses sur l'autre. Et où tout un chacun accuse l'autre.

Et ce petit échantillon de la société tunisienne, qu'est l'école, reflète à merveille ce qui se passe à l'échelle nationale, depuis la « révolution ». Révolution qui a été présentée à l'opinion publique comme étant « la réaction des laissés pour compte ». Or en Tunisie, chaque citoyen se sent, quelque part, laissé pour compte. Donc, il saute sur l'occasion pour « revendiquer » ses droits. Et comme on est dans un contexte de violence, « où celui qui crie le plus fort est celui qui a le plus raison », donc, chacun revendique ce qu'il pense être son droit, avec violence.

Donc, en résumé, le problème de la violence à l'école, comme, par extrapolation, la plupart des autres faits sociaux en Tunisie, relève, plutôt d'un problème de manque de dialogue, et du « chacun pour soi ».

Bibliographie

Afi M., « La violence dans le milieu scolaire », conférence de presse, par le commissariat régional de l'éducation, et l'Union régionale du Travail (UGTT), à Palais des sciences de Monastir (le 21 mars 2014).

Ben Fraj S., « La violence à l'école : problème disciplinaire ou crise identitaire », [à :] *Jeunes dynamiques identitaire et frontières culturelles*, I. Melliti et al. (éd.), Tunis 2008.

Ben Rejeb R., « La souffrance à l'école. Point de vue de la psychologie clinique », *Les collectifs du Cirp* Vol. 2, 2011.

Charlot B., « Problèmes politiques et sociaux », [à :] *Ecole et violences*, C. Carra, D. Faggianelli, Paris 2002.

Débarbieux E., « Violence scolaire. Je suis pessimiste », *Café pédagogique*, [en ligne] http://www.cafepedagogique.net/lemensuel/larecherche/Pages/2006/analyses_71_ViolencescolaireJesuispessimistenousditEricDebarbieux.aspx.

Direct info : « Tunisie. L'éducation, lance un programme de protection des écoles et lycées contre la violence », 15 avril 2015, [en ligne] http://directinfo.webmanagercenter.com/2015/04/15/tunisie-le-ministere-de-leducation-lance-un-programme-pour-proteger-les-ecoles-et-lycees-contre-la-violence.

Molénat X., « Les femmes, des brutes comme les autres ? », *Sciences Humaines* Vol. 4, 2013, n° 247.

Tunisie numérique : « Tunisie. Des universitaires protestent devant le ministère de l'enseignement supérieur », 6 octobre 2012, [en ligne] http://www.tunisienumerique.com/tunisie-des-universitaires-protestent-devant-le-ministere-superieur/148440 ; « Tunisie. Suspension des cours dans deux établissements scolaires après l'agression d'un enseignant à Remada », 20 avril 2012 [en ligne] http://www.tunisienumerique.com/tunisie-suspension-des-cours-dans-deux-etablissements-scolaires-apres-lagression-dun-enseignant-a-remada/119317 ; « Sfax. Suspension des cours dans les établissements scolaires », 24 février 2011, [en ligne] http://www.tunisienumerique.com/sfax-suspension-des-cours-dans-les-etablissements-educatifs/8718.

Mucchielli L., « Les déviances, entre normes, transgression et stigmatisation », *Sciences humaines* 1999, n° 99.

INDEX